불교지도자론 Ⅰ

Copyright ⓒ 김응철, 유승무, 김영란, 2002, Printed in Seoul, Korea

불교지도자론 Ⅰ

김응철·유승무·김영란 공저

도서출판 솔바람

불교지도자론 I

초판인쇄/2002년 5월 27일 · 초판발행/2002년 5월 31일
출판등록/제5-191호 · 등록일/1989년 7월 4일

저자/김응철 · 유승무 · 김영란
펴낸이/이동출 · 펴낸곳/도서출판 솔바람

편집장/최승천 · 편집차장/김용란 · 편집기자/정호숙, 오수영
디자인/김진, 윤선미 · 제작과장/박기석 · 영업대리/권혁민

110-775 서울 종로구 경운동 88 수운회관 403호
TEL(02)720-0824 FAX(02)722-8760
E-mail : sulpub@hananet.net

값 20,000원

ISBN 89-85760-22-X 03220
파본은 본사나 구입하신 서점에서 바꿔드립니다.

간행사

2002년 임오년 새해를 맞이하여 오랜 산고 끝에 『불교지도자론Ⅰ』을 출간하게 되어 기쁘기 한량없습니다. 어려운 여건 속에서도 김응철·유승무·김영란 교수님의 노력으로 불교지도자론이라는 새로운 영역이 개척될 수 있었습니다. 다시 한번 필자 여러분의 노고에 감사 드립니다.

불교는 오랜 역사에도 불구하고 사회적 리더로서의 불교지도자상에 대한 체계적인 논의가 거의 없었습니다. 경전에는 불교지도자로서 갖추어야 할 사항들이 많이 기록되어 있으며, 부처님께서도 지도자가 갖추어야 할 위의와 자질, 그리고 역할에 대해서 가르침을 주셨습니다. 그런데 이러한 내용들은 현대 사회에 적합한 불교지도자 이론으로 재해석되고 새롭게 개발되지 않았습니다. 그런데 오늘에 이르러 사회과학자들의 연구성과에 힘입어 현대사회에서 활동할 불교지도자들을 위한 지침서가 나오게 된 것입니다.

이번 연구는 중앙승가대학교 사회과학연구소와 설법연구원이 공동으로 연구주제를 선정하고 연구를 진행한 것입니다. 설법연구원에서는 이번 작업을 시작으로 하여 매년 불교발전에 이바지할 수 있는 연구사업을 계속 진행할 생각입니다. 앞으로 불교지도자론에 대한 연구를 계속함과 아울러 투명한 사찰 운영을 위한 사원경제 연구, 포교 기반 확립을 위한 각종 조사연구, 종책개발에 필요한 연구 등을 연차적으로 기획하고 있습니다. 그리고 연구에 동참할 다양한 학자들을 발굴하여 지원하는 사업도 계속할 생각입니다.

　오늘날 현대사회에서는 전문적인 연구성과 없이 관련 분야가 발전할 수 없는 것이 현실입니다. 특히 철학과 사상 분야는 그것을 연구하는 위대한 학자들의 업적이 축적되지 않으면 발전하기 어렵습니다. 불교학 및 관련분야의 학문도 예외는 아니어서 많은 학자들의 연구가 선행되어야 합니다. 그럼에도 불구하고 각 종단을 비롯하여 많은 기관과 단체들이 그 역할을 소홀히 하는 것은 발전을 포기하는 행위에 다름 아니라고 생각합니다.

　저도 이러한 현실을 다소나마 직시할 수 있었기에 학자들의 연구사업을 지원할 생각을 내게 되었습니다. 그러나 능력의 한계로 인하여 충분한 지원을 다하지 못하고 있는 실정입니다. 제방의 많은 스님 및 사부대중의 지도편달과 후원을 부탁드립니다. 그리고 여러 학문 영역의 연구자들을 지원하는 기관과 단체가 늘어나기를 기대하고 있습니다.

　다시 한 번 연구에 동참해 주신 교수님들과 중앙승가대학교 사회과학연구소에 대하여 감사를 드립니다. 앞으로도 계속 좋은 연구로 불교발전에 이바지해 주시리라 기대하고 있습니다. 성불하십시오.

2002년 정초
삼각산 자락에서
설법연구원 원장 동출 합장

머리말

잡아함경 제8권에서는 부처님의 교화방법에 삼시현(三示現)이 있음을 설하고 있다. 삼시현이란 부처님께서 제자들이나 외도를 교화하실 때 사용하는 세 가지 방법으로 신통력을 보이는 신족시현(神足示現), 남의 마음을 아는 점념시현(占念示現), 진리에 대한 가르침인 교훈시현(敎訓示現)을 말한다.

신족시현이란 부처님께서 선정삼매에 들어 경우에 따라 갖가지 변화를 나타내는 것으로 허공에 올라 다니고, 머물고, 눕는 등의 네 가지 행위, 화삼매(火三昧)에 들어 갖가지 불빛을 내기도 하며, 물과 불을 내뿜어 보이기도 하는 신통력 등이 포함된다. 점념시현이란 사람의 마음과 뜻과 의식에 따라 저 사람은 이렇게 생각할 것이요, 저 사람은 이렇게 생각하지 않을 것이며, 저 사람은 마음이 이렇게 고요해질 것이요 저 사람은 깨달음을 체험하여 이렇게 머물 것이라고 아는 것이다. 교훈시현은 부처님께서 다음과 같이 설하시는 방법이다. 즉 "비구들이여, 모든 것은 불타고 있다. 무엇이 불타고 있는가? 이른바 눈이 불타고 있고 모양과 빛깔, 눈의 분별의 식, 눈과 모양과 빛깔의 접촉, 눈과 모양과 빛깔의 접촉으로 인해 생긴 감각, 즉 괴로운 감각과 즐거운 감각과 즐겁지도 괴롭지도 않은 감각 또한 불타고 있다. 무엇으로 불타고 있는가? 탐욕의 불로 타고 있고, 노여움의 불로 타고 있으며 어리석음의 불로 타고 있고, 태어남, 늙음, 병듦, 죽음, 근심, 슬픔, 번뇌라는 고통의 불로 타고 있다." 그 때 1천명의 비구들은 삼시현으로 하는 부처님의 교화를 받고서 모든 번뇌를 일으키지 않게 되었고 마음이 해탈하였다.

이 경전의 내용 속에는 부처님의 교화적인 지도력과 그 발휘 방법들이 구체적으로 포함되어 있음을 알 수 있다. 즉 포교 지도력의 내용과 방법, 그리고 포교대상을 이끌어 주기 위한 구체적인 목표가 무엇인지를 파악할 수 있다. 바꾸어 말하면 오늘날 포교일선에서 활동하는 불교지도자의 능력과 자질, 그리고 역할을 제시하고 있는 것이다.

이 책에서 궁극적으로 추구하는 목표가 바로 그것이다. 즉 중생에 대한 부처님의 지도력을 근본으로 하여 이 땅에서 부처님의 가르침을 전하고자 하는 불교지도자가 어떤 역할을 해야 하는지, 어떤 방법으로 그 역할을 수행하는지를 탐구하고 현실 속에서 발휘할 수 있는 이상적인 불교지도자 상을 제시하는 데 있다.

이 책의 연구 방법은 크게 둘로 나뉘어진다. 하나는 불교지도력에 대한 이론적인 연구방법으로 전통적인 지도력 이론을 바탕으로 불교지도력에 대한 이론을 새롭게 정립하고자 하는 시도이다. 다른 하나는 경험적인 연구방법으로 두 가지의 설문조사를 중심으로 구성되어 있다. 이 연구를 위하여 시행된 설문은 일반인을 대상으로 지도력에 대한 일반적인 인식과 종교 지도력에 대한 인식을 조사한 것과 불자들을 대상으로 조사한 설문 등 두 가지이다. 이론적인 연구와 경험적인 연구는 중앙승가대학교의 김응철 교수, 유승무 교수, 그리고 숙명여자대학교 정책대학원 김영란 교수 등 세 사람이 역할을 분담하였다. 각 연구자들은 독자적인 설문조사를 통해서 불교지도력 개발에 필요한 경험적 자료를 수집하였으며, 그것을 바탕으로 이론적인 연구를 병행하였다.

이 책은 I부 3장과 II부 3장 등 총 6개의 장으로 구성되어 있다. I부에서는 불교지도력의 이론적 연구를 위하여 제1장 불교지도력의 일반이론, 제2장 출가자 리더십의 제유형과 그 특성, 제3장 불교지도자 양성을 위한 리더십 프로그램 등으로 구성되어 있다. II부에서는 불교지도력의 경험적 연구를 위하여 제4장 지도력 일반에 대한 평가, 제5장 종교지도력에 대한 평가, 그리고 제6장 불교지도력에 대한 불자들의 평가 등의 설문조사를 실시하였다. 각 장의 연구 내용을 살펴보면 다음과 같다.

제1장에서는 불교지도력과 관련된 일반이론을 설명하고 있다. 지도력에 관한 학문적 연구는 자질론, 역할론, 상황론 등으로 전개되어 왔으며, 오늘날에는 변환적 리더십에 대한 관심이 커지고 있다. 각각의 리더십 이론들은 시대적 상황과 연구 대상 등에 따라 다양하게 연구되고 있다. 이 장에서는 불교지도력의 개념, 구성요소, 지도력 이론의 전개과정 등을 중심으로 기술되었다.

제2장은 출가자 리더십의 제유형과 그 특성을 제시하기 위하여 필자의 전문적 식견을 바탕으로 출가자 리더십을 유형화하고 각 유형의 특성을 파악함으로써 출가자 리더십의 대안 모색 과정에 필요한 이론적 근거를 제시하였다. 각 절에서는 리더십에 관한 선행이론을 비판적으로 검토해 보고 출가자 리더십의 특수성을 파악할 수 있는 이론적 근거를 제시하였다. 특히 출가자 리더십의 이념형을 제시하고 그에 근거하여 출가자 리더십의 하위 유형을 구체적으로 분류하였으며, 이념형직 구분에 근거하여 각 유형의 출가자 리더십이 지니고 있는 특성들을 파악하였다.

제3장에서는 불교지도자 양성을 위한 프로그램을 제시하고 있다. 김영란 교수는 불교지도자의 지도력에 대한 발전적 논의를 통해서 지도력은 개발되는 것이며, 개발을 위해서는 교육과 훈련이 필요하다는 것을 강조하였다. 또한 불교지도자 훈련 프로그램을 교육 내용과 목표, 개발의 원칙 및 구성, 프로그램의 영역 및 구성요소, 구체적인 훈련 프로그램을 제시하였다. 지도력 개발 분야는 불교 지도력의 인식, 리더십의 기초훈련, 지도력 개발 훈련, 지도력 실습 등 네 분야로 나뉘어져 있으며 각 분야별로 총 12개 영역의 프로그램을 제시하고 있다.

제4장에서는 한국사회에서 지도력의 인식과 종교인의 리더십을 중심으로 김영란 교수가 기술하였다. 이 장에서는 일반적인 지도력의 원천, 좋은

지도자의 요소(카리스마, 비전, 지적 자극, 인간적 배려), 지도력에 대한 인식, 지도력 형성의 중요한 요소인 권력에 대한 개념적 수용태도, 지도력의 원천, 지도력의 유형 등을 분류하였다. 그리고 각각의 분류에 대하여 일반시민들이 어떻게 수용하고 있는가를 분석하고 있다. 특히 지도력의 유형을 실력형(스스로 명료하게 정의된 계획아래 행동하여 사람들을 이끄는 형), 경쟁형(다른 사람을 능가하고자 하는 경쟁적 열정을 지향하는 형), 권력형(자신의 책임아래 성원들을 통솔하는 형), 설득형(자신이 가진 모든 자원을 활용하여 사람들을 자신에게 끌어들이는 형), 사교형(필요한 상황에 동원할 수 있는 인맥관계를 만드는 형), 위임형(능력 있는 사람을 선택하여 자신을 돕도록 하는 형), 협력형(팀을 구성하여 협력하여 일하는 형), 헌신형(자신을 던져 다른 사람의 일을 돕는 형), 성원형(성원들을 고무하거나 북돋아주는 형) 등으로 구분하고 시민들이 어떤 것을 선호하고 있는지를 탐색하였다.

제5장에서는 종교지도력에 대한 인식태도를 설문조사를 통하여 분석하였다. 이 장에서는 종교지도력의 평가항목으로 종교의 사회적 지도력 수행 정도와 각 종교별 지도적 역할을 평가하였다. 그리고 성직자의 자질과 역할모형을 평가하고 성직자들이 지도력을 발휘하지 못하는 이유를 분석하였다. 또한 성직자를 포함하는 사회지도층의 신뢰도, 청렴도, 영향력, 부패도, 사회적 위상 등을 분석하고 그 속에서 종교인은 어느 정도의 위상을 차지하고 있는지를 분석하였다. 그리고 종교의 미래와 사회발전 기여도, 종교 지도자의 역할과 자질 향상 방안 등을 조사 분석하였다.

제6장에서는 유승무 교수가 출가자 리더십의 이상과 현실에 관한 인식태도를 설문조사를 통하여 분석하였다. 조사한 내용은 이상적인 출가자 유형, 신도들이 추종하는 불교 성직자 유형, 바람직한 불교지도자의 요건으로 학력, 수행정도 등을 분석하고 있다. 또한 사회활동과 지도력의 관계, 스님의 청정성, 수행자로서의 위의 평가, 타종교 성직자와의 비교, 업무수행 능력, 솔선수범, 종단 운영 태도, 사회적 역할 수행 등에 대한 불자들의 평가를 분석 기술하였다.

그리고 부록으로 설문조사와 관련된 설문지 및 빈도분석과 교차분석의 통계자료를 게재하였다. 이 자료는 종교지도력을 연구하는 학자들에게 기초적인 자료를 제공해 줄 것이다.

인간이 사회를 이루고 사는 동안에는 필연적으로 지도자와 추종자가 형성되기 마련이다. 특히 종교 영역은 다른 영역에 비하여 고차원적인 지도력과 추종력이 요구되고 형성된다. 그러나 일부에서는 추종자의 심리적 궁박 상태를 악용하여 삿된 길로 인도하는 잘못된 지도력이 형성되기도 한다. 또한 사회적 지도력에도 못 미치거나 사회적 물의를 일으키는 경우도 종종 발생한다. 이로 인하여 종교에 대한 비판적인 시각이 형성되고 심지어는 종교 무용론이 주장되기도 한다. 그러나 아직도 사회적으로 종교에 대한 기대와 종교지도력의 요구는 더 커지고 있다.

불교계에서는 그 동안 수행력만을 중요시 해왔을 뿐 지도력에 대한 관심은 거의 기울이지 않았다. 그것은 스님들의 올바른 수행 그 자체가 곧 지도력으로 나타나기 때문에 지도력에 대한 별도의 연구가 필요하다고 생각하지 않았기 때문이다. 그러나 수행력은 지도력 발휘의 필수조건임에는 분명하지만 수행이 되었다고 해서 지도력이 저절로 발휘되는 것은 아니다. 수행력은 직간접적으로 사회적 실천력으로 행사되고, 일반인들이 그 가치를 평가할 때 지도력으로 나타나는 것이다. 즉 개인적 수행과 사회적 지도력은 그 뿌리는 같지만 나타나는 양태는 다른 것이다.

앞에서 언급하였듯이 부처님의 교화력은 인류의 가장 이상적인 지도력이라고 할 수 있다. 그 지도력은 부처님께서 중생에 대한 대자대비하신 원력을 직접 펼치시고, 일생을 교화활동을 전개함으로써 중생계를 뒤덮는 위없는 위신력과 가피력으로 나투시게 된 것이다. 즉 수행을 통한 성불의 원력이 사회적으로 평가될 때 그것을 불교의 지도력이라고 할 수 있다.

이 책은 불교지도력 연구를 위한 아주 미미한 초석에 불과하다. 연구의 방법과 내용에 있어서도 더 다듬고 보충해야 할 내용들이 많이 있다. 그럼에도 불구하고 이 책을 감히 출판하는 것은 제방의 지도편달을 통하여 더 바람직한 불교지도력의 이론을 개발하고 이를 바탕으로 사회적으로 평가받을 수 있는 많은 불교지도자를 양성하기 위함이다. 앞으로 경전 분석을 통한 불교지도자상의 연구와 역사 속에서 활동한 승가와 재가 지도자의 분석, 현재 활동 중인 불교지도자 등을 소개하는 연구를 계속할 예정이다.

2002년 元旦
김포 캠퍼스에서
김응철 識

차 례

간행사 · 3
머리말 · 5

I부 불교지도력의 이론적 연구

제1장 불교지도력의 일반이론 ························· 21
Ⅰ. 서론 ··· 21
Ⅱ. 지도력의 개념과 구성요소 ······················· 25
Ⅲ. 지도력 연구의 전개과정과 제이론 ············ 33
Ⅳ. 지도력의 유형 ·· 52
Ⅴ. 결론 ··· 57

제2장 출가자 리더십의 제유형과 그 특성 ········ 65
Ⅰ. 서론 ··· 65
Ⅱ. 이론적 논의 ·· 68
Ⅲ. 출가자 리더십의 제유형 ·························· 76
Ⅳ. 출가자 리더십의 유형별 특성 ·················· 84
Ⅴ. 결론 ··· 89

제3장 불교지도자 양성을 위한 리더십 프로그램 ········· 95
Ⅰ. 서론 ··· 95
Ⅱ. 이론적 배경 : 불교지도자와 리더십에 대한 논의 ················ 100
Ⅲ. 불교지도자 리더십 훈련 프로그램 ············ 109
Ⅳ. 결론 : 프로그램 활용을 위한 제언 ············ 123

II부 불교지도력의 경험적 연구

제4장 한국사회에서 지도력 일반에 대한 인식태도 133
- Ⅰ. 연구목적 133
- Ⅱ. 리더십에 대한 논의 135
- Ⅲ. 연구방법 137
- Ⅳ. 일반인의 리더십에 대한 인식 146
- Ⅴ. 결어 173

제5장 한국사회의 종교지도력에 대한 인식태도 181
- Ⅰ. 서론 181
- Ⅱ. 종교지도력의 평가 184
- Ⅲ. 성직자의 자질과 역할 평가 188
- Ⅳ. 사회 지도층의 활동 평가 193
- Ⅴ. 종교의 미래와 사회발전 기여도 197
- Ⅵ. 종교 지도자의 역할과 자질 향상 방안 200
- Ⅶ. 조사 결과의 요약 및 결론 206

제6장 신도가 본 출가자 리더십의 이상과 현실 213
- Ⅰ. 서론 213
- Ⅱ. 연구방법론 216

Ⅲ. 출가자 리더십의 이상 ……………………………………… 223
Ⅳ. 출가자 리더십의 현실 ……………………………………… 232
Ⅴ. 결론 ………………………………………………………… 243

부록

리더십 연구를 위한 설문지 1 ………………………………… 249
리더십 연구를 위한 설문지 2 ………………………………… 263
1. 일반지도력 빈도분석자료 …………………………………… 273
2. 일반지도력 교차분석자료 …………………………………… 301
3. 승가지도력 빈도분석자료 …………………………………… 417
4. 승가지도력 교차분석자료 …………………………………… 429

제 I 부
불교지도력의 이론적 연구

제1장 불교지도력의 일반이론

제2장 출가자 리더십의 제유형과 그 특성

제3장 불교지도자 양성을 위한 리더십 프로그램

제1장 불교지도력의 일반이론

I. 서론
II. 지도력의 개념과 구성요소
III. 지도력 연구의 전개과정과 제이론
IV. 지도력의 유형
V. 결론

제1장 불교지도력의 일반이론

김응철(중앙승가대학교 포교사회학과 교수)

Ⅰ. 서론

인류는 사회를 형성하면서부터 자신들을 이끌어 갈 지도자를 갈구하여 왔으며, 스스로의 필요에 따라 지도자를 만들어 내기도 하였다. 사회의 구성단위가 세분화되고 크고 작은 조직이 인위적으로 만들어지기도 하면서 다양한 지도자들이 나타났다 사라지기도 하였다. 인류 역사의 흥망성쇠 과정에서는 수많은 지도자에 관한 기록들을 남겨놓고 있다. 이러한 기록들을 보면 대중들은 자신들을 이끌어 줄 수 있는 지도자가 나타나기를 원하고, 반면에 자질과 능력을 갖춘 지도자들은 자신이 나서야 할 시기를 저울질한다. 지도자는 대중에 의하여 추대되기도 하고, 때로는 스스로 역량을 발휘하여 대중을 이끌어 가기도 한다.

종교계도 지도자와 지도력을 필요로 한다. 대부분의 종교조직들은 크든 작든 종교 구성원들을 이끌어 가는 지도자들이 있다. 그리고 종교 지도자들은 다른 어느 분야의 지도자보다 긴 생명력과 큰 영향력을 가지고 있다. 그 이유는 종교단체의 대부분은 신도들의 자발적 참여와 정신적 교화, 교리와 교주에 대한 신념체계 등으로 조직되어 있기 때문이다. 그리고 신도들의 믿음이 소멸되지 않는 한 영향력이 유지되고 신도뿐만 아니라 사회적으로 확산될 수 있기 때문이다.

　불교는 석가세존의 깨우침을 바탕으로 시작되었으며, 삼세에 걸쳐서 무한한 중생들이 그 가르침을 받들고 있다. 부처님은 시방삼세의 모든 중생들에게 영원한 지도자로 추앙되고 있으며, 그 가르침을 등불 삼아 성불의 길을 찾아가는 수행자들의 나침반 역할을 하고 있다. 따라서 불교는 석가세존의 지도력과 그것을 따르는 사부대중의 추종력으로 유지발전되고 있다. 그리고 오늘날 불교교단에서는 승가가 중심이 되어 세존의 지도력을 바탕으로 종교적 지도력을 발휘하고 있다.

　성직자들은 그 시대의 종교를 이끌어 가는 주요 종교지도자들이다. 다른 종교들도 수많은 지도자를 배출하고 그들이 조직과 신도를 이끌어간다. 그러나 오늘날의 종교지도자의 지도력은 상당한 위협에 직면하고 있다. 종교지도자의 권위를 부정하는 세속인들이 늘어가고 있다. 종교지도자의 자질에 대하여 의문을 제기하는 사람들도 있다. 자신이 믿던 기존의 종교를 포기하고 개종하는 사람들도 있다. 어떤 사람들은 종교가 지나치게 세속화하고 있다고 비판하기도 한다. 결국 이러한 사회적 현상들은 전통적인 종교지도력에 대한 변화의 요인으로 작용하고 있다.

　사회가 점차적으로 산업사회로 변천하면서 사람들은 종교적이고 정신적인 지도자보다는 세간의 정치지도자 혹은 경제지도자들의 말과 행동에서 더 많은 영향력을 받는 경향이 많아졌다. 종교적 성향이 강한 종교인들은 아직도 자신과 관계된 종교의 지도자들에 의한 영향력을 매우 크게 받고 있을 것이다. 그러나 많은 사람들이 종교 지도자의 발언이나 자극에 대하여 부정적 태도를 보이기도 한다. 이것은 종교의 사회적 역할의 변화에서 기인되는 현상으로 볼 수 있다. 이러한 경향 때문에 현대사회에서 종교지도자의 지도력이 예전과는 다르게 나타나고 있는 것이다. 불교도 이러한 경향에서 예외는 아니다.

　삼국시대 전래된 이래로 근세 초기까지 불교는 상당한 종교지도력을 발휘하여 왔다. 그러나 최근 백년 동안 급격하게 진행된 다종교화 현상으로 기존의 지도력이 상당히 위축되는 현실에 직면하고 있다. 한국사회가 급격히 다종교 사회로 전환되게 된 배경에는 서구 사상과 종교의 유입이라는 외부적 요인도 작용하였지만 더 근본적인 요인은 불교와 유교 내부에 있었다. 19세기말까지 한반도를 지배해 온 종교는 유교와 불교였다. 그런데 유교는 성직자의 양성에 필요한 교육 시설과 프로그램을 갖추지 못하였을 뿐만 아니라 교리적 측면에서도 현대사회를 이끌어 갈 수 있는 내용을 갖추지 못하였다. 불교는 조선조 500여 년 간 지속적으로 억압을 받아왔기 때문에 사회변화에 적응하는 데 급급하였다. 이런 종교적 공백기를 타고 서양종교가 급속히 전파될 수 있었던 것이다. 이런 시대적 전환기에는 그것을 사전에 예측하고 이끌어 갈 수 있는 지도자가 필요하다. 그러나 불교나 유교에서는 그 시대를 이끌어 갈 지도자를 충분히 양성하지 못했을 뿐만 아니라 지도자 양성에 필요한 추종력도 제대로 확보하지 못하였던 것이다.

불교지도자는 한 시대를 이끌어 가고, 역사적으로 평가받을 수 있는 큰 지도력부터 그것을 뒷받침할 수 있는 승가의 집단 지도력에 이르기까지 다양한 차원의 지도력을 갖추어야 한다. 이것은 불교지도자라는 개념 속에 매우 다차원적인 의미가 내포되어 있음을 시사하는 것이다. 즉, 세계사적으로 의미를 부여할 수 있는 정신적 불교지도자, 불교계를 이끌어 가는 교단 내의 불교지도자, 신도들의 신행활동을 이끌어 가는 포교지도자, 재가불자 지도자 등 다양하다. 이러한 불교지도자의 유형은 크게 네 가지 유형을 구분해 볼 수 있다.

첫째, 불교지도자는 종교를 떠나 인류의 큰 스승으로 정신적 지도력을 발휘하는 지도자이다. 즉 석가모니 부처님과 같이 인류의 행동양태와 의식구조를 결정적으로 변화시킬 수 있는 방법을 제시할 수 있는 불교지도자가 바로 여기에 속한다. 이 유형에 속하는 불교지도자는 최소한 한 국가 단위에서 인간의 삶과 가치관에 있어서 획기적인 변화를 초래케 할 뿐만 아니라 시간과 공간을 떠나서 그 업적을 평가받을 수 있다. 우리나라에서는 원효대사를 이 유형의 불교지도자로 선정할 수 있을 것이다.

둘째, 불교지도자는 불교계에서 그 지도력을 평가받을 수 있는 지도자를 의미한다. 세계 각국에서 그 사회의 불교발전을 주도한 주요 지도자들이 여기에 포함될 수 있다. 한국불교계에서는 국사, 왕사를 비롯하여 종파를 개창하고 불교를 중흥시킨 고승대덕 스님들이 있다. 또한 현대에 와서는 종정과 원로회의, 총무원을 비롯한 중앙종무기관의 주요 소임자들이 포함될 수 있다. 불교 각 교단에서 활동하는 선사, 율사, 강사 스님들 중에서도 종단 내외에서 영향력을 발휘하는 스님들도 이 유형에 포함시킬 수 있다.

셋째, 불교지도자는 주요 사찰의 소임을 담당하면서 포교 분야에서 활동하는 모든 스님들이 여기에 포함된다. 특히 포교활동을 담당하는 스님들은 사회와 일반 재가자들에게 미치는 영향력이 크기 때문에 다른 스님들에 비하여 더 큰 지도력을 발휘할 수 있다. 그러나 수행을 통하여 간접적인 영향력을 발휘하든지 교육이나 포교를 통하여 직접적인 영향력을 발휘하든지 관계없이 승가의 일원으로서 모든 스님들이 불교지도자로서의 역할을 수행하고 있다고 볼 수 있다.

넷째, 재가불자로서 지도력을 발휘하는 지도자도 있다. 이들은 세속적인 생활을 영위하면서도 부처님의 가르침과 사상을 바탕으로 사회에 영향력을 발휘하는 사람들이 있다. 유마경의 주인공으로 등장하고 있는 유마거사를 비롯하여 인도의 아쇼카 대왕 등 세계 불교사에는 수많은 재가불교지도자들이 역할을 담당해 왔다.

불교지도자의 영향력은 불교계에만 국한되는 것이 아니라 사회와 중생을 구제하는 원력과 실천력을 겸비한 국가적이고 국제적인 지도자여야 한다. 이러한 측면에서 본다면 불교지도자를 양성하는 것은 바로 사회와 국가를 정신적으로 이끌어 갈 수 있는 대사상가이면서 실천가를 양성하는 것이다.

Ⅱ. 지도력의 개념과 구성요소

1. 지도력의 개념

지도력(指導力, leadership)이란 지도자(指導者, leader)가 많은 사람 즉, 추종자(追從者, follower)를 대상으로 발휘하는 영향력이다. 지도자는 여러 가지 영향력의 원천을 이용하여 추종자로 하여금 자신의 생각을 수용하여 사고 및 행동에 영향을 미친다. 이러한 영향력의 결과로 추종자는 특별한 정향(定向, orientation)을 보이게 된다.

지도력이 성립되기 위해서는 지도력을 발휘하는 지도자, 그것을 수용하는 다수의 추종자, 그리고 지도력 발휘에 필요한 환경 등의 요소가 필요하다. 지도력은 지도자의 특성, 추종자의 성향과 반응, 그리고 환경적 요소 등에 따라 다양하게 표출될 수 있다. 이러한 다양성 때문에 지도력에 대한 논의와 주장도 다양하게 제시되고 있다. 이러한 현상에 대하여 스톡딜(R. M. Stogdill)은 "리더십을 정의하는데 있어서 연구하는 학자들의 수만큼이나 그 정의도 다양하다"라고 말하고 있다.[1] 이러한 다양성 때문에 지도력을 정의하는데 있어서 다소의 혼란을 초래할 수 있으나 그것은 지도력의 본질에 대한 문제라기 보다는 지도력의 양태에 관한 문제일 뿐이다. 이와 같은 관점에서 본다면 보가더스(E. S. Bogardus)의 정의가 상당한 설득력을 갖고 있다. 그는 지도자와 지도력에 대하여 다음과 같이 정의하고 있다.

"리더는 여러 사람에게 특별한 영향력을 미칠 수 있는 사람이다. 모든 사람이 적어도 몇몇 사람들에게는 특별한 영향력을 행사하기는 하지만, 그러한 행위를 리더십이라고 말할 수는 없다. 거기에는 반드시 특별한 영향력과 함께 그 대상이 되는 다수의 사람이 있어야 한다. 리더십은 집단상황

---

[1] R. M. Stogdill, *Handbook of Leadership : A Survey of Theory and Research*(New York : Free Press, 1974), p. 259.

하에서 행동에 나타나는 성격이다. 그것은 한 사람의 지배적 성격 특성과 많은 사람의 수용적 성격 특성을 포함한다. 리더십은 한 사람의 특별한 특성과 많은 사람의 다른 특성 사이에서 많은 사람들의 행동방향이 한 사람에 의해 변화되는 것과 같은 상호작용이다."[2]

지도력의 본질적인 기능은 "집단 성원이 가지고 있는 잠재적인 힘을 일정한 방향으로 이끌어서 실현시키는 것이다. 즉 무자각(無自覺), 미조직(未組織), 무방법(無方法) 등의 원인으로 현실화되지 못하고 간직되고 있는 일반 대중 혹은 추종자의 잠재적인 힘 또는 가치를 지적하고 자각시키고 나아가 어떤 방향으로 능동성을 촉발하여 현실화하는 것이다."[3] 지도자가 추종자 집단에 대하여 영향을 미치기 위해서는 추종자 집단이 추구해야 할 목표와 그 목표를 달성할 수 있는 방법을 최종적으로 결정하고, 나아가 그 집단의 규범인 특정한 사회적 규범을 창출할 수 있는 활동이 필요하다.

지도력은 그것을 발휘하는 집단이나 조직의 특성, 그리고 환경의 성격에 따라 다른 양태로 나타난다. 예를 들면 군대는 엄격한 계급 질서 속에서 명령에 따라 움직이는 조직이기 때문에 군 지휘관이나 지휘자가 발휘하는 지도력은 이와 같은 특성을 반영하고 있다. 정치집단은 구성원들의 정치적 욕구를 충족시키고 일반 국민들의 지지와 동의를 획득해야만 존립할 수 있다. 따라서 정치 지도자들은 정당 내부 구성원의 자발적 동원과 국민의 지지를 획득할 수 있는 지도력을 갖추고 있어야 한다. 기업가는 기업조직 내에서 지도력을 발휘한다. 기업가는 기업을 운영하고 이윤을 창출하여 직원과 이사회의 지지를 얻어야 할 뿐만 아니라 크게는 사회 구성원들의 평가에도 관심을 가져야 한다. 종교지도자는 신도들의 신뢰와 추종으로 만들어진다. 신도로부터 이와 같은 신뢰와 추종을 확보하기 위해서

---

2) Emory S. Bogardus, *Leader & Leadership*, 구본식 역,『지도자가 되는 길』(서울 : 호암출판사, 1991), p. 11.
3)『세계철학대사전』, p. 1042.

종교지도자들은 그 종교에서 요구하는 자질과 능력을 갖추어야만 한다. 또한 다른 지도자 유형과는 구별되는 엄격한 도덕성과 윤리의식, 영적 능력, 종교적 카리스마를 필요로 한다.

지도력은 조직의 규모와 그 구성원의 특성에 따라서도 다양하게 발휘될 수 있다. 대규모 조직은 구성원의 수와 영향력의 파급효과가 크기 때문에 그것을 관리할 수 있는 정도의 능력을 필요로 한다. 반면에 소규모 조직의 경우는 지도력의 영향을 받는 대상이 적을 뿐만 아니라 영향력의 범위도 줄어들기 때문에 대규모 조직과는 지도력의 발휘 방법에서 차이가 나타날 수 있다.

지도력의 발휘는 추종자의 특성에 따라서도 영향을 받는다. 추종자가 자율적 판단과 의지로 행동할 수 있는 집단에서 지도자는 이들의 행동을 정신적 구심점이 되어 간접적으로 지원하고 후원하는 지도력을 발휘하는 것이 바람직하다. 반면에 추종자가 수동적이고 강한 규제를 필요로 하는 집단에서 지도자는 강한 통제력을 더 필요로 할 수 있다. 종교집단 내에서의 지도력도 그 종교집단 구성원의 특성에 의한 영향력을 많이 받는다. 불교지도력은 스스로의 수행을 통하여 진리를 찾고 그 수행을 바탕으로 사회에 영향을 준다. 따라서 불교지도자는 불교라는 종교적 환경, 승가의 전통, 그것을 수용하는 사회적 환경과 신도들의 신앙심 등에 의하여 만들어진다고 볼 수 있다.

2. 지도력의 구성요소

지도력이 발휘되기 위해서는 여러 가지 구성요소가 필요하다. 즉 지도력을 발휘하는 당사자, 그리고 지도력에 영향을 받고 추종하는 사람, 지도력 발휘를 뒷받침해줄 수 있는 조직, 지도력이 지향하는 과업과 목표, 그리고 상황과 환경 등의 여러 가지 요소들이 결합되어야만 하나의 성공적인 지도력이 나타날 수 있다.[4] 깁(Cecil A. Gibb)은 이러한 여러 가지 요소들을 정리하여 다음과 같은 다섯 가지 요소들로 구분하였다. 여기서는 불교지도자의 지도력 발휘와 관련된 부분들을 첨언하고자 한다.

1) 지도자

지도자는 지도력을 발휘하는 사람이다. 그렇다면 불교에서 지도력을 발휘하는 사람은 누구인가? 불교 지도력의 가장 중요한 원천은 석가모니 부처님이다. 불교는 부처님의 깨달음과 중생을 구제하고자 하는 원력으로 말미암아 교단으로 성립되어 지금까지 약 2,500여 년 간 유지 발전할 수 있었다. 또한 부처님께서 설하신 각종 가르침들은 사상으로 정립되고 각 국의 문화와 결합되어 다양한 불교문화를 꽃피울 수 있게 되었다. 따라서 불교 지도력의 최고 정점은 부처님이라고 할 수 있다. 부처님께서 멸도를 이루신 이후 불교의 지도력은 진리의 가르침 즉 법(法, Dharma)과 그것을 계승하여 수행하고 실천하는 승가(僧伽, Saṃgha)로 이어지고 있다.

승가는 불교 지도력을 발휘하는 일종의 보이지 않는 조직이다. 승가의 구성원으로서 스님이 현실적인 지도력의 주체가 된다. 불교조직의 정점에는 수행자이면서 성직자 역할을 담당하는 스님이 있는 것이 일반적이다. 그러나 최근에는 스님이 없는 불교조직이 형성되고 있다. 한국불교의 4대 종단 중의 하나로 평가받고 있는 진각종에서는 출가수행자를 인정하지 않고 있다. 반면에 재가수행자로서 수행이 원만한 진언행자를 선택하여 스승으로 삼고 따르고 있다. 즉 재가불교지도자가 스님의 역할을 대신하고 있다. 이러한 현상은 KSGI(세계창가학회 한국본부) 등과 같은 신흥불교조직에서도 나타나고 있다. 이와 같은 예가 아니라 할지라도 재가불자 중에서 불교지도자의 역할을 담당하는 사람들은 많이 있다. 유마경의 유마거사, 승만경의 승만부인 등은 단일 경전으로 언급될 정도로 불교내외

---

4) Cecil A. Gibb, "Leadership : Psychological Aspects," in David L. Sills(ed.), *International Encyclopedia of Social Science*(New York : The MacMillan Company and the Free Press, 1974), pp. 91~93.

적 영향력을 발휘한 재가불자이다.

오늘날 한국 사회에서 불교의 지도력은 승가와 재가불자를 포함하는 사부대중이 만들어가야 한다. 스님은 스님으로서 갖추어야 할 지도력이 있고, 재가불자는 다양한 신도조직을 이끌어 가는 지도력을 갖추어야 한다. 불교를 구성하고 있는 각각의 구성원들이 그 위치에 적합한 지도력을 발휘할 수 있을 때 불교가 발전할 수 있다.

2) 추종자

추종자는 지도자의 영향을 받아 가치관, 행동과 태도 등이 일정한 정향(定向, orientation)을 갖게 된 사람을 의미한다. 추종자는 지도자의 영향력을 수용하는 정도에 따라 다양하게 구분할 수 있다. 추종자 중에서는 지도자를 맹종하는 사람이 있는가 하면 크게 반응하지 않는 사람도 있다. 추종자가 갖는 추종력(追從力, followership)은 지도력, 조직과 환경 등의 요소에 따라 달라질 수 있다. 또한 지도자와 추종자와의 위치는 서로 바뀔 수 있기 때문에 매우 가변적이다.

불교조직에서 추종자는 스님, 우바새 및 우바이, 그리고 신도조직에 속하지 않은 일반인 등을 포함시킬 수 있다. 스님들은 승가의 일원으로서 위로는 부처님의 가르침을 받드는 추종자이며 동시에 신도를 이끌어 줄 수 있는 지도자의 역할을 수행한다. 사부대중에 포함되는 우바새 및 우바이는 오계 및 십선계를 수지하고 재가에서 부처님의 가르침을 실천하는 신도로서 부처님의 추종자이면서 동시에 귀의처로서 승가의 추종자가 된다. 불교에서 신도가 된다는 것은 특정 사찰에 소속하여 삼보를 수호할 뿐만 아니라 그 조직을 발전시키는 데 필요한 역할과 의무를 다한다는 것을 의미한다. 일반인들은 비록 추종자라 할지라도 신도가 행하는 역할과 의무에서 비교적 자유롭다. 이런 사람들은 엄밀하게 불교적 성향을 가진 예비 신도일 뿐 엄밀한 의미의 불자라고 할 수는 없다.

불교지도력은 승가 혹은 불자에 국한되는 것이 아니라 일반 국민 전체로 파급된다. 특히 사회적 인지도가 높고 명망 있는 종단 및 그 지도자일 경우 그 영향력은 매우 크다. 따라서 불교지도력은 신도 중심의 소수의 추종자가 아닌 전체 국민을 이끌어 갈 수 있는 정신적 지도력으로 발휘되어야 한다.

3) 조직

지도력이 발휘되기 위해서는 최소한 두 사람 이상의 관계가 형성되어야 한다. 그리고 이러한 인적 구성은 단순한 나열이나 횡적 인간관계가 아닌 체계적이고 합리적인 조직을 필요로 한다. 초기 단계부터 모든 사람의 지도력이 사회적으로 혹은 국가적으로 영향력을 갖는 것은 아니다. 처음에는 조직 내부의 구성원들 사이에서 영향력이 발휘되다가 조직이 커지고 조직의 활동이 사회적 의미를 지니고 그것이 그 사회 구성원들로부터 폭넓은 지지를 받게 되면서 지도력의 범주는 확대된다. 따라서 조직은 지도력 발휘에 있어서 중요한 요소이다.

불교의 지도력은 불교 조직으로부터 파생된다. 불교 조직은 종단, 교구, 단위사찰을 비롯하여 여기에 부수되어 있는 교육기관, 포교기관, 신행단체, 문화단체 등이 총망라될 수 있다. 이러한 다양한 조직을 이끌어 가는 가장 중요한 조직이 승가조직이다. 승가조직은 비구 및 비구니 스님들로 구성되는 독특한 조직체로 사방승가(四方僧伽)와 현전승가(現前僧伽)로 구성되어 있다. 사방승가는 시공을 초월하여 부처님 재세시부터 지금까지 형성된 모든 승가 구성원들을 총칭하는 표현이고, 현전승가는 특정한 지역사회에서 활동하는 승가조직을 말한다. 현대 사회에서 영향력을 발휘하는 승가조직은 현전승가이다. 그러나 이러한 승가조직은 다시 종단으로 구분되어 종단의 전통에 따라서 그 역할과 활동범위가 달라진다. 승가조직을 보완할 수 있는 조직이 바로 신도조직과 신행단체이다. 신도조직은 특정한 사찰에 소속되어 활동하는 조직인 반면에 신행단체는 특정한 사찰에 소속되어 있지 않고 신도들의 자발적인 결사(結社)로 운영되는 차이가 있다. 불교의 지도력을 극대화하기 위해서는 승가와 재가불자 조직이 상호 유기적인 관계 속에서 운영되어야 한다.

지도력의 발휘가 특정한 조직에 의지하는 바가 큰 것은 사실이다. 그러나 그 영향력이 일정한 범위를 넘어서기 위해서는 조직의 범주에서 벗어나야 된다. 불교의 지도력도 사회적 영향력을 강화하기 위해서는 불교 조직의 울타리를 벗어나야 하며 사회적으로 용인되고 수용될 수 있는 역량을 갖추어야 한다. 그리고 그러한 역량은 사회적 기여도와 평가에서 확보될 수 있다.

4) 과업

지도력은 특정한 개인에 의해 임의로 발휘될 수 있는 것이 아니라 특정한 목표를 실현하기 위한 과업을 통해서 발휘된다. 과업은 지도력 발휘를 통해서 달성하고자 하는 실천 목표라고 할 수 있다. 조직이 추구하는 목표와 그것을 실현하기 위한 과업, 그리고 실현 방법 등이 유기적으로 연계되었을 때 강력한 지도력의 발휘가 가능하다.

불교지도력의 목표는 이 땅에 불국토를 완성하는 것이고, 그 과업은 깨어 있는 불자, 실천하는 불자를 형성하는 것이며, 그 방법은 포교에 있다. 불교지도력의 과업은 그 지도자가 처해 있는 상황에 따라 다르게 설정될 수 있다. 단위 사찰의 주지, 교구 본사의 소임자, 그리고 중앙종무기관의 소임자 등 부과된 임무에 따라 지도자에게 부과되는 과업이 다르다는 것이다. 결과적으로는 불교 전체의 발전에 기여하고 부처님의 가르침을 이 땅에서 실현하는 데 기여하지만 단편적으로만 본다면 지도자의 위치에 따라 다를 수밖에 없다.

5) 상황

지도력은 소속되어 있는 조직이나 집단의 외적, 내적 조건과 과업 달성을 위한 기술적 조건 등에 의하여 결정된다. 이와 같은 조건과 상황은 항상 가변적이다.

  불교지도력이 발휘될 수 있는 상황은 종교적 환경, 승가의 전통, 신도들의 가치관과 행태 등으로 형성된다. 한국의 종교 환경은 20세기 동안 매우 빠르게 다종교 사회로 전환되었다. 다종교 사회에서는 여러 종교의 성직자가 활동하기 때문에 성직자의 지도력을 비교 평가받을 수 있다. 이와 같은 비교는 각 종교 성직자의 지도력에 대한 우월 현상으로 나타나고 그 결과는 특정 종교의 성장과 포교에 큰 영향을 미치게 된다. 성직자의 지도력에 대한 사회적 평가로 발생되는 결과는 단순한 포교 차원에만 머무는 것이 아니라 새로운 성직자의 충원에도 영향을 주고 나아가 종교조직 전체의 발전과 연결될 수 있다. 승가의 전통은 다른 조직에 비하여 보수적이다. 또한 특별한 경우를 제외하고는 사회적인 문제에 대해서는 관심을 보이지 않는 특성을 보인다. 따라서 스님들의 지도력은 종단 외적인 측면보다는 종단 내적인 측면에 더 집중되는 경향을 나타낸다. 70년대와 80년대의 민주화 운동기에 한국의 운동가들은 종교에 의지하려는 욕구가 강했으며, 종교가 자신들의 활동을 적극 지지해 주기를 바랐다. 민주화 운동에 대한 사회적 욕구 분출은 결국 종교에까지 영향을 미쳤으며, 이러한 사회적 욕구에 적절히 대응한 종교들은 활발한 성장세를 보이고 있다.

  신도의 결집력과 추종력은 성직자의 지도력 발휘에 가장 큰 영향력을 미칠 수 있다. 한국 종교 인구 분포 중 천주교인은 6.6%(1995년 인구센서스 조사 결과) 정도로 나타났다. 그러나 천주교 성직자의 사회적 영향력은 다른 다수 종교들에 비하여 더 크게 나타나고 있다. 이러한 현상은 천주교 전래 이후 박해를 받으며 정착하는 과정에서 형성된 신도들의 강한 결집력과 추종력에 기인한 바 크다. 반면에 불교도들은 한국 사회에서 가장 많은 인구분포를 가지고 있음에도 불구하고 종교적 결집력과 추종력은 타종교에 비하여 그다지 크지 않다. 이러한 현실에서 불교지도자들이 지도력을 잘 발휘하기 위해서는 상황적 조건을 유리하게 전환할 수 있는 노력을 전개할 필요가 있다.

III. 지도력 연구의 전개과정과 제이론

1. 지도력 연구의 전개과정

리더십에 관한 연구는 리더십을 활용하고자 하는 조직의 특성에 따라서 다양한 방법으로 전개되어 왔다. 고대 중국이나 서양의 그리스 시대부터 지도자의 리더십에 대한 연구는 활발하게 논의되어 왔다. 고대 중국의 저술인 『육도삼략』, 『한비자』, 『맹자』 등의 저술에는 왕후장상의 지도력 발휘에 관한 내용들이 풍부하게 수록되어 있다. 또한 플라톤의 『국가론』, 마키아벨리의 『군주론』 등에서도 고전적인 지도력 이론들이 포함되어 있다. 이들 저술에서 언급하고 있는 지도자는 국왕이나 그에 버금가는 군주에 해당된다. 그리고 지도력은 이들의 자질과 행동이 국민을 통솔하는 데 얼마나 적합한가를 중심으로 언급되어 있다.

리더십 연구에 있어서 이와 같은 연구 경향은 최근까지도 계속되었다. 소수의 위인을 중심으로 그들이 보통 사람과 다른 특징과 자질이 무엇인가를 찾으려는 시도가 많았다. 19세기 중반 카알라일(T. Carlyle)은 『영웅과 영웅 숭배』[5]에서 유럽의 역사에서 뛰어난 인물들이 지녔던 특성을 도출하려고 노력하였다. 이러한 이론은 일종의 위인이론으로 정리되었으며, 유전론 및 우생학 이론 등과 결합하면서 자질이론에 입각한 리더십 연구의 기반이 되었다.[6]

이와 같은 위인 중심의 리더십 연구가 이론적으로 변화를 겪게 된 것은 조직의 분화와 지도자의 역할 변화에 따른 결과라고 할 수 있다. 19세기 이후 산업사회가 도래하면서 사회는 분화되고 다양한 조직이 생성되기에 이르렀다. 과거 국왕 중심의 단일 국가 조직이 정치행정조직, 기업조직,

---

5) T. Carlyle, *Hero and Hero Worship*(Boston : Adams, 1841) 참조.
6) 이와 관련된 내용은 신응섭 외 5인 공저, 『리더십의 이론과 실제』, 학지사, 1999, pp. 12~15. 등에서 보다 자세하게 살펴볼 수 있다.

교육조직, 종교조직 등 여러 영역으로 분화되면서 각 조직을 이끌어 갈 최고지도자와 중간지도자들이 생겨났다. 이러한 조직 분화는 과거 영웅주의적 지도자 이론만으로는 한계를 내포하게 되었으며, 지위에 의한 리더십보다는 역할과 행동에 따른 리더십 이론을 필요하게 만들었다. 20세기에 들어서면서 심리학 등 사회과학적 연구방법이 발달함에 따라 리더십에 대한 과학적인 연구가 본격화되었다. 리더십에 대한 심리학적 접근방법이 채택되면서 기존의 위인이론에 태도나 성격, 지능 등을 측정하는 기법이 채택될 수 있었으며 그것이 특성이론으로 나타났다. 특성이론은 리더가 가지고 있는 일종의 자질과 독특한 개성이 리더십 발휘에 영향을 미친다는 이론이다. 일반적으로 리더는 보통 사람과 구별되는 용기, 지혜, 인격 등을 소유하고 있다고 믿고 있으며, 이러한 자질을 소유한 사람들이 존경을 받을 수 있다고 생각해 왔다. 1869년 갈톤(Francis Galton)은 "리더의 자질은 타고난다"라는 주장과 함께 리더의 결정요인으로 유전적 요인을 지적하였다.[7] 그러나 리더와 추종자 사이에 특성을 구별할 만한 객관적 자료를 모으기 어렵고 여러 가지 연구 결과들이 일관성 있는 결론으로 유도되지 못하는 문제에 직면하게 되었다. 조직의 규모를 축소하여 보면 리더는 평범한 보통 사람들 사이에서 배출되기 때문에 리더와 추종자가 본질적으로 다른 것은 아니기 때문이다.

특성이론으로 한계에 직면한 리더십 연구는 리더의 행동에 대한 연구로 관심이 전환되었다. 즉, 리더의 내적 특성과 리더의 외적 행동에서 성공적으로 리더십을 발휘할 수 있는 방안이 모색되기에 이르렀던 것이다. 효과적인 리더십 행동에 관한 연구는 1940년대 후반 오하이오 주립대학에서 시작되었다. 이 연구에서는 "효과적인 리더십 행동이 무엇인가"를 찾아내기 위한 질문지를 개발하였다. 이 질문지에서는 리더의 행동을 크게 부하에 대한 배려와 업무선도 능력을 중심으로 조직의 대표성과 통합능력,

---

7) Francis Galton, *Hereditary genius ; An inquiry into its laws and consequences*, London : Macmillan, 1869(Paperback edition by Meridian Books, New York, 1962) 참조.

불확실성에 대한 참을성, 미래 예측의 정확성, 구성원에 대한 설득력 등의 문항 등을 포함시켰다. 이러한 연구 결과 레윈과 리피트, 그리고 화이트 등은 리더의 태도 유형을 독재형, 민주형, 자유방임형 등으로 구분하였다.8) 행동이론은 맥그리거(D. MaCgregor)가 제시한 X이론과 Y이론을 중심으로 한 행태론적 리더십론으로 구체화되었다. 맥그리거는 효과적인 리더십을 발휘하는 리더는 일관성 있게 사용하는 독특한 행동유형이 있는데 조직을 민주적으로 이끌어 갈 수 있는 방법으로의 전환이 필요하다고 주장하였다.9)

리더의 행동이론 또한 1960년대 후반에 이르러서는 또 한번 비판에 직면하게 되었다. 그것은 '모든 상황에서 성공적일 수 있는 리더의 특성과 행동적 요인은 있을 수 없다'는 지적 때문에 나타났다. 상황이론에 대한 최초의 과학적 연구자는 피들러(Fred E. Fielder)였다. 그는 "한 사람의 리더십 유형은 그 사람의 퍼스낼리티를 반영하는 것이기 때문에 그것은 변하지 않고 지속된다"고 보았다. 그리고 지도력의 유형이 과업지향적인가 관계지향적인가를 결정하는 것은 특정 상황이 리더십 유형과 일치하느냐의 여부에 의하여 영향을 받고 있다고 주장하였다.10)

상황이론에 대한 또 하나의 주목할 만한 연구는 탄넨바움(Robert Tannenbaum)과 슈미트(Warren Schmidt)에 의하여 이루어졌다. 이들은 지도력의 유형에 영향을 주는 요인으로 관리자, 부하직원, 상황 등 세 가지 변수를 설정하고, 이러한 세 가지 영향에 의하여 지도자의 행동은 보스지향적 리더십에서 종업원지향적 리더십으로 이르는 7가지 유형으로 구분할 수 있다고 주장하였다.11) 상황이론은 이후 조직 관리자가 특정한 상황

---

8) Kurt Lewin, Ronald Lippitt, & Ralph White, *Pattern of aggressive behavior in experimentally created social climates*, Journal of Social Psychology, 10, pp. 271~301.
9) Douglas MaCgregor, *The human side of enterprise*(New York McGaw-Hill, 1960) 참조.
10) Fred E. Fielder, "The Contingency model : A reply to Ashour," *Organizational Behavior and Human Performance*, 9, 1973, pp. 356~358.
11) 권기성·최진석, 『리더십』(서울: 형설출판사, 2000), pp. 22~24. 참조. 여기서는 리더십 행태의 연속체를 독재형 스타일에서 참여형 스타일로 나누고 두 스타일의 결합 정도에

에서 어떤 지도력을 발휘하는지 등에 대한 연구로 이어졌다. 이러한 연구는 대부분 기업조직을 중심으로 진행되었다.

최근의 리더십 연구 경향 중에서 주목할 만한 연구는 집단효과성 리더십, 변환적 리더십, 카리스마적 리더십 등 세 가지로 나누어 볼 수 있다.

첫째는 집단효과성 모델로 집단이 효과적으로 목적을 달성하는 데 기여할 수 있는가를 중심으로 지도력을 분석하는 연구이다. 집단효과성은 일종의 시스템이론에 입각하여 투입과 전환 및 산출과정을 통해서 조직 목표달성의 효과성을 검증하는 방법이다. 이 이론은 조직의 각 구성원들이 최선을 다하도록 집단을 설계하고 직무를 부여함으로써 리더가 고객이 수용할 수 있는 집단의 목표를 달성할 수 있다고 주장한다. 집단효과성 모델을 제시한 학자는 해크만(Hackman, 1990)과 지네트와 오스틴(Ginnett & Austin, 1992) 등이 있다. 집단 효과성 이론에 따른 리더십은 지도자와 추종자를 뚜렷하게 구별할 만한 요소가 없으며, 지도력이 다른 영향력과 구분할 수 있는 명백한 기준도 제시하지 못하는 문제를 내포하고 있다. 다만 집단효과성 이론은 조직 전체의 목표달성 과정에서 리더에게 부과된 역할이 일정한 형태의 지도력으로 분류될 수 있을 정도의 의미를 지니고 있다.

둘째, 변환적 리더십은 "한 개인의 지도력에 대한 연구가 아니라 조직 내의 여러 수준과 하위 조직의 여러 리더들의 행동이 포함된 조직 전체의 리더십 과정"을 의미한다. 변환적 리더십 번즈(Burns, 1978)와 바스(Bass, 1985) 등에 의하여 연구되었다. 번즈는 리더십을 변환적 리더십과 거래적 리더십으로 구분하고 변환적 리더십은 "지도자와 부하가 서로 동기 부여와 도덕성을 보다 더 높은 수준으로 높일 수 있도록 상호작용을 할 때 발생하는 것"으로 규정하였다. 변환적 리더는 인본주의, 평화, 평등, 정의, 자유와 같은 높은 수준의 도덕적인 가치와 이상에 호소하여 부하들의 의식을 더 높은 단계로 끌어올리는 역할을 수행한다. 반면에 거래적 리더십

따라 7가지 유형으로 구분하여 설명하고 있다.

은 지도자가 부하들의 개인적인 관심에 호소함으로써 동기화를 시도하는 유형으로 회사 조직의 상위 리더들은 직무에 대한 노력과 보수 지위 등을 교환하는 형식으로 나타난다.12) 바스는 번즈가 구분한 변환적, 거래적 리더십에 카리스마적 리더십 유형을 더하여 구분하고 변환적 리더십에 필요조건으로 카리스마, 지적인 자극, 개인적인 배려 등을 지적하였다. 바스는 "지도자는 궁극적으로 추종자의 이해관계를 떠나서 추종자들의 동기를 자극하고 참여를 증대시키는 사람"으로 정의하고, "변환적 지도자는 부하들에게 과제의 결과에 대한 가치나 중요성을 상기시키거나 부하들의 고차원적인 욕구를 자극하거나 부하들이 조직을 위하여 개인적인 관심을 초월하도록 유도함으로써 부하들을 변환시키는 역할을 수행한다"고 주장하였다.13) 변환적 리더십은 구성원들의 시각을 조직 내부의 목표달성에 국한시키는 것이 아니라 인생과 삶의 보다 궁극적인 목표, 즉 미시적 시각에서 거시적 시각으로 전환시킴으로써 그 속에서 추종자적 에너지가 발생하도록 하는 장점을 가지고 있다. 그러나 모든 사람들이 보다 큰 이상적 목표를 위하여 현실을 감내하거나 현실적 욕구를 포기하는 행동에 동참할 수 있는 것은 아니기 때문에 오늘날의 경제적 가치가 지배하는 기업 조직 등에서는 적용되기 어려운 단점이 있다. 변환적 리더십은 종교조직과 같은 절대적 이상이나 궁극적 가치를 추구하는 집단에서 활용할 가치가 있는 이론이라고 할 수 있다.

셋째, 카리스마적 지도력은 베버(M. Weber)가 세 가지 유형의 권력시스템 즉, 전통적·법률-합리적, 카리스마적 유형으로 분류하면서 연구가 본격화되었다. 여기서 카리스마적 지도자는 초인적 자질을 소유하고 사회의 전통이나 신념 그리고 법률 등과는 무관하게 사회의 격동기나 위기가 발생하는 시기에 등장하는 인물로 베버는 묘사하였다. 이와 같은 주장에 대하여 많은 학자들이 '카리스마적 리더십의 출현은 사회적 상황에 의하

---

12) J. M. Burns, *Leadership*(New York, Harper & Row, 1978) 참조.
13) B. M. Bass, *Leadership and performance beyond expectations*(New York : Free Press, 1985) 참조.

여 결정된다'거나 '리더의 비범한 자질로 인하여 카리스마적 권력이동이 형성된다'는 비판을 가하였다. 즉, 카리스마적 지도력은 지도자의 자질론이나 상황이론과 차이가 없다는 비판이다. 그럼에도 불구하고 카리스마적 지도력에 대한 독자적인 연구는 오늘날에도 계속되고 있다. 카리스마적 리더십은 리더와 추종자, 상황 등 세 가지 요소가 결합될 때 발휘될 수 있다. 리더는 미래지향적 비전을 제시하고, 웅변가적 기술, 확고한 자기확신 및 도덕적 신념으로 무장된 이미지 형성, 추종자와의 정서적 관계 형성 등의 기술을 가지고 있어야 한다. 추종자는 리더가 제시하는 비전에 대한 자기 동일시, 리더에 대한 자의적 복종과 권력 위임의 정서 등의 특성을 지니고 있어야 한다. 그리고 지도자와 추종자의 관계가 형성될 수 있는 직무의 상호의존적 위기상황이 존재하여야 한다.[14] 초기 카리스마적 지도력 연구가 초인적 지도자의 절대적 영향력에 초점을 맞추었다면 현대 학자들이 연구하고 있는 문제는 카리스마적 지도자를 선발 또는 훈련시킬 수 있는가에 관심을 기울이고 있다.

지도력 연구에 있어서 관심을 가질 만한 또 하나의 연구자가 있다면 코비(Stephen R. Covey)와 블레인 리(Blaine Lee)를 들 수 있다. 코비는 리더십 문제를 "인간 개인의 내면적 변화를 가져옴으로써 개인의 승리가 이루어지고, 독립성으로 연결되며, 나아가서 대인관계의 승리를 통한 상호의존성을 확보하는 창조적 관계의 회복"에 두었다. 그래서 바른 원리 중심으로 삶을 영위하게 되면 그것 자체가 삶에 대한 내면적인 변화가 이루어질 수 있으며, 이러한 논리 속에서 "원리 중심의 지도력(principle-centered leadership)"을 제시하였다.[15]

원리 중심의 리더십은 '삶의 중심원리'와 이와 대칭되는 구조적 중심원리를 찾아내고 이를 바탕으로 원리 중심적 지도력의 패러다임(PCL

---

14) 권기성·최진석, 앞의 책, pp. 174~197의 내용을 참고하면 최근에 연구되고 있는 카리스마적 리더십에 대한 더 구체적인 사항을 이해할 수 있다.
15) Stephen R. Covey, *Principle-Centered Leadership*(New York : Simon & Schuster, Fireside Book, 1992), pp. 13~20.

Paradigm)을 추출하였다. 이 패러다임에서는 조직 구조를 개인적(personal) 차원, 대인적(interpersonal) 차원, 관리적(managerial) 차원, 조직적(organizational) 차원으로 구분하고 각각의 차원에 대한 중심원리로 개인적 신용(trustworthiness), 신뢰도(trust), 능력부여(empowerment), 업무 조정(alignment) 등을 제시하였다.

블레인 리는 지도자와 추종자 사이에 근본적인 차이가 있는 것이 아니라 누구나 자신의 의지대로 그 역할을 선택할 수 있다는 가정 하에 원칙 중심의 지도력을 제시하였다.[16] 블레인 리는 "지도력이 있는 사람이 될 것인지 무력한 사람이 될 것인지를 결정하는 것은 자기 자신이며, 다른 사람에게 영향을 미치는 능력은 사회적 지위와 무관하며 궁극적으로 어떤 행동을 하는지에 달려 있다"라고 주장하고 있다. 그는 또한 지도력의 유형을 강압적 지도력, 실리적 지도력, 원칙 중심의 지도력으로 구분하고 각각은 추종자로부터 두려움, 보상심리, 존경심 등을 유발한다는 생각을 전개하였다. 그는 존경을 얻는 방법으로 설득력, 인내심, 상냥함, 학습력, 수용력, 친절함, 지식, 자제력, 일관성, 성실함 등 10가지 원칙을 제시하였다. 브레인 리의 주장은 철저한 과학적 합리성을 지니고 있는 것은 아니지만 지도력과 추종력 사이에 새로운 관계를 설정하고 특히 지도력의 발휘는 스스로 선택하고 연마할 수 있다는 점에서 고려할 만한 가치를 지니고 있다고 생각된다.

2. 불교지도력의 제이론

앞에서 언급한 바와 같이 지도력은 그것을 구성하는 요소의 결합 양태에 따라서 다양하게 나타난다. 이렇게 다양한 지도력의 제유형을 하나의 이론을 중심으로 연구하는 데는 많은 제약이 따른다. 그러나 지도력은 연구자들

---

16) Blaine Lee, *The Power Principle*, Franklyn Covey Co., 1997, 장성민 역, 『지도력의 원칙』, 김영사, 1999 참조.

의 개념 설정과 방법적 선호에 따라 여러 가지 다르게 연구되어 왔다.

1) 특성이론

초기에 리더십을 연구하는 사람들의 관심은 영웅들이 가지고 있는 독특한 특성이 무엇인가에 많은 관심을 가졌었다. 일반적으로 "리더, 즉 지도자는 특별한 자질을 보유하고 있으며 보통 일반 사람과는 달리 독특한 인간적인 특성과 성품을 지니고 있을 것"으로 생각하는 경향이 많았던 것이다. 이러한 관점을 가진 리더십 연구자들은 다양한 지도자들이 공통적으로 지니고 있는 특정한 자질을 측정할 수 있는 방법과 기술을 개발하는 것을 주된 연구대상으로 삼았다. 이와 같은 리더십 연구방법들을 포괄적으로 리더의 특성이론(特性理論, traits theory)으로 분류한다.

특성이론의 관점에서 리더십을 연구하는 학자들은 일반적으로 대상이 되는 지도자를 사회를 이끌고 가는 "위대한 영웅(great man)" 혹은 그에 준하는 사회적 지도자에 초점을 맞추고 있다. 이러한 사고는 토마스 카알라일(Thomas Carlyle)의 영웅관에 영향을 받고 있다. 그는 "인류의 역사는 소위 위대한 사람에 의하여 이루어졌고, 이들은 리더로서 모든 인류가 얻고 싶어하는 것을 창조해 내는 사람"[17)]이라고 언급하였다. 이렇게 '영웅'이나 '위대한 사람'의 일대기를 통하여 그들이 발휘한 리더십의 특성과 자질이 무엇인가를 찾는 것은 초기 리더십 연구에서 매우 중요한 과제가 되었다.

리더의 자질을 연구하는 과정에서 학자들은 리더의 자질 중에서 어떤 특정한 요인들이 가장 빈번하게 나타나고 있는가를 추출하는 방법을 찾기 시작하였다. 리더의 자질을 찾아내는 데 사용된 방법들은 다음과 같다.

첫째, '집단행동에 대한 관찰법'은 한 집단의 행동이 진행되고 있는 과정에서 어떤 사람이 집단을 이끌어 가면서 리더십을 발휘하는가를 밝혀

---

17) Thomas Carlyle, *Hero and Hero Worship and the Heroic in History*(New York : A. L. Burt Company, 1980) 참조.

내는 것이다.

둘째, '동료들에 의한 선택 및 추천'은 조직구성원들로 하여금 자기들의 리더로서 어떤 특정인을 선택하게 하여 이름을 기술하게 하며 더 나아가 그들이 원하는 가장 바람직한 특성을 기술하게 한다.

셋째, '리더의 직위에 있는 사람들에 대한 평가법'은 현재 중대한 책임이 있는 위치에서 직무수행을 하고 있는 관리자들에 대한 분석방법이다.

넷째, '경력 분석법'은 리더의 지위에 있는 사람의 성장과정상의 행동과 자질, 오늘날의 위치에서의 특성을 가지고 있는가를 분석하는 방법이다.

다섯째, '자질요인 기술방법'은 집단의 구성원들에게 리더십을 발휘하는데 어떤 요인들이 가장 중요하다고 생각하는가를 기술하게 하는 것이다.

이와 같은 전통적인 방법에 의하여 리더의 특성을 도출해 본 결과 다음과 같은 결과를 볼 수 있다.

첫째, 일반적으로 리더십의 지위를 가지고 있는 사람은 부하들보다 지적 능력, 학구적 성향, 책임 완수력이 강하며, 사교적이며 활동적이고 사회·경제적인 지위를 누리고 있다.

둘째, 리더에게 요구되는 특성은 진취성, 일관성, 전문지식, 자신감, 통찰력, 협동성, 적응성, 그리고 설득력 등이다.

셋째, 리더가 자질을 가지고 있다고 할지라도 자동적으로 리더십을 발휘하는 것이 아니라 리더십의 유효성은 당연히 상황의 요청에 의하여 크게 좌우될 수 있다.

리더의 특성에 관한 연구자 중에서 주목할 만한 학자는 스톡딜(R.M. Stogdill)이다. 그는 1949년부터 1970년까지 많은 연구를 통해서 리더의 특성을 연구하였다. 리더십의 특성이론에 대한 많은 비판에도 불구하고 '리더의 특성'을 전적으로 부정하기 어렵다는 것이 그의 생각이었다. 그는 리더가 지니고 있는 특정한 자질이 리더십의 효과성을 더 증진시켜 줄 수 있다고 지적하면서 주요 특성을 신체적 특징, 사회적 배경, 지적 능력, 개성, 과업수행 요인, 사회관계 요인 등 7가지 요인으로 설명하였다.[18]

불교지도자가 갖추어야 할 자질은 일반 사회지도자의 자질과는 근본적으로 다른 차원에서 접근할 필요가 있다. 불교지도자의 자질은 내적으로 갖추어야 할 자질과 외적으로 갖추어야 할 자질을 구분하여 설명할 필요가 있다.

내적 자질은 정신적 자질을 말한다. 불교지도자의 정신적 자질은 수행을 통한 자기 정화와 타인에 대한 한없는 자비심을 베풀 수 있는 특성을 말하는 것이다. 불교지도자는 추종자를 억압이나 강요, 권력이나 권한을 행사하는 일반 지도자와는 근본적인 차이를 가지고 있어야 한다. 즉 자신의 내면적 성찰 및 깨달음의 추구와 그로 인하여 체득하는 지혜를 타인과 공유하고 관점과 행동의 변화를 유도하는 역할을 한다. 따라서 불교지도자의 내적 자질은 순수한 출가 동기, 자타를 구분하지 않는 동체대비심, 사회의 윤리와 도덕적 가치기준을 포괄하면서 정토사회를 만들어 가려는 의지와 행동능력을 통해서 갖추어질 수 있다.

외적으로 갖추어야 할 자질은 율장에서 출가의 자격으로 규정하고 있는 내용들과 관련이 있다. 율장에서는 출가하기 위하여 부모의 허락을 받지 못하였거나 남에게 부채가 있거나 고용주의 허락을 얻지 못한 피고용인, 현역중인 관리나 군인, 완전한 남자가 아닌 자, 그리고 신체상의 결함이 있거나 부모와 성자 아라한을 죽인 적이 있는 자 등은 승가의 일원이 될 수 없다고 못박고 있다.[19] 율장에서 이와 같이 출가자의 외적 기준을 규정하고 있는 것은 정신적 지도자로서의 흠결이 있을 경우 재가불자를 제도하는 데 큰 장애요인이 발생하기 때문으로 생각한 때문이다. 반면에 재가불자로서 우바새 및 우바이에 대한 제한 규정은 없다. 출가수행자나 재가불자를 막론하고 불교지도자로 활동하기 위해서는 정해져 있는 계율을 준수하고 불교에 대한 확고한 신심과 실천 수행 및 지혜력을 갖추어야만 한다.

---

18) R.M. Stogdill, "Personal Factors Associated with Leadership : A Survey of the Literature," *Journal of Psychology* (1948, 25), pp. 35~71.
19) 佐藤密雄 著, 崔法慧 譯, 『律藏』(서울: 동국역경원, 1994), pp. 28~29.

유마경에서는 '보살대사(菩薩大士)'라는 이름으로 불교지도자가 갖추고 있는 자질로 해석할 수 있는 내용을 다음과 같이 기술하고 있다.[20]

첫째, "신통력을 크게 닦아 헛된 세상을 벗어났으며, 부처님의 가피를 입은 자들로서 법이라 불리는 성의 수호자가 되어 그것을 잘 지켰으며, 대사자후의 주인공으로서 그 소리는 사방을 두드렸다. 청하지 않는데도 모든 사람들에게 기꺼이 좋은 벗이 되어 주었으며, 삼보의 맥을 그르치지 않는 이들로서 악마와 적군들을 엄단하고 반론으로 덤벼드는 자들을 정복하였다."

이 구절은 보살로서 삼보를 호지할 수 있는 자세와 능력을 갖추고 있어야 함을 강조한 것이다. 즉 불교지도자는 부처님의 가피력을 바탕으로 삼보의 수호자로서 그 가르침에 능통하여 어떤 외부의 교리적 공격도 막아낼 수 있는 자질과 능력을 갖추어야 함을 강조하고 있는 것이다.

둘째, 유마경에서는 "사념과 이지와 이해와 삼매와 다라니와 변재를 완성하고 모든 장애와 그 근원을 훌쩍 뛰어넘어 해탈 가운데 평안히 머물며 능숙한 말솜씨로 설법을 멈추지 않았다."라고 기술하고 있다.

이 구절에 따르면 불교지도자는 변재를 완성하고 설법할 수 있는 능력을 갖추어야 한다. 불교지도자는 교리를 완벽하게 이해하고 깨달음을 얻어 그것을 대중들에게 설명할 수 있는 능력을 갖추고 있어야 한다는 점을 제시하고 있다.

셋째, "보시를 행하고 규율과 억제와 일관성이라는 세 가지 계를 지키고 인내력을 지녔으며, 정진 노력하고 선정을 닦았으며, 최고의 지혜를 성취하고 방편에 능했으며, 서원이 굳고 선을 능히 실천했으며, 또한 열 가지 바라밀다를 닦아 신통자재한 앎을 완성하였으며, 참된 존재는 지각을 초월하여 더욱이 본래부터 나지도 않는다는 사실을 확인하였다."

이 구절에서는 보시, 지계, 인욕, 정진, 선정, 지혜의 바라밀을 행할 수

---

20) 박용길 역, 『유마경』(서울: 민족사, 1999), pp. 14~16.

있는 자질을 요구하고 있다. 불교지도자는 모든 존재가 평등하고 참된 가치를 지니고 있다는 사실을 깨닫고 육바라밀행을 통하여 구제의 원력을 확고히 갖추어야 한다.

넷째, "어떠한 집회에서도 대중의 힘에 위축되지 않고 늘 당당했다. 깨달음의 발판이 되는 덕과 지혜를 크게 길렀으며, 전신에 걸쳐 뛰어난 상호를 지녔으며 그 완벽한 아름다움은 굳이 세간의 장신구를 두를 필요가 없었다."

이 구절에 따르면, 불교지도자는 어느 자리에서도 모든 대중을 감화시킬 수 있는 덕과 지혜 및 상호를 지니고 있어야 한다는 점이다. 불교지도자는 당당하고도 확고한 신념으로 불타의 가르침을 전하고 감화시킬 수 있는 자질을 갖추어야 한다.

다섯째, "수미산만큼 명성 또한 높았으며, 고귀한 원력은 금강석처럼 견고하여 불법승 삼보에 대해 흔들림 없는 믿음을 가졌으며, 법보의 빛을 밝히고 감로의 비를 내렸으며, 모든 사람들의 언어와 말투에 능통하여 온갖 종류의 소리와 아름다운 음성을 지녔다."

이 구절에 따르면, 불교지도자는 삼보에 대한 불퇴전의 믿음을 가지고 있으면서 그 믿음을 공유하게 할 수 있는 전달자로서의 자질을 갖추어야 한다는 점이다. 다양한 언어 구사 능력과 상대방이 아름답게 들을 수 있는 진실한 음성도 불교지도자가 갖추어야 할 자질이다.

여섯째, "그들은 깊은 연기의 법을 잘 이해하였으며, 유한하다거나 무한하다는 따위의 판에 박은 듯한 생각의 고리를 모두 끊었으며, 두려움이 없는 법을 설하매 사자후 같았고 위대한 법을 펼치매 우뢰와도 같았으며, 비교가 될만한 것과 비교조차 할 수 없는 모두를 초월하였으며, 법의 보물인 지혜와 덕을 쌓아 모든 상인들의 뛰어난 우두머리였다."

이 구절에 따르면, 불교지도자는 낮은 수준에서 이해관계를 조정하는 조정자 혹은 관리자 수준의 자질에서 벗어나 자유자재하게 진리를 전파할 수 있는 최상승 수준의 자질을 갖추어야 한다는 점이다. 즉, 불교의 사상과 철학을 제시하여 중생들이 그것을 믿고 따라 수행함으로써 더 큰 지혜를 얻을 수 있도록 이끌어 줄 수 있는 정신적 지도자여야 한다.

2) 행위이론

행위이론은 지도자의 자질과 특성만을 가지고는 그 본질을 명확하게 분석할 수 없는 단점을 고려하여 새롭게 보완된 지도력 이론이다. 지도자의 행위이론은 특정한 행동 패턴이 지도력 행사의 성패를 결정한다는 가정 아래 지도자가 반복적으로 나타내는 행동양식을 분석하는 데 초점을 맞추고 있다.

행위이론에서 오랫동안 관심을 집중시켰던 내용은 지도자의 업무에 대한 관심과 사람에 대한 관심도를 기준으로 '과업지향형'과 '인간관계지향형'을 구분하는 것이다. '과업지향형'은 지도력을 발휘하는 행동 패턴이 목표 달성이라는 과업의 성취 쪽에 비중을 두는 반면에 '인간관계지향형'은 인간관계의 조정을 통하여 목표달성에 접근해 가려는 행동을 보인다. 이 두 지도력의 유형이 갖고 있는 특징을 표로 정리하면 다음과 같다.

과업지향형	인간관계지향형
① 수행해야 할 직무를 계획·정의한다.	① 구성원들을 따뜻하게 대하며 우호적 인간관계를 유지한다.
② 업무책임을 부여한다.	② 다른 사람의 감정을 존중한다.
③ 직무기준을 명확하게 설정한다.	③ 다른 사람의 욕구에 민감하게 반응한다.
④ 업무 완수를 촉구하며 결과를 통제한다.	④ 상호간의 신뢰를 존중한다.

지도자가 지도력을 발휘할 때는 이와 같은 두 가지 특성 중 어느 하나만을 선택하는 것이 아니라 정도의 차이는 있지만 결합적 특성을 취하게 된다. 이러한 결합 상태를 기준으로 독재적 또는 지시적, 지원적 또는 인간관계적, 참여적 또는 민주적, 자유방임적 또는 무관심적인 지도력 등으로

구분할 수 있다.

독재적 혹은 지시적 지도력을 행사하는 지도자는 사람에 대한 관심은 적고 업무에 대한 관심을 많이 가지며, 대부분의 의사결정을 직접 내리고 지시하며, 명령이 제대로 수행되기를 기대한다.

지원적 또는 인간관계적 지도력은 사람에 대한 관심은 높은 반면에 업무에 대해서는 상대적으로 적은 관심을 나타낸다. 이러한 유형의 지도자는 따뜻한 인간관계를 중요시하며 갈등을 피하고 의사결정에서 조화를 추진한다.

참여적 또는 민주적 지도력은 업무와 사람에 대하여 모두 높은 관심을 보이는데, 이러한 유형의 지도자는 의사결정을 여러 사람과 공동으로 하고, 참여를 고무시키며, 다른 사람의 업무수행을 도와준다.

무관심적 또는 자유방임적 지도력은 인간과 업무에 대해 모두 낮은 관심을 보이며, 이 유형의 지도자는 대부분의 의사결정을 집단에 맡기고 업무의 진행이나 그 결과에 깊은 관심을 갖지 않는다.

미시간 대학의 리커트(R. Likert) 교수와 그 동료 연구자들은 30년 동안 지도자와 관리자의 리더십에 대해 연구하면서 효과적인 지도력을 발휘할 수 있는 관리시스템을 제시하였다. 이들의 연구에 따르면 유능한 관리자는 "구성원 중심적 성향이 강하고 전체 구성원이 한 조직 단위로 기능할 수 있도록 전체적인 커뮤니케이션에 의존하는 사람"으로 분류하였다. 즉, "모든 집단 구성원들이 타인의 일반적인 욕구, 가치관, 포부, 목표 및 기대를 서로 공유하여 알게 됨으로써 협조적이고 지원적인 태도를 취하게 만들 때 지도력이 성공적으로 발휘될 수 있다"고 보았다. 리커트는 "지도력의 가장 효과적인 방법은 사람들의 동기를 자극할 수 있는 가치관과 목표를 공유하는 것"이라고 주장하면서 효과적인 동기부여 방법을 모색하기 위하여 다음과 같은 네 가지 관리시스템을 제안하였다.[21]

---

21) R. Likert, *New Patterns of Management*(New York : McGraw-Hll Book Co., 1961) 참조. 지도자의 행위가 집단구성원이나 추종자의 동기, 만족, 실적에 어떤 영향을 주는가에 대한 기준

첫째, '착취적-권위적(exploitive-authoritative)' 시스템으로, 이러한 관리자는 고도로 독재적이고, 아랫사람들을 거의 신뢰하지 않으며, 공포 및 처벌과 함께 때때로 보상을 통해 사람들에게 동기부여를 하며, 하향식 커뮤니케이션을 채택하고, 의사결정을 최고 경영층에 한정하고 있다.

둘째, '온정적-권위적(benevolent-authoritative)' 시스템으로 이 유형의 관리자는 아랫사람에 대한 믿음과 신뢰를 옹호하며, 포상으로 동기부여를 하되 약간의 공포와 처벌도 병행한다. 또한 어느 정도 상향식 커뮤니케이션을 허용하고, 아랫사람들로부터 아이디어나 의견을 구하며, 의사결정에 대한 어느 정도의 권한을 아랫사람에게 위양하면서도 엄격한 방침에 의한 통제를 실시한다.

셋째, '협의적(consultative)' 시스템으로 이러한 관리자는 부하들을 완전히 신뢰하지는 않지만 상당한 정도의 믿음을 가지며, 통상 부하의 아이디어나 의견을 활용하려고 노력한다. 또한 때로는 처벌을 행하면서 동기유발에 대해, 참여에 대해 포상을 하며, 커뮤니케이션에 있어서는 상향식 및 하향식 모두를 채택한다. 또한 광범위한 방침과 전반적인 의사결정은 최고 경영층이 하지만 세세한 사항에 대해서는 하위직에서 의사결정이 이루어지도록 허용하며, 그 밖의 다른 방식에 있어서도 협의하는 식으로 행동한다.

넷째, '참여적-집단적(participative-group)' 시스템으로 여기에 속하는 관리자는 모든 면에서 부하에 대하여 완전한 믿음과 신뢰를 갖고 있으며, 항상 구성원들로부터 아이디어와 의견을 구하고 이를 건설적으로 활용하며, 목표설정 및 목표를 향한 진도평가 등과 같은 분야에 그 집단이 얼마나 참여하고 관여했는지에 기초를 두어 경제적 보상을 하며, 상하향식 커뮤니케이션과 동료간의 커뮤니케이션에 공히 개입한다. 또한 의사결정은

으로 하우스(Robert J. House)와 미첼(Terence R. Mitchell) 등은 지휘적 리더십, 지지적 리더십, 참여적 리더십, 성취지향적 리더십 등으로 구분하였다. Robert J. House and Terence R. Michell, "Path-Goal Theory of Leadership," *Journal of Contemporary Business*, 1974, pp. 81~97.

조직 전체를 통하여 이루어지도록 장려하고 그 밖의 활동에 있어서도 그들 속에서 그리고 구성원들과 하나의 집단으로서 함께 운영해 나간다.

리커트는 일반적으로 집단을 운영하는 데 있어서 가장 효과적인 방안으로 네번째 모델을 제시하였다. 그는 구성원 전체의 참여와 쌍방향적인 의사전달, 효율적인 목표관리 등이 지도력을 성공적으로 발휘할 수 있는 요소로 생각하였다.

불교지도자는 교단의 승가나 종단 혹은 각종 공적 사적 조직과 단체를 통해서 영향력을 행사하기 때문에 특정한 상대방을 대상으로 행하는 바람직한 행동이 필수적으로 요구된다. 행위이론의 관점에서 볼 때 불교지도자가 행할 수 있는 지도력은 종단 조직 운영의 측면과 일반 신도와 시민을 대할 때 달라질 수 있다. 종단조직을 운영하는 데 필요한 불교지도자는 참여적이고 민주적인 행동을 필요로 한다. 이것은 불교의 전통적인 의사결정과정에서 사용되고 있는 갈마법(羯磨法)22)에서 정확하게 제시하고 있다. 갈마법은 승가의 모든 비구가 동격동권으로 행사집행이나 결정 혹은 결의에 참여하고 전원화합, 전원찬성으로 성립된다. 갈마법은 승가조직에서 참여적 의사결정을 보장하는 계율이며 민주적 운영의 원리가 되고 있다.

현대적 관점에서 연구된 행위이론은 적극적인 역할을 강조하는 방향으로 연구되고 있다. 듀마인(Dumaine)은 관리자의 역할 변화에 따라 여러 가지 형태의 새로운 지도력을 요구하고 있다고 주장하였다. 그에 따르면 새로운 관리자는 조직 내에서 구성원을 지원하고, 시장변동에 대응하는 조직구조로의 전환, 의사결정의 참여 유도, 정보 공유, 관리 능력 숙달 등의 활동을 필요로 한다. 듀마인은 이러한 특성을 근거로 교육관리자, 부흥관리자, 급진관리자, 무전관리자, 인간관리자 등으로 분류하였다.23)

---

22) 갈마(kamma)는 변사(辯事) 혹은 작법(作法)이라고도 번역하는데 형식으로는 단백갈마, 백이갈마, 백사갈마 등 삼종이 있으며, 결정 내용의 중요도에 따라 그 형식을 정하게 되어 있다.
23) B. Dumaine, "The New Non-manageer Managers," Fortune, February 22, 1993, pp. 80~84.

교육관리자(socratic manager)는 구성원들이 업무에 자신감을 갖도록 교육, 훈련, 고무, 확신 등의 역할을 수행하며 구성원들이 스스로의 길을 찾아가도록 유도한다. 개방관리자(open manager)는 모든 정보를 조직구성원들에게 공유할 수 있게 하며, 특히 보수의 공개를 통하여 불공평 문제를 해결하려고 한다. 부흥관리자(renaissance manager)는 조직의 부흥에 기여하기 위하여 폭넓은 지식과 기술을 가지고 있는 동시에 직원들의 업무, 기술, 욕구 등에 대한 철저한 이해를 필요로 한다. 부흥관리자는 직원들에 대한 직접적인 권한이 없을 때 존경을 받을 수 있으며, 영업, 마케팅, 제조, 재정 등의 분야에서 능력을 발휘할 수 있다. 급진관리자(radical manager)는 급격하게 변동하는 시장 환경에 대응하기 위하여 나타난 지도력이다. 이들은 끊임없이 실험하고 창의적인 아이디어로 신속히 움직이며, 새로운 기술과 아이디어를 찾아 변화의 원동력을 찾는다. 무전관리자(scavenger manager)는 인력, 자금, 권한이 부족한 관리자가 무에서 유를 창조하기 위하여 노력하는 것을 의미한다. 오늘날과 같이 자원이 희소하고 환경이 불확실한 상태에서 조직을 발전시키기 위해서는 창의적인 아이디어와 기술적인 노하우를 바탕으로 구성원을 조직화하고 목표를 달성하기 위하여 끊임없이 노력하는 지도력이 필요하다. 인간관리자(human manager)는 구성원들이 스스로 도전하여 목표를 성취하도록 동기를 유발하는 지도자라고 할 수 있다. 인간적 관리자는 잠재력이 있는 사람들을 돕고, 그들이 직면하고 있는 고통과 갈등의 문제를 완화시킬 수 있는 방안을 제시한다.

현대 불교지도자에게 요구되는 지도력은 듀마인의 주장과 관련된 부분이 많은 것을 알 수 있다. 불교지도자가 담당할 역할과 행위에 대해서는 대한불교조계종단의 종헌종법의 규정을 보면 분명하게 드러난다. 조계종 교육법의 승가교육 방침에서 보살도의 실천자, 수행자, 교육자, 요익중생과 사회 구제의 원력자, 호법과 교단의 수호자 등의 다양한 역할을 강조하고 있다.[24] 또한 승려법에서는 이러한 역할을 제대로 수행하기 위해서는 교육, 수행, 교화, 구호 등의 능력을 갖추고 이를 실천하도록 규정하고

있다.25)

오늘날 현대사회에서 성직자는 여러 영역에서 다양한 역할을 담당해야 한다. 특히 불교계에서 스님이나 재가불교지도자는 자기 수행을 바탕으로 교육, 포교, 상담, 사회복지, 사회운동 등 교단 내외적으로 환경에 따라 다중적인 역할이 요구되고 있다.

3) 상황이론

상황이론은 지도자 특성이론과 행위이론에서 나타난 문제점과 결함을 보완하기 위하여 발전되었다. 특성이론은 지도자의 자질과 특성이 유사하다고 해도 지도력의 발휘와는 상관이 없는 경우가 발생하는 문제가 있고, 행위이론은 동일한 행위를 한다고 해도 그것을 발휘하는 상황이 다르면 같은 효과를 기대할 수 없다는 문제가 발생하였다. 이러한 문제를 보완하기 위한 방안으로 제시된 것이 상황적응이론이다. 상황적응이론은 "어떤 상황에서나 항상 유효한 최적의 지도력 유형은 없으며, 지도자의 지도력 유형이 어느 구체적인 상황에 가장 잘 부합할 때 그 지도력은 효과를 발휘한다"는 것이다. 즉, 지도력을 효과적으로 발휘하기 위해서는 지도자가 주어진 상황에 따라 결정하고 행동해야 한다는 것이 이 이론의 기본적인 가정이다.26)

상황이론에서 '상황'은 통제상황을 의미하는 것으로 지도자가 지도력을 발휘할 수 있는 환경적 요건을 말한다. 피들러(Fred E. Fiedler)는 지도력 연구과정에서 과업지향형 지도자와 인간지향형 지도자가 어떤 상황에서 가장 효과적으로 지도력을 발휘할 수 있는가를 분석하였다.27) 그 결과

---

24) 대한불교조계종 교육법 제2조 교육방침 참조.
25) 대한불교조계종 승려법 제4장 제26조부터 제29조 참조.
26) 스톡딜(Stogdill)은 리더십 연구에 알맞은 분석은 리더에 관한 특성뿐만 아니라 리더십이 발휘되는 상황에 관한 연구가 필요하고 주장하였다. 리더십이 발휘되는 상황적 요소들을 중요시하는 상황론적 접근방법(contingency theory)이 최근의 리더십 연구에서 가장 지배적인 것이 되고 있다. R. M. Stogdill, "Personal Factors Associated Leadership," *Journal of Applied Psychology*, Vol. 25(Jan. 1948), pp. 35~71.

"과업지향적 지도자는 강력한 통제상황 또는 매우 약한 통제상황에서 가장 성공적이며, 인간지향적 지도자는 중간 정도의 통제상황에서 가장 성공적"이라는 결론을 도출하였다. 피들러가 이러한 연구를 위하여 사용한 기법은 'LPC(Least-Preferred Co-worker)'인데 이는 '가장 선호하지 않는 동료'를 찾아내는 방법이다. 집단 내의 사람들이 함께 일하기를 좋아하는 사람과 싫어하는 사람을 측정하도록 만든 도표를 가지고 연구해 본 결과 점수가 높을수록 인간지향적 지도자가 되고, 점수가 낮을수록 과업지향적 지도자가 되는 것으로 나타났다. 피들러의 연구에 따르면 지도력의 유형에 영향을 미치는 요인은 지도자와 구성원의 관계, 업무의 구조화 정도, 지도자의 직위와 권한 등으로 나타났다.

지도력이 발휘되는 상황은 거시적 상황과 미시적 상황으로 구분할 수 있다. 거시적 상황 요인은 관리자의 직급수준, 조직 내에서의 관리자의 기능, 조직체의 크기 등이 있으며, 미시적 상황결정 요인으로는 과제의 특성, 부하의 능력과 성과, 개인의 재량권 등을 포함시키는 의견이 많다. 상황적응이론도 그 자체만으로는 보편적으로 기능할 수 없는 한계를 내포하고 있다. 아무리 좋은 환경이라고 해도 지도자의 자질과 역량이 갖추어지지 않았거나 지도자의 행동이 조직 전체 혹은 구성원들 사이에서 수용되지 않는다면 지도력이 효과적으로 발휘되기 어렵다.

불교지도력이 발휘되는 상황은 거시적으로는 우리나라의 종교적 상황 즉 국민들의 종교성, 신도들의 종교적 태도와 활동, 종교조직의 특성, 종교 간의 경쟁성 유무, 정치사회적 환경 등이 포함할 수 있다. 반면에 미시적인 상황은 지도자의 자질과 특성, 가치관, 특정 종교조직 내의 위치, 주어진 역할과 기능 등을 포함할 수 있다. 이와 같은 여러 가지 상황을 극복하고 종교적 지도력을 발휘하기 위해서는 지도자의 자질과 역할 수행 능력이 필요하다. 따라서 불교지도력 연구에 있어서는 특정한 이론적 관점에서

---

27) F. E. Fiedler, *A Theory of leadership Effectiveness*(Mcgraw-hill, 1967), pp. 22~32.

접근하기보다는 종합적인 관점에서 분석하고 이론을 전개할 필요가 있다.

Ⅳ. 지도력의 유형

보가더스(E. S. Bogardus)는 지도자의 유형을 "지도자의 내부에서 더 지배적인 특성과 추종자를 만족시키는 특성을 표현하는 것"으로 보고 그 특성을 다섯 가지로 분류하고 있다. 그는 이러한 분류가 각 세분화된 항목간에 고정적인 한계를 그을 수 없고 때로는 중복되기도 하는 한계를 지적하면서도 각 경향의 비율과 특성을 고려하여 다음과 같은 유형으로 구분하고 있다.[28]

1. 지도력의 일반적 유형

1) 직접적 리더이거나 간접적 리더

직접적 리더는 행동양식을 설정하고 수락할 것을 요구하는 행위로 리더십을 발휘한다. 직접적 리더십은 말로써 사람에게 가해지며, 부탁을 하거나 요구를 하거나 명령하는 형태로 나타나며 추종자가 그것을 수용하고 따름으로써 성립된다. 직접적 리더십의 예는 국민들로 하여금 그들의 생활방식을 바꾸도록 권고하는 예언가나 학급활동을 지시하는 선생님의 역할에서 찾아볼 수 있다. 반면에 간접적 리더십은 언젠가 인간의 행동 경향을 바꾸어 놓게 되는 힘을 리더가 발휘할 때 나타난다. 간접적 리더십은 사람들의 미완성된 열망과 그들이 대신 받는 고통, 실패와 승리 등을 이해하여 이들을 보편적인 형태로 변화시킨다. 따라서 간접적 리더십이 발휘되기 위해서는 많은 시간이 소요되는 경우가 보편적이다.

---

[28] E. S. 보가더스, 구본식 역, 『지도자가 되는 길』(서울 : 호암출판사, 1991), pp. 22~37. 이 글에서는 보가더스가 제시한 지도자의 유형을 불교 지도자의 관점에서 재정리하였다.

이러한 분류를 종교지도자의 유형과 비교하여 본다면 보다 분명하게 이해될 수 있다. 스님들이 자신의 내적 수행을 통하여 지도력을 발휘한다면 그것은 간접적인 정신적 지도력으로 분류할 수 있다. 그러나 스님들이 성직자로서 신도들에게 직접 영향력을 행사하고 그로 인하여 신도들의 신행 활동에 변화가 초래된다면 그것은 직접적인 지도력으로 분류할 수 있다. 이런 예를 본다면 어떤 지도력이든지 그것을 발휘하는 양태에 따라서 직접적인 측면과 간접적인 측면을 가지고 있다. 다만 어느 쪽에 더 집중되느냐에 따라서 그 특성을 분류할 수 있다. 스님들이 수행자로 불리기를 원한다면 종교인으로서 간접적 지도력을 발휘하는 것인 반면에 성직자로 불리기를 원한다면 직접적인 지도력을 발휘하는 쪽에 관심이 있다고 볼 수 있다.

2) 당파적 리더이거나 학구적 리더

당파적 리더는 어떤 일이나 사람의 이익을 위하여 행동하는 사람인 반면에 학구적 리더는 오로지 진리에만 눈을 돌리며 새로운 증거로 인해 자신의 이상이나 신념 또는 관심이 의심스러워질 때는 그 모든 것을 버리는 성향이 있다. 토론가, 법률가, 정치적 지도자 등은 모두 강력한 당파적 인간들이며, 사업가나 종교지도자 그리고 민족주의자 등도 일정부분 당파적 요소가 있다. 학구적 리더는 직접적이지도 사회적이지도 실천적이지도 못한 성격이 강하다. 이상을 추구한다는 측면에서 종교지도자는 학구적 리더에 속하지만 종교 내부에서 본다면 당파적 특성도 가지고 있다.

3) 사회적 리더 · 실천적 리더 · 정신적 리더

사회적 리더는 집단을 앞에 두고 일을 수행하는 사람으로 주의를 지속적으로 집중시키고 열성을 불러일으키고 영감을 창조하는 데 정통하다. 반면에 정신적 리더는 은둔 상태에서 최고 능력을 발휘하고 반성을 위하여 대중을 외면하면서도 사상을 제시하고 추종자가 이를 수용함으로써 영향력을 발휘한다. 실천적 리더는 사회적 리더와 정신적 리더의 특성을 모두 갖추고 있다. 실천적 리더는 새로운 사상과 철학을 바탕으로 현실에 적합한 지도력을 발휘하고 이를 뒷받침할 수 있는 조직을 형성한다.

4) 독재적 리더 · 온정적 리더 · 민주적 리더

독재적 리더는 추종자를 지배하고 통솔하면서 자신의 우월적 지위나 힘을 바탕으로 강한 지도력을 발휘한다. 독재적 특성을 가진 지도자는 객관적이고 적극적으로 목표를 설정하고 이를 달성하기 위하여 독단적인 행위를 서슴지 않는 경향이 있다.

온정적 리더는 집단 구성원의 소망이나 복지를 고려하고 사랑과 애정으로 지도력을 발휘한다. 온정적 특성을 가지고 있는 지도자는 부모가 자식의 이익을 위해 결정을 내리듯이 추종자의 이익을 고려하여 의사결정을 한다. 그러나 독재적 리더와 마찬가지로 온정적 리더는 개인의 창의력을 개발하는 데 충분한 능력을 제공하지 못하는 단점이 있다.

민주적 리더는 구성원들의 의견을 충분히 고려하고 구성원들 스스로 의사결정을 통하여 조직의 목표와 실천 방법을 추구하도록 유도한다. 또한 민주적 리더는 객관적인 법령보다는 인간적인 접촉에 의존하며, 겸손하고 냉대를 감수하며 때를 기다린다.

5) 예언가 · 성자 · 전문가 · 보스형 리더

예언가는 위기의 시기에 출현하며 매우 확신에 찬 태도로 구원의 길을 제시한다. 예언가적 리더는 자연의 이치와 인과관계에 대한 지식을 바탕으로 영향력을 행사하며, 충성을 요구하지는 않지만 자료와 방향을 제시해 준다. 종교적 예언가나 과학적인 예언가는 그들이 제시하는 전제가 받아들여졌을 때 설득력을 갖게 된다.

성자는 자신의 성스러운 삶을 바탕으로 영향력을 갖게 되며, 자신의 덕망으로 인해 많은 사람들로부터 추종을 받을 수 있다. 특히 초인적인 도량과 균형을 유지할 수 있을 때 경외의 대상이 되며 불가사의를 보여준다. 성자들은 깊은 인간애를 바탕으로 타인을 사랑하고 돕기 때문에 숭배를 받게 된다.

전문가는 최고도로 전문화된 사람을 의미하며 특정 분야에서 전문적인 지식과 기술을 가졌기 때문에 지도자가 될 수 있다. 전문가는 판단과 행동에 있어서 비범할 정도로 완벽에 도달한 사람이다. 그러나 전문가는 자신의 전문분야를 크게 보고 나머지 세계를 작게 보기 때문에 균형을 잃은 판단을 할 위험성이 있다.

보스는 외향적인 사람으로 빈틈없고 완벽한 계획 능력을 가지고 있으면서 관용으로 추종자를 다스리지만 독재자에서부터 유순한 정치가에 이르기까지 다양한 사람들이 여기에 포함된다.

2. 불교지도력의 유형

이와 같은 여러 지도자의 유형 중에서 불교지도자는 정신적 지도력, 간접적 지도력, 학구적 지도력, 온정적 지도력, 전문적 지도력 등의 특성을 상대적으로 더 갖추고 있다.

첫째, 불교지도자는 불교뿐만 아니라 사회를 이끌어 가야 할 책무가 주어진 정신적 지도자이다. 불교지도자는 정신적 수행을 통해서 형성된 에너지를 바탕으로 중생을 정신적으로 구제하는 역할을 담당한다. 불교지도자는 부처님의 가르침과 수행방법을 체득하고 일반인들에게 그 방법을 깨우쳐 줌으로써 지도력을 발휘한다. 일반인들이 그 지도력을 수용하는가의 여부와는 관계없이 끊임없이 정신적으로 영향력을 행사함으로써 스스로 진리를 깨우칠 수 있도록 촉진해 주는 역할을 담당한다.

둘째, 불교지도자는 간접적 지도력을 발휘한다. 불교지도자는 신도나 일반인을 대상으로 명령하거나 지시하는 것이 아니라 법력과 감화력으로 설득하고 깨우치도록 지원하기 때문에 간접적인 지도력의 효과를 나타내게 된다. 불교지도자가 지도력을 행사하여 신도 혹은 사회적 영향력을 발휘하기 위한 물질적 도구는 거의 없는 실정이다. 총이나 칼 등과 같은 무력적 도구는 계율에 맞지 않기 때문에 사용할 수 없을 뿐만 아니라 경제적 보상이나 거래를 통한 지도력을 발휘할 수도 없다. 다른 사람들에게 지위나 명예를 부여함으로써 추종자를 모을 수도 없다. 오로지 불교의 깨달음을 실천함으로써 주변과 사회에 간접적으로 영향력을 행사할 수 있을 뿐이다. 부분적으로 혹은 일시적으로는 세속적 지도력이 발휘될 수 있으나 그것은 불교의 궁극적 지도력과 거리가 멀 뿐만 아니라 일시적인 영향력에 불과하게 된다.

셋째, 불교지도자는 세속적인 명리를 추구하는 것이 아니라 진리 추구를 통한 성불과 중생 구제의 이상적인 목표를 추구하고 있기 때문에 학구적인 지도자로 분류할 수 있다. 또한 불교의 교학적 측면은 철학과 사상, 현실적 응용이라는 학문적 특성을 갖추고 있기 때문에 불교지도자는 끊임없이 학구적인 지도자의 자질을 갖추도록 노력해야 한다.

넷째, 불교지도자는 온정적 지도력과 민주적 지도력을 함께 갖추고 있어야 한다. 불교는 자비의 종교로 불릴 정도로 구성원뿐만 아니라 모든 사람들을 대하고 있다. 따라서 불교지도자는 불교신자뿐만 아니라 모든 중생에 대한 한없는 자비심을 가져야 한다. 또한 종교조직을 이끌어 가는 불교지도자는 구성원의 의사를 최대한 존중하는 민주적 지도력을 발휘할 수 있어야 한다.

다섯째, 불교지도자는 예언가, 성자, 전문가 등의 특성을 고루 갖추고 있다. 불교적 예언이란 인과관계에 의하여 입증되는 분명한 결과를 예언하는 것을 말하며, 불교지도자는 이를 바탕으로 선행과 선업을 쌓아가도록 지도력을 발휘한다. 불교지도자는 깊은 인간애와 성스러운 수행적 삶을 통하여 성자로서의 영향력을 발휘한다. 현대불교에서 성철스님이 성자적 지도력을 발휘한 불교지도자로 평가할 수 있다. 또한 불교지도자는 율사, 강사, 선사로서 세속인과 구별되는 전문성을 지니고 있다.

V. 결론

어떤 조직을 막론하고 그 조직을 이끌어 가는 다양한 지도자를 필요로 한다. 불교 조직도 예외는 아니어서 교단과 종단을 이끌어 갈 수 있는 훌륭한 지도자가 있어야 한다. 한국 사회에서 불교는 일천만 불자와 함께 1만여 개에 달하는 사찰, 2만 5천여 명에 달하는 스님들이 활동중이다. 또한 40여 개에 달하는 많은 종단에서 크고 작은 지도력을 발휘하는 출가 및 재가자 지도자들이 활동하고 있다. 그러나 아쉽게도 우리 사회에서 불교의 지도력은 타종교에 비하여 크게 발휘되지 못하고 있는 것이 현실이다. 교세에 비하여 그에 상응하는 영향력을 발휘하지 못하고 있는 것은 다음과 같은 몇 가지 요인들로 요약할 수 있다.

첫째, 지도자를 육성하는 시스템이 제대로 갖추어져 있지 못하다는 것이다. 지도자는 저절로 나타나는 것이 아니라 구성원들에 의하여 만들어지는 것이다. 그러나 불교계 내부에는 다양한 지도력을 갖춘 인재가 활동할 수 있는 환경을 갖추고 있지 못하고 있기 때문에 내적 외적으로 지도력의 부재와 빈곤이라는 문제에 직면하고 있는 것이다. 지도자를 양성할 수 있는 교육시스템, 자질과 역량을 갖춘 득도 출가자를 모집하는 과정 등이 불비하여 역량 있는 지도자를 만들어 낼 수 없는 상황이 되고 있다.

둘째, 불교계에서는 지도력에 상응하는 추종력이 형성되어 있지 못하다. 특정 사찰에서 신행활동을 하는 신도는 그 사찰의 스님을 지도자로 추종하고, 그 스님은 은사스님을 추종하는 등 지도력과 추종력이 종적 횡적으로 연결되어 있어야 불교의 지도력이 발휘될 수 있다. 그러나 불교계에서는 지도력과 추종력 사이에도 단절현상이 나타날 뿐만 아니라 단위 사찰과 교구본사 중앙종무기관이라는 수직적 관계 속에서도 지도력의 연계가 나타나지 못하고 있다. 이러한 현상이 승가와 불교계의 집단적 지도력을 발휘하지 못하도록 하는 장애가 되고 있다.

셋째, 불교계에서는 최근 정신적 지도력의 빈곤 현상이 나타나고 있다. 종교의 지도력은 정신적 지도력으로 발휘된다. 그러나 성철큰스님의 입적 이후로 그에 상응하는 지도자가 부상하지 못하고 있다. 그것은 수행적 역량을 바탕으로 성자적 지도력을 발휘한 성철스님에 필적할 만한 정신적 지도자를 만들어 내지 못하였기 때문이다. 종정이라는 정신적 지도자의 위치가 있음에도 불구하고 반복되는 종단 분규가 종정의 지도력을 스스로 격하시키는 요인이 되었기 때문이다. 이후 종정 예하에 대한 불교계의 추종력과 사회적 영향력의 수용태도에 문제가 되었던 것이 사실이다.

넷째, 불교계에는 다양한 지도자가 필요함에도 불구하고 이러한 다양성을 인정하지 않는 분위기가 지나치게 팽배하여 있다. 선사, 율사, 강사, 법사, 포교사를 비롯하여 문화, 예술, 복지, 생활 등 여러 분야에서 불교지도자가 활동할 수 있는 환경이 되어야 한다. 그러나 현실은 이판과 사판으로 구분하고 이판의 수행자만을 중시하고 다른 분야의 소임자들에 대해서는 부정적으로 평가하는 경향이 많다. 이러한 고정관념에서 빨리 탈피하여 수행적 기본을 갖추고 여러 분야에서 활동할 수 있는 지도자를 인정해야 한다.

다섯째, 지도자 교육의 부재가 지도력의 빈곤을 가져오는 중요한 요인이 되고 있다. 불교계에서는 그 동안 지도력이라는 문제, 지도자를 양성하는 시스템의 문제, 지도자 양성 교육의 문제 등에 대하여 무관심하였던 것이 사실이다. 이러한 무관심으로 인하여 지도자의 자질과 역할, 지도력의 형성과 발휘 방법, 지도력을 유지 발전시키는 방안 등에 대한 연구가 거의 이루어지지 않았던 것이다. 지도자는 천부적인 자질도 필요하지만 교육과 수련을 통하여 만들어지는 것이다.

그렇다면 불교에서 이상적으로 생각하는 지도력이란 무엇인가? 이 문제에 대한 해답은 대승불교에서는 보살적 지도력으로, 테라밧다 불교에서는 아라한적 지도력에서 찾을 수 있을 것이다.

보살적 지도력이란 내적으로는 진리를 추구하면서 충분한 자질과 역량을 갖추고 외적으로는 중생구제의 원력을 가지고 부처님의 가르침을 실천할 수 있는 실천력을 겸비하는 것을 말한다. 승가와 재가불자 모두 보살적 지도력을 발휘하기 위한 노력을 경주해야 할 것이다. 또한 승가 내부에서는 그 역할과 소임에 적합한 지도력과 추종력을 동시에 발휘할 수 있도록 환경이 형성되어야 한다. 불교 지도자는 내적으로는 신도의 지도자이지만 외적으로는 사회의 정신적 지도자이며, 불제자로서의 추종력을 갖추고 있어야 한다. 그래야만 정도와 정법에서 벗어나지 않고 원만한 지도력을 발휘할 수 있다.

● 참고문헌

권기성 · 최진석, 『리더십』, 형설출판사, 2000.
박용길 역, 『유마경』, 민족사, 1999.
보가더스 E. S., 구본식 역, 『지도자가 되는 길』, 호암출판사, 1991.
신응섭 외 5인 공저, 『리더십의 이론과 실제』, 학지사, 1999.
佐藤密雄 著, 崔法慧 譯, 『律藏』, 동국역경원, 1994.
장성민 역, 『지도력의 원칙』, 김영사, 1999.

Bass, B. M., *Leadership and performance beyond expectations*, New York : Free Press, 1985.

Blaine Lee, *The Power Principle*, Franklyn Covey Co., 1997.

Burns, J. M., *Leadership*, New York, Harper & Row, 1978.

Carlyle, T., *Hero and Hero Worship*, Boston : Adams, 1841.

Carlyle, Thomas, *Hero and Hero Worship and the Heroic in History*, New York : A. L. Burt Company, 1980.

Covey, Stephen R., *Principle-Centered Leadership*, New York : Simon & Schuster, Fireside Book, 1992.

Dumaine, B., "The New Non-manageer Managers," *Fortune*, February 22, 1993, pp. 80~84.

Fiedler, F. E., *A Theory of leadership Effectiveness*, Mcgraw-hill, 1967.

Fielder, Fred E., The Contingency model : A reply to Ashour, *Organizational Behavior and Human Performance*, 9, 1973, pp. 356~358.

Galton, Francis, Hereditary genius; An inquiry into its laws and consequences, London: Macmillan, 1869, Paperback edition by Meridian Books, New York, 1962.

Gibb, Cecil A., "Leadership : Psychological Aspects," in David L. Sills(ed.),

International Encyclopedia of Social Science(New York : The MacMillan Company and the Free Press, 1974), pp. 91~93.

House, Robert J. and Terence R. Michell, "Path-Goal Theory of Leadership," *Journal of Contemporary Business*, 1974.

Lewin, Kurt, Ronald Lippitt, & Ralph White, *Pattern of aggressive behavior in experimentally created social climates*, Journal of Social Psychology, 10, pp. 271~301.

Likert, R., *New Patterns of Management*, New York : McGraw-Hll Book Co., 1961.

MaCgregor, Douglas, *The human side of enterprise*, New York McGaw-Hill, 1960.

Stogdill, R. M., *Handbook of Leadership : A Survey of Theory and Research*, New York: Free Press, 1974.

Stogdill, R. M., "Personal Factors Associated Leadership," *Journal of Applied Psychology*, Vol. 25(Jan. 1948), pp. 35~71.

제2장 출가자 리더십의 제유형과 그 특성

　　　　　　　　　　　　Ⅰ. 서론
　　　　　　　　　　　Ⅱ. 이론적 논의
　　　　　　　　　Ⅲ. 출가자 리더십의 제유형
　　　　　　　Ⅳ. 출가자 리더십의 유형별 특성
　　　　　　　　　　　　Ⅴ. 결론

제2장 출가자 리더십의 제유형과 그 특성

유승무(중앙승가대학교 포교사회학과 교수)

I. 서론

오늘날 우리 사회는 매우 빠르게 변화하고 있다. 특히 우리 사회가 정보화사회로 본격적으로 진입하면서 세상은 그야말로 '빛의 속도'로 변화하고 있다. 이제는 '규모의 경제'가 아닌 '속도의 경제(economics of speed)'가 기업의 성패에 큰 영향을 미치는 시대가 되어 가고 있다(유필화, 1997). 이렇듯 급변하는 사회환경은 개인들 사이의 경쟁은 물론 조직이나 단체들 사이의 경쟁을 더욱 가열시키게 되고, 나아가 이러한 변화에 적응하지 못하는 그 어떤 존재도 도태시켜 버릴 것이다. 종교조직도 예외는 아니다. 비록 종교조직이 영리를 목표로 하는 경영조직과는 다르다 할지라도, 치열한 경쟁의 상황 속에서 하나의 공동체나 조직이 자신의 목표를 달성하지 못한다면, 그 조직이나 공동체는 도태될 수밖에 없을 것이다(노부호, 1996).

피터 버거(Peter Berger)에 따르면 종교의 세속화가 진행됨에 따라 개별 종교가 제시하는 가치 및 신념체계가 종교시장에서 어느 정도 설득력을 갖고 있는가가 그 종교 조직이나 종교공동체의 생존의 관건이 된다.[1] 여기에서 각 종교의 설득력 구조는 사회환경과의 적합성(relevance)이나 신도들의 욕구변화에 어느 정도 부합하느냐에 따라 결정될 것이다. 그렇다면 오늘날 사회환경에 적응하기 위해서는 무엇보다도 지식과 정보에 있어서 뒤떨어지지 않아야 할 것이다. 왜냐하면 정보화사회에서는 지식과 정보의 격차에 의해 새로운 계급사회가 형성될 것이기 때문이다. 또한 산업사회 이후 지속적으로 높아지고 있는 교육인플레이션은 이른바 '지식기반-정보사회'의 도래로 인하여 신도들의 학력과 눈높이를 더욱 높여갈 것이고[2] 그에 따라 신도들의 지적 욕구도 함께 높아질 것으로 예상된다.

이렇듯 급변하는 사회환경과 세속화되어 가고 있는 종교시장은 성직자의 권위의 기반을 변화시켜 가고 있다. 이미 해리슨(P. Harrison)은 성직자의 권위의 기반구조가 베버의 카리스마적 지배, 전통적 지배, 그리고 합법적 지배를 넘어서서 실용적 지배(rational-pragmatic)의 시대로 변하였다고 주장한 바 있다.[3] 여기에서 해리슨이 말하는 '실용적 지배'라는 개념은 성직자라는 직분보다는 성직자 개인의 행위가 신도들의 세속적 요구에 얼마나 부응하느냐에 의해 형성되는 리더십을 의미한다. 그렇다면, 오늘날 성직자의 리더십은 더 이상 성직자 개인의 비범한 자질에 의해서나 성직자라는 직분에 의해서 형성되는 것이 아니다. 심지어 오늘날 성직자는 직분에 따른 합법적 지배만으로는 충분한 리더십을 발휘할 수 없고 오히려 성직자 스스로가 신도들에게 다가가 적극적으로 봉사할 때 형성된다는 것을 암시하고 있다. 특히 정보화사회에서 시간 및 공간의 제약이 무너진 가상공간의 경우 성직자 개인의 카리스마라는 개인적 요인이나 성직자 직분이라는 신분적 요인이 권위의 기반으로 작용하기는 더욱 어려워질 것이다. 왜냐하면 그러한 전자 정보공간 속에서는 성직자이든 아니든 정보제공자

---

1) Peter Berger, 1973, *The Social Reality of Religion*, Penguin University Books, 이양구 옮김,『종교와 사회』, 종로서적, 1983.
2) 이는 과학과 기술이 고도화됨에 따라 그것을 습득하는 데 필요한 교육기간이 늘어나는 데 따른 불가피한 현상으로 생각된다.
3) 김종서(1995)는 해리슨의 논의를 원용하여 세속화 시대에는 실용적 지배가 권위의 기반이 될 것이라고 주장한 바 있다.

자신의 지식과 정보력이 그의 권위의 기반으로 새롭게 부상할 것이기 때문이다.

이렇듯 성직자 권위의 기반이 변한다는 것은 성직자의 리더십 원천이 변화하였음을 의미한다. 그리고 불교공동체가 사회 속에 존재하는 이상, 앞서 언급한 제반 사회환경의 변화는 출가자의 리더십에도 영향을 미칠 수밖에 없다. 실제로 오늘날 한국불교의 현실을 보면 출가자의 리더십이 약화되고 있다는 조짐을 쉽게 경험할 수 있다. 일부 재가자 및 재가단체의 사회적 영향력이 증가하고 있는 것[4]은 하나의 사례에 불과하다. 심지어 한국불교계에는 정신적 지도자가 없다는 소리까지 들린다.[5] 이제 삭발염의라는 상징은 출가자 리더십의 하나의 원천에 불과할 뿐만 아니라 리더십을 강화하는 효과도 크지 않게 되어가고 있는 듯하다. 때문에, 출가자 리더십을 강화하기 위해서는 출가자 스스로가 오늘날의 사회환경과 종교환경에 부합하는 대안적 리더십을 새롭게 창조해 나가지 않을 수 없다.

그런데 현실적으로 대안적 리더십의 창조과정에서 부딪히는 문제는 사회 분화 및 역할분담에 따라 그에 요구되는 리더십의 유형이 다를 뿐만 아니라 리더십의 원천과 특성이 다르다는 사실이다. 때문에 구체적 수준에서 볼 때는 현실적으로 다양하게 분화될 수밖에 없는 출가자 리더십의 제유형마다 새로운 대안적 리더십을 각각 모색해야 하는 어려움이 뒤따른다.

본 연구의 목적은 이론적 수준에서 출가자 리더십의 제유형을 유형화해 보고 각 유형의 특성을 구체적으로 밝혀보는 데 있다. 이러한 목적을 달성하기 위해 제2절에서는 리더십에 관한 선행이론을 비판적으로 검토해 보

---

4) 이에 대한 자세한 논의로는 홍사성(2000)을 참고하기 바란다.
5) 물론 종교지도자의 권위가 몰락하고 있다는 지적은 불교의 경우에만 해당하는 것이 아니라 한국사회의 모든 종교에서 나타나는 보편적 현상이다. 송병순(1999)에 따르면 한국의 종교는 양적 팽창에도 불구하고 황금만능주의와 같은 세속화, 종교간 갈등, 그리고 종교인의 극단적 행동 등으로 인해 종교의 공신력이 약화되었고 그 결과 종교지도자의 권위가 몰락하였다고 지적하고 있다.

고 출가자 리더십의 특수성을 파악할 수 있는 이론적 근거를 제시하고자 한다. 이러한 이론적 논의에 기초하여 제3절에서는 출가자 리더십의 제유형을 살펴보고자 한다. 특히 제3절에서는 출가자 리더십의 이념형을 제시해 보고 그에 근거하여 출가자 리더십의 하위 유형을 구체적으로 분류해 보고자 한다. 마지막으로 제4절에서는 제3절의 이념형적 구분에 근거하여 각 유형의 출가자 리더십이 지니고 있는 특성들을 파악해 볼 것이다.

II. 이론적 논의

1. 선행이론의 비판적 검토

일반적으로 특정 집단이나 조직의 지도자가 추종자의 의지와 무관하게 그에게 직·간접적으로 미치는 영향력(과정)을 지도자의 리더십이라 한다. 그렇다면 종교조직의 리더인 성직자가 신도들에게 미치는 영향력을 우리는 성직자 리더십이라 할 수 있을 것이다.

이러한 정의에 따르면, 성직자 리더십은 상대적이다. 왜냐하면 어떤 성직자는 신도들에게 강력한 영향력을 행사하는 데 반하여 또 다른 성직자는 신도들에게 거의 영향력을 발휘하지 못하고 있는 것이 사실이기 때문이다. 그렇다면 이렇듯 성직자 리더십의 차이가 발생하는 원인은 무엇인가?

이러한 의문을 해결하기 위해서 우선 두 가지 상호 대립되는 쟁점에서 논의를 시작해 보자. 여기에서 두 가지 쟁점이란 '리더십의 차이가 개인의 타고난 자질의 차이에서 유래하는 것인가 아니면 리더십의 후천적 형성과정의 차이에서 유래하는가'에 대한 쟁점을 말한다. 초기 리더십 이론은 전자의 의문을 해명하는 데 초점을 맞추어 성공적인 지도자가 공통적으로 지니고 있는 특질을 밝히는 데 초점을 맞추어 왔다. 이른바 특질론(traits theory)이다. 그럼에도 불구하고 그러한 연구 성과는 아직도 통일된 결론에 이르지 못하고 있다.[6] 뿐만 아니라 설령 그러한 연구 성과들이 일치된 결론에 도달한다 하더라도 그러한 결론은 리더십 이론의 발달에 거의 기여하지 못한다. 왜냐하면 그러한 결론을 통해 밝혀진 특질은 이미 후천적으로 획득되는 것이 아니라고 전제되어 있기 때문이다. 이러한 이유들 때문에 우리는 일단 특질론을 받아들일 수 없다. 다시 말하면 첫번째 쟁점과 관련하여 우리는 일단 '리더십의 차이는 후천적인 형성과정의 차이에서 유래한다'라는 시각을 수용하고자 한다.

그러나 우리가 리더십의 후천적 형성과정론을 수용할 경우 다음과 같은 또 다른 쟁점이 뒤따른다 : '후천적인 리더십의 차이는 지도자 자신의 행동의 결과인가 아니면 그러한 행동을 가능케 했던 사회적 상황의 차이인가?' 이 쟁점과 관련하여 학계에서는 전자를 강조하는 시각을 행동이론(behavioral theory)이라 규정하고 후자를 강조하는 시각을 상황이론(situational theory)이라고 규정하여 논의를 발전시켜 가고 있다.[7]

그런데 여기에서 첫번째 입장, 즉 행동론은 지도자를 둘러싼 사회적 조건의 차이가 리더십의 형성과정에 미친 영향을 사상(死像)하는 한계를 지니게 되며 후자의 입장, 즉 상황론은 이른바 상황을 확정적으로 규정할 경우 사회결정론으로 귀결되는 한계를 갖게 되며 상황을 명확하게 규정하지 않을 경우 상대주의로 빠져버리는 한계를 각각 내포하고 있다.

그렇다면 우리가 선택할 수 있는 시각은 리더십의 후천적 형성과정이라는 전제하에 행동이론적 시각과 상황이론적 시각을 모두 수용할 수 있는 새로운 시각이다.[8] 최근 주목을 끌고 있는 새로운 리더십 이론, 즉 카리스

---

6) 이 외에도 특질론이 지닌 한계는 무수히 많으나 이 글의 논의 범위를 넘어서기 때문에 생략하기로 한다. 이 이론의 한계에 대한 자세한 논의로는 가리마다 마사오(조일현 역, 2000)을 참고할 것.
7) 이에 대한 자세한 논의는 전게서 참고.
8) 이러한 시각은 이른바 컨틴전시 이론(contingency theory)과는 다르다. 컨틴전시 이론은 리더의 행동이나 상황 심지어는 리더의 특질까지를 고려하여 그 각각은 각기 다른 유형의 리더와 부합함을 주장하고 있을 뿐이지 행동론적 요인과 상황론적 요인을 종합적으로

마적 리더십이론과 변형적 리더십이론은 이러한 요구에 잘 부응하고 있다.9)

먼저 카리스마적 리더십이론을 살펴보자. 카리스마란 개념은 저명한 사회학자인 베버에 의해 학문적으로 채택된 개념으로써, 베버에 의하면 카리스마라는 것은 평범한 보통사람들이 가질 수 없는 초자연적이고 초인간적인 비범한 능력이다. 베버는 이러한 비범한 능력을 지닌 인물이야말로 평범한 사람들에게 지배력을 행사할 수 있는 사람이다. 그런데 베버는 이러한 카리스마를 전통이나 제도와는 관계없는 독립된 것으로 설정함으로써 그 후 학계에서 이를 리더 자신의 선천적인 것으로 해석하는 학문적 전통을 형성하도록 하는 계기를 만들었다. 그런데 1980년대부터 하우스(House, 1977) 등 일군의 학자들이 어떤 고정된 상황 속에서의 리더십이 아니라 급변하는 사회환경 속에서 필요한 리더십에 관심을 갖게 되면서 카리스마라는 개념을 다시 도입하게 되었는데, 이들은 카리스마를 전통적인 해석과는 달리 추종자들과의 상호작용과정을 통해 후천적으로 형성되는 그 무엇으로 정의하고 있다. 하우스의 견해에 따르면 리더십이란 그가 어떤 독특하고 위대한 특징을 타고나면서부터 가지고 있다는 추종자의 지각이나 신념에 기초하여 형성되는 것이다.

그렇다면 추종자에게 자신을 리더로 지각시킬 수 있는 카리스마적 리더는 어떤 특징을 가지고 있는가? 하우스에 따르면 카리스마적 리더는 첫째, 극단적으로 높은 수준의 자기 신뢰성, 지배성에 대한 강한 욕구, 그리고 자신의 신념의 도덕적 정당성에 대한 강한 확신 등을 지니고 있다. 둘째, 카리스마적 리더들은 부하들이 리더를 능력있는 리더로 보도록 인상을 관리하는 행동을 한다. 셋째, 카리스마적 리더는 부하들의 가치나 이상을 목표와 관계된 이상적인 목표로 결집시키며, 미래에 대한 호소력 있는

고려하고 있는 기각은 아니다.
9) 최근의 변화적 리더십과 관련하여 이하에서 다루고 있는 내용은 『리더십의 이론과 실제』(신웅섭, 이재윤, 남기덕, 문양호, 김용주, 고재원 공저, 1998)를 참고하여 그 핵심내용만을 정리한 것임을 밝혀 둔다.

비전을 제시해서 집단의 업무에 의미를 더욱 부여하고 부하들의 열정을 고취시킨다. 넷째, 카리스마적 리더는 부하들이 모방하도록 자신의 행동모델을 제시한다. 다섯째, 카리스마적 리더는 부하들의 수행에 대해서 높은 기대를 가지고 의사소통을 하는 동시에 부하들에 대한 자신감을 표현한다. 여섯째, 카리스마적 리더는 집단 업무에 관련된 동기들을 고양시키는 방향으로 행동한다. 이렇게 본다면 한마디로 하우스의 카리스마적 리더십이론은 카리스마 형성론이라 부를 수 있을 것이다.

또한 콩거와 카눙고(Conger & Kanungo, 1987)는 부하들이 리더의 행동과 결과를 관찰한 것에 기초하여 리더에게 카리스마적 특성을 귀인시킨다고 주장하면서 하우스의 카리스마 형성이론을 더욱 발전시켰다. 콩거와 카눙고에 따르면, 카리스마적 리더는 다음과 같이 행동을 한다. 첫째 추종자들이 받아들일 수 있는 범위 내에서 현재와는 현저하게 다른 이상을 적극적으로 제시한다. 둘째, 이상의 추구에 있어서 자기희생이나 자신의 경제적 손실을 감수한다. 셋째, 이상을 실현하기 위해서 비전통적인 방식으로 행동한다. 넷째, 카리스마적 리더는 환경의 변화에 대해 매우 민감하게 행동한다. 다섯째, 미래의 이상과 동기 유발에 대해서 강한 수사적 표현을 사용한다. 여섯째, 전문성이나 준거모델을 통해 추종자들에게 영향력을 행사한다. 일곱번째, 급격한 변화에 찬성하도록 추종자들을 변화시킨다. 이렇게 볼 때, 콩거와 카눙고에 있어서 카리스마적 리더는 급변하는 환경에서 리더십을 발휘하는 사람이다.

다음으로 변환적 리더십이론을 살펴 보자. 번즈(Burns, 1978)는 리더십을 크게 거래적 리더십과 변환적 리더십으로 구분하고, 가치의 교환을 통해 리더십을 발휘하는 거래적 리더십과는 달리 변환적 리더십은 추종자들을 고차원적 가치에 대한 자신의 기본적인 욕구를 지속적으로 이끌어 줄 때 발휘되는 리더십으로 정의하고 있다. 그에 따르면, 변환적 리더는 인본주의, 평화, 평등, 정의, 자유와 같은 높은 수준의 도덕적 가치와 이상에 호소하여 추종자들의 의식을 더 높은 단계로 끌어올리려 한다고 주장하였다.

또한 배스(Bass, 1985)는 변환적 리더십을 거래적 리더십뿐만 아니라 카리스마적 리더십과 구분함으로써 더욱 발전시킨 바 있다. 그에 따르면, 변환적 리더십은 카리스마적 리더십의 특성 이외에도 지적인 자극이나 개인적 배려 등과 같은 요소를 갖춘 리더십이다. 특히 이러한 추가적 요소들은 추종자의 의타심과 같은 카리스마적 리더십의 약점을 보완할 수 있는 것으로 판단된다.

요컨대 카리스마적 리더십과 변환적 리더십은 급변하는 사회적 상황을 전제로 받아들이고 있다는 점에서 공통점을 지니면서도 전자는 '추종자와의 상호작용과정에서 추종자로 하여금 리더로 지각되도록 행동해야 한다'라는 점을 강조하고 있으며 후자는 '추종자로 하여금 고차원적인 가치나 이상으로 유도할수록 리더십이 커진다'라는 점을 강조하고 있다. 그러나 이러한 이론들은 상호작용의 상대자로서의 추종자의 태도변화에 영향력을 미치는 리더 자신의 후천적 행동을 강조하고 있다는 점에서 설득력 있는 행동론적 시각을 제공해 주고 있음에도 불구하고, '급변하는 상황'을 상수로 전제함으로써 리더십과 관련하여 리더를 둘러싼 사회환경을 구체화하는데 아무런 도움을 제공해 주지 못하고 있다. 게다가 이러한 시각은 조직의 특수성, 즉 조직의 제도적 측면이나 문화적 측면을 간과하고 있다.

이상과 같은 논의를 고려할 때, 리더십을 보다 잘 이해하기 위해서는 카리스마적 리더십이론이나 변환적 리더십이론의 행동론적 시각을 받아들이는 한편, 그러한 이론의 한계를 보완하기 위하여 종교공동체내부의 조직적 측면과 문화적 측면을 주요 변수로 고려해야 한다는 것이 우리의 판단이다.[10] 이에 아래에서 우리는 종교조직적 측면과 종교문화적 측면에 초점을 맞추어 종교지도자 리더십이 왜 상대성과 특수성을 동시에 지니고 있는지를 논의해 보고자 한다.

---

10) 상황의 특수성과 리더십의 연관성은 상황이론이나 컨틴전시 이론이 강조하고 있는 점으로써 우리는 이러한 시각의 함의를 논의 속에 포함하고자 한다. 이러한 우리의 판단은 리더십이 보편성뿐만 아니라 특수성을 동시에 지니고 있다는데 기인하고 있다.

2. 종교지도자 리더십의 상대성과 특수성

　종교공동체의 대표적인 사회현상 중의 하나가 종교조직이다. 종교조직은 특정 종교의 창시자와 그의 가르침이 존재하고 그러한 가르침을 믿고 따르는 신도들의 무리가 존재함으로써 자연스럽게 생겨난다. 그런데 창시자의 인격적 유한성으로 말미암아 그의 가르침이 그를 대신하지 않을 수 없게 될 뿐만 아니라 그 가르침마저도 그것을 전하는 사람이 사용하는 언어나 주관성의 개입 그리고 받아들이는 사람들이 처한 환경상의 차이 등으로 말미암아 항상 새로운 해석의 여지를 남기게 된다. 바로 이때부터 종교조직은 변화의 압력에 시달리게 된다. 게다가 종교조직 내부의 사회현상 속에는 그 구성원들의 이해관계가 개입되어 있다. 이러한 이유들로 말미암아 종교조직은 내부의 긴장과 갈등을 경험할 뿐만 아니라 심지어는 조직해체의 위기에 직면하기도 하며 극단적으로는 새로운 조직의 분리라는 아픔을 겪기도 한다. 세계종교는 이러한 우여곡절을 겪으면서 오늘날까지 나름대로 체계적인 종교조직을 유지해 오고 있다.

　모든 세계종교의 종교조직은 상징적인 창시자를 구심점으로 그 아래에 성직자가 위치하고 마지막으로 신도조직이 존재한다. 그런데 세계종교의 창시자는 현재 실존하고 있는 것이 아니라 가르침과 같은 상징으로만 존재하기 때문에, 현실적으로 종교조직과 관련된 구체적인 문제는 창시자의 가르침을 올바르게 이해하고 있거나 증명할 수 있는 성직자의 해석이라는 기준에 따라 해결될 수밖에 없다. 비록 신뢰의 위계상 성직자의 해석은 창시자의 가르침에 비해 하위에 위치하고 있음에도 불구하고, 구체적인 현실의 문제를 처리함에 있어서 성직자의 판단은 결정적인 의미를 가진다. 이렇듯 성직자의 해석이 결정적인 권위를 지니기 때문에 그리고 창시자의 가르침을 해석하는 역할을 담당한다는 점에서 종교조직의 성직자는 그 종교조직의 리더가 된다. 이렇듯 종교조직의 리더인 이상 성직자는 종교조직 내부에서 벌어지는 사회현상에 관심을 갖고 거기에서 파생되는 제반 문제들을 해결하는 역할을 담당하지 않을 수 없다.11) 또한 종교조직의 리더이기 때문에 사회는 그에게 사회구원과 연관되는 사회적 역할을 해 줄 것을 기대하거나 요구하기도 한다.

문제는 창시자를 대신하는 인격적 대리인으로서 '성직자'와 '신도' 사이의 사회관계가 본질적으로 상대성을 띠고 있다는 사실이다. 인격적인 차원의 창시자는 유일무이한 일인이지만 성직자는 다수이다. 또한 창시자는 상대적으로 절대적인 위치에 있는 반면에 성직자는 상대적인 위상을 지니고 있다. 게다가 개별 성직자들 사이에서도 엄청난 리더십의 편차가 존재하며, 개별 성직자의 리더십의 정도에 따라 신도들의 추종력이 달라진다. 신도들의 입장에서도 보더라도 창시자가 아닌 인격적 대리인을 통해 간접적으로 창시자의 가르침을 이해할 수밖에 없는 처지이기 때문에 절대적 추종력을 기대하기 어렵다.

이렇게 본다면, 특정 종교공동체 내부의 사회현상은 창시자의 가르침(종교이념)이나 그 가르침을 따르는 신도들의 신념체계나 가치체계만으로는 충분히 이해되지 않는다. 현실적으로 창시자의 가르침(그 종교이념)은 이념의 전달자인 성직자를 매개로 그 종교조직의 대중들에게 전달되고 있는 바, 이 전달과정의 차이에 따라 종교조직의 양상이 각각 다르게 나타나고 있기 때문이다. 그리고 실제로 성직자의 리더십은 절대적인 것이 아니라 상대적인 것이며 고정된 그 무엇이거나 이미 주어진 그 무엇이 아니다. 이렇듯 성직자 리더십의 상대적 성격으로 말미암아 종교공동체 내부의 사회현상 사이에는 또한 다양한 편차가 발생하고 있다. 실제로 성직자의 리더십에 따라 특정 종교는 강한 통합성을 갖기도 하지만 다른 종교는 그렇지 못하며, 그 특정한 종교만 보더라도 어떤 종교지도자가 존재할 때는 조직목표를 상대적으로 잘 달성하기도 하지만 또 다른 성직

---

11) 조직이 있기 때문에 리더가 있기도 하지만, 리더가 있기에 조직은 여러 가지 난관을 극복하고 내적 갈등을 통합하면서 유지될 수 있다. 종교조직과 리더의 관계도 예외가 아니다. 다만, 종교조직의 경우 성직자가 리더가 되는 경우가 지배적이다.

자가 종교조직을 이끌어 갈 경우에는 조직 전체가 심한 혼란을 겪기도 한다.

또한 종교지도자 리더십의 상대성은 또 다른 차원, 즉 종교공동체의 특수성이라는 차원에서도 논의될 수 있다. 실제로 종교공동체 내부의 사회현상을 이해함에 있어서는 그 종교의 가치체계나 신념체계와 같은 이념적 요인을 경시해서는 안 된다. 오히려 성직자 리더십을 이해함에 있어서도 그 종교의 가치체계와 신념체계는 철저하게 고려되어야 한다.[12] 왜냐하면 종교조직 및 종교공동체는 종교이념의 전달자인 성직자와 피전달자인 신도로 구성되어 있는 이념공동체이기 때문이다. 또한 이념공동체로서 종교조직은 정부조직, 기업조직, 군대조직 등과 같은 세속사회의 조직과는 다르다. 종교조직의 목표가 가치체계나 믿음체계의 올바른 전달에 놓여 있는 반면에 세속 조직은 권력이나 생산성, 군사력 등의 향상을 목표로 설정하고 있다. 그리고 그 목표를 달성하는 수단에 있어서도 종교조직은 가치합리성이나 정서를 강조하고 있음에 반하여 후자는 법적-제도적 합리성을 추구한다. 또한 리더의 선출에 있어서도 종교조직의 경우에는 신분적 제한이 존재하지만 후자의 경우는 제도적 제한만이 존재한다. 게다가 종교조직의 리더는 스스로 모범을 더 잘 보일수록 그리고 스스로 창시자에 대한 철저한 추종력을 보일수록 신도들로부터 더 큰 추종력을 확보할 수 있으며 그만큼 영향력이 증대하는 특성을 지니고 있다. 요컨대 종교조직은 세속 조직과는 다른 특수성을 내포하고 있다. 성직자 리더십을 이해함에 있어서는 이러한 종교조직의 특수성이 반드시 고려되어야 한다.

---

[12] 물론 핫치킨슨(Christopher Hodgkinson, 안성호 옮김, 1992)에 따르면 성직자 리더십이라는 특수한 리더십만이 아니라 리더십 일반의 경우에도 리더 자신의 가치나 신념과 같은 이념적 요소는 가장 중요한 역할을 한다. 또한 간디의 리더십을 연구한 케샤반 나이르(keshavan Nair, 1994)에 따르면 간디의 리더십에는 높은 수준의 정신적 도덕성이 뒷받침되어 있었다고 주장하고 있는 바, 이는 높은 도덕성이 리더십의 원천임을 보여주는 적절한 예이다. 그러나 조직경영 리더십이나 정치적 리더십과 같은 세속적 리더십에 비해 성직자 리더십의 경우 이념적 요소가 상대적으로 더 중요하다는 것이 우리의 판단이다. 왜냐하면 종교공동체는 이념공동체이기 때문이다.

이상으로 우리는 리더십 이론에 대한 선행연구를 검토하고 그 대안으로 리더의 행위론적 차원과 리더가 속한 종교조직 및 종교문화라는 구조적 측면을 동시에 고려해야 한다고 주장하였다. 물론 여기에서 종교조직 및 종교문화조차도 급변하는 상황에 놓여 있다는 사실이 전제되어 있음은 두말할 나위가 없다. 또한 우리는 종교조직이나 종교문화의 차이로 인하여 종교지도자의 리더십이 본질적으로 상대성과 특수성을 지니고 있음을 살펴보았다. 이렇게 볼 때, 종교지도자의 리더십에 관한 연구는 개별 종교공동체의 특수성을 고려하면서도 동시에 이론적 보편성을 지녀야 한다.

III. 출가자 리더십의 제유형

1. 출가자 리더십의 이념형적 유형

불교의 궁극적 목적은 깨달음을 통한 중생구제이다. 불교에서 깨달음 곧 마음의 지혜는 비단 리더십[13]뿐만 아니라 권력 및 계급[14]의 가장 중요한 원천이기도 하다.

물론 여기에서 깨달음과 중생구제는 불가분의 내적 연관성을 지니고 있으며 그 수단으로써 수행과 사회적 역할 역시도 내적 연관성을 지니고 있다. 불교의 깨달음이란 행위자 자신의 불성의 자각 및 체득이란 뜻으로, 이는 한편으로는 행위자의 완전성(buddha-hood)을 전제하고 있으면서도 다른 한편으로는 주체 그 자체의 죽음을 통한 사회성(sociality)의 완성을

---

[13] 불교에서 지혜는 곧 여래의 십력을 의미하는데, 여기에서 력(力)이란 "구부릴 수 없다는 의미가 력(力)이며, 굴복시킬 수 없다는 뜻, 꺾을 수 없다는 뜻, 해칠 수 없다는 뜻, 옮길 수 없다는 뜻, 돌이킬 수 없다는 뜻, 능히 두루 깨닫는다는 뜻, 능히 담당한다는 뜻, 견고하다는 뜻, 가장 훌륭하다는 뜻, 능히 남을 제어한다는 뜻, 이런 것들이 력(力)의 의미이다" (박선영, 1999). 위의 인용문은 『아비달마대비파사론』에 나오는 내용으로서 여기에서 여래의 십력 곧 지혜는 불교의 리더십에 다름 아니다.

[14] Ratapala, R.(1992)는 지혜가 계급 및 권력의 원천임을 자세하게 논의하고 있다.

의미하기 때문이다.

　이러한 불교의 이상에도 불구하고 현실적으로는 오로지 깨달음에 도달하기 위하여 철저하게 자신의 수행에만 전념하는 출가자가 있는가 하면, 깨달음(그리고 수행)을 부정하지는 않지만 중생구제를 위한 사회적 실천행에 대부분의 시간과 정열을 할애하는 출가자가 존재하는 것이 사실이다.

　이로 말미암아 출가자 리더십을 분석적으로 이해하기 위해서는 우선 출가자 개인의 철저한 수행을 통하여 형성되는 리더십과 중생구제를 위한 보살행의 과정과 관련되는 리더십을 구분하는 것이 불가피하다. 같은 이유에서 이 글에서도 전자를 '수좌형 리더십'이라고 조작적으로 정의하고 후자를 '보살형 리더십'이라 부르고자 한다.

　그런데 '보살형 리더십'은 리더의 역할에 따라 다시 '불교공동체 내적 역할과 관련된 리더십'과 '대사회적 역할과 관련된 리더십'으로 세분할 수 있다. 출가자의 보살행은 한편으로는 불교공동체 내부에서 신도들의 신행생활을 지도하거나 도와줌으로써 신도들의 종교적 욕구를 해소해 주고 궁극적으로는 그들의 안심입명에 기여하는 활동과정으로 한정하여 이해할 수도 있지만, 다른 한편으로는 불교 신도를 넘어서서 동시대의 모든 중생들이 공통적으로 직면해 있는 삶의 문제를 해결하려는 활동만으로 생각할 수도 있기 때문이다.

　물론 불교신도도 전체사회의 일부일 뿐만 아니라 연기적 관점에서는 비신도조차도 신도들의 삶과 연관되어 있다는 점에서 그러한 구분이 무의미하다고 생각할 수도 있을 것이다. 그러나 인간의 몸이 두 개가 아니듯이 출가자의 보살행도 이러한 두 가지 활동으로 구분되어 행해지고 있는 것이 사실이다.

　또한 '보살형 리더십'은 구조적 측면에서도 또 다시 두 가지로 나누어질 수 있다. 보다 구체적으로 말하면, 앞에서 검토했듯이 리더십은 행동이론적 측면뿐만 아니라 구조적 측면을 동시에 고려할 때 보다 잘 이해될 수 있는 바, 여기에서 구조적 측면조차도 또 다시 불교공동체 내부의 구조적 요인과 전체사회의 구조적 요인으로 나누어 볼 수 있다.15) 출가자 리더십은 불교공동체 내부의 구조적 조건에 부합하는 행위를 함으로써 형성되기도 하지만 다른 한편으로는 전체사회의 구조적 조건을 잘 갖추고 거기에 부합하는 행위를 함으로써 형성되기도 하기 때문이다.

물론 '보살형 리더십'에서 구조적 조건이 출가자의 역할과 불가분의 관계를 지니고 있음은 두말할 나위가 없다. 전체사회나 집단의 규범 및 제도가 그 하위 부분이나 개인에게 미치는 영향력을 구조적 영향력이라 할 때, 이러한 구조적 영향력은 한편으로는 개인적인 영향력과 구분되지만 다른 한편으로는 개인적 영향력을 강화하기도 하고 방해하기도 한다는 점에서 개인적 영향력과 관련되어 있기 때문이다.

이렇게 볼 때 우리는 '보살형 리더십'을 <그림 2-1>과 같은 네 가지 유형의 하위 리더십으로 세분화할 수 있을 것이다.

<그림 2-1> '보살형 리더십'의 하위 유형

(단위 : 명, %)

구조적 조건 \ 리더의 역할	불교공동체 내부의 역할	대사회적 역할
불교공동체 내부의 구조적 요인	I	II
전체사회의 구조적 요인	III	IV

위의 <그림 2-1>에 나타난 각각의 리더십 유형들을 우리는 다음과 같은 조작적 개념으로 이해할 수 있을 것이다. 즉 우리는 <I 유형>을 '현실 안주형 리더십'으로, <II 유형>을 '사회적 역할 확대형 리더십'으로, <III 유형>을 '승가혁신형 리더십'으로, 그리고 <IV 유형>을 '사회혁신형

---

15) 불교는 불교공동체인 승가를 잘 발전시켜 왔기 때문에 불교사회현상을 이해하기 위해서는 전체사회와 불교의 관계뿐만이 아니라 불교공동체 내적 구조나 역동성을 이해해야 한다. 이와 관련된 논의는 졸고(1999)를 참고할 것.

리더십'으로 각각 이해할 수 있을 것이다.[16]

지금까지 우리는 출가자 리더십의 유형을 불교이념을 기준으로 크게 '수좌형 리더십'과 '보살형 리더십'으로 구분하였고 또한 리더의 역할과 그를 둘러싼 구조적 조건을 기준으로 크게 네 가지 하위 리더십 유형, 즉 '현실 안주형 리더십', '사회적 역할 확대형 리더십', '승가혁신형 리더십', '사회혁신형 리더십'으로 구분하였다. 그러나 이러한 유형구분은 리더를 중심으로 이루어진 것이다. 오히려 리더십의 실재에 초점을 맞추어 본다면, 앞장에서 논의한 바 있듯이, 리더십은 특정한 사회적 상황 속에서 추종자와의 상호작용과정을 통하여 형성된다. 특히 최근 리더십 이론, 즉 카리스마적 리더십이론이나 변환적 리더십이론에서는 추종자와의 상호작용을 리더십의 원천으로 간주하고 있다. 게다가 이러한 이론은 급변하는 사회환경을 전제하고 있다. 만약 우리가 리더십이 행사되는 상황이나 추종자와의 상호작용까지 고려하여 출가자 리더십을 유형화한다면 그리고 그러한 의미에서 '수좌형 리더십'을 일단 논외로 한다면, 우리는 보살형 리더십의 네 가지 유형을 여러 가지 리더십 유형으로 또 다시 세분할 수 있을 것이다.

2. 출가자의 역할에 따른 리더십 유형

1) 불교공동체 내적 역할에 따른 리더십 유형

불교공동체 내부에서 출가자는 첫째 각종 의례 집전을 전담하는 성직자의 역할을 하고 있으며, 둘째 신도들에게 부처님의 가르침을 가르치고 전하는 역할 즉 스승 및 법사의 역할을 수행하고 있으며, 셋째 개별 사찰이

---

16) 여기에서 현실안주형 리더십은 베버의 전통적 리더십과, 그리고 사회혁신형 리더십은 베버의 합법적 리더십과 같은 유형의 리더십이다. 그리고 수좌형 리더십은 베버의 카리스마적 리더십과 같은 유형의 리더십이다. 이렇게 볼 때, '사회적 역할 확대형 리더십'과 '승가혁신형 리더십'은 베버의 유형화를 넘어서는 새로운 리더십인 바, 이는 우리가 베버와는 달리 불교공동체와 사회를 구분한 데 따른 결과이다. 따라서, 만약 이러한 구분이 정당하다면, 우리의 이념형은 정당한 근거를 갖게 되는 셈이다.

나 종단을 운영하고 관리하는 역할 즉 경영자 및 행정가의 역할을 동시에 수행하고 있다. 따라서 현실적으로는 중앙종무기관이나 교구본사의 종무행정의 경우를 제외하면 이러한 역할은 분담되기보다는 한 사람의 출가자에게 동시에 요구되고 있는 역할이다. 역할 담당이 미분화된 한국불교의 현실에서 한 사람의 출가자는 여러 가지 복합적 역할을 동시에 수행하지 않으면 안 되기 때문이다.

그럼에도 불구하고 불교공동체 내부의 역할에 따른 리더십은 성직자 리더십[17], 교사 및 법사 리더십, 그리고 경영 및 행정 지도자 리더십으로 세분화할 수 있다. 이러한 각각의 리더십 유형은 역할의 차이뿐만 아니라 그러한 역할 담당에 요구되는 리더십의 내용이나 기술적 측면에서도 각각 다르고 상호작용의 대상이나 영향력의 범위, 즉 추종자의 사회적 범주도 달라지기 때문이다. 게다가 이러한 각 리더십은 리더가 처한 상황의 변화 속도에 있어서도 매우 다르다. 성직자 리더십이 발휘되는 상황은 사회변화에 상대적으로 덜 영향을 받겠지만 경영 및 행정 리더십은 급변하는 사회환경에 매우 민감할 수밖에 없다.

또한 불교공동체 내부의 역할에 따른 리더십은 지도자 자신의 사회적 위상이나 역할 범위에 따라 최고지도자 리더십, 중간지도자 리더십, 하위지도자 리더십 등의 리더십 유형의 구분도 가능하다. 예컨대 종무행정의 경우 총무원, 교육원, 포교원 등 최고 행정집행기구의 책임자나 중앙종회의 의장, 원로회의 구성원 등에게는 최고 지도자의 리더십이 요구되며, 중앙종무기관의 일반 소임자나 교구본사의 주지 등에게는 중간 지도자의 리더십이 요구되며, 마지막으로 말사주지나 각종 불교단체의 대표에게는 그 보다 좀더 낮은 리더십만으로도 충분할 것이다. 물론 이러한 유형 구분은 성직자 리더십이나 교사 및 법사 리더십의 경우에도 그대로 원용할 수 있을 것이다.

---

[17] 통상 불교의 성직자와 출가자가 동의어로 사용되고 있지만, 여기에서 성직자란 주로 의식집전 등 불교공동체 내부의 성직의 역할에 한정된 의미만을 갖는다.

2) 대사회적 역할에 따른 리더십 유형

출가자의 역할은 불교공동체 내부에만 한정되지 않는다.18) 출가자는 불교에 대한 지역사회, 국가 나아가 국제사회의 기대에 부응할 수 있는 역할을 수행해야 하기 때문이다. 또한 불교에게는 전체 사회의 하위부문에서 요구하는 사회적 역할을 수행할 필요성이 제기된다. 그리고 이러한 역할을 수행함에 있어서 출가자의 사회적 상호작용의 범위는 불교의 범위를 훨씬 넘어서서 비불자나 심지어 타종교인까지도 포함하고 있다는 점에서 불교공동체 내부의 리더십과는 다른 차원의 리더십이다. 게다가 이러한 리더십은 활동분야에 따라 리더십의 내용과 기술이 완전히 다르다. 급변하는 환경에 보다 더 민감하다는 특징도 지니고 있다. 예컨대 복지분야, 사회봉사분야, 인권분야, 환경분야, 사회정의분야, 상담 및 교육분야, 사회문제분야 등 사회의 제반 영역에서 불교의 개입을 요구하고 있는 바, 이러한 각 영역에서 영향력을 발휘하기 위해서는 각 분야별 전문성이 요구되기 때문이다.

이렇게 본다면, 비록 현실적으로 이러한 역할이 한 사람의 출가자에게 집중되어 있다 하더라도, 출가자의 리더십은 사회지도자의 리더십과 영역별 전문가의 리더십으로 구분할 수 있다. 다시 말하면 교구본사나 말사의 책임자의 경우 그에게 요구되는 리더십은 그 사찰이 소속된 지역사회의 사회지도자로서의 리더십이지만, 복지분야와 같은 전문분야에 종사하는 경우 그에게는 전문가로서의 리더십이 요구되기 때문이다. 또한 사회단위에 따라 각각 다양한 유형의 리더십으로 구분되기도 할 것이다. 개별 사찰의 신도들에 대한 리더십, 지역사회 단위의 리더십, 전국 단위의 리더십, 그리고 국제적 수준의 리더십은 구분될 필요가 있기 때문이다.

---

18) 필자는 한 출가자의 생활세계를 그의 일기분석을 통해 밝힌 바 있다. 그 연구를 보면, 출가자의 생활세계가 불교공동체를 훨씬 넘어서 있음을 잘 알 수 있으며, 그에게는 사회지도자로서의 리더십이나 전문가로서의 리더십이 요구되고 있었음도 잘 나타나 있다. 이에 대해서는 졸고(1997)를 참고할 것.

3. 구조적 조건에 따른 리더십 유형

앞장에서 논의한 바 있듯이, 리더십은 리더 자신의 행동론적 측면 즉 역할이나 업무수행 능력 이외에도 조직 내의 사회적 위상이나 직분, 그리고 조직문화 등과 같은 집합적 요인에 의해 형성되기도 한다. 특히 리더에 대한 추종자의 집합적 인식과 태도는 리더의 영향력에 결정적인 영향을 미치기도 한다. 그런데 추종자의 범위는 개별 사찰의 신도 및 불교공동체의 사부대중이냐 혹은 비불자나 타종교인을 포함한 전체 국민이냐에 따라 달라진다. 게다가 논의의 범위를 불교공동체 내부로 한정하느냐 혹은 전체사회로 확장하느냐에 따라 영향력 행사의 조건이 달라진다. 보다 구체적으로 말하면 불교공동체 내부의 경우 출가자의 리더십은 계·정·혜 삼학을 두루 갖추고 경·율·론 삼장에 통달하는 것으로 충분하겠지만, 전체사회에서 출가자의 리더십은 계·정·혜 삼학을 두루 갖추는 것 이외에도 학력이나 경력 그리고 심지어 전문가라고 믿을 수 있는 자격증까지도 필요하다. 따라서 여기에서는 불교공동체 내부의 구조적 조건에 따른 리더십의 제유형과 전체사회의 구조적 조건에 따른 리더십의 제유형을 구분하여 살펴보고자 한다.

1) 불교공동체 내부의 구조적 조건에 따른 리더십 유형

리더십과 관련된 불교공동체 내부의 구조적 조건으로는 계·정·혜 삼학과 경·율·론 삼장과 같은 기본적인 조건 이외에도 불교의 이념(가치체계나 신념체계를 포함), 계율, 삭발염의와 같은 출가자 집단(승가)의 상징과 출가자 집단의 위의, 그리고 선문화 등을 꼽을 수 있다. 집합적 차원에서 볼 때, 이러한 구조적 조건이 잘 정비되어 있을수록 출가자 리더십은 강한 리더십이 되고 그렇지 않을수록 약한 리더십으로 전락할 것이다. 그리고 개인적 차원에서 볼 때, 이러한 조건에 잘 부합하는 리더일수록 그의 리더십은 강한 리더십으로 분류될 것이고 그 반대도 역시 성립한다.

또한 이러한 여러 구조적 조건들 중에서 하나 이상을 잘 갖추면 그러한 리더십이 강한 리더십으로 살아 남는다. 예컨대 선수행을 강조할 경우 강한 영향력을 행사하는 리더십은 수좌형 리더십이 될 것이고, 계율을 강조하면 청정성이 리더십의 원천이 될 것이고, 불교의 이념을 강조할 경우 여기에 부합하는 조건을 갖출수록 강한 리더십을 갖추게 될 것이다. 이렇게 본다면 리더가 처한 상황이 어떠한 리더십을 요구하고 있는가에 따라 그리고 리더 자신이 어떠한 리더십의 원천을 주로 활용하느냐에 따라 리더십 제유형을 구분할 수 있을 것이다.

2) 전체사회의 구조적 조건에 따른 리더십

전체사회가 출가자에게 요구하는 조건은 공동체 내부의 그것과는 다르다. 전체사회는 불교공동체의 구체적인 특수성보다는 종교지도자 일반에 대한 기준을 지니고 있다. 보다 구체적으로 말하면 전체사회는 신뢰도, 청렴도, 영향력, 부패도, 학력이나 경력, 자격증 등과 같은 일반적이고 추상적인 기준 이외에도 구체적인 조건을 요구한다. 왜냐하면 전체사회는 한편으로는 성과 속의 구조적 구분으로 말미암아 성에 대한 일반적인 집합적 기대를 갖고 있으면서도 다른 한편으로는 위상과 역할에 요구되는 구체적인 자격 요건을 갖출 것을 요구하기 때문이다. 또한 전체사회가 요구하는 리더십은 급변하는 사회환경에 잘 적응할 수 있는 조건을 갖추고 있을수록 더욱 강해질 것이다. 게다가 출가자와 상호작용하는 전체사회는 불교 이외의 다른 종교나 사회단체와 비교의 기준으로 출가자 리더십을 평가한다. 전체사회가 요구하는 기준에 부합하는 종교지도자 집단일수록 그 집단의 리더십은 강해지고 그 반대도 가능할 것이다. 또한 출가자 개인의 경우에도 그러한 기준에 부합할수록 그의 리더십은 다른 출가자나 종교지도자에 비해 상대적으로 강해질 것이다.

Ⅳ. 출가자 리더십의 유형별 특성

앞에서 우리는 출가자 리더십의 제유형을 구분하여 보았다. 그렇다면 이제 남은 문제는 '출가자 리더십의 각 유형'이 본질적으로 어떠한 특성을 지니고 있는가를 밝혀 보는 일이다. 그러나 한정된 지면에서 시간과 장소에 따라 그리고 추종자의 범위 및 특성에 따라 달라지는 모든 유형들을 검토하기란 불가능하다. 따라서 여기에서는 3절 1항에서 논의한 출가자 리더십의 이념형을 기준으로 각 유형이 지닌 특성을 논의하는 것으로 대신하고자 한다.

3절 1항에서 우리는 출가자 리더십의 이념형을 '수좌형 리더십'과 '보살형 리더십'으로 구분하였고 또한 리더의 역할과 그를 둘러싼 구조적 조건을 기준으로 크게 네 가지 하위 리더십 유형, 즉 '현실안주형 리더십', '사회적 역할 확대형 리더십', '승가혁신형 리더십', '사회혁신형 리더십'으로 구분하였다. 그러나 오늘날 한국불교의 현실 속에서는 '사회혁신형 리더십'을 가진 출가자는 극소수에 불과하다. 따라서 여기에서는 '사회혁신형 리더십'을 제외한 네 가지 유형의 리더십을 대상으로 하여 각각의 본질적 특성을 규명해 보고자 한다.

1. '수좌형 리더십'의 특성

수좌형 리더십의 원천은 삭발염의, 계율, 교리적 지식 이외에도 참선수행이라는 리더 개인의 철저한 노력을 꼽을 수 있으며 한국불교의 선 전통이나 한국사회의 선 우위 문화 등과 같은 구조적 요인도 지적할 수 있다. 그런데 이른바 수행에만 전념하는 수좌들은 자신의 수행이외에는 불교공동체 내부에서조차 특정한 직분을 지니고 있지 않다. 그럼에도 불구하고 수좌들이 리더십을 발휘하는 것은, 성철스님의 사례처럼, 수좌 개인의 도덕성[19]뿐만 아니라 무엇보다도 수좌의 카리스마에 대한 추종자들의 믿음20) 때문이다. 몇몇 소수의 수좌들도 특정한 사찰의 신도를 대상으로 법문을 하기도 하지만, 대부분의 수좌들이 오로지 수행에만 전념한다. 따라서 수좌형 리더의 추종자는 특정화된 신도가 아니라 불특정 다수일 수밖에 없다.

이러한 점에서 수좌형 리더십은 다음과 같은 장점과 단점을 각각 지니고 있다. 우선 장점으로는 신뢰성, 청정성, 종교성, 그리고 전통성 등이 강하다는 점을 지적할 수 있다. 또한 수좌의 영향력의 범위가 불특정 다수에게로 무한히 확산되어 행사된다는 장점도 지닌다. 반면에 수좌형 리더십은 특정화된 구체적 사회적 역할이 없기 때문에 추종자들과 직접적인 접촉이나 구체적인 관계를 통해 리더십을 발휘할 기회가 협소하다는 단점이 있다. 또한 수좌형 리더십은 자칫 급변하는 사회변화에 잘 부합하지 못하는 단점도 지닌다.

2. '현실안주형 리더십'의 특성

현실안주형 리더십의 원천은 근본적으로는 수좌형 리더십의 원천과 다르지 않다. 다만 현실안주형 리더십은 수좌형 리더십과는 달리 불교공동체내 직분이 리더십의 중요한 원천으로 작용한다[21]는 점에서 차이가

---

19) 스티븐 코비(Stephen R. Covey 1997, 김경섭・박창규 옮김, 2001)는 리더십 일반에서도 리더의 도덕성-그는 이를 개성(personality)이 아닌 본질적 품성(character)이라고 규정하고 있다-이 가장 기본적이고 우선적인 강점(primary greatness)이 된다고 주장한다. 그러나 성직자 리더십, 그 중에서도 출가자 리더십에 있어서는 도덕성이 더욱더 중요한 요소가 될 것이다.
20) 여기에서 카리스마란 추종자와의 상호작용을 전제로 한 개념으로서 추종자의 믿음이 결정적인 중요성을 지닌다. 이에 대해서는 앞에서 논의한 변혁적 리더십 이론을 참고하기 바란다.
21) 한국불교의 경우 불교공동체 내부에서 출가자는 출가자라는 신분적 요소에 의해 리더의 위상을 점하고 있으며 신도들도 그것을 당연한 것으로 받아들이고 있는 것이 현실이다. 예컨대 오늘날 한국불교 조계종 총무원의 직제만 보더라도 국장급 이상의 직위는 모두 출가자(비구)가 점하고 있어서 재가 종무원은 신분적으로 차장 이상으로 승진할 수 없는 것이 현실이다.

난다. 또한 현실안주형 리더십의 경우 신도들이나 사회일반이 승가(출가자 공동체)에 대해 갖고 있는 기대나 존중이 리더십의 원천으로 작용하고 있다.

그러나 이러한 리더십의 원천은 양면적인 측면을 동시에 지니고 있다. 예를 들어 현실안주형 리더가 자신의 직분에 따라 주어진 업무를 수행하는 과정에서 불가피하게도 계율을 어기거나 혹은 수행을 등한시할 경우 그것은 곧 리더십을 약화시키는 요인으로 돌변하기 때문이다. 이러한 경우는 집합적 차원에서도 마찬가지이다. 예를 들어 1998년 한국불교 조계종 사건은 종단전체의 공신력을 크게 저하시켰고 그 결과 출가자 직분의 권위도 그만큼 저하되었다.[22]

한편, 현실안주형 리더십의 경우 리더의 불교공동체 내적 위상에 따라 역할범위는 다양하게 나타날 수 있다. 종무행정의 최고 책임자로서의 총무원장으로부터 말사 주지에 이르기까지 다양한 리더십이 존재한다. 이렇듯 통상 불교공동체의 종무행정을 담당하는 직분을 맡고 있는 현실안주형 리더는 일상적으로 자신의 직분에 주어진 업무를 합법적으로 처리해야 하기 때문에, 현실안주형 리더십은 불교현실에 밝고 불교적 정서에 부합하기가 쉽다는 장점을 지닌다. 반면에 현실안주형 리더십은 그만큼 청정성이나 수행성이 약화될 수 있으며 또한 인식관심의 범위가 불교공동체 내부로 국한되기 쉽다는 점에서 급변하는 사회환경에 적절하게 대응함에 있어서 한계를 노정할 수 있다.

3. '사회적 역할 확대형 리더십'의 특성

사회적 역할 확대형 리더십의 원천은 현실안주형 리더십의 그것과 동일

---

[22] 실제로 이 사건은 전국적으로 연일 크게 보도되었을 뿐만 아니라 CNN을 통해 전세계적인 화제가 되기도 했는데, 당시 이 사건과 관련된 기사나 보도가 폭력 장면에 초점을 맞춘 데다가 그 원인을 이권 다툼에서 찾음으로써 출가자의 권위를 크게 실추시켰다.

하다. 그러나 사회적 역할 확대형 리더십은 그의 직분이 종단내적 역할이 아니라 대사회적 역할에 놓여 있다는 점에서 현실안주형 리더십과 차이가 난다. 그리고 이렇듯 종단내적 역할이 아닌 사회적 역할을 수행함에도 불구하고 사회적 역할 확대형 리더십이 영향력을 행사할 수 있는 기반은, 원효스님의 사례가 잘 보여주듯이, 그것이 종교의 사회적 정당성[23])을 뒷받침해 주기 때문이기도 하거니와 불교 내적으로는 중생구제의 이념이나 대승불교의 전통에 부합하기 때문인 것으로 판단된다.[24])

사회적 역할 확대형 리더십의 역할 범위는 그 명명에서 시사하듯이 사회단위에 따라 무한히 확대될 수 있으며 그에 따라 추종자의 범위도 달라진다. 예를 들어 사회적 역할 확대형 리더십의 범위는 대사회적 역할의 단위에 따라 이웃, 지역사회, 국가, 국제사회 등으로 확대되고, 영역에 따라서도 복지활동, 통일운동, 인권운동, 환경운동 등으로 다양하게 세분화되는 특징을 지닌다. 또한 사회적 역할 확대형 리더십은 추종자의 성격에 따라 어린이 지도자, 청소년 지도자, 장애인 지도자, 여성 지도자 등으로 나뉘어 진다. 따라서 사회적 역할 확대형 리더십은 각각의 유형에 따라 독특성을 지니고 있으며 리더십을 강화할 수 있는 방안 역시도 각각의 특수성에 부합하는 방향에서 찾아져야 할 것이다. 그럼에도 불구하고 사회적 역할 확대형 리더십은 전체사회의 변화에 민감하게 적응할 수 있는 장점을 가지는 반면에 그러한 대사회적 역할은 본질적으로 불교공동체 내적 수요를 넘어서는 특성을 지닌다는 점에서 종단내적 현실을 강조하는 시각과 갈등을 일으킬 여지를 내포하는 한계를 갖고 있다.

---

23) 성직자의 직분 그 자체는 본질적으로 사적 특성보다는 공공적 특성을 지니고 있으며, 따라서 그 직분이 사회적 정당성을 가지면 가질수록 공신력도 커지고 권위도 높아지기 때문이다. 게다가 사회적 역할 확대형 리더십의 경우 자신의 직분에 따른 정당한 지배의 성격을 띠고 있는 바, 합리적 조직사회로 특징 지워지는 현대사회는 이러한 합법적 지배에 대해서는 이의를 제기하지도 않기 때문이다.
24) 통상 불교공동체 내부에서는 사회적 역할 확대형 직분을 보살행으로 간주하여 큰 가치를 부여하고 있다. 왜냐하면 그것은 소승불교의 한계와 대비되는 대승불교 전통의 장점으로 부각할 수 있는 근거이기 때문이다.

4. '승가혁신형 리더십'의 특성

승가혁신형 리더십의 원천은 현실안주형 리더십과 대부분 유사하다. 심지어 리더의 직분이 불교공동체 내부에 국한되어 있다는 점에서도 유사하다. 그러나 승가혁신형 리더십은 사회가 요구하는 리더십의 보편적 자격요건 즉 학력, 경력, 자격증 등을 충분히 갖추고 있을 뿐만 아니라, 만해 한용운의 사례처럼, 불교에 대한 사회적 기대와 그 기대에 부응하기 위해 필요한 방안을 구체적으로 제시할 수 있는 비전을 가지고 있다는 점에서 현실안주형 리더십과는 다르다.

그럼에도 불구하고 승가혁신형 리더십의 역할범위는 불교공동체 내부에 한정되어 있고 추종자 역시도 사부대중으로 한정되어 있다. 그리고 승가혁신형 리더십은 리더 자신의 개인적 전문성[25]을 기반으로 급변하는 사회변화에 부응하는 리더십을 발휘할 수 있는 장점을 지니고 있지만 문중적 유대의 취약성, 공동수행생활 경험의 빈약함, 전통적인 불교 정서와의 불일치 등과 같은 전통적인 불교공동체 내적 기반의 취약함뿐만 아니라 불교공동체 내부의 현실과 갈등의 여지를 내포하고 있다는 단점을 지니고 있다.

이상으로 우리는 출가자 리더십의 이념형에 따라 각각의 리더십의 특성을 살펴보았다. 그러나 이 논의는 이념형에 따른 것일 뿐 현실과는 다르다. 그럼에도 불구하고 이러한 논의를 통하여 우리는 한국불교의 출가자 리더십이 어떠한 한계를 지니고 있는지를 명확하게 알 수 있다. 다시 말하면 이상의 논의를 통하여 우리는 한국불교의 경우 급변하는 사회환경 변화에 민감하게 부응할 수 있는 변혁적 리더십, 즉 사회적 역할 확대형 리더십이나 승가혁신형 리더십이 부족하다는 사실을 알 수 있었다. 실제로 한국불

---

25) 물론 여기에서 전문성이란 사회가 공인하는 자격이나 경력으로 뒷받침되고 있어서 사회적으로는 정당한 권위의 원천이다. 그러나 그것이 곧 불교공동체 내부에서 권위의 원천이 됨을 의미하지는 않는다. 왜냐하면 불교공동체 내부에서 권위는 법랍이나 공동생활 경험, 전통적인 한국 불교 정서 등과 같은 요인 즉, 불교공동체 내부에서 인정하는 조건을 더 중요시하기 때문이다.

교의 경우 '수좌형 리더십'이나 '현실안주형 리더십'이 출가자 리더십의 주류를 형성하고 있다. '이판승 사판승'이란 명칭이 지칭하는 대상이 바로 이러한 두 가지 유형에 해당한다.

결국 오늘날 한국불교는 급변하는 사회환경 속에서 리더십을 발휘할 수 있는 변혁적 리더를 양성해야 하는 과제를 안고 있는 셈이다. 그리고 정보화사회와 같은 급변하는 사회환경 속에서, 점점 더 노골화되어 가는 세속화 경향 속에서, 그리고 종교시장을 둘러싸고 점차 격화되어 가는 종교간 경쟁 속에서, 한국불교가 도태하지 않고 살아남기 위해서는 이 과제가 반드시 해결되어야 한다. 그러나 이 과제는 장기적인 과제가 될 것이다. 오히려 출가자 리더십의 강화방안과 관련하여 제기된 단기적인 과제는 오늘날 한국불교의 주류 리더십 유형인 '수좌형 리더십'이나 '현실안주형 리더십'의 단점을 최소화하고 장점을 극대화해야 한다. 이를 위해서는 이념형적 차원의 이론적 고민보다는 현실적으로 존재하는 구체적인 리더십의 제유형에 따라 각각의 리더십 강화방안이 모색되어야 할 것이다.

V. 결론

이상으로 우리는 이론적 수준에서 출가자 리더십에 관한 연구를 시도해 보았다. 물론 출가자 리더십에 관해서는 향후 다각도로 연구될 것으로 기대되지만, 여기에서는 최초의 시도라는 점에서 출가자 리더십에 관한 이론적 논의를 촉발하고자 하였고 나아가 출가자 리더십의 유형을 분류해 보고 각 유형이 지닌 특징을 밝혀 보았다. 물론 이러한 유형화는 출가자 리더십에 관한 경험연구를 위한 이론 틀을 구성하는 작업에 불과하다. 그렇기 때문에 이러한 유형화 작업은 출가자 리더십에 관한 경험적 연구가 축적될수록 빛을 발할 수도 있고 또한 부분적으로 수정될 가능성도 동시에 남겨 놓고 있다. 따라서 여기에서는 이러한 본질적 제한성 속에서 본 연구의 의의와 한계를 제시해 보고자 한다.

무엇보다도 본 연구의 가장 큰 의의는 출가자 리더십에 관한 연구가 불모지로 남아 있는 한국불교학계의 현실 속에서 경험연구의 이론틀을 구성해 보았다는 점에서 찾을 수 있을 것이다. 실제로 우리는 출가자 리더십의 이론틀을 구성함에 있어서는 행동이론적 요인, 급변하는 사회적 상황이라는 구조적 요인[26], 그리고 불교공동체의 특수성 등을 고려해야 함을 제시하였다. 이는 한편으로는 리더십이론의 성과를 반영하면서도 다른 한편으로는 출가자 리더십의 특수성을 이해하는 데 적합하리라 기대된다.

또한 출가자 리더십의 이념형을 재구성해 봄으로써 우리는 한국불교의 경우 어떠한 유형의 출가자 리더십이 부족한지를 분명하게 드러낼 수 있었다. 이러한 작업은 출가자 리더십을 강화해 나갈 것인가라는 현실적이고 실천적인 과제를 수행하는 데 어느 정도 기여할 수 있을 것으로 기대된다. 그리고 출가자 리더십의 제유형이 지닌 특성에 관한 논의는 출가자 리더십을 강화하려는 프로그램이 어떠한 유형을 강조함으로써 어떠한 결과를 초래할 것인지를 예측을 하는 데 다소 공헌할 것으로 기대된다.

이러한 의의에도 불구하고 이 글에서 우리는 경험적 사실을 거의 활용하지 못함으로 인해서 엄격한 검증의 과정을 거치지 못한 진술에 의존할 수밖에 없었다는 한계를 갖고 있다. 물론 이러한 한계가 이론연구에 따라다니는 본질적 한계이다. 사실 우리는 처음부터 이론연구의 한계를 잘 인식하고 있었다. 이론적 논의과정에서 발견한 아이디어를 구조화하여 출가자 리더십에 관한 의식조사를 동시에 시행한 것도 그 때문이었다. 그러나 선행경험연구가 전무한 토양 위에 한 차례의 의식조사의 결과만으로 이론적 논의를 뒷받침하기란 사실상 불가능하였다. 부득이 다른 지면을 통해 의식조사 결과를 제시하는 수밖에 없다. 본 연구의 이론적 논의를 이해하는 데 참고가 되기를 기대할 뿐이다.

---

[26] 물론 이러한 구조적 요인은 불교공동체 내적 요인과 전체 사회적 차원의 구조적 요인으로 나누는 것이 중요하다.

● 참고문헌

김종서, "전환시대의 성직자 상",『전환시대의 성직자 교육 : 그 현황과 전망』, 영산원불교대학, 1995.
노부호, "경영혁신과 종교조직의 혁신",『21세기 사회변화와 한국불교의 이노베이션』, 한국불교사회연구소, 1996.
박선영,『불교의 교육사상』, 동화출판사, 1981.
송병순, "전환기 종교지도자 교육의 방향탐색",『종교교육학연구』제8권, 한국종교교육학회, 1999.
신응섭 외,『리더십의 이론과 실제』, 학지사, 1998.
유승무, "불교사회학의 성립조건(Ⅰ)",『논문집 6집』, 중앙승가대학교, 1997.
_____, "자유부동한 비구의 생활세계",『주어서 비워지는 마음』, 김시현 저, 불지사, 1997.
유필화,『부처에게서 배우는 경영의 지혜』, 한언, 1997.
홍사성, "출가와 재가의 새로운 관계 정립을 위한 시론",『불교평론』제4권 4호, 불교시대사, 2000.
Bass, B. M., *Leadership and performance beyond expectations*, N.Y. : Free Press, 1985.
Burns, J. M., *Leadership*, N.Y. : Harper & Row, 1978.
Christopher Hodgkinson, *The Philosophy of Leadership*, N.Y. St. Martin's Press, 1983(안성호 옮김,『리더십의 철학』, 대영문화사, 1992).
Conger, J. A. & Kanungo, R. N., Toward a behavioral theory of charismatic leadership in organizational settings, *Academy of Management Journal*, 12, 1987.
Covey, Stephen R., *Principle-centered Leadership*, 1997(김경섭・박창규 옮김,『원칙중심의 리더십』, 김영사, 2001).
House, R. J., *A theory of charismatic leadership*, In J. G. Hunt & L. L. Larson (Eds), Leadership : The cutting edge, Carbondale : Southern Illinois University Press, 1977.

Keshavan Nair, *A Higher Standard of Leadership*, 1994(김진욱 옮김, 『간디 리더십』, 씨앗을뿌리는사람, 2000).

Peter Berger, *The Social Reality of Religion*, penguin University Books, 1973(이양구 옮김, 『종교와 사회』, 종로서적, 1993).

Ratnapala, R., *Buddhist Sociology*, Sri Satguru Publication, Delhi-India, 1992.

가리마다 마사오, 조일현 역, 『조직의 리더십』, 자작, 2000.

제3장 불교지도자 양성을 위한 리더십 프로그램

Ⅰ. 서론
Ⅱ. 이론적 배경 : 불교지도자와 리더십에 대한 논의
Ⅲ. 불교지도자 리더십 훈련 프로그램
Ⅳ. 결론 : 프로그램 활용을 위한 제언

제3장 불교지도자 양성을 위한 리더십 프로그램
Buddhist Leaderships Training Program(BLTP)

김영란(숙명여자대학교 정책대학원 교수)

I. 서론

21세기가 의미 있는 것은 단순히 새로운 천년이 시작된다는 사실 때문이 아니다. 디지털시대, 정보지식사회로 지칭되고 있는 21세기는 우리에게 문명의 전환을 경험하게 하고 있으며 지난 세기와는 다른 사고 틀, 새로운 인식의 패러다임을 요구하고 있다.

20세기 중반에 나타나기 시작한 수많은 복잡한 힘들은 광범위한 사회적 변화를 야기했다. 즉 과학기술의 발전과 그에 따른 인간복제 등 새로운 윤리적 딜레마, 커뮤니케이션의 발전, 조직간의 강력한 동맹에서 느슨한 글로벌네트워크로의 전환, 결혼, 가족, 성 등의 다양성 증가는 조직사회와 인간관계를 혁명적으로 변화시키고 있다.

그 동안 정부에서 종교에 이르기까지 대부분 기존의 제도는 산업화시대의 필요에 맞게 발전해 왔다. 공동체의식과 헌신성으로 각인된 권위주의적 위계질서를 기반으로 한 산업화시대는 다양화, 민주화를 기반으로 한 정보화시대로의 전환기에 접어든 지금 사회의 새로운 욕구에 대처하지 못하고 있다. 그 결과 지금까지 우리의 삶을 형성해 온 제도에 대한 성원들의 태도가 완전히 바뀌는 현상을 목격하고 있다. 즉 정치적, 경제적 제도에 대한 신뢰의 위기, 종교적 리더의 약화와 근본주의 운동의 대두를 들 수 있다.

오늘날 격변하고 있는 사회는 교육, 정치, 종교 등 각계각층에서 새로운 리더십을 필요로 하고 있다. 과거에는 현실의 불확실성과 불안에 의해 리더십을 필요로 하였다. 따라서 신과 같은 영웅적 리더가 등장하기도 하였다. 권위적이며 지배적인 리더는 존경심과 충성심을 야기하는데 특히 위기의 순간에 모든 것을 책임지고 올바르게 정리해 주어야 했다. 따라서 전통적 리더십은 가부장적인 것으로 리더 개인에게 상당한 책임을 부여하였다. 그리고 조직을 통제하고 권위를 행사하는 카리스마적인 리더는 자신의 신념과 확신으로 성원들에게 영향력을 행사하여 조직적 또는 사회적 목표를 성취하였다.

그러나 21세기 사회변화에 따른 리더는 공동체의 삶을 개선하는 데에 있어 권위적이며 지배적인 리더가 아닌 상호보완적이고 민주적인 리더를 필요로 하고 있다. 최근에 대두되는 리더십은 리더 개인으로부터 리더십 과정으로 전환되고 있다. 리더십 과정은 집단의 목표를 달성하기 위해 리더와 조직구성원 사이에 일어나는 상호의존적인 영향관계를 의미한다. 상호보완적 리더는 성원들의 발전을 도모함으로써 그들의 자기 가치를 높이고자 하며, 집단의 과제수행 못지 않게 성원들의 복지와 안녕을 중시하는 것으로 이를 리더십의 패러다임 전환으로 볼 수 있다.

따라서 리더십의 패러다임은 독립적인 것에서 상호의존적인 것으로, 통제에서 통합으로, 경쟁에서 협력으로, 개인에서 단체로, 그리고 단단한 지정학적 동맹관계에서 느슨하게 연결된 세계적인 네트워크로 변화함에 따라 새로운 상황에 효과적으로 대응할 수 있는 리더로 전환하고 있다.

이러한 리더십 패러다임의 전환 속에서 새로운 리더의 조건은 현시대에 발생하는 새로운 문제에 효과적으로 대처해야 한다. 이와 같은 대체의 방향은 다음과 같이 요약할 수 있다.

첫째, 리더는 우선 순위에 대한 건전한 균형 감각을 바탕으로 새로운 비전과 방법을 제시할 수 있어야 한다. 리더십을 실행하는 사람들은 리더십이 의도적 영향력에 근거한 것으로 이는 지위에서 나오는 권력이나 강제력인 영향력과는 다르다. 의도적 영향력을 발휘하는 과정에서 개인은 사람들과 그들이 속한 환경을 변화시키기 위해 개인적 힘과 신뢰성에 의존한다. 진정한 리더십은 추종자들이 리더와 그의 비전에 신념을 가지고 그를 따르기로 선택할 때에만 얻어질 수 있다.

둘째, 인간중심으로 한 리더십이 필요하다. 미래학자들이 예견하듯이 현대사회는 정보화 및 소프트화, 서비스화, 전문화, 국제화, 복지화, 민주화, 탈중앙화 및 다원화를 특징으로 하고 있다. 과거의 산업화 시절에는 권위주의적이며 위계적인 조직운영, 지시적이며 전제적인 리더십이 효과가 있었지만 위와 같은 변화에 따라 앞으로는 보다 민주적이며 유연한 조직운영 및 참여적이며 인간중심의 리더십이 요구된다.

특히 정보화, 다원화 사회에서는 전문화된 단기조직이 과업에 따라 재편성되기에 구성원간의 이질성이 높고 조직의 응집력이 약화되기 쉽다. 따라서 미래조직이 공동체의식과 협력관계를 창출할 수 있도록 하기 위해서는 인간관계를 중심으로 한 새로운 형태의 리더십이 효율적인 것이다.

셋째, 도덕성을 기반으로 한 리더십이 필요하다. 현 사회는 강자만이 살아남는다는 '정글의 법칙' 속에서 성원간에 이기주의가 팽배해지면서 공동체의식과 연대성은 급속도로 해체되고 있다. 더구나 새로운 재앙인 에이즈, 마약, 범죄의 증가, 환경오염 등 이 모든 사회적 질병은 일상생활을 위협하고 삶의 질의 저하에 대한 심각한 우려를 야기하고 있다(Jean Lipman-Blumen, 1996). 이는 사회의 유지 기반인 도덕성이 붕괴되면서 야기되는 것으로 현 사회는 무규범적인(normless) 상황 속에 있다고 할 수 있다. 따라서 오늘날 사회는 권력과 부, 무력에 의해 획득되는 리더십이 아니라 도덕적 원천과 봉사에 충실한 리더십을 필요로 한다. 즉 리더십은 도덕적, 정신적 측면을 기반으로 더 높은 규범으로 우리를 이끌어 줄 수 있는 기본

구조를 계발해야 하며 모든 사람이 품고 있는 이상에 힘을 불어넣고 우리 안에 있는 최선의 것에 호소하며 질 높은 삶으로 나가도록 해야 한다. 이런 점에서 한 사회의 도덕성에 좌표가 되는 종교적 이념은 언제나 리더십의 핵심에 위치하고 있어야 하며 특히 종교의 커다란 덕목인 봉사는 언제나 사람들이 바라는 것을 행한다는 의미는 아니라 리더의 확고한 도덕적 가치관의 테두리 안에서 이루어져야 한다.

넷째, 정보사회는 지식 기반을 중심으로 한 사회로서 리더십 역시 지식을 기반으로 해야 한다. 지금까지 복잡하게 얽힌 사회적 문제에 대한 해결책은 아직 없으나 그것은 과학, 기술, 법 그리고 도덕 등의 학문이 제공하는 지식을 필요로 한다. 이는 매우 중요한 문제이고 새로운 시대의 리더들은 현 사회를 이끌어 갈 수 있는 상당한 개념정립 능력이 필요하다.

지금 국내외에서는 21세기를 앞두고 사회발전 양상에 대한 평가와 앞으로의 사회발전 방향과 모습에 대한 논의가 진행되고 있다. 우리나라도 사회발전 방향으로 현대의 인간 소외, 환경 파괴 등으로부터 위협받는 국민 개개인의 삶의 질을 회복하고 사회구성원들이 성(性)과 계층에 관계없이 균등한 기회를 보장받고 각자의 능력과 노력에 따른 공정한 보상이 이루어지는 정의로운 사회를 기반으로 하고 있다. 그러나 한국 사회조직의 여러 부문에서는 리더가 인간행동에 관한 기본적 이해가 부족하여 강제와 위압으로 조직을 이끌어 가려는 경향이 많다. 이러한 양상은 곳곳에 리더십의 위기를 조장하고 있으며 사회조직의 각 분야에서 새로운 민주적 리더십을 요구하고 있다.

특히 사회구성원의 의식을 중심으로 볼 때 구성원들의 리더에 대한 의식과 조직 안에서의 자신의 역할에 대한 기대가 변화하고 있다. 70년대 이후 사회민주화 운동의 영향으로 조직민주화의 움직임이 일어났는데 그와 함께 사람들의 리더십에 대한 요구와 태도가 상당히 달라졌다. 흔히 지시적이고 전제적이며 가부장적 성격으로 묘사되는 전통적 리더십이 이러한 변화에 효율적으로 대처하지 못한다는 자각이 일어나게 되었다.

종교부문도 예외는 아니어서 사회에서 종교의 역할 증대와 신도층의 변화 등에 따라 과거의 카리스마적 리더에서 새로운 차원의 리더를 필요로 하고 있다. 새로운 차원의 리더십은 대부분 과거의 전통적인 리더십으로 개인적 자질에 중심을 둔 카리스마적 형태에서 의사소통능력, 조직능력, 정치력, 통찰력, 인식능력 그리고 감정지능(자기의 정서를 관리함으로써 리더십을 잃지 않고 건설적인 방향으로 자기를 관리해 나가는 능력)까지 요구하고 있으며 끊임없는 리더십 훈련을 제기하고 있다. 이러한 리더십에 대한 논의는 리더란 '태어나는 것이 아니라 만들어지는 것'임을 보여주고 있다.

대안적 리더십의 대표적인 형태로 Bass(1990)의 변환적 리더십을 들 수 있는데 그는 리더십으로 카리스마, 개인적 배려(individualized consideration), 지적 자극(intellectual stimulation), 열망(inspiration)을 제시하고 있다. Bass의 변환적 리더십은 대부분의 연구에서 종교조직에 적용하기도 하고 바람직한 종교리더의 유형으로 제시되기도 한다. 그 이유로는 카리스마적 리더십이 갖고 있는 특성에다 조직구성원에 대한 개인적 배려와 지적 자극을 주는 것이 주된 특징으로 종교지도자라는 특성과 일치되는 면이 많으며 이러한 리더의 특성이 결국 종교지도자가 추구해야 하는 리더의 특성과 일치된다고 보기 때문이다(이영의, 2000).

따라서 종교지도자는 최근 경영리더십과 관련하여 논의되는 카리스마유형의 퇴조와 함께 인간관계중심으로 리더십을 만들어 가는 것(스티븐 코비 외, 1997 ; 피터 드러커, 2000 ; 데이비드 프맨틀, 1999)과는 달리 카리스마, 협력, 헌신, 실력 등 다양한 리더의 특성을 지녀야 한다고 볼 수 있다.

한국의 가장 커다란 종교조직인 불교는 21세기에 들어와서 내적 외적으로 커다란 전환점을 맞고 있다고 본다. 현재 우리 사회에 정치, 경제, 사회, 문화적으로 커다란 영향을 주고 있는 불교조직은 21세기에 요구하는 바람직한 리더의 조건을 구비해야 할 필요가 있다. 즉 불교의 리더십이 정립되어야 불교지도자의 리더십에 의존하는 일반신도의 가치관 및 태도가 정립될 수 있으며 이를 통해 사회안정에 궁극적으로 기여할 수 있을 것이다.

본 연구는 과거와는 달리 불교의 리더십이 어느 한 리더 개인의 역량에 의지하는 데서 벗어나 불교조직뿐만 아니라 사회를 이끌어 갈 불교지도자 훈련프로그램을 개발하는 데 목적이 있다. 지금까지 리더십 연구를 보면 새로운 리더십, 대안적 리더십에 대한 이론적 논의는 많으나 실제적으로 이를 현실 속에서 활용할 수 있는 리더십 훈련 프로그램은 거의 없다고 할 수 있다. 따라서 본 연구는 우선 리더십 훈련 대상집단으로 현재 승가집단으로 하고 불교지도자로서 그 특성에 기초한 프로그램을 개발한 것이다. 개발된 프로그램은 각 불교기관에서 활용될 것이며 승가집단의 조직력과 지도력을 함양함으로써 불교의 발전 및 사회발전에 기여할 것으로 예상된다.

II. 이론적 배경 : 불교지도자와 리더십에 대한 논의

1. 불교지도자와 리더십의 필요성

현대사회는 환경오염, 생명복제, 핵전쟁 등의 위협과 같은 충격적인 문제들이 인류를 불안케 하고 있다. 지금 인류가 겪는 갈등은 물질과 정신의 조화를 상실한 데서 비롯된 것이라고 할 수 있다. 사회구성원들은 산업화의 과정을 통해 물질적 풍요를 누리게 되었으나 이러한 풍요 뒤에는 도덕성 상실, 빈부 갈등, 자연 파괴 등 공해, 범죄의 증가 등을 수반하게 되었다. 이와 함께 인간의 양심과 존엄성의 파괴와 함께 계층 간의 갈등과 인간 소외가 팽배해지고 있다. 한국사회의 경우에는 그 산업화 과정이 격렬하고 신속했다는 점에서 오히려 더욱 심각한 양상을 띠고 있다.

　이와 함께 오늘날 현대과학이 제시하는 다량의 정보와 전달체계가 있지만 사람들은 점점 더 물신주의와 이기주의 속에서 정보가 전달되는 그 자체만으로 삶의 동기나 욕구 등 가치체계와 생활양식을 변화시키기는 어렵다. 여기에 종교적 역할이 필요하며 불교야말로 새로운 문명에 이르는 과정에서 올바른 정신적 지주가 될 수 있다.

　이미 세계의 많은 석학들은 21세기 문명을 사회정의의 구현과 참다운 인간구원에 두고 있으며 불교사상을 유력한 대안사상으로 지목하고 있다(강건기, 2000). 이들은 불교의 정신주의적 성격, 자연과의 친화성 등에 주된 근거를 두고 있으며 이는 불교 본래의 교의를 토대로 한 것이다. 불교는 우주의 실상이나 삶의 본질에 대한 깊은 성찰과 명상을 통해 본질에 접근하고 깨우쳐 우리 삶의 실상이나 본질에 일치시켜 마음의 평화를 얻고 내 이웃에 대해 자비심을 일으켜 함께 구제의 길을 가도록 하는 위대한 종교이다. 불교는 다른 종교와는 달리 삶의 본질에 접근해서 스스로 깨달음을 구해 가는 사상으로 불교가 주는 새로운 에너지는 현대사회의 문제를 해결할 수 있을 것이라고 보는 것이다.

　나아가 현재 불교는 그 어떤 역사 시기보다 새로운 미래사회의 정신문명을 제시하고 대립과 갈등의 서구적 질서를 조화와 협력으로 포용해 낼 수 있는 사상적, 현실적 기반을 담지하고 있다. 따라서 불교는 단순히 지식이나 이론만으로 습득할 수 있는 학문체계가 아니라 수행과 실천이 뒷받침되어야 한다. 따라서 불교가 철학적 차원을 넘어 인간고를 해결하고 해탈을 추구하는 종교라는 점에서 오늘의 현대문명에 처해 있는 위기와 이의 극복을 위한 대안적 세계관의 역할을 해야 한다.

　그런데 대중(중생)은 아집과 욕심에 매여 있기에 훌륭한 지도자들의 지도와 교화가 없으면 스스로 자신을 구제하는 데 어려움이 많다. 그런 점에서 오늘 불교계가 많은 대중을 교화하고 지도하는 중추적인 역할을 해야 한다. 그리고 일반 대중을 교화하기 위해서는 먼저 승려 자신이 훌륭한 지도자가 되어야 한다.

현재 불교계에서는 사회적 지도력을 발휘하는 데 있어 속세와 철저히 단절된 삶을 추구하는 것이 아니라 현실 속에 뛰어들어 보다 적극적으로 문제에 도전하는 방향으로 변화하고 있다. 즉 인권운동과 사회운동에 적극적이거나, 실천행과 사회복지의 일선에서 자비를 실천하거나, 화쟁의 정신으로 민족의 동질성 회복에 주력하고 있다. 이제는 불교도 사회의 일면을 담당하는 지도자로 자리매김을 하고 있는 셈이다. 불교의 적극적인 사회참여는 무소유를 지향하는 신분에 대비되어 더욱 설득력을 얻고 있다.

따라서 승가도 많은 대중을 지도하고 중추적인 역할을 하기 위해서는 지도력을 키워야 할 필요가 있다. 과거처럼 철저한 자기수행에만 전념하는 비구·비구니로서의 삶만이 아니라 현실 속에서 역할 분담을 통해 사회지도자로서의 출가자의 본분을 찾는 것도 필요하다고 할 수 있다.

2. 새로운 불교리더십으로서의 발전과제

리더십이란 조직, 단체의 진정한 요구를 채워 줄 수 있는 유익하면서도 성원으로 하여금 목표를 향해 행동하도록 이끌어 주는 특별한 영향력을 신중하게 훈련하는 것이다. 훈련이란 태어나는 것이 아니라 만들어진다는 것을 의미하는 것으로 때로는 직관적으로 리더의 특징을 가지고 있기는 하지만 진정한 리더십은 훈련으로 되어진다고 하겠다.

일부 사람들은 천부적으로 좀 더 나은 리더가 되기도 한다. 이들은 자발적이고 현명한 추종자를 보장할 수 있는 장점을 적절히 조합하여 사용하는 능력이 뛰어나다. 그러나 훈련을 통해 누구든지 다른 사람을 더욱 영향력 있고 효과적인 목적을 위해 행동하도록 할 수 있다. 리더는 재능 그 자체로 추진력이 있지만 개인적 훈련과 개인의 궁극적 자기표현과 계발을 위한 사회적 지지 기반에 의해 좌우된다.

그런데 20세기 후반부터 사회는 산업사회에서 정보사회로 전반적인 패러다임의 변화를 겪고 있다. 동시에 각 성원은 집단주의, 획일성에서 개인주의, 다양성을 보이고 있으며 불교에서도 조직의 변화, 신도층의 다양화, 신도들의 조직화 등으로 기존의 불교지도자와는 달리 새로운 지도자의 필요성이 실제적으로 증가하고 있다. 최근에 와서 불교가 대중화, 현실화, 생활화되고 있으며 우리 사회의 대안사상으로 부상되면서 세계적으로 관심이 증대되고 있다. 따라서 이러한 사회변화에 불교가 중추적인 역할을 담당하기 위해서는 불교지도자를 교육, 양성할 필요가 있다. 이러한 불교지도자 양성의 필요성을 세부적으로 살펴보면 다음과 같다.

1) 불교의 대중화, 현실화, 생활화에 따른 조직화

현재 한국의 불교는 1600여 년의 역사와 전통 그리고 현사회에서 가장 많은 신도를 가진 종교라고 할 수 있다. 한국종교연감(1996~1997)에 의하면 1995년 현재 종교를 가지고 있는 인구는 22,598,000명으로 총 인구의 50.7%이며 종교유형별 분포를 보면 총 인구 중 불교인구가 23.2%로 가장 많고 개신교는 19.7%, 천주교 6.6% 등의 순으로 나타난다. 1985년 총 인구 중 불교인구는 19.9%이었으나 1995년에는 23.2%로 증가양상을 보이고 있다. 그리고 과거에 불교신자는 대부분이 4,50대 여성이 주류였던 것과는 달리 연령별 구성비를 보면 10세 미만은 7.1%, 10대 13.4%, 20대 15.9%, 30대 20%, 40대 16.9%, 50대 13.4%, 60세 이상 13.2%로 30대가 가장 높은 비율을 차지하고 있으며 신도층이 연령별로 고른 분포를 보이고 있다.

이와 같이 한국불교는 종교인구의 대종을 형성하고 있으나 신도 수에 비해 조직성은 아직 미비한 상태에 있다. 이는 다른 종교에 비해 참여 의무를 강조하지 않으며, 교리 자체가 어떤 틀을 강조하는 것이 아니라 어디에도 적용이 가능한 포용력이 강하다는 데 있다. 이와 관련하여 불교 신도들의 사회참여는 소극적이다. 현대사회에서 종교의 사회참여가 거스를 수 없는 대세로 인식되고 있고 종교이념의 구현 역시 시민사회의 다양한 제도와 삶 속에서 이루어져야 하며 종교에 헌신하는 수많은 신도들에 대한 사회적 역할을 담당해야 한다는 점에서 불교의 조직화는 더욱 요구될 수밖에 없다. 앞으로 불교가 대중을 교화시키고 지도하는 중추적인 역할을 하기 위해서는 신도들을 직능단위, 사찰단위나 혹은 지역단위로 조직화할 필요가 있다.

그런데 최근에 불교계에 몇 가지 의미 있는 변화가 일어나고 있다. 이와 같은 변화는 생활불교에 대한 관심의 증대, 신도 조직화의 필요성에 대한 인식의 확대, 불교의 지적 이해에 대한 욕구 증가 등을 중심으로 다음과 같이 요약할 수 있다.

첫째, 불교의 대중화, 현실화, 생활화를 들 수 있다. 70년대 이후 불교계의 가장 큰 현상적 특징으로 도심 속으로 포교당이 들어서고 있으며 포교당운동으로 인해 교리의 이해가 대중화되고 있는 점이다. 70년대 말 포교가 3대 종책사업의 하나로 확정되면서 포교이념의 제도화는 물론 최소한 형식적으로는 전 종단적 차원에서 포교활동을 전개할 수 있는 물적, 제도적 기반을 갖추게 되었다. 따라서 일부 스님들이 포교에 성공을 거두거나 혹은 재가자 중심의 다양한 계층별, 직능별 단체들이 결성되어 활발하게 포교활동을 전개하였다. 이를 기반으로 80년대 들어서면서 한국불교의 포교활동은 활성화되기 시작하였고 종책적 차원에서 포교활동을 전개하고 있다(유승무, 1999).

둘째, 1980년대 이후 급속하게 생겨나기 시작한 새로운 신행조직 형태 중 각계각층에서 재가불자를 중심으로 조직을 만들고 사회적 실천을 모색하는 운동이 일어나고 있다.

특히 직장불교의 경우 불교를 대사회적으로 폭넓게 확산하기 위한 것으로 80년 초반 직장법회가 시작되면서 현재 전국에 약 200여 개의 직장법회가 활동하고 있다. 여기에는 공무원, 병원, 공단, 법원 등 다양한 영역과 분야에서 조직, 운영되고 있다(김희균, 1996).

셋째, 재가불자의 지성화 경향이 두드러지고 있다는 점이다. 현재 한국에서 운영되고 있는 불교교양대학의 숫자는 36개이다. 대부분은 2년제(혹은 4년제)로 운영되지만 사찰의 정기강좌를 포함하면 100여 곳을 상회할 것으로 보인다. 이들의 교육과정은 불교기초교리, 불교사, 경전강독 등 대학교육과정에 버금간다고 할 수 있다.

이러한 변화는 다른 종교에 비하면 아직은 미미한 수준에 있다고 할 수 있으나 포교당 수의 확대는 현대인들의 선호도가 불교에 상당히 가까이 와 있음을 알 수 있게 해주며 보다 전문화되고 있는 사회 추세에 발맞추어 직장법회 이외도 직능별, 기능별로 세분화되어 발전해 갈 가능성이 크다.

앞으로 불교지도자는 불자들이 해야 할 일에 대해 여건을 조성해 주고 다른 부분에서도 개인이 갖고 있는 역량들을 가능하면 조직적 결속력을 가지고 불교 발전을 위해 노력할 수 있도록 리더십을 발휘할 수 있어야 한다. 그리고 우리사회는 갈수록 교육수준이 높아지고 평준화되고 있으며 불교신자도 예외는 아니다. 특히 사회의 전문화와 다양화가 가속화되고 있으며 정보사회와 함께 지식기반 사회로 진입하고 있다. 한국불교가 이러한 사회변화에 적절하게 대응하고 지식기반 사회를 선도하기 위해서는 무엇보다 지식 확충을 기반으로 리더십을 갖춘 불교지도자를 양성할 필요가 있다.

2) 지방화 시대와 불교의 역할

우리가 세계를 이해할 때에도 현상적으로 진행되는 변화, 예를 들면 글로칼리제이션(glocalization)이라는 현상, 즉 밖으로는 지구화(globalization), 안으로는 지역화(localization)에 의해 국민국가의 위상이 대단히 변화하고 있다(이남곡, 2000). 이러한 현상은 국내에서도 마찬가지이다. 1981년 우리나라는 지방자치제를 실시한 이래 중앙집권 중심에서 지방화시대를 맞이하고 있다. 각 지방은 중앙에 집중되어 있던 권력을 이양받고 중앙정부의 간섭으로부터 벗어나게 되었으며, 주민들은 지역의 중요한 의사결정에 참여하여 영향을 미칠 수 있다. 지방자치단체나 의회에서 다루는 일은 대체로 지역 특성을 살리거나 주민들의 일상생활과 직결되기에 생활에 더 밀착된다고 할 수 있다. 여기서 지방자치시대의 주민 참여와 관련 지역 불교의 역할을 논의할 수 있는데 예를 들어 지역사회복지시설, 청소년문제, 환경문제 등 지역문제는 지역사회에서 중요한 역할을 담당하는 승가집단이 불교의 봉사정신과 관련하여 지도력을 발휘할 수 있다.

그리고 지방화시대에 불교가 제기능을 다하기 위해서는 올바른 진단과 과감한 혁신을 통해 지역민의 삶 속에 깊이 뿌리를 내릴 수 있는 지역생활 문화공간으로서의 사찰을 세워 나가야 한다. 따라서 지역사찰은 다양한 의례와 양식을 창출, 개발하여 이 시대에 새롭게 토착화해 나가야 한다. 여기에는 불교가 지역의 문화와 전통을 파괴하는 여타의 종교와는 달리 지역문화를 유지, 존중하는 것에 근간을 두고 있기 때문에 그 역할이 가능하다고 하겠다. 앞으로 지방화시대를 맞이하여 지역간에 특성화를 추구하고자 할 것이며 그 지역에서 오랜 기간 축적된 문화적 인프라를 활용하고자 할 것이다. 따라서 불교의 사찰, 문화재 등은 지역특화에 중심이 될 수 있으며 이를 위해서는 지역의 주민, 단체와 공무원, 의회의원 등과 상호 공조 체제가 필요하다.

지방화시대는 대중과 한층 더 가까이 만나게 될 수 있으며 사찰은 대중의 삶의 전 과정에 의식으로서 새로이 뿌리를 내려야 한다(현능스님, 2000). 이를 위해 각 사찰은 지역공동체에서 그 지역사회에 대한 문제의식을 정확하게 알고 공유하며 나아가 대처방향 내지 방법을 제시할 수 있어야 한다. 그래서 불교계는 대중들의 삶의 전 과정에 의식으로 뿌리내리면서 한편으로 지역공동체 속에서 책무를 인식할 수 있도록 능력을 키워야 한다. 앞으로 지방화시대 속에서 불교의 위상은 점차 높아질 것이며 이를 주도하기 위해서는 불교의 지도력이 절실히 요청된다.

3) 세계화와 불교의 역할

20세기 후반에 들어와서 경제중심의 성장과 과학기술의 발전은 환경오염, 자연파괴 등 지구의 황폐화를 가져왔다. 이는 감성보다는 이성, 자연보다는 문명을 우위에 놓고 자연을 정복의 대상으로 보는 근대의 핵심적 세계관에 기반을 한 것으로 20세기 후반에 전개된 많은 비판들은 이러한 서구문명 비판으로 모아졌다. 그 대안은 대부분의 경우 자연과 인간을 하나로 보는 지구공동체에 대한 생태적 사고였다. 이러한 관점은 종교의 본질적 질문과 연관된다는 점에서 현대종교가 지향해야 할 바를 분명하게 했으며 특히 많은 학자들로 하여금 동양종교에 대한 관심을 증폭시켰다. 특히 불교의 연기사상, 자비사상이나 생명사상은 다른 무엇보다도 현재의 그리고 향후 세계사회의 변화와 큰 적합성을 가지며 이러한 신념의 실천은 이념적 운동으로 확장되고 있다. 그래서 토인비는 '20세기 최대의 사건은 불교가 동양에서 서양으로 건너간 것'이라고 보고 있는데 이는 불교의 보편적 가치의 발현을 의미한다고 하겠다(정병조, 2000).

세계가 직면하고 있는 구체적인 문제들에 대한 인도적이고 실행 가능한 해결책으로 불교가 대안으로 등장함에 따라 세계적으로 불교 관련 국제적인 교류가 활발히 전개되고 있다. 한국의 불교인들은 세계적 불교활동에 깊이 관여할 수 있는 기회가 증가되고 있으나 지금까지 이 일에 헌신하고 투자한 불교인들은 그다지 많지 않다. 그러나 세계 각지의 불교평화협회의 각종 프로그램, 태국의 술락 시바락샤의 여러 NGO활동들, 널리 알려진 스리랑카의 사보다야 슈라마다나 운동 등 많은 활동을 보이고 있으며 이들은 불교단체들 간에 활동정보를 공유하고 동서양 여러 나라의 유사한 불교단체들과의 교환프로그램에도 참여하고 있다.

한국의 불교단체들은 지도자의 자질을 갖춘 인력을 선발하여 이들이 국제적인 불교 활동에 참여할 수 있도록 리더십 프로그램의 개발을 마련해야 한다. 특히 국제화시대에 한국불교가 내세울 수 있는 특성과 한국불교의 세계화를 위해 불교지도자에 대한 교육이 필요하다.

4) 지도자 교육기관의 운영 주체로서 불교

우리나라는 1990년대 이후 리더십 훈련 프로그램을 실시면서 리더를 육성하고 있다. 현재 리더십 훈련은 대학과 각 사회단체 및 정당중심으로 이루어지고 있다. 대학 차원의 경우 주로 학문적 차원에서 이론중심으로 이루어지고 있으며 사회단체의 경우 각 부문별 리더를 양성하고 있다. 예를 들면 단체지도자, 행정지도자 등을 목적으로 한 프로그램을 운영하고 있으며 정당의 경우 특정 정당을 중심으로 한 리더십 훈련 프로그램은 각 정당의 정치지도자를 양성하는 데 목적을 두고 있다. 이들 프로그램은 그 내용에 특정성향을 담지하고 있어 특수성을 지닌 종교지도자를 훈련하기에는 한계가 있다. 따라서 종교기관은 종교의 특성을 살리면서 사회지도력을 행사할 수 있는 리더십 훈련 프로그램을 실시해야 한다.

불교의 경우 지도자를 양성하는 일을 개개인에게만 맡길 것이 아니라 불교차원에서 사회를 이끌어 나갈 중추로서, 불교의 발전을 위한 인력개발 차원에서 지도자를 훈련 교육시키는 프로그램을 적극 개발하고 다양한 기회를 제공해야 한다. 그런데 지도자를 위한 교육, 훈련 프로그램은 재원, 인력, 부대시설 등의 차원에서 볼 때 이를 보유하고 있는 불교종단이 중심이 되어야 할 것이다. 불교지도자 양성은 단순히 지도자 몇 명을 더 배출한다는 소극적인 차원이 아니라 사회 및 지역발전을 위한 지도자로서, 불교발전을 위한 지도력 개발이라는 차원에서 장기적으로 계획되고 추진되어야 한다.

이와 같이 불교계에는 다양한 변화에 부응하기 위해 불교지도자를 양성하는 일이 중요한 과제로 부상되었다. 그런데 유능한 불교지도자를 양성하는 일은 적절한 훈련과 교육을 필요로 한다. 그러나 지금까지 한국사회는 카리스마적인 지도자를 중심으로 한 전통적인 리더십모델을 기반으로 하고 있어 '준비된 지도자'를 양성하는 일에 관심을 두지 않았다. 그러나 90년대부터 사회변화와 함께 새로운 리더의 욕구증대에 따라 경영부문에서부터 리더십 관련 논의가 등장하였고 정치부문 특히 여성 정치지도자 양성을 위한 훈련 프로그램이 실시되기 시작하였다.

    종교부문에서도 개신교를 중심으로 리더양성에 중점을 두고 집중적으로 리더십연구를 하고 있다. 그러나 불교의 경우 아직은 불교지도자 양성에 관한 관심이 미미하며 이와 맞물려 리더십 훈련 프로그램은 거의 이루어지지 않고 있다. 그러나 사회 각 부문에 불교는 지대한 역할을 할 것이며 이에 불교계는 불교지도자 인력 양성을 위한 다양한 리더십 프로그램 개발 및 시행을 통해 인재를 발굴하고 불교를 활성화하기 위한 지도자교육사업을 실시해야 한다는 것이 불교계에 새로운 과제로 등장하였다.

III. 불교지도자 리더십 훈련 프로그램

1. 교육목표 및 교육내용

1) 교육목표

    21세기 불교지도자의 활동은 다방면에서 활발히 이루어질 수 있다. 종교인으로서가 아니라 사회의 구성원으로서, 정책결정에 자격을 가진 정책결정자나 정책을 집행하는 행정가, 지역활동가 등의 다양한 역할을 담당할 것으로 예상된다. 따라서 유능한 불교인을 지도자적 위치로 끌어올리기 위해서는 일정 교육을 통해 리더십을 개발해야 한다.

    현재 리더에게 필요한 것은 (1) 미래를 보는 식견, (2) 시대변화와 발전과정에 헌신적으로 참가하려는 의욕, (3) 인격적 통합력, (4) 사회 각 부문에 대한 전문적 지식, (5) 사회에서 성원들에게 정당한 기회제공을 위해 노력하는 책임의식, (6) 사회는 공동체의 새로운 생존조건의 향상을 위해 일하는 작업장이라는 인식, (7)개인적 비전이 있고 추진력과 인내, 집념이라는 개인적 덕목, (8) 전문지식에 바탕을 둔 명확한 철학과 결단력, (9)

자신의 비전을 전달하고 대내적으로 신도의 지지, 대외적으로 대중의 지지를 이끌어내는 기술과 능력, (10) 기존의 리더와는 다른 도덕성, 민주성 담지 등 이를 기반으로 새로운 리더를 창조할 필요가 있다.

그리고 리더십의 과제 중 가장 중요한 것은 집단의 목표에 대한 비전을 제시하는 것이고 그 목표를 실현하기 위해 사람들에게 동기를 부여하는 것이다. 리더십은 사회구성원에게 보다 나은 삶을 위한 비전과 목표를 제시하고 설정된 목표에 따라 다양한 이해관계를 가진 사회구성원들이 참여할 수 있도록 하는 것이다. 그러므로 리더십 강화는 단순한 기술이나 방법의 훈련이 아니다. 따라서 리더십은 다양한 사회 경험이 쌓이고 스스로 일을 해보는 과정에서 이루어지는 것이지만 스스로 리더십을 강화시키는 훈련을 통해 성숙될 수 있다.

따라서 본 프로그램은 다음과 같은 교육의 목표를 갖는다.

첫째, 21세기 사회를 이끌어 나갈 지도력 함양 : 21세기 문명이 사회정의의 구현과 참다운 인간구원에 기반을 둔다고 할 때 불교사상은 유력한 대안사상으로 부상하고 있다. 따라서 불교지도자는 사회를 이끌어나가는 데 중추적인 역할을 담당할 수 있도록 지도력을 함양해야 한다.

둘째, 불교지도자 인력 인프라 구축 : 불교의 현대화, 대중화, 생활화에 따라 불교계 전반에 다양한 변화가 진행되고 있다. 포교활동의 활성화와 승가 및 재가불자를 중심으로 한 조직의 증가 등으로 체계적인 조직화와 함께 지도력이 요구될 것이다. 이에 따라 불교지도자 인력을 양성하여 앞으로 예상되는 불교지도자 인력의 부재현상을 해소하는 데 기여한다.

셋째, 새로운 유형의 리더십 능력 함양 : 사회의 전반적인 변화에 따라 리더십은 전통적 리더십에서 상호의존성, 통합, 협력, 민주성을 기반으로 새로운 리더십으로 변화되고 있다. 적절한 훈련과 교육을 통해 리더십 능력을 함양함으로써 한 분야에서 전문적인 리더가 아닌 전천후 리더를 양성하는 데 있다.

넷째, 리더십교육의 현실화 : 강의중심의 기존 리더십교육에서 벗어나

이론과 실습까지 다양한 주제와 내용으로 진행한다. 즉 현장에서 부딪치는 현실적인 문제중심으로 강의 및 워크숍, 세미나, 모의토론회 등 다양한 프로그램을 통해 리더십 교육 내용을 현실화한다.

2) 교육내용

리더십 교육은 교육대상에 따라 구체적이고 전략적인 교과과정 연구에서부터 시작하여 내실 있는 교육훈련이 되도록 하는 것이 중요하다. 본 리더십 훈련 프로그램의 교과과정은 다음과 같이 이루어져 있다.

첫째, 불교와 리더십 필요성을 주제로 21세기 사회변화에 따른 불교와 리더십과 불교조직 활동에 대한 이해.

둘째, 리더십의 기초로서 리더십 훈련과 인간관계의 훈련 그리고 상담기술 훈련.

셋째, 조직차원에서의 불교지도자 리더십으로 정신적 지도자로서의 리더십, 조직관리리더십, 경영지도자로서의 리더십, 회의진행법, 커뮤니케이션훈련, 그리고 지방화, 세계화의 흐름 속에서 불교지도자의 역할인식 교육.

넷째, 모의 리더십 실습 등을 통해 참여자들에 대한 각각의 리더십능력 평가 및 자신들의 가치를 고양할 수 있는 전략제시로 이루어지며 모든 교과과정은 이론 강의, 훈련코스(Training Course), 세미나, 워크숍, 지도자와의 교류, 모의 토론회 등을 중심으로 한다.

2. 프로그램 개발의 원칙 및 구성

불교지도자의 리더십 프로그램을 개발함에 있어 기존의 정형화된 리더십 프로그램은 일반 조직을 중심으로 한 것으로 종교인이라는 특수한 집단을 대상으로 하기에는 한계가 있다. 따라서 본 프로그램은 단순히 개인 차원에서 리더로서의 기능을 제대로 하기 위한 것이 아니라 종교인이면서 사회인으로서의 다중적인 역할을 담아내도록 해야 한다. 따라서 불교에서의 지도자 덕목, 경전해석과 함께 지역화, 세계화 추세 속의 불교의 역할을 기반으로 프로그램을 개발하였다.

　이상과 같은 기본적 인식 아래 본 프로그램은 참가자들로 하여금 자신의 삶의 조건이 사회적 과정의 산물인 동시에 그들 스스로가 사회를 변화시킬 수 있는 영향력을 갖는다는 인식을 갖도록 하는 데 기반을 둔다(한국여성개발원, 1996). 이를 위해 프로그램의 운영방법으로 첫째, 자발성의 원칙으로 참여자들로 하여금 스스로 자기가 속한 조직에서 부딪히는 문제를 찾아내고 그 해결을 위해 무엇인가를 해보고자 하는 동기를 유발시킴으로써 자발적인 참여를 유도할 수 있어야 한다. 그래서 기존의 리더십 프로그램에서 활용하는 강사 중심의 리더십 교육 프로그램이 아니라 리더십 훈련 프로그램으로서 참가자가 프로그램 진행과정에 적극 참여할 수 있도록 한다. 둘째, 실습을 중심으로 하는 것으로 강의보다는 실습, 워크숍, 토론, 사례 발표 등 참가자의 적극적인 참여에 중점을 둔다. 셋째, 참가자간의 협동과 상호공유의 원칙에 따라 프로그램 진행과정에서도 각자 리더십을 발휘할 수 있도록 한다. 그 동안 조직생활에서 각자가 축적해 온 풍부한 경험은 스스로의 학습은 물론 다른 집단의 구성원들을 위한 귀중한 자원이 될 수 있다. 이러한 상호영향, 상호공유의 원리는 반드시 대화와 협력을 통해서만 가능함으로써 프로그램을 운영할 때 참가자 개개인의 경험을 서로 공유하고 객관화시켜 보는 과정을 강조한다.

3. 프로그램 영역 및 구성요소

1) 프로그램 영역

　본 프로그램은 분야별로 불교 리더십의 인식 분야, 리더십 기초 훈련 분야, 지도자 리더십 훈련 분야, 모의 리더십 실습 분야 등 5개 분야로 구분된다. 본 프로그램은 한국여성개발원(1996)의 '여성지도자를 위한 리더십 훈련 프로그램 개발' 중 리더십 훈련프로그램을 기반으로 하였다.

<표 3-1> 불교 리더십 훈련 프로그램의 구성

분야	주요 영역	세부 영역
불교 리더십의 인식	① 21세기 불교와 리더십	- 불교에서의 리더십 필요성 - 불교와 리더십 덕목 - 불교발전을 위한 지도자역할
	② 불교조직활동에 대한 이해	- 불교조직활동의 중요성과 필요성 - 불교조직 현황 - 불교조직의 활동방향과 리더역할 - 타조직과의 연대활동
리더십의 기초 훈련	③ 리더십의 기본	- 리더십의 정의 및 중요성 - 조직과 리더십 - 리더십 : 전통적 리더십과 대안적 리더십 - 리더십개발의 실제/ 리더십훈련
	④ 인간관계 훈련	- 조직리더와 인간관계 - 자기표현 및 인간관계 기술 - 인간관계 훈련 및 실습
	⑤ 상담기술 훈련	- 상담기술 훈련 - 집단상담 - 역할연습(role play)
지도자 리더십 훈련	⑥ 영적(정신적) 지도자로서의 리더십	- 영적 지도자로서의 자질과 능력 - 신도들로부터 신뢰와 추종 - 수행자와 성직자로서의 리더십
	⑦ 조직관리 리더십	- 정책형성 및 결정자로서의 리더십 - 이해관계의 조정자로서의 리더십 - 조직성원관리/ 자원동원방법

분야	주요 영역	세부 영역
지도자 리더십 훈련	⑧ 경영자로서의 리더십	- 부처님의 지도력, 성품, 인격을 조직의 경영측면에 적용함으로써 경영자부처님 리더십 분석 - 경전 속에 나타난 조직경영의 원리 - 경전 속의 경영원리와 적용가능성
	⑨ 회의진행법	- 회의의 중요성 - 회의의 종류와 운영 - 회의진행법 : 회의운영실습
	⑩ 커뮤니케이션 훈련	- 토론과 설득의 기술 - 대화기법 훈련 - 의사전달법 훈련 - 지도자의 이미지메이킹 : 매너 및 인터뷰방법 훈련
	⑪ 한국불교와 리더십	- 지방화와 불교 - 세계화와 불교
모의 리더십 실습	⑫ 모의토론회의	- 예) 남북통일과 불교지도자의 역할

(1) 불교 리더십의 인식

불교 리더십의 인식 분야는 '21세기 불교와 리더십', '불교조직 활동에 대한 이해' 등 2개 영역으로 구성되어 있다. '21세기 불교와 리더십' 영역에서는 불교에서의 리더십 필요성, 불교와 리더십 덕목, 불교발전을 위한 지도자 역할의 하위 영역 프로그램으로 이루어져 있다. 또한 '불교조직활동'에 대한 이해 영역에서는 불교조직의 현황, 불교조직의 원리, 불교조직의 활동방향과 리더의 역할, 타조직과의 연대활동, 타종교조직과의 비교 등의 하위 영역 프로그램으로 구성되어 있다.

(2) 리더십의 기초훈련

리더십의 기초훈련 분야는 리더십의 기본적인 이해와 인간관계, 상담기술 훈련 등으로 구성된다. 리더십의 기본적인 이해는 리더십의 정의 및 중요성 인식, 조직에서의 리더십 발휘방법과 유형, 전통적 리더십에 대한 이해와 대안적 리더십의 개발 등의 분야가 포함된다. 인간관계 훈련은 리더가 조직 내에서 인간관계를 형성하는 방법, 자기 표현력 및 인간관계를 발전시키는 방법 등을 수련하고 이와 관련된 전문적인 기술과 지식을 습득하는 분야들로 구성되어 있다. 상담기술 훈련은 개인상담과 집단상담 등과 관련된 전문상담능력을 배양하는 프로그램이다.

(3) 지도자 리더십 훈련

지도자 리더십을 강화하는 전문적인 프로그램 영역에서는 정신적 지도자로서의 리더십 훈련, 조직관리 리더십, 경영자로서의 리더십, 회의진행방법, 커뮤니케이션 등의 세부 프로그램들이 포함되어 있다.

정신적 지도자로서의 리더십은 영적 지도자로서의 자질과 능력을 강화하고, 신도들로부터 신뢰와 추종을 확보하는 방법, 수행자와 성직자로서의 리더십을 발휘하는 방법 등을 훈련시킨다.

조직관리 리더십은 정책형성 및 결정자로서의 리더십, 이해관계의 조정자로서의 리더십, 조직구성원관리 및 자원동원방법 등을 훈련시킨다.

경영자로서의 리더십은 부처님의 지도력, 성품, 인격을 조직의 경영적 측면에 적용함으로써 경영분야에서 불교적 리더십을 발휘할 수 있는 훈련을 시행한다. 특히 경전 속에 나타난 조직경영의 원리를 이해하고, 이것을 현실 속에서 적용할 수 있는 가능성과 방법을 탐색하고 이를 실천해 본다.

회의진행법은 회의의 기능과 역할, 회의의 종류와 운영방법, 구체적인 회의진행법 등을 학습하고 이와 관련된 회의운영을 실습한다.

커뮤니케이션 훈련에서는 토론과 설득의 기술을 훈련하고 대화기법, 의사전달방법, 지도자의 이미지메이킹 방법, 매너 및 인터뷰 방법훈련 등을 교육하고 실습한다. 한국불교와 리더십 분야에서는 한국불교의 지방화와 세계화의 방안을 토론하고 사회에서 불교의 집단적 지도력을 발휘할 수 있는 방안을 모색하고 그 실천방법을 훈련한다.

(4) 모의 리더십 실습

모의 리더십 실습에서는 일정한 주제를 선정하고 각 분야별 역할을 분담하여 주제를 발표하고 토론하는 훈련을 실시한다. 리더십 훈련에 참가한 사람들이 각자 역할에 맞는 발표문을 사전에 준비하여 발표하고, 이 문제에 대한 심도 있는 토론방법 등을 직접 훈련을 통하여 경험하게 한다.

4. 영역별 불교지도자 리더십 훈련 세부 프로그램

1) 불교 리더십의 인식

(1) 21세기 불교와 리더십

목표 : 리더는 다른 사람의 진정한 욕구를 알아야 한다. 성원들이 자신들의 진정한 욕구를 채워 줄 수 있는 목표를 향해 성원을 움직여 가도록 노력한다. 이런 리더십을 발휘하기 위해서는 지혜, 부처님의 뜻 등에 대한 지식이 요구된다. 그리고 불교지도자의 덕목인 배우는 사람의 자세, 가르치는 사람의 자세, 공동체 생활규범, 정법수호에 임하는 자세 등 체계적으로 고찰하고 앞으로 사회변화에 따른 불교지도자의 역할을 인식하는 데 목적을 두고 있다.

단위과정	내용	방법	시간
불교에서의 리더십 필요성	- 불교에서의 리더십 필요성 - 리더로서의 붓다	강의	2시간
불교와 리더십 덕목	- 경전을 통해 본 불교리더십 - 현대사회에서 불교리더십 재해석	강의, 토론	2시간
불교발전을 위한 지도자역할	- 사회변화와 불교지도자 역할	강연 : 불교지도자 와의 대화	1시간

(2) 불교조직활동에 대한 이해

목표 : 불교조직의 중요성과 필요성을 중심으로 현재 불교조직의 현황, 활동방향과 다른 조직과의 연대 등을 리더십의 측면에서 파악함으로써 불교조직 활동에 대한 종합적인 시각을 갖는다.

단위과정	내용	방법	시간
불교조직 활동에 대한 이해	- 불교조직활동의 중요성과 필요성 - 불교조직의 현황과 문제 - 불교조직의 활동방향과 리더의 역할 - 타조직과의 연대활동	강의 분임 토론	2시간 2시간

2) 리더십의 기초 훈련

(1) 리더십의 기본

목표 : 리더십의 기본을 이해하고 권력, 개인적 소유, 통제 경향성을 띤 전통적 리더십에서 포괄적, 협동적, 상호연대성을 기반으로 한 새로운 리더십으로의 발전 가능성을 탐색한다

단위과정	내용	방법	시간
① 리더십의 기본	- 리더십의 정의 및 중요성 - 조직과 리더십	강의	1시간
② 새로운 리더십	- 전통적 리더십의 한계 - 대안적 리더십으로의 발전과제	강의	2시간
③ 나의 리더십 유형	- 내가 보아 온 부정적 리더십 / 　내가 되고 싶은 리더의 모습 - 나의 리더십 유형 - 리더십 개발의 실제 및 훈련	리더십 유형 분석과 실습	3시간

(2) 인간관계 훈련

목표 : 리더십을 발휘하기 위해 인간관계의 훈련은 매우 중요하다. 리더십은 조직능력도 필요하지만 원만한 인간관계를 형성하기 위한 철학을 정립하고 기법을 익혀 조직성원 및 조직관리에 적용하고 이해관계가 다른 성원간의 만족스러운 인간관계를 이룰 수 있도록 한다.

특히 대인관계 훈련을 통해 인간관계와 관련하여 다양한 기법과 효과를 체험해 봄으로써 자기표현의 중요성을 깨닫고 잠재된 욕구와 감정을 표현하는 것을 배운다. 개인의 리더십 향상을 위하여 리더십의 개념을 이해하고 자신의 성격특성과 적성을 이해함으로써 각 개인의 발달수준에 적합한 리더십을 향상시키는 것이 중요한데 이를 위해 몇 가지 과정을 이수한다.

첫째, 개인의 성격검사를 실시한다. 둘째, 자기표현훈련을 통해 자신의 생각과 느낌을 인식하고 이를 나 전달법(I-Message)의 방법으로 효율적으로 표현하는 방법들을 학습한다.

단위과정	내용	방법	시간
인간 관계 훈련	- 조직리더에게 왜 인간관계가 　필요한가? - 인간관계의 철학 - 심리검사실시 : 성격유형검사 - 인간관계의 기술 　· 의사소통의 기본 　· 자기이해, 자기수용 　· 자기표현 　· 나-전달법 　· 피드백 주고받기	강의성격 검사 및 분석 강의 및 실습	2시간 2시간 3시간 3시간

(3) 상담기술 훈련

목적 : 일반신도들을 위한 종교지도자의 역할 중 커다란 비중을 차지하는 것이 상담자 역할이라고 할 수 있다. 내담자에 대한 종교지도자의 상담은 내담자 자신의 가치관 및 태도를 재정립할 수 있는 계기가 될 수 있다. 그래서 지도자가 상담자가 되기 위해서는 일정부분 훈련이 필요하며 또한 내담자는 개인뿐만 아니라 집단도 될 수 있으므로 개인 및 집단에 대한 상담기술이 요구된다. 내담자 역시 개인뿐만 아니라 집단을 통해서 자신과 다른 사람들의 가치관과 특성을 이해할 수 있다. 따라서 지도자들은 상담기법 훈련을 통하여 실제로 다른 사람을 도울 수 있는 방법을 배울 수 있다.

단위과정	내용	방법	시간
상담기술 훈련	- 상담기술 훈련의 종류와 실제 - 상담기술 훈련 : 공감, 반영적 경청 Lead manage 등	강의 및 실습	2시간 3시간
집단상담 역할연습	- 자신과 다른 사람에 대한 이해 - 상담기법 실습	워크숍 실습	2박 3일 3시간

3) 지도자 리더십 훈련

(1) 정신적 지도자로서의 리더십

목표 : 종교지도자는 신도들의 신뢰와 추종에 의해 만들어진다. 따라서 불교지도자는 이를 확보하기 위해 그 종교에서 요구하는 자질과 능력을 갖추어야 하고 특히 다른 지도자와 구별되는 엄격한 도덕성, 윤리의식, 영적 능력을 필요로 한다.

단위과정	내용	방법	시간
정신적 지도자 훈련	- 영적 지도자로서의 자질과 능력 - 신도들로부터의 신뢰와 추종 - 수행자와 성직자로서의 리더십	강의 및 워크숍	3시간

(2) 조직관리 리더십

목표 : 리더는 공적인 조직에서 활동하고 조직을 운영하는 훈련이 필요하다. 이를 위해 정책형성 및 결정자, 이해관계의 조정자, 구성원관리, 그리고 활동프로그램을 개발, 운영, 평가하는데 필요한 기초지식을 획득하고 이를 실무에 적용하는 능력을 기른다. 특히 조직을 운영하는데 기반이 되는 자원동원(resources mobilization)에 있어서 효율적인 방안을 모색할 필요가 있다.

단위과정	내용	방법	시간
조직관리 리더십	- 정책형성 및 결정자로서의 리더십 - 이해관계의 조정자로서의 리더십 - 조직성원관리 - 자원동원	강의 사례발표 및 토론	2시간 2시간

(3) 경영자로서의 리더십

목표 : 불교조직은 종단, 교구, 단위사찰을 비롯하여 여기에 부수되어 있는 교육기관, 포교기관, 신행단체, 문화단체 등을 포함한다. 불교지도자는 지도력을 극대화하기 위해 승가와 재가불자 조직이 상호유기적 관계 속에서 운영하여야 하며, 다양한 종교조직간의 경쟁사회 속에서 종교조직에서 나아가 한 경영조직으로서 운영할 수 있는 경영마인드와 함께 이와 관련하여 경영자로서의 리더십을 배운다.

단위과정	내용	방법	시간
경영자 로서의 부처님	- 부처님의 지도력과 성품, 인격 속의 경영자상 - 경전 속에 나타난 조직경영의 원리 - 부처님의 경영원리에 대한 현실 적용 가능성 탐색	강의 토론	2시간 2시간

(4) 회의진행법

목표 : 리더는 회의를 진행함에 있어 어느 한편에 불편부당(不偏不黨)하지 않고 다양한 조직성원들이 참여할 수 있도록 회의를 이끌어 나가야 한다. 특히 수동적인 성원들을 능동적으로 변화시키기 위해 운영전략 등을 익힘으로써 조직운영 능력을 제고할 수 있다.

단위과정	내용	방법	시간
회의진행법	- 회의의 중요성 - 회의의 종류와 운영의 실제 - 회의진행법 : 회의운영실습	강의 실습	2시간 2시간

(5) 커뮤니케이션(의사소통) 훈련

목표 : 리더들은 분명한 비전을 가지고 있고 그 비전을 다른 사람들과 공유할 수 있도록 해주는 커뮤니케이션 능력을 지녀야 한다. 그리고 리더는 자신에게 권력집중보다는 구성원들의 능력과 책임을 최대한 개발하고 끌어내기 위해 성원들에게 동기부여를 할 필요가 있다. 따라서 리더가 리더십을 발휘하기 위해서는 다양한 사람들과 조직 속에서 토론하고 설득하여 동의를 이끌어 낼 수 있는 방법에 대한 훈련이 필요하다. 우선 리더는 사람과 사람 사이의 커뮤니케이션 및 효과적인 의사소통이 조직을 활성화시키고 리더십을 발휘하는 데 얼마나 중요한가를 인식해야 한다. 이를 위해 고정된 커뮤니케이션 스타일을 넘어서 뛰어난 커뮤니케이션 기술이 요구된다.

단위과정	내용	방법	시간
커뮤니케이션 훈련	- 토론과 설득의 기술 - 대화기법 훈련 - 의사전달법 훈련 - 리더로서의 이미지메이킹 　· 매너 훈련 　· 인터뷰방법 훈련	강의 실습	2시간 3시간

(6) 한국불교와 리더십

목표 : 현 사회는 내부적으로 지역화와 함께 외부적으로는 지구화 속에서 불교의 역할이 증대하고 있다. 특히 지역화의 경우 각 지방은 중앙정부의 간섭으로부터 벗어나 중앙에 집중되어 있던 권력을 이양 받는 것을 의미하는 것으로 참여는 주민들이 지역의 중요한 의사결정에 동참하여 영향을 미치는 것을 의미하고 자립은 경제적 자립을 의미한다. 따라서 지방자치시대의 주민참여와 관련지역의 문화중심지로서 사찰의 중요성이 커지며 지역사회복지시설, 환경문제 등 지역문제는 지역사회에서 중요한 역할을 담당하는 승가집단이 불교의 봉사정신·복지사업과 관련하여 직접 참여하는 것이 용이하다고 할 수 있다. 따라서 지방자치시대를 맞이하여 불교지도자의 역할 및 활동범위를 파악하고 지역의 문제를 해결하기 위해 상호협조 및 지역공조체제를 구성하기 위한 방안을 모색한다.

또한 급속도로 확장되는 전지구화속에서 종교인도 국제사회의 일원으로 대처능력을 키우고 국제사회에서의 불교의 위상을 향상시키기 위한 적극적인 노력이 요구된다. 따라서 불교관련 국제사업내용을 파악하며 한국의 불교지도자의 국제협력활동 현황을 알아보고 국제활동 참여요령을 다룸으로써 불교지도자의 국제활동능력의 기초로 삼는다.

단위과정	내용	방법	시간
1. 지방화와 불교	- 지방화와 불교지도자 역할과 중요성 - 역공존체제방향 : 지역단체, 공무원, 지역주민과의 협력방안	강의, 사례발표 토론	2시간 2시간
2. 세계화와 불교	- 불교 관련 국제관련기구 및 사업현황 - 현재 한국불교의 국제활동현황 및 향후 과제 - 국제활동(국제회의)의 진행 및 매너	강의 비디오 상영 및 실습	2시간 1시간

4) 모의 리더십 실습

목표 : 특정주제를 중심으로 모의 리더십 실습을 해 봄으로써 지금까지 리더십훈련과정에 대해 실제적인 교육효과를 탐색해 본다.

단위과정	내용	방법	시간
모의토론회의	- 특정주제를 선정 예) 남북통일과 불교지도자의 역할	워크숍	3시간

IV. 결론 : 프로그램 활용을 위한 제언

본 프로그램은 '불교지도자 양성을 위한 리더십 프로그램'이다. 대상집단은 승가집단을 대상으로 하였으며 재가불자에게도 적용이 가능하다. 본 프로그램은 사회변화에 따라 리더십패러다임이 기존의 카리스마적 리더십 모델에서 상호의존적이고, 통합적이며 협력을 기반으로 한 새로운 리더십모델로의 변화와 세계적으로 21세기 인류가 직면한 다양한 문제들을 해결하는데 있어 불교사상이 유력한 대안사상으로 지목됨에 따라 불교지도자에 대한 수요가 증가할 것으로 예상되어 불교지도자 인프라구축을 위해 개발된 것이다.

본 프로그램은 기존의 강의중심 리더십 프로그램에서 벗어나 이론과 함께 실습, 워크숍, 토론회, 지도자와의 대화 등을 다양한 방법으로 리더십 훈련이 되도록 하였다. 교육내용으로 불교 리더십의 인식으로 불교에서의 리더십 필요성, 리더십의 기초로 리더십의 기본 훈련과 인간관계 훈련, 그리고 지도자리더십으로 조직관리 리더십, 회의진행법, 커뮤니케이션, 지방화, 세계화의 흐름 속에서 한국불교와 리더십 그리고 모의리더십 실습으로 구체적이고 전략적인 교과과정연구에서 내실 있는 교육훈련이 되도록 하였다.

프로그램 모듈(module)에서는 각 영역에 대한 단위과정, 세부내용, 주요 방법을 제시하였으며 특히 시간은 기존의 리더십 프로그램들과 본인의 리더십 프로그램 실습을 기반으로 하였다. 여기에서 제시하는 실습방법이나 토론주제는 참가자들의 특성과 프로그램 운영시간, 강의환경, 강사의 재량과 준비에 따라 융통성 있게 적용되어야 할 것이다. 프로그램운영시간은 실습이나 워크숍, 토론의 비중을 어떻게 두느냐에 따라 편차가 클 수 있는데 가급적이면 강의보다는 프로그램에서 제시하는 방식으로 운영하여 참가자들이 능동적으로 참여하는 가운데 실습과 체험이 이루어지도록 하는 것이 바람직하다.

프로그램 적용을 위한 제안으로 우선 프로그램의 기획단계에서 기획과 실무를 담당하는 사람들이 프로그램의 내용을 숙지하고 가급적이면 프로그램 실습 경험이 있는 전문가와 회의를 통하여 프로그램의 방향과 내용을 설정하는 것이 바람직하다. 또한 강사를 선정하고 진행방법을 결정할 때 프로그램 성격과 제안된 방법을 최대한으로 고려하여 이루어져야 한다. 프로그램의 상당 부분은 강의를 진행하는 사람에게 좌우되므로 강사를 선정할 때 강사에 관한 사전조사가 반드시 필요하다. 왜냐하면 강의에서 강사 능력은 프로그램의 효과에 상당한 영향을 미치기 때문이다.

그리고 참가자들이 토론의 진행이나 워크숍 진행 등을 맡기는 등 그들을 프로그램 운영의 자원으로 활용함으로써 적극적인 참여를 유도하고 그 자체가 또 하나의 리더십 훈련이 될 수 있도록 한다. 또한 프로그램이 끝난 후 반드시 종합평가를 함으로써 참가자들의 실제효과를 알아보고 프로그램 기획과 운영에 관련하여 향후 개선방안에 대한 평가도 함께 이루어져야 한다. 프로그램 훈련이 끝난 후에 참가자들은 이후의 후속 모임을 만들어 지속적으로 리더십을 강화하고 사회적 연결망(social network)을 만들어 서로 정보를 공유하고 상호간에 인적 자원(human resource)이 되도록 한다. 그리고 차기 프로그램을 진행할 때 프로그램 운영자와 함께 기획과 실무에도 참여하여 초기 참여자로서 프로그램이 효과적으로 이루어질 수 있도록 하는 데 기여한다.

이외에도 프로그램 종료 후 참가자들에게 수료증을 주어 훈련수료자로서의 동질감을 갖도록 하며 가장 적극적으로 프로그램에 참여하고 교육효과를 보인 참가자를 선발하여 현재 세계 각지에서 불교 관련단체에서 운영하는 교육프로그램에 참가할 수 있는 기회를 제공하는 것도 참가자들이 프로그램에 능동적으로 참여하도록 하는 데 동기유발 요인이 될 수 있다.

● 참고문헌

F. 그린슈타인,『위대한 대통령은 무엇이 다른가』, 위즈덤하우스, 2000.
Bass, B. M., From Transactional to Transformational Leadership : Learning to share the Vision, *Organizational Dynamics*, 18. Winter, 1990.
강건기, "세계 속의 한국불교의 현황과 전망",『21세기문명과 불교』, 동국대 개교 90주년기념세계불교학술회의, 2000.
게리윌스,『시대를 움직인 16인의 리더』, 작가정신.
김응철, "불교복지사업이 걸어온 100년",『불교평론』, 겨울호, 창간호, 1999.
김희균, "한국불교의 새로운 조직모델과 사회적 실천 모색",『불교를 알면 21세기가 보인다』, 정토출판, 1996.
데이비드 프리맨틀,『21세기 리더』, 도서출판 뜨락.
로리 베스 존스,『최고경영자 예수』, 한언, 2000.
로버트 써먼, "대승불교의 윤리와 사회정의",『21세기문명과 불교』, 동국대 개교 90주년기념 세계불교학술회의, 2000.
리처드 소울 워먼,『커뮤니케이션 능력 기르기 민주적 리더십 키우기』, 안그라픽스, 1997.
박성배, "한국불교의 세계화 : 종교적 성찰",『21세기문명과 불교』, 동국대 개교 90주년기념 세계불교학술회의, 2000.
박승원, "정보지식사회의 도전에 직면한 불교",『불교평론』, 봄호, 통권 2호, 2000.
법륜,『실천적 불교사상』, 정토출판, 1994.
스티븐 코비 외,『카리스마는 죽었다』, 책누리, 1997.
심재룡, "불교와 정보사회",『21세기문명과 불교』, 동국대 개교 90주년기념 세계불교학술회의, 2000.
안성기,『제3의 리더십』, 행림출판사, 1996.

유승무, "20세기 포교의 성과의 한계", 『불교평론』, 겨울호, 창간호, 1999.
이영의, 『기독교성직자의 리더십에 관한 연구』, 경희대학교 행정대학원 석사학위논문, 2000.
이행원, 『한국사회와 리더십』, 나남, 1997.
정병조, "국제화시대의 불교를 선도하는 한국불교의 비전", 『불교를 알면 21세기가 보인다』, 정토출판, 1996.
정병조, "한국불교 세계화의 이념과 방향", 『21세기문명과 불교』, 동국대 개교 90주년기념 세계불교학술회의, 2000.
조대엽, "시민정치의 확대와 불교시민운동 전망", 『불교평론』, 겨울호, 창간호, 1999.
존 맥스웰, 『당신 안에 잠재된 리더십을 키우라』, 두란노, 1997.
존 하가이, 『미래는 진정한 리더를 요구한다』, 하늘사다리, 1997.
진 리프먼 블루먼, 『성공한 리더, 성공하는 리더십』, 경향신문사, 1996.
케샤반 나이르, 『간디리더십』, 씨앗을뿌리는사람, 2000.
프랭크 테레스코, "새천년 한국불교의 도전과 비전", 『불교평론』, 봄호, 통권 2호, 2000.
피야세나 딧사나야케, 『불교의 정치철학』, 대원정사, 1988.
피터 드러커, 『21세기 리더의 선택』, 한국경제신문, 1999.
한국불교사회연구회, 『불교를 알면 21세기가 보인다』, 정토출판, 1996.
한국여성개발원, 『여성지도자를 위한 리더십훈련 프로그램 개발』, 한국종교연감, 1996.
현능스님, "지방화시대, 지역사찰의 위상과 역할", 『불교를 알면 21세기가 보인다』, 정토출판, 1996.

제 II 부
불교지도력의 경험적 연구

제4장 한국사회에서 지도력 일반에 대한 인식태도

제5장 한국사회의 종교지도력에 대한 인식태도

제6장 신도가 본 출가자 리더십의 이상과 현실

제4장 한국사회에서 지도력 일반에 대한 인식태도

I. 연구목적
II. 리더십에 대한 논의
III. 연구방법
IV. 일반인의 리더십에 대한 인식
V. 결어

제4장 한국사회에서 지도력 일반에 대한 인식태도

김영란(숙명여자대학교 정책대학원 교수)

I. 연구목적

 리더십은 지도자 자신의 특성뿐 아니라 조직구성원의 특성, 조직의 의사결정 및 커뮤니케이션 구조, 조직문화 등이 복합적으로 작용하는 하나의 과정이라고 할 수 있다.
 현재 사회적 변화에 따라 리더십에 대한 관심이 증가하고 있다. 특히 조직의 변화에 따라 전통적이며 가부장적인 리더십의 비효율성이 드러나면서 그에 대한 불만과 대안적 리더십에 대한 욕구가 증대되고 있다. 이는 전반적으로 볼 때 사회가 급변하고 경쟁이 치열해짐에 따라 효율적인 리더십이 전보다 더 요구된다고 볼 수 있다. 특히 정보사회의 도래와 함께 기술발달이 가속화되고 급속하게 변화하는 사회환경은 조직으로 하여금 끊임없는 변신을 요구하고 있다. 그러나 이러한 변화와 함께 조직문화가 다원화됨에 따라 조직 내 복잡성이 증가되어 좋은 리더십을 발휘하는 것이 더욱 어려운 과제가 되는 한편 그에 대한 요구는 증가하고 있다.
 60년대 이후 사회민주화운동의 영향으로 외국은 물론 우리나라에서도 산업 및 조직민주화의 움직임이 일어났는데 그와 더불어 사람들의 리더십에 대한 요구와 태도는 상당히 달라졌다. 흔히 지시적이고 전제적이며 강한 가부장적 특성으로 묘사되는 전통적인 리더십이 이러한 조직의 변화에 효율적으로 대처하지 못한다는 자각이 사회 전반적으로 일어나게 되었다. 최근에는 21세기 리더로서 '이제 카리스마는 죽었다'는 것을 기반으로 하고(스티븐 코비 외, 1997), 조직에 따라 다양한 리더형을 제시하고 있다. 지금까지 리더십관련 연구를 보면 대부분이 전통적이고 위계적이며 관료적인 리더십을 비판하고 대안적 리더십을 제시하고 있으며(피터 드래커, 2000 ; 데이비드 프리멘틀, 1999 ; 스티븐 코비, 2001 등) 심지어는 종교지도자도 경영자, 정치가 등으로 보는 리더십 연구들이 이루어지고 있다(라우리 존스, 1995).

앞으로 리더십에 대한 요구는 조직구성원 개개인의 민주적 참여를 촉진시키고 권력을 분담하며 리더자신의 조직구성원에 대한 통제를 최소화시키는 방향으로 지속적인 변화를 보일 것이다. 이는 기존의 조직구조상으로 보나 리더십에 대한 전통적 사고의 측면에서 보나 도전이 아닐 수 없다.

우리 사회도 그 동안 조직의 변화에 따라 전통적이며 가부장적인 리더십의 비효율성이 드러나게 되었고 이에 따른 대안적 리더십에 대한 욕구가 증대되었다. 조직변화의 또 하나의 측면은 조직풍토 및 문화의 변화이다. 우선 조직구성원의 관리자의 리더십에 대한 의식과 조직 안에서 자신의 역할에 대한 기대가 변화하고 있다. 따라서 최근에 와서 조직 및 경영자들의 전통적이고 위계적이며 관료적인 리더십을 비판하는 논의가 증가하고 있다.

최근 한 기업체에서는 변화하는 환경 속에서 기업경영의 중추역할을 담당하고 있는 팀장인 리더의 중요성이 그 어느 때보다 강조되고 있다고 보고 기업 경쟁력 강화를 위한 팀장의 역할과 역량강화를 위해 무엇이 필요한지를 조사하였다. 여기서 기업발전에 있어 팀장의 역할은 매우 중요해지고 있음을 공감하고 있으며 21세기형 팀장이 갖추어야 할 요건으로 리더십, 비전제시 등을 들고 있다. 그리고 유능한 팀장이 되기 위한 요건으로는 팀을 이끌어 갈 수 있는 리더십을 들고 있으나 다른 한편으로 리더로서 권위적 팀장에 대해 거부감을 갖고 있는 것으로 나타났다(LG사보, 2001. 5). 이와 같이 조직 문화의 변화에 효율적으로 대응할 수 있는 대안적 리더십으로서 보다 참여적이며 민주적인 인간중심의 리더십에 대한 요구가 꾸준히 증가하고 있다.

이런 점에서 볼 때 리더십은 리더 개인의 문제가 아니라 조직 내 구성원과 자원 그리고 리더가 함께 상호작용을 통하여 이루어 나가는 그룹의 과정(group process)이며 조직을 이루는 구성원들이 평소 리더십에 대해 가지고 있는 인식과 지도자에 대한 태도는 앞으로 리더들이 리더십을 발휘하는 데 중요한 영향을 미칠 수 있다.

따라서 본 연구는 우리 사회에서 전반적인 사회변화와 함께 필요로 하는 리더십을 제시하는 데 목적을 두고 사회성원들이 선호하는 리더십의 유형, 리더십에 대한 인식, 리더십의 원천, 권력, 리더십의 영향력 등 리더십에 대한 태도에 대한 경험적 연구를 하고자 한다.

II. 리더십에 대한 논의

리더십에 대한 연구는 20세기 초반부터 과학적으로 연구되기 시작하였고 리더십이라는 개념에 대한 많은 정의와 다양한 이론들이 발전되었다. 일반적으로 리더십이란 추종자가 많은 사람 즉 추종자를 대상으로 발휘하는 영향력이다. 지도자는 여러 가지 영향력의 원천을 이용하여 추종자로 하여금 자신의 생각을 수용하여 사고 및 행동에 영향을 미친다. 이러한 영향력의 결과로 추종자는 특별한 정향을 보이게 된다. 그런데 지도력은 지도자의 특성, 추종자의 성향과 반응 그리고 환경적 요소 등에 따라 다양하게 표출될 수 있다(김응철, 2001). 이런 점에서 리더십은 여러 가지 형태로 나누어질 수 있다.

지금까지 리더십에 대한 논의는 1940년대 후반 이전에는 리더십 능력은 타고난다는 데 중점을 두었다. 그러나 1940년대 후반에서 1960년대 초반에는 행동이론을 중심으로 접근하였는데 리더십의 효과성은 리더의 행동에 따라 달라지는 것으로 리더십은 개발될 수 있다고 보았다. 그 후 1960년대 후반부터 1980년대 초반은 상황이론 또는 상황적합적 이론으로 리더십 효과성은 상황에 따라 달라진다고 본다. 그런데 1980년대 초반 이후 신경향의 리더십 이론은 리더는 비전을 지녀야 하며 추종자에게 강한 정서적 반응을 이끌어 내야 한다는 것이다(이영의, 2000).

이러한 과정에서 지금까지 리더십의 전형이 되어 온 개인에게 상당한 책임을 부여하고 조직을 통제하고 권위를 행사하는 카리스마적 리더는 도전을 받게 된다. Rosner & Schwarz(1980)는 전통적 리더십과 새로운 리더십을 알파리더십과 베타리더십으로 이름하여 구별하였다. 알파리더십은 분석적이고 합리적이며, 양적인 사고에 기초하며 위계적인 권위관계에 의존하는 반면 베타리더십은 통합, 직감, 질적 사고, 적응적 지원관계에 의존한다. 이들 알파스타일은 여전히 특정조직에서 적합할 것이지만 베타스타일이 현대 조직의 문제해결에 기여한다고 주장하였다. 이 학자들은 교류적 리더십과 상호적 리더십이라는 개념을 대비하여 설명하기도 하는데 전자의 리더십을 두 가지로 분류하여 약속을 이행하고 과제를 수행하였을 때 보상을 주는 방법과 문제가 있을 때만 개입하여 고정행동을 취하는 방법을 포함한다. 상호적 리더는 성원들의 발전을 도모함으로써 그들의 자기가치를 높이고자 하며 집단의 과제수행 못지 않게 성원들의 복지와 안녕을 중시하는 리더이다. 이러한 상호적 리더십은 대안적 리더십이라고 하기도 한다.

Bass(1993)은 전환적 리더라는 개념을 적용하여 대부분의 남성리더들도 상황에 따라 지시적 또는 참여적 리더십을 적절히 발휘하도록 변화하고 있음을 지적하고 있다. 전환적 리더의 특성으로 중요하게 고려하는 특성은 ① 카리스마, ② 영감(inspiration), ③ 지적인 자극(intellectual stimulation), ④ 개별화된 배려(individualized consideration) 등이다.

이러한 리더십에 대한 논의에서 모든 상황에 효율적인 한 종류의 리더십은 없으며 리더십의 효율성은 훨씬 더 복잡한 문제이다. 왜냐하면 리더십은 리더 자신 뿐 아니라 조직구성원들의 동기수준 및 지적, 성격적 특성들, 리더에게 부여된 합당한(legitimate) 권력, 집단의 목표 및 목표달성을 위한 경로의 확실성, 집단의 교신망, 집단의 자원 등에 의한 복합적인 산물이기 때문이다(한국여성개발원, 2000 : 30~32 재인용).

앞으로 조직의 리더십에 대한 요구는 조직구성원 개개인의 민주적 참여를 촉진시키고 권력을 분담하며 리더자신의 조직구성원에 대한 통제를 최소화시키는 방향으로의 지속적인 변화를 보일 것이다. 이는 기존의 조직구조상으로 보나 리더십에 대한 전통적 사고의 측면에서 보나 도전이 아닐 수 없다. 그러나 21세기 리더십에서 다양한 종류의 새로운 리더십 모델의 출현이 어떻게 대안적 리더십으로 발전될 수 있을 지는 중요한 관건이 된다고 하겠다.

III. 연구방법

1. 조사방법

1) 조사설계 및 분석방법

본 연구는 불교인의 리더십과 관련하여 세 영역으로 나누어 경험적으로 조사하였다. 첫째, 일반인을 대상으로 일반적인 리더십과 사회관을 알아보고 둘째, 불자를 대상으로 리더십을 조사하고 셋째, 불교관련기관 관계자의 불교리더십에 대해 고찰하였다.

본 연구는 이를 위해 가장 대표성이 있다고 간주되는 집단들을 할당표집(quota sampling)하였다. 표본추출에 있어 일반인의 경우 20세 이상의 남녀로 서울 및 경인지역에 거주하는 사람으로 하였다. 추출방법은 집락표집(cluster sampling)과 층화표집(stratified sampling)을 병행하였다. 두 가지 표집방법을 병행하는 것은 본 연구 내용의 성격으로 보아 지도력에 대한 평가가 제대로 이루어지기 위해서는 연구목적과 관련된 집단이 정확하게 표집되어야 한다는 판단 때문이었다.

따라서 층화표집의 경우 모집단을 직업에 따라 전문직 및 경영관리직, 사무/기술직, 자영업, 기능/숙련공, 판매/서비스직, 단순 하위직, 대학생, 가정주부 및 무직 등 범주로 나누어 각 범주에서 일정 수를 표집 대상으로 하였다.

경영관리직은 D공사, 전문직의 경우 대학, 사무/기술직의 경우 D병원 사무직, H출판사 등을 선정하였고 자영업의 경우 서울시 행정구역 분류표에서 무작위 추출하여 S구의 A동, D구의 S동에 거주하는 자영상인 및 자영서비스업을 대상으로 하였다. 단순 하위직의 경우 S여대의 단순 노무직을 대상으로 하였다. 집락표집의 경우 서울 및 수도권 지역의 생활정도를 고려하여 이질성이 크고 각 집락안의 요소들간의 동질성이 크다고 생각되는 지역을 추출대상으로 하였다. 따라서 생활정도가 높은 지역으로 알려진 K구 A동을 선정하였고 생활정도가 낮은 지역으로는 D구 S동을 선정하여 그 지역 내의 초·중등학교 학생 학부모를 표집대상으로 하였다.

자료수집을 위한 조사는 2000년 11월 20일~12월 5일 사이에 이루어졌으며 자료수집 방법은 질문지형 설문지와 면접지를 가지고 시행하였다. 이와 같은 방법으로 배부된 850매의 질문지 중 518매가 회수되었고, 교정 및 편집과정에서 분석이 불가능한 것으로 판정되는 질문지 36매가 제외되어 최종적으로 분석의 대상이 된 질문지는 482매였다.

2) 조사대상자의 일반적 성격

본 조사결과의 분석과 해석에 앞서 분석과 해석과정에서 고려해야 할 조사대상자의 일반적 성격을 간략하게 설명하고자 한다.

조사대상자는 남자가 225명이고 여자가 257명으로서 각각 46.77%, 53.3%의 분포를 보인다. 다음 결혼 여부를 보면 미혼이 235명으로 48.8%이며 기혼은 236명으로 49%이고 사별 또는 이혼의 경우는 11명으로 2.3%이다. 종교별 분포를 보면 불교가 97명으로 20.1%, 개신교는 105명으로 21.8%, 천주교는 62명으로 12.9% 그리고 기타가 20명으로 4.1%이다. 무종교는 198명으로 41.1%의 분포를 보이고 있다.

학력별로는 중졸 이하가 2명으로 0.4%, 고졸은 163명으로 33.8%, 전문대졸은 65명으로 13.5%, 대졸은 204명으로 42.3%, 대학원 이상은 48명으로 10%의 분포를 보인다.

월평균 소득으로 50만원 이하가 55명으로 11.4%이며, 50만원~100만원 미만은 81명으로 16.8%, 100만원~150만원 미만은 119명으로 24.7%, 150만원~200만원 미만은 78명으로 16.2%, 200만원~250만원 미만은 50명으로 10.4%, 250만원~300만원 미만은 28명으로 5.8%, 300만원~350만원 미만은 12명으로 2.5%, 350만원~400만원 미만은 10명으로 2.1%, 400만원 이상은 12명으로 2.5%의 분포를 보이고 있다.

직업분포를 보면 경영전문직 종사자는 32명으로 6.6%, 생산직/사무직 종사자는 96명으로 19.9%, 자영업은 37명으로 7.7%, 판매/서비스직이 17명으로 3.5%, 생산 및 생산관련 종사, 산업노동자는 69명으로 14.3%, 청소원/단순노무자는 2명으로 0.4%, 가정주부는 53명으로 11.0%, 대학생은 110명으로 22.8%의 분포를 보이고 있다.

응답자 자신이 인식하는 생활수준을 보면 상이 7명으로 1.5%, 중의 상이 22명으로 4.6%, 중의 중은 162명으로 33.6%, 중의 하는 169명으로 35.1%, 하의 상은 69명으로 14.3%, 하의 중은 43명으로 8.9%, 하의 하는 10명으로 2.1%를 나타내고 있다.

출신 지역을 보면 대도시가 249명으로 51.7%, 중·소도시는 112명으로 23.2%, 읍·면(농어촌)은 121명으로 25.1%의 분포를 보이고 있다. 연령별 분포를 보면 20대가 228명의 47.3%, 30대가 97명으로 20.1%, 40대가 122명으로 25.3%, 50대가 23명으로 4.8%의 분포를 보이고 있다.

3) 분석에 사용된 통계방법

회수된 질문지 중 최종분석대상으로 확정된 질문지를 부호화한 후 각각의 변수에 대한 단순빈도와 백분율 등을 살펴본 다음 각 변인을 상·하 또는 상·중·하로 구분하여 변수간의 교차분석을 하여 전반적인 관계를 살펴보았다. 두 변수간의 교차분석에는 카이자승법과 유관계수를 사용하였다.

2. 변수의 측정방법

본 연구는 사회인구학적 변인과 함께 리더십 관련 변인으로 조직과 리더십인식(권력개념, 리더십인식, 좋은 리더의 요소, 리더영향력의 원천)과 리더십에서의 남녀평등의식 등 제변인을 중심으로 분석차원을 고려하였다.

첫째, 리더십인식과 관련하여 사회인구학적 변인과의 관계를 알아보기 위해 성, 결혼여부, 학력, 직업, 연령, 종교, 소득, 생활수준정도, 출신지역 등을 설정하였다. 여기서 학력은 고졸 이하, 전문대졸, 대졸, 대학원 이상 등 네 범주로 나누어 분석하였다. 소득별 분포의 경우 100만 원 이하, 100만 원~200만 원 미만, 200만 원~300만 원 미만, 300만 원 이상 등 네 범주로 나누었고 생활수준의 경우 중상층, 중중층, 중하층, 하층으로 나누어 분석하였다.

둘째, 본 연구주제인 리더십의 경우 조직 내의 리더십인식을 파악하기 위해 권력개념, 조직 내 리더가 가져야 할 영향력의 원천, 좋은 리더의 요소, 리더십 인식 등 제차원으로 나누어 분석하였다. 리더십에 대한 질문은 리더십을 리더 개인의 문제로 보는지, 아니면 조직을 이루는 요소간의 상호작용 과정으로 보는지, 조직 내 리더가 가져야 할 영향력의 원천으로 중요한 것은 무엇인지, 좋은 리더의 요소에 대해 어떻게 생각하는지 등을 묻는 것들이다. 앞에서 정의하였듯이 '리더십이 인적, 물적 자원을 동원하여 조직의 목표를 달성해 가는 영향력의 과정'임을 상기할 때 관심을 끄는 문제는 영향력을 가능케 하는 권력의 기반이 어디로부터 오는가이다.

이는 권력의 기반형태에 따라 행사되는 영향력의 효과는 다를 것이기 때문이다. 리더십 인식에 관한 문항은 한국여성개발원에서 나온 기업 내 남녀관리자의 리더십 비교연구(1999)에서 사용한 문항을 본 연구에 맞게 부분적으로 수정하여 활용하였다.

1) 리더십의 원천

리더십의 원천은 다음 질문으로부터 파악할 수 있다 : '귀하께서 생각하시기에 지도자(리더)의 원천은 어디에 있다고 생각하십니까?'

① 지도자는 하늘이 내린다.
② 개인의 자질이나 능력에 기인한다.
③ 농경사회, 산업사회, 정보사회 등 사회변화의 필요에 따라 만들어진다.
④ 국민의 합의나 여론에 의해 형성된다.
⑤ 종교적 힘에 의해 만들어진다.
⑥ 특정한 지역이나 사회를 기반으로 하여 성원들의 지지에 의해 만들어진다.
⑦ 기타(구체적으로)

2) 좋은 리더의 요소

일반적으로 좋은 리더의 요소에는 카리스마, 비전, 지적 자극, 인간적 배려 등 4가지 요소가 있는데 일반인들은 이러한 요소들 각각을 어느 정도 중요하다고 보는지 리커트 5점 척도를 활용하여 응답하도록 하였다 : '귀

하께서는 일반적으로 좋은 지도자(리더)가 되기 위해 다음의 각각이 얼마나 중요하다고 생각하십니까?'
① 조직이나 단체성원을 지휘하는 능력(카리스마)
② 조직이나 단체의 장래에 대한 통찰과 비전
③ 조직이나 단체성원에게 지적인 자극을 제시
④ 조직이나 단체성원에 대한 인간적이며 사려 깊은 배려

위 항목들에 대한 응답범주로 '전혀 중요하지 않다(1점)', '중요하지 않다(2점)', '그저 그렇다(3점)', '중요하다(4점)', '매우 중요하다(5점)' 등 5점 척도로 하였다.

3) 리더십 인식

일반인들의 리더십에 대한 인식을 알아보는 질문으로 다음과 같은 6가지의 문항으로 이루어졌다 :
① 조직이나 단체에서 개개인은 지위를 막론하고 지도력(리더십)을 발휘해야 한다.
② 지도력은 지도자(리더) 자신의 특성과 자질이 가장 중요하다.
③ 지도력은 타인을 지배하는 기술이다.
④ 조직이나 단체에서 지도력은 지도자에게 부여된 권한과 지위에 의해 전적으로 결정된다.
⑤ 지도력은 조직이나 단체에서 지도자 자신의 권력이나 힘을 나타내는 것이다.
⑥ 지도력은 조직이나 단체 내의 구성원들과의 상호작용에서 나타나는 것이다.

위 항목들에 대한 응답범주로 '전혀 중요하지 않다(1점)', '중요하지 않다(2점)', '그저 그렇다(3점)', '중요하다(4점)', '매우 중요하다(5점)' 등 5점 척도로 하였다.

4) 권력의 개념

리더십을 논할 때 권력은 핵심 이슈가 된다. 리더십과 관련하여 일반인들이 권력에 대해 '타인이 원치 않음에도 불구하고 자기의 뜻을 관철시킬 수 있는 확률'로 이해하는 전통적인 사고를 가지고 있는지 아니면 다른 대안적인 사고를 가지고 있는지는 관심의 대상이 될 수 있다 : '귀하께서는 조직이나 단체에서 힘 또는 권력(power)이란 무엇이라고 생각하십니까?'

① 경쟁을 통해 얻는 것
② 개인이 지니고 있는 것
③ 조직이나 단체성원을 통제할 수 있는 힘
④ 협동을 통해 구축되는 것
⑤ 조직이나 단체성원들이 공동으로 소유하는 것
⑥ 구성원들간의 상호영향력을 말하는 것

5) 리더십 영향력의 원천

리더십을 조직의 목표를 위해 영향력을 행사하는 것으로 볼 때 조직의 리더가 가져야 할 영향력의 원천에 대해 어떠한 관점을 가지고 있는지는 리더십 인식에서 중요한 것이다. 본 연구에서는 리더십의 원천에 대한 6가지 요소를 중심으로 하였다 : '다음은 조직이나 단체에서 리더가 지녀야 할 영향력입니다.'

① 지위에 근거한 영향력을 발휘해야 한다.
② 성원들에 대한 처벌권한을 가져야 한다.
③ 성원들에 대한 보상권한을 줄 수 있어야 한다.
④ 전문가이기에 그의 말을 따른다.
⑤ 성원들이 따르고 싶고 인정받고 싶어할 수 있는 개인적 성격을 가져야 한다.
⑥ 성원들에게 사고나 정보의 범위를 넓혀 줄 수 있는 광범위한 사회적

연결망을 가져야 한다.

위 항목들에 대한 응답범주로 '전혀 중요하지 않다(1점)', '중요하지 않다(2점)', '그저 그렇다(3점)', '중요하다(4점)', '매우 중요하다(5점)' 등 5점 척도로 하였다. 전반적인 점수분포는 6점~30점의 분포를 이루며 이를 상·중·하로 나누어 분석하였다.

6) 지도자의 유형

일반인들이 원하는 리더십의 유형을 알아보기 위한 문항으로 Jean Lipman-Bluma가 나눈 관계지향형(협력형, 헌신형, 성원형), 도구지향형(설득형, 사교형, 위임형), 자기지향형(실력형, 경쟁형, 권력형) 관련 문항을 사용하였다 : '귀하가 일정 단체나 조직에서 리더가 된다면 다음 중 어떤 리더십스타일을 선택하시겠습니까?'

① 실력형(스스로 명료하게 정의된 계획 아래 행동하여 사람들을 이끄는 형)
② 경쟁형(다른 사람을 능가하고자 하는 경쟁적 열정을 지향하는 형)
③ 권력형(자신의 책임 아래 성원들을 통솔하는 형)
④ 설득형(자신이 가진 모든 자원을 활용하여 사람들을 자신에게 끌어들이는 형)
⑤ 사교형(필요한 상황에 동원할 수 있는 인맥관계를 만드는 형)
⑥ 위임형(능력 있는 사람을 선택하여 자신을 돕도록 하는 형)
⑦ 협력형(팀을 구성하여 협력하여 일하는 형)
⑧ 헌신형(자신을 던져 다른 사람의 일을 돕는 형)
⑨ 성원형(성원들을 고무하거나 북돋아주는 형)

이와 함께 구체적으로 일반인들이 원하는 현재 우리사회의 일반적인 지도자의 유형을 알아보기 위해 다음과 같은 질문을 하였다 : '귀하께서 생각하기에 현재 우리 사회에서 어떤 리더십스타일이 필요하다고 생각하

십니까?'
① 성공적으로 조직이나 단체를 이끌어 가는 리더십
② 신비로운 혹은 신의 역할을 대행할 수 있는 리더십
③ 이상적인 인간상을 제공할 수 있는 리더십
④ 현실의 불안, 미래에 대한 불확실성을 해소해 줄 수 있는 리더십
⑤ 기타(구체적으로)

7) 리더십에서 남녀평등의식

리더십을 발휘하는데 있어 일반인들은 어느 정도 남녀 평등한 의식수준을 가지고 있는지 알아보았다. 여성의 활발한 사회참여와 함께 각 조직이나 단체에서 의사결정직 또는 리더의 위치에 있는 여성이 증가하고 있다. 그 동안 가부장적 사회 속에서 사회 각 부문의 주요 리더는 대부분이 남성으로 이루어져 왔다. 그러나 앞으로 사회변화와 함께 조직에서 남성=리더라는 등식은 약화될 것이며 기존의 리더십 성격도 변화가 있을 것으로 예상된다. 본 연구에서는 리더십과 성(gender)을 고려하여 일반인들이 가지고 있는 리더십에서의 성 인식을 알아보고자 한다. 문항은 한국여성개발원에서 나온 기업내 남녀관리자의 리더십 비교연구(1999)와 김양희와 정경아(1999)가 만든 한국형 남녀 평등의식검사 개발에서 본 연구와 관련 있는 문항을 선정하여 활용하였다 :

'귀하께서는 다음에 대해 어떻게 생각하십니까?'
① 중요한 책임이 수반되는 직위를 여성에게 허용해서는 안 된다.
② 조직이나 단체지도자로서 여성의 능력과 자질은 남성에 비해 부족하다.
③ 내가 속한 조직이나 단체에 리더가 여성이라도 상관없다.
④ 여성은 남성보다 리더십이 약하다.
⑤ 단체나 조직에서 여성의 리더로서의 활동은 자녀와 가사에 지장을 준다.

⑥ 조직에서 리더선출시 남녀후보자가 있을 경우 이왕이면 여자보다 남자를 뽑겠다.
⑦ 우리 사회는 종교의 경우 다른 조직에 비해 여성지도자가 드물다. 그 이유는 종교지도자로서 여성의 능력과 자질이 남성에 비해 부족하기 때문이다.
⑧ 종교적으로 볼 때 여성은 남성에 비해 믿음이 강하다.
⑨ 여성의 종교활동은 집안 일에 지장을 주지 않은 한도 내에서 해야 한다.
⑩ 평등한 종교를 실현하기 위해 종교지도자 중 어느 정도 비율까지 여성에게 할당해야 한다.

위 항목들에 대한 응답범주로 '전혀 중요하지 않다(1점)', '중요하지 않다(2점)', '그저 그렇다(3점)', '중요하다(4점)', '매우 중요하다(5점)' 등 5점 척도로 하였다. 전반적인 점수분포는 10점~50점의 분포를 이루며 이를 상·중·하로 나누어 분석하였다.

Ⅳ. 일반인의 리더십에 대한 인식

1. 리더십의 원천

응답자들이 생각하는 리더십의 원천을 알아보기 위한 질문에 대해 '지도자는 하늘이 내린다'가 7.3%, '개인의 자질이나 능력에 기인한다'가 55.2%, '농경사회, 산업사회, 정보사회 등 사회변화의 필요에 따라 만들어진다'는 14.7%, '국민의 합의나 여론에 의해 형성된다'는 11.2%, '종교적 힘에 의해 만들어진다'는 8%, '특정한 지역이나 사회에 기반하여 성원들의 지지에 의해 만들어진다'에 대해서는 8.1%로 각각 답하고 있다. 여기서 응답자들 중 과반수 이상이 리더십의 원천을 개인의 자질이나 능력에서 찾고 있다(<표 4-1 참조>).

<표 4-1> 리더십의 원천

(단위 : 명, %)

리더십의 원천	명 (%)
① 지도자는 하늘이 내린다	35 (7.3)
② 개인의 자질이나 능력에 기인한다	266 (55.2)
③ 사회변화의 필요에 따라 만들어진다	71 (14.7)
④ 국민의 합의나 여론에 의해 형성된다	54 (11.2)
⑤ 종교적 힘에 의해 만들어진다	4 (0.8)
⑥ 특정한 지역이나 사회에 기반하여 성원들의 지지에 의해 만들어진다	39 (8.1)

이러한 결과는 지금까지 우리 사회에서 리더십은 사회 각 부문에서 지도자 중심으로 생각해 온 것에 기인한 것으로 여겨진다. 그런데 다른 한편으로 리더십은 사회변화의 필요에 따라 만들어진다든가, 국민의 합의나 여론에 의해 형성된다는 견해가 25.9%로 나타나고 있다. 따라서 응·답자들은 리더십에 있어 개인의 능력과 자질 이외도 사회적 상황에 의해 만들어진다고 보는 경향이 있다.

2. 좋은 리더의 요소

일반적으로 리더십을 연구함에 있어 의사소통능력, 조직능력, 통찰력, 인식능력, 그리고 감성지능(emotional intelligence) 등의 제요인을 중심으로 하고 있다. 이와 함께 좋은 리더의 요소에는 카리스마, 비전, 지적 자극, 인간적 배려 등을 들고 있다. 본 연구에서는 좋은 리더의 요소에 대해 응답자들은 어느 정도 중요하다고 보는지 알아보았다.

<표 4-2> 좋은 리더의 요소

(단위 : 명, %)

문항 \ 응답	전혀 중요하지 않다	중요하지 않다	그저 그렇다	중요하다	매우 중요하다
① 조직이나 단체성원을 지휘하는 능력(카리스마)	9	9	41	227	182
	1.9	1.9	8.5	47.1	37.8
② 조직이나 단체의 장래에 대한 통찰과 비전	7	15	31	188	227
	1.5	3.1	6.4	39.0	47.1
③ 조직이나 단체성원에게 지적인 자극을 제시	11	41	135	220	58
	2.3	8.5	28.0	45.6	12.0
④ 조직이나 단체성원에 대한 인간적이며 사려 깊은 배려	11	21	48	193	194
	2.3	4.4	10.0	40.0	40.2

<표 4-2>에서 알 수 있듯이 '좋은 리더의 요소'에 관한 분석결과를 보면 첫째, '조직이나 단체성원을 지휘하는 능력(카리스마)'의 경우, '전혀 중요하지 않다' 1.9%, '중요하지 않다' 1.9%로 응답자 중 3.8%만이 그 중요성에 있어 부정적인 평가를 하고 있다. 반면에 '중요하다' 47.1%, '매우 중요하다' 37.8%로 응답자의 84.1%가 좋은 리더의 요소로서 카리스마를 지니는 것이 중요하다고 보고 있다.

다음은 좋은 리더의 요소 중 '카리스마'에 대한 연령별로 보면, 30대가 94.6%로 카리스마적 능력을 중요하다고 보고 있다. 그리고 남성보다는 여성이, 기혼보다는 미혼이 카리스마적 능력을 높이 평가하고 있다.

또한 종교인보다 비종교인(92.1%)이 좋은 리더의 요소로 '카리스마'를 중요하다고 보고 있다.

<표 4-3> 사회인구학적 요인에 따른 좋은 리더의 요소

(단위 : 명, %)

문항 및 응답 응답자 특성		카리스마적 능력					계
		전혀 중요하지 않다	중요하지 않다	그저 그렇다	중요하다	매우 중요하다	
연령별 분포	20대	7	3	23	88	103	224
		3.1	1.3	10.3	39.3	46.0	100.0
	30대		2	3	57	32	94
			2.1	3.2	60.6	34.0	100.0
	40대	2	3	9	68	38	120
		1.7	2.5	7.5	56.7	31.7	100.0
	50대		1	5	8	8	22
			4.5	22.7	36.4	36.4	100.0
성별 분포	남성	4	1	26	107	81	219
		1.8	.5	11.9	48.9	37.0	100.0
	여성	5	8	15	120	101	249
		2.0	3.2	6.0	48.2	40.6	100.0
결혼 여부	미혼	6	4	21	98	101	230
		2.6	1.7	9.1	42.6	43.9	100.0
	기혼	3	5	17	124	80	229
		1.3	2.2	7.4	54.1	34.9	100.0
	기타			3	5	1	9
				33.3	55.6	11.1	100.0
종교별 분포	불교	5	2	10	49	30	96
		5.2	2.1	10.4	51.0	31.3	100.0
	개신교		5	7	49	41	102
			4.9	6.9	48.0	40.2	100.0
	천주교	1	2	6	33	18	60
		1.7	3.3	10.0	55.0	30.0	100.0
	기타	2		4	11	3	20
		10.0		20.0	55.0	15.0	100.0
	종교 없음	1		14	85	90	190
		.5		7.4	44.7	47.4	100.0

종교인의 경우 불교인 82.3%, 개신교인 88.2%, 천주교인 85% 등으로 나타나 개신교인이 다른 종교인에 비해 상대적으로 카리스마가 중요하다는 비율이 높게 나타났다(<표 4-3 참조>).

둘째, '조직이나 단체의 장래에 대한 통찰과 비전'의 경우, '전혀 중요하지 않다' 1.5%, '중요하지 않다' 3.1%로 응답자 중 4.6%만이 통찰과 비전에 대한 중요성에 부정적인 평가를 하고 있다. 반면 '중요하다' 39.0%, '매우 중요하다' 는 47.1%로 각각 응답을 하고 있다. 최근 들어 각 조직은 무한경쟁 속에서 조직성원들은 리더의 통찰과 비전에 대한 요구도가 증가하고 있다. 본 연구에서도 응답자 중 86.1%가 리더의 통찰과 비전을 중요하다고 여기는 것으로 나타났다.

다음은 좋은 리더의 요소 중 '미래에 대한 통찰과 비전'에 대해, 학력별로는 고졸 이하 78%, 전문대졸 79.7%, 대졸 97%, 대학원 이상 100%로 나타나고 있다. 따라서 학력이 높을수록 좋은 리더의 요소로 미래에 대한 통찰과 비전을 중요한 요소로 보고 있음을 알 수 있다.

<표 4-4> 사회인구학적 요인에 따른 미래에 대한 통찰과 비전

(단위 : 명, %)

문항 및 응답 응답자 특성		미래에 대한 통찰과 비전					계
		전혀 중요하지 않다	중요하지 않다	그저 그렇다	중요하다	매우 중요하다	
학력별 분포	고졸 이하	3 1.9	11 7.1	20 12.9	67 43.2	54 34.8	155 100.0
	전문대 졸	2 3.1	2 3.1	9 14.1	26 40.6	25 39.1	64 100.0
	대졸	2 1.0	2 1.0	2 1.0	74 36.8	121 60.2	201 100.0
	대학원 이상				21 43.8	27 56.3	48 100.0

문항 및 응답 응답자 특성		미래에 대한 통찰과 비전					계
		전혀 중요하지 않다	중요하지 않다	그저 그렇다	중요하다	매우 중요하다	
소득별 분포	100만원 미만	2 1.5	5 3.8	13 9.8	58 43.6	55 41.4	133 100.0
	100~200 만원 미만	4 2.1	5 2.6	11 5.8	83 43.5	88 46.1	191 100.0
	200~300 만원 미만		2 2.6	4 5.3	32 42.1	38 50.0	76 100.0
	300만원 이상				6 18.2	27 81.8	33 100.0

소득수준의 경우 100만 원 미만 85%, 200만 원 미만 89.6%, 300만 원 미만 92.1%, 300만 원 이상 100%로 나타나고 있어 소득수준이 높을수록 미래에 대한 통찰과 비전의 중요성을 인식하는 비율이 높게 나타난다(<표 4-4 참조>).

셋째, '조직이나 단체성원에게 지적인 자극을 제시'의 경우, '전혀 중요하지 않다' 2.3%, '중요하지 않다' 8.5%로 응답자 중 10.8%만이 지적인 자극에 대해 부정적인 평가를 하고 있다. 반면에 '중요하다' 45.6%, '매우 중요하다' 12.0%로 응답자 중 57.6%가 긍정적인 평가를 나타내고 있다.

다음은 좋은 리더의 요소 중 '지적 자극'과 관련하여, 학력별로는 고졸 이하 47.1%, 전문대졸 57.1%, 대졸 68.1%, 대학원 이상 68.8%로 학력수준이 높을수록 리더의 지적 자극을 중요하다고 보고 있다. 생활수준의 경우 생활수준에서는 하층 52.5%, 중하층 63.4%, 중중층 59.4%, 중상층 이상 71.4%로 하층보다는 중상층 이상이 '지적 자극'을 중요하다고 보고 있다 (<표 4-5 참조>).

넷째, '조직이나 단체성원에 대한 인간적이며 사려 깊은 배려'의 경우, '전혀 중요하지 않다' 2.3%, '중요하지 않다' 4.4%로 응답자 중 6.7%가 리더의 인간적 배려에 대한 중요성에 낮게 평가하고 있다. 반면에 '중요하다' 40.0%, '매우 중요하다' 40.2%로 응답자 중 80.2%가 그 중요성에 대해 긍정적인 평가를 보이고 있다.

최근 리더십연구를 보면 조직을 통제하고 전통적인 권위를 중시하는 리더보다는 인간적 배려를 선호하는 경향이 늘고 있음을 보여주고 있다. 본 연구에서도 응답자 중 80.2%가 리더의 요소로서 인간적 배려를 들고 있는데, 다른 한편으로 84.9%가 카리스마도 중요한 요소로 보고 있어 응답자들은 리더에 대한 전통적 요소와 대안적 요소에 대해 양면적 태도를 보이고 있다.

<표 4-5> 지적인 자극 제시

(단위 : 명, %)

문항 및 응답 응답자 특성		조직이나 단체성원에게 지적인 자극 제시					
		전혀 중요하지 않다	중요하지 않다	그저 그렇다	중요하다	매우 중요하다	계
학력별 분포 $X^2=$ 22.384	고졸 이하	6	18	57	56	16	153
		3.9	11.8	37.3	36.6	10.5	100.0
	전문대졸	3	8	16	28	8	63
		4.8	12.7	25.4	44.4	12.7	100.0
	대졸	2	12	50	110	27	201
		1.0	6.0	24.9	54.7	13.4	100.0
	대학원 이상		3	12	26	7	48
			6.3	25.0	54.2	14.6	100.0
생활 수준 $X^2=$ 22.48	중상층 이상		2	6	14	6	28
			7.1	21.4	50.0	21.4	100.0
	중중층	4	12	47	72	20	155
		2.6	7.7	30.3	46.5	12.9	100.0
	중하층	1	11	48	91	13	164
		.6	6.7	29.3	55.5	7.9	100.0
	하층	6	16	34	43	19	118
		5.1	13.6	28.8	36.4	16.1	100.0

다음은 좋은 리더의 요소 중 '인간적 배려'에 대해, 종교별로는 불교 77.6%, 개신교 89.1%, 천주교 80%이며 무종교인 83.3%로 나타났다. 여기서 개신교인은 다른 종교인이나 무종교집단에 비해 상대적으로 좋은 리더의 요소로서 인간적 배려를 중요하다고 보는 비율이 높게 나타났다. 학력별로는 고졸 이하 75.4%, 전문대졸 73%, 대졸 88.6%, 대학원 이상 95.9%로 대졸 이상의 집단이 다른 학력집단에 비해 리더의 인간적 배려에 대한 중요성을 높이 평가하고 있는 것으로 나타났다(<표 4-6 참조>).

<표 4-6> 인간적이며 사려 깊은 배려

(단위 : 명, %)

문항 및 응답 응답자 특성		인간적 배려					계
		전혀 중요하지 않다	중요하지 않다	그저 그렇다	중요하다	매우 중요하다	
종교별 분포 $X^2=$ 36.754	불교	3	6	12	41	32	94
		3.2	6.4	12.8	43.6	34.0	100.0
	개신교		4	7	46	44	101
			4.0	6.9	45.5	43.6	100.0
	천주교	2		10	31	17	60
		3.3		16.7	51.7	28.3	100.0
	기타	3	1		6	10	20
		15.0	5.0		30.0	50.0	100.0
	종교 없음	3	10	19	69	91	192
		1.6	5.2	9.9	35.9	47.4	100.0
학력별 분포 $X^2=$ 26.264	고졸 이하	6	11	21	64	52	154
		3.9	7.1	13.6	41.6	33.8	100.0
	전문대 졸	3	5	9	25	21	63
		4.8	7.9	14.3	39.7	33.3	100.0
	대졸	2	4	17	83	96	202
		1.0	2.0	8.4	41.1	47.5	100.0
	대학원 이상		1	1	21	25	48
			2.1	2.1	43.8	52.1	100.0

결과적으로 응답자들은 좋은 리더의 요소로서 통찰과 비전 86.1%, 카리스마 84.9%, 인간적 배려 80.2%, 지적 자극 57.6%로 각각 중요하다고 보고 있다. 여기서 통찰과 비전은 현 사회가 산업사회에서 정보 및 지식산업으로 변화하는 과정에 있으며 세계화 및 노동시장의 유연화에 따라 자신의 주변환경에 대해 불안감을 느낄 수 있기에 자신이 속한 조직이 과연 비전이 있는지의 여부는 중요한 관건이 될 수 있다. 그리고 이와 동시에 강력한 리더의 카리스마가 영향을 발휘하기를 기대하고 있다. 또한 좋은 리더로서 '인간적이며 사려 깊은 배려'의 문항에 많은 응답자들이 중요하다고 보고 있는데 이는 기존의 조직을 통제하고 권위를 행사하는 카리스마적인 리더에서 리더십의 인간화라는 측면에서 한 단계 발전한 것으로 보여진다.

3. 리더십 인식

리더십은 최근에 들어와서 가장 많이 필요로 하는 것이지만 리더십이 무엇인지에 대해서는 잘 이해되고 있지 않고 있다. 따라서 사회성원들은 리더십을 어떻게 인식하고 있는지 알아볼 필요가 있다.

여기에서는 리더십은 권력으로서의 리더십, 개인의 자질, 그리고 조직성원과의 상호작용 등으로 나누어 응답자의 리더십 인식을 분석하였다(<표 4-7 참조>).

본 연구에서 우선 응답자들의 리더십에 대한 인식을 보면 (1) '조직이나 단체에서 개개인은 지위를 막론하고 지도력을 발휘해야 한다'에 대해 전체 응답자 중 '전혀 그렇지 않다' 6.6%, '그렇지 않다' 32.4%로 39%가 부정적인 반응을 보이고 있으며, '그렇다' 29.9%, '매우 그렇다' 8.7%로 38.6%가 긍정적 반응을 보이고 있다. 따라서 지위를 막론하고 누구나 지도력을 발휘하는 문제에 대해서는 그 반응에 있어 찬반양론을 보이고 있다.

<표 4-7> 리더십 인식

(단위 : 명, %)

문항 \ 응답	전혀 그렇지 않다	그렇지 않다	그저 그렇다	그렇다	매우 그렇다
① 조직이나 단체에서 개개인은 지위를 막론하고 지도력(리더십)을 발휘해야 한다	32	156	101	144	42
	6.6	32.4	21.0	29.9	8.7
② 지도력은 지도자(리더) 자신의 특성과 자질이 가장 중요하다	8	27	65	270	105
	1.7	5.6	13.5	56.0	21.8
③ 지도력은 타인을 지배하는 기술이다	93	170	96	102	12
	19.3	35.3	19.9	21.2	2.5
④ 조직이나 단체에서 지도력은 지도자에게 부여된 권한과 지위에 의해 전적으로 결정된다	68	196	98	98	12
	14.1	40.7	20.3	20.3	2.5
⑤ 지도력은 조직이나 단체에서 지도자 자신의 권력이나 힘을 나타내는 것이다	105	189	89	81	7
	21.8	39.2	18.5	16.8	1.5
⑥ 지도력은 조직이나 단체 내의 구성원들과의 상호작용에서 나타나는 것이다	8	7	49	241	166
	1.7	1.5	10.2	50.0	34.4

(2) '지도력은 지도자 자신의 특성과 자질이 가장 중요하다'에서 전체 응답자 중 '전혀 그렇지 않다' 1.7%, '그렇지 않다' 5.6%로 응답자 중 7.3%만이 지도력에서 지도자의 자질에 대해 부정적인 반응을 보이고 있다. 반면 '그렇다' 56.0%, '매우 그렇다' 21.8%로 응답자 중 77.8%가 그 중요성을 인식하고 있다.

다음은 리더십인식에서 '리더자신의 특성과 자질'에 대해, 결혼 여부에 있어 미혼(74.6%)보다 기혼이 82.4%로 '리더자신의 특성과 자질'이 중요하다고 생각하고 있다(<표 4-8> 참조).

<표 4-8> 결혼 여부에 따른 리더의 특성과 자질에 대한 평가

(단위 : 명, %)

문항 및 응답 응답자 특성		리더 자신의 특성과 자질이 중요					계
		전혀 그렇지 않다	그렇지 않다	그저 그렇다	그렇다	매우 그렇다	
결혼 여부	미혼	4	11	44	134	39	232
		1.7	4.7	19.0	57.8	16.8	100.0
	기혼	4	16	21	129	63	233
		1.7	6.9	9.0	55.4	27.0	100.0
	기타				7	3	10
					70.0	30.0	100.0
계		8	27	65	270	105	475
		1.7	5.7	13.7	56.8	22.1	100.0

(3) '지도력은 타인을 지배하는 기술이다'의 경우 전체 응답자 '전혀 그렇지 않다' 19.3%, '그렇지 않다' 35.3% 등 54.6%가 지도력을 타인의 지배로 보는 것에 대해 부정적인 반응을 보이고 있다. 이에 비해 긍정적인 반응은 '그렇다' 21.2%, '매우 그렇다' 2.5%로 23.7%에 지나지 않는다. 따라서 응답자들은 지도력에 대해 과거의 통제적, 권위적 지도력에 대해서는 부정적인 면을 보이고 있다고 하겠다.

다음은 리더십인식에서 '타인에 대한 지배기술'에 대해, 성별의 경우 남성(50.9%)에 비해 여성은 59.6%가 지배력을 타인에 대한 지배로 보는데 동의하지 않고 있다.

일반적으로 여성은 남성에 비해 타인을 지배하고 권위를 행사하는 가부장적 리더십보다는 협동적이며 낮은 통제를 선호하는 경향이 있다. 학력별로는 고졸집단 50.3%, 대졸집단 55.7%, 대학원 이상 68.8%로 학력수준이 높을수록 부정적인 반응을 나타내고 있다(<표 4-9> 참조).

<표 4-9> '타인을 지배하는 기술'에 대한 성별, 학력별 응답 분포

(단위 : 명, %)

문항 및 응답 응답자 특성		지도력은 타인을 지배하는 기술					계
		전혀 그렇지 않다	그렇지 않다	그저 그렇다	그렇다	매우 그렇다	
성별 $X^2=$ 12.263	남성	38	74	59	42	7	220
		17.3	33.6	26.8	19.1	3.2	100.0
	여성	55	96	37	60	5	253
		21.7	37.9	14.6	23.7	2.0	100.0
학력별 $X^2=$ 35.388	고졸 이하	27	52	27	48	3	157
		17.2	33.1	17.2	30.5	1.9	100.0
	전문대졸	18	20	8	16	3	65
		27.7	30.8	12.3	24.6	4.6	100.0
	대졸	40	73	52	32	6	203
		19.7	36.0	25.6	15.8	3.0	100.0
	대학원 이상	8	25	9	6		48
		16.7	52.1	18.8	12.5		100.0

(4) '지도력은 지도자에게 부여된 권한과 지위에 의해 전적으로 결정된다'의 경우 전체 응답자 중 '전혀 그렇지 않다' 14.1%, '그렇지 않다' 40.7%로 응답자 중 54.8%가 지도력을 권한과 지위로 보는 것에 대해 부정적인 반응을 보이고 있다. 이에 비해 '그렇다' 20.3%, '매우 그렇다' 2.5%로 22.8%만이 긍정적인 응답을 하고 있다.

이 문항 역시 리더십에 있어 전통적 리더십과 관련된 것으로 응답자들은 상대적으로 높은 비율이 부정적인 반응을 보이고 있어 앞으로 우리 사회에서 리더십에 대한 변화를 예상할 수 있다.

다음은 리더십인식에서 '지도력은 지도자에게 부여된 권한과 지위에 의해 결정된다'는 것에 대해, 연령의 경우 20대 57.7%, 30대 59.1%, 50대 33.3%가 부정적인 평가를 보이고 있는데 30대는 다른 연령집단에 비해 상대적으로 높은 비율의 부정적인 반응을 보이고 있다. 그리고 결혼여부에서 기혼 54%, 미혼 59.2%가 부정적인 반응을 보이고 있는데 미혼이 기혼보다 상대적으로 높은 비율을 나타내고 있다(<표 4-10 참조>).

<표 4-10> 사회인구학적 요인에 따른 권한과 지위 결정론

(단위 : 명, %)

문항 및 응답 응답자 특성		지도력은 지도자에게 부여된 권한과 지위로 결정된다					
		전혀 그렇지 않다	그렇지 않다	그저 그렇다	그렇다	매우 그렇다	계
결혼 여부 $X^2=$ 29.360	미혼	32	106	60	30	5	233
		13.7	45.5	25.8	12.9	2.1	100.0
	기혼	36	88	37	63	6	230
		15.7	38.3	16.1	27.4	2.6	100.0
	기타		2	1	5	1	9
			22.2	11.1	55.6	11.1	100.0
연령별 분포 $X^2=$ 29.928	10대	2	3	2	2	1	10
		20.0	30.0	20.0	20.0	10.0	100.0
	20대	33	98	58	33	5	227
		14.5	43.2	25.6	14.5	2.2	100.0
	30대	15	40	18	20		93
		16.1	43.0	19.4	21.5		100.0
	40대	16	50	17	34	4	121
		13.2	41.3	14.0	28.1	3.3	100.0
	50대	2	5	3	9	2	21
		9.5	23.8	14.3	42.9	9.5	100.0

(5) '지도력은 조직이나 단체에서 지도자 자신의 권력이나 힘을 나타내는 것이다'의 경우 전체 응답자 중 '전혀 그렇지 않다' 21.8%, '그렇지 않다' 39.2%로 응답자 중 61%가 지도자=권력이라는 등식에 부정적인 반응을 보이고 있다. 이에 비해 '그렇다' 16.8%, '매우 그렇다' 1.5%로 18.3%만이 긍정적인 견해를 나타내고 있다.

다음은 리더십인식에서 '지도력은 지도자의 권력이나 힘'이라는 것에 대해 남성(54.8%)보다는 여성(69.1%)이, 미혼(55.4%)보다는 기혼(70%)이 부정적인 반응을 보이고 있다. 학력별로는 고졸 이하 58.9%, 전문대졸 75.4%, 대졸 57.4%, 대학원 이상 77.1%로 대학원 이상의 집단이 다른 학력 집단에 비해 상대적으로 높은 비율로 부정적인 반응을 보이고 있다(<표 4-11 참조>).

<표 4-11> 조직이나 단체에서의 권력이나 힘

(단위 : 명, %)

문항 및 응답 응답자 특성		지도력은 조직이나 단체에서의 권력이나 힘					계
		전혀 그렇지 않다	그렇지 않다	그저 그렇다	그렇다	매우 그렇다	
성별 $X^2=$ 16.940	남성	33	87	51	43	5	219
		15.1	39.7	23.3	19.6	2.3	100.0
	여성	72	102	38	38	2	252
		28.6	40.5	15.1	15.1	.8	100.0
결혼 여부 $X^2=$ 21.004	미혼	46	82	58	41	4	231
		19.9	35.5	25.1	17.7	1.7	100.0
	기혼	57	104	28	39	2	230
		24.8	45.2	12.2	17.0	.9	100.0
	기타	2	3	3	1	1	10
		20.0	30.0	30.0	10.0	10.0	100.0

응답자 특성		문항 및 응답 지도력은 조직이나 단체에서의 권력이나 힘					계
		전혀 그렇지 않다	그렇지 않다	그저 그렇다	그렇다	매우 그렇다	
학력 $X^2=$ 37.109	고졸 이하	37	55	26	37	1	156
		23.7	35.2	16.7	23.7	.6	100.0
	전문대 졸	24	25	11	2	3	65
		36.9	38.5	16.9	3.1	4.6	100.0
	대졸	33	83	46	37	3	202
		16.3	41.1	22.8	18.3	1.5	100.0
	대학원 이상	11	26	6	5		48
		22.9	54.2	12.5	10.4		100.0

특히 여성은 남성에 비해 지도력과 개인의 권력간의 관계를 등치시키는 것에 대해 낮은 지지도를 나타내고 있다. 이는 여성들은 남성에 비해 리더십을 인식함에 있어 리더의 기능이 한 사람의 힘에 의해 수행되는 것이 아니라 조직원간의 유기적 관계 속에서 조직의 목적을 달성해 가는 것으로 본다는 기존의 논의(Joan, 1976)와 유사한 양상을 보여주고 있다.

(6) '지도력은 조직이나 단체 내의 구성원들과의 상호작용에서 나타나는 것이다'에 대해 전체 응답자 중 '전혀 그렇지 않다' 1.7%, '그렇지 않다' 1.5%로 불과 3.2%만이 부정적인 견해를 보이고 있다. 반면에 '그렇다' 50.0%, '매우 그렇다' 34.4%로 84.4%가 긍정적인 반응을 보이고 있다. 이러한 결과는 응답자들이 지도력에 대한 인식의 변화를 반영하는 것으로 앞으로 사회성원들은 군림하는 리더십이 아니라 인간적인 리더십을 지지할 것으로 보여진다.

다음은 리더십인식에서 '지도력은 구성원간의 상호작용'에 대해, 종교별로 볼 때 불교 85.2%, 개신교 89.4%, 천주교 90.3%, 무종교인 85.3%로 긍정적인 평가를 보이고 있다. 특히 천주교인은 다른 종교인에 비해 상대적으로 긍정적 평가에 있어 높은 비율을 나타내고 있다. 학력별로는 고졸 이하 78.7%, 전문대졸 84.7%, 대졸 91.5%, 대학원 이상 93.8%로 학력이 높을수록 '지도력은 구성원간의 상호작용'에 의해 결정된다고 보고 있다 (<표 4-12 참조>).

<표 4-12> 구성원간의 상호작용에 대한 종교, 학력 응답 분포

(단위 : 명, %)

응답자 특성	문항 및 응답	지도력은 구성원간의 상호작용					계
		전혀 그렇지 않다	그렇지 않다	그저 그렇다	그렇다	매우 그렇다	
학력 X^2= 37.607	고졸 이하	2	3	29	76	47	157
		1.3	1.9	18.5	48.4	29.9	100.0
	전문대졸	4		6	38	17	65
		6.2		9.2	58.5	26.2	100.0
	대졸	2	2	13	102	82	201
		1.0	1.0	6.5	50.7	40.8	100.0
	대학원 이상		2	1	25	20	48
			4.2	2.1	52.1	41.7	100.0
종교 X^2= 34.521	불교	1	2	11	50	31	95
		1.1	2.1	11.6	52.6	32.6	100.0
	개신교	1	2	8	56	36	103
		1.0	1.9	7.8	54.4	35.0	100.0
	천주교	1		5	37	19	62
		1.6		8.1	59.7	30.6	100.0
	기타	3		2	13	2	20
		15.0		10.0	65.0	10.0	100.0
	종교 없음	2	3	23	85	78	191
		1.0	1.6	12.0	44.5	40.8	100.0

이는 학력이 높을수록 지도력을 통제와 권위로 보기보다는 조직이나 단체 구성원간에 상호작용으로 보는 경향이 높다는 것을 의미하는 것으로 대안적 리더십을 선호하는 경향이 높다고 할 수 있다.

리더십 인식에 대한 조사결과 응답자들은 리더십에 있어 개개인이 지위를 막론하고 지도력을 발휘한다기보다는 일정 지위가 있는 사람 즉 리더가 지도력을 발휘해야 한다고 보고 있다.

또한 리더십을 타인의 지배기술로 보거나 리더의 권한과 지위에 의해 전적으로 결정된다거나 지도자 자신의 권력이나 힘으로 보는 것에 대해서는 그렇지 않다고 보는 경향이 높게 나타났다. 반면 리더십은 지도자 개인의 자질이 중요하며 조직이나 단체 구성원들과의 상호작용으로 보는 경향이 더 크게 나타나고 있다. 이런 점에서 볼 때 권력으로서의 리더십은 약화되는 경향을 보이고 있다.

4. 권력의 개념

리더십을 논할 때 권력은 핵심적인 사항이라고 할 수 있다. 일반적으로 권력은 다른 사람에게 영향을 미칠 수 있는 능력으로 최근에 들어와서 권력에 대한 개념은 전통적인 사고와 대안적 사고로 나누어 분석되고 있다. 즉 권력의 개념은 경쟁, 개인소유, 타인을 통제하는 힘으로서의 가부장적이며 전통적인 권력과 협력, 조직원들의 공동소유, 상호영향력으로서의 협동적이며 개방적인 권력으로 나누어질 수 있다.

<표 4-13>에서 보듯이 응답자들은 첫째, '조직이나 단체성원을 통제할 수 있는 힘'(273명 : 중복응답가능)과 '구성원간의 상호영향력'(212명)의 경우 상반되는 두 질문 모두를 지지하고 있어 권력에 대해 양면적인 태도를 보이고 있다. 둘째, '경쟁을 통해 얻는 것'(65명)과 '협동을 통해 만들어지는 것'(173명)에 있어 후자를 더 지지하고 있다. 셋째, '개인이 지니고 있는 것'(50명)과 '단체성원이 공동 소유하는 것'(135명)의 경우

권력은 개인이 소유하기 보다는 성원 공동으로 소유하는 것을 지지하고 있다.

　이런 점에서 볼 때 응답자들은 권력이란 경쟁보다는 협동을 통해 만들어지는 것이며 개인소유보다는 조직원들의 공동소유로 보고 있어 가부장적이며 전통적인 개념으로서의 권력보다는 협동적이며 개방적인 권력개념을 수용하는 것으로 해석할 수 있다. 그러나 권력은 타인을 통제할 수 있는 힘과 성원간의 상호영향력이라는 반대되는 질문에 대해 모두 지지하고 있으며 후자보다는 전자를 더 지지하고 있다.

　따라서 응답자들이 생각하는 권력에 대한 개념에는 전통적인 사고와 대안적 사고가 공존하고 있음을 보여주고 있는 것으로 1990년대 초 이후 사회 각 분야에 리더십에 대해 관심을 갖기 시작한 이래 기존의 권력에 대한 개념이 변화되고 있음을 예상할 수 있다.

<표 4-13> 권력의 개념(중복응답가능)

(단위 : 명, %)

권력이란	명 (%)
① 경쟁을 통해서 얻는 것	65 (13.5)
② 개인이 지니고 있는 것	50 (10.4)
③ 조직이나 단체성원을 통제할 수 있는 힘	273 (56.6)
④ 협동을 통해 구축되는 것	173 (35.9)
⑤ 조직이나 단체성원이 공동으로 소유하는 것	135 (28.0)
⑥ 구성원간의 상호영향력	212 (44.0)

5. 리더십 영향력의 원천

　리더십을 특정 상황에서 목표달성을 위해 개인 또는 집단의 여러 활동에 영향을 주는 과정이라고 할 때 응답자들이 조직의 리더가 가져야 할 영향력의 원천에 대해 어떻게 인식하고 있는지는 중요한 문제라고 할 수 있다. 본 연구에서는 리더십을 발휘하는데 있어 영향력의 원천을 지위, 처벌권한, 보상권한, 전문가, 개인적 성격, 사회적 연결망 등으로 나누어 고찰하였다.

<표 4-14>에서 보듯이, 첫째, '지위에 근거한 영향력'의 경우 응답자 중 '전혀 그렇지 않다' 1.9%, '그렇지 않다' 9.1%로 11%가 부정적인 견해를 나타내고 있으며, 반면에 '그렇다' 58.9%, '매우 그렇다' 9.8%로 응답자 중 68.7%가 긍정적인 응답을 하고 있다.

그리고 '처벌의 권한을 가진다'의 경우에는 전체응답자 중 '전혀 그렇지 않다' 5.6%, '그렇지 않다' 25.7%로 응답자 중 31.3%가 부정적인 견해를 보이고 있다. 이에 대해 '그렇다' 34.6%, '매우 그렇다' 3.3%가 긍정적인 응답을 하고 있어 리더십의 영향력 원천으로서의 처벌의 권한에 대해서는 37.9%만이 그렇다고 보고 있다. 여기서 응답자들은 리더 개개인 누구나 영향력을 가지는 것이 아니라 지위에 근거한 영향력을 갖는다고 보는 반면, 리더의 처벌 권한에 대해서는 부정적인 평가를 하는 편이다.

둘째, 리더십 영향력의 원천으로 '보상의 권한을 가진다'의 경우 전체응답자 중 '전혀 그렇지 않다' 1.7%, '그렇지 않다' 11.2%로 응답자 중 12.9%만이 부정적인 견해를 보인다. 이에 대해 '그렇다' 50.2%, '매우 그렇다' 10.2%로 응답자 중 60.2%가 긍정적인 견해를 보인다. 그런데 '전문가이기에 따른다'의 경우 전체 응답자 중 '전혀 그렇지 않다' 6.6%, '그렇지 않다' 27.8%로 34.4%가 전문가이기에 따르는 것은 아니라고 본다. 응답자 중 '그렇다' 28.0%, '매우 그렇다' 4.1%로 32.1%만이 리더십의 영향력 원천으로 전문가를 들고 있다.

셋째, '개인적 성격으로 그를 닮고 싶고 인정받고 싶어서 따른다'의 경우 전체 응답자 중 '전혀 그렇지 않다' 2.1%, '그렇지 않다' 5.4%로 7.5%가 부정적인 반응을 보이고 있는 반면 '그렇다' 52.5%, '매우 그렇다' 23.9%로 76.4%가 리더의 인성을 중요시하고 있다.

<표 4-14> 리더가 지녀야 할 영향력

(단위 : 명, %)

문항	응답	전혀 그렇지 않다	그렇지 않다	그저 그렇다	그렇다	매우 그렇다
① 지위에 근거한 영향력을 발휘해야 한다.		9	44	94	284	47
		1.9	9.1	19.5	58.9	9.8
② 성원들에 대한 처벌권한을 가져야 한다.		27	124	139	167	16
		5.6	25.7	28.8	34.6	3.3
③ 성원들에 대한 보상권한을 줄 수 있어야 한다.		8	54	114	242	49
		1.7	11.2	23.7	50.2	10.2
④ 전문가이기에 그의 말을 따른다.		32	134	153	135	20
		6.6	27.8	31.7	28.0	4.1
⑤ 성원들이 따르고 싶고 인정받고 싶어할 수 있는 개인적 성격을 가져야 한다.		10	26	73	253	115
		2.1	5.4	15.1	52.5	23.9
⑥ 사고나 정보의 범위를 넓혀 줄 수 있는 광범위한 사회적 연결망을 가져야 한다.		6	17	82	272	96
		1.2	3.5	17.0	56.4	19.9

또한 '정보능력 및 인맥으로 그를 통해 광범위한 사회적 연결망이 넓어질 수 있다'는 문항에 대해 응답자 중 '전혀 그렇지 않다' 1.2%, '그렇지 않다' 3.5%로 불과 4.7%만이 부정적인 견해를 보이고 있다. 반면에 '그렇다' 56.4%, '매우 그렇다' 19.9% 등 76.3%가 긍정적인 견해를 보이고 있어 개인의 자질에 리더십의 원천을 두고 있는 경향이 강하다고 할 수 있다.

결과적으로 리더십의 영향력 원천에 대해 응답자들은 지위에 근거한 영향력, 개인적 성격, 정보능력 및 인맥에 두고 있으며, 반면 전문성이나 처벌권한 등에 대해서는 그다지 긍정적인 태도를 보이지 않고 있다. 즉

한 조직에서 구성원 모두가 지도력을 발휘하는 것이 아니라 지위에서 영향력이 나온다고 보고 있으며, 정보능력 및 인맥을 영향력의 원천으로 보고 있는데 이는 현 사회가 정보사회라는 점과 연관이 되며 특히 한국사회는 사회적 네트워크에서 혈연, 지연, 학연 등 인맥관계가 중요한 위치를 차지하는 공동체 사회라는 점에서 지도자의 인맥은 영향력의 원천으로 나타날 수 있다고 여겨진다.

6. 지도자의 유형

현재 사회는 리더십의 변화를 필요로 하고 있다. 권위적이며 경쟁적이며 지극히 개인적인 특성을 지닌 진부한 개념의 리더십이 점차 약화되고 있다. 그런데 리더십을 발휘함에 있어 경쟁과 협력이라는 수단을 적절히 혼합하여 활용하려는 최근의 경향 또한 변화 속에 있다. 이와 함께 새로운 시대가 오고 있는데 이는 상호의존성과 다양성으로 이 두 힘 사이의 긴장은 전통적인 리더십 행동을 쇠퇴시키고 있다. 최근에는 통합의 시대(the Connective Era)라고 부르는 시대로 리더십 분야에서 새로운 도전과 약속을 보장한다. 이를 통합의 리더십이라고 한다.

이는 리더들로 하여금 과거보다 폭넓은 행동을 이끌어 낼 수 있도록 하는 것이며, 자신과 다른 사람을 어떤 목적을 성취하는 도구로 이용할 수 있는 일련의 정치적이거나 '도구적인' 스타일이다. 통합의 시대를 이끌어 가는 유능한 리더는 이런 도구적 스타일을 도덕적이고 이타적으로 사용하기에 다양성과 상호의존성이라는 상반된 힘을 잘 결합할 수 있다.

그런데 이런 통합의 리더십 유형은 3가지 일반적인 행동 범주 또는 자신의 목적 달성을 위해 사용되는 일련의 성취 스타일로 구성된다. 이 모델은 먼저 자기지향적 행동, 관계지향적 행동 그리고 마지막으로 도구지향적 행동으로 구성되어 있다. 이러한 행동은 다시 각각 3가지 스타일을 포함하고 있다.

자기지향적 리더십은 사회적으로 개인주의를 촉발시키는 다양성을 존중한다. 관계지향적 리더십은 다른 사람과의 협력을 강조하는 사회적 상호의존성에 깊이 의존하는 개념이다.

마지막으로 도구지향적 리더십은 자기지향적, 관계지향적 리더십에서 나타나는 다양성과 상호의존성이라는 모순적인 힘을 조화시키는 윤리적인 면에 뿌리를 둔 행동을 보여준다.

본 연구에서는 리더 유형을 자기지향적(실력형, 경쟁형, 권력형), 도구지향적(설득형, 사교형, 위임형), 관계지향적(협력형, 헌신형, 성원형)으로 나누고 응답자들이 단체나 조직의 리더가 되었을 때 어떤 지도자 유형을 선택할 것인지를 물었다. 응답결과 관계지향적 형이 43.9%로 가장 높은 비율을 보이고 있으며, 다음으로 자기지향적 형으로 30.5%이며 도구지향적 형의 경우 24.9%으로 나타났다. 응답자들은 전통적인 권위, 권력형보다는 구성원간의 상호협력, 의존성을 특징으로 하는 관계지향적인 리더유형을 선호하고 있다고 할 수 있다(<표 4-15>).

이러한 결과는 과거 리더 개인에게 상당한 책임을 부여하는 즉 조직을 통제하고 권위를 행사하는 카리스마적 리더보다는 상호협력하며, 민주적인 인간중심의 리더십을 선호하고 있음을 보여주는 것이다.

<표 4-15> 리더십 유형 분포

(단위 : 명, %)

리더십 유형	빈도	%
자기지향적(실력, 경쟁, 권력형)	147	30.5
도구지향적(설득, 사교, 위임형)	120	24.9
관계지향적(협력, 헌신, 성원형)	209	43.9

이는 사회 변화와도 연관되는 것으로 산업 및 조직의 민주화의 움직임과 함께 사회성원들의 의식과 지식, 생활양식이 달라지면서 생활의 장으로써 조직 또는 단체가 달라지고 있음을 보여주는 것이다. 따라서 앞으로

사회성원들이 선호하는 리더십은 지시적이고 전제적이며 강한 가부장적 성격으로 묘사되는 전통적인 리더십이 아닌 조직의 변화에 효율적으로 대응할 수 있는 다양한 대안적 리더십 유형이 부상될 것으로 예상된다.

다음으로 응답자가 선택하는 지도자 유형과 관련하여 현실적으로 볼 때 현재 우리 사회에 어떤 유형의 지도자가 필요한가에 대해 알아보았다. 이를 위해 현재 한국사회에서 필요한 지도자유형으로 조직이나 단체에 대한 통솔력, 신의 역할 대행, 이상적 인간상 제공, 미래에 대한 통찰력 제공 등으로 나누어 응답자들에게 질문하였다.

여기서 '성공적으로 조직이나 단체를 이끌어 가는 리더십'이 전체응답자의 46.5%로 제일 높게 나타났으며, 그 다음으로 '현실의 불안, 미래에 대한 불확실성을 해소해 줄 수 있는 리더십'이 33.4%, '신비로운 혹은 신의 역할을 대행할 수 있는 리더십'의 경우 1.7%, '이상적인 인간상을 제공할 수 있는 리더십'은 15.4%로 나타났다(<표 4-16>).

<표 4-16> 우리 사회에서 필요한 지도자 유형

(단위 : 명, %)

지도자 유형	명 (%)
성공적으로 조직이나 단체를 이끌어 가는 리더십	224 (46.5)
신비로운 혹은 신의 역할을 대행할 수 있는 리더십	8 (1.7)
이상적 인간상을 제공할 수 있는 리더십	74 (15.4)
현실의 불안, 미래에 대한 불확실성을 해소해 줄 수 있는 리더십	161 (33.4)

즉 응답자들은 조직을 성공적으로 이끌어 가거나 안정과 비전을 제시하는 지도자를 현재 우리 사회에 필요한 지도자 유형으로 보고 있다.

이러한 결과는 현재 우리 사회의 상황과 관련되어 있는 것으로 1990년대 후반 세계화와 함께 노동시장의 유연화로 인한 구조조정, 조직의 통폐합 등 직장의 불안정성 및 장기적 실업의 증가로 인해 사회적 위험이 증가하고 있음을 반영하는 것이라고 할 수 있다.

특히 사회적 불안정은 확대되는 세계화로 인해 미래의 안정을 예측하기 어렵게 하기에 응답자들은 이러한 불투명한 상황을 극복할 수 있도록 이끌어 가는 지도자유형을 선호하는 것으로 예상할 수 있다. 반면 응답자들은 초인적인 지도자 유형에 대해서는 거의 지지하지 않고 있어 앞으로 추상적인 아닌 현실적 차원에서 필요한 지도자를 지지할 것으로 여겨진다.

다음은 한국사회에서 필요로 하는 '지도자 유형'에 대해, 성별로는 남성(41.3%)보다 여성(51.8%)이, 학력별로는 고졸 이하 49.4%, 전문대졸 50.8%, 대졸 43.8%, 대학원 이상 45.8%로 우리 사회에서 필요한 지도자 유형으로 '성공적으로 조직이나 단체를 이끄는 리더십'을 들고 있다(<표4-17 참조>).

<표 4-17> 우리 사회에서 필요로 하는 지도자의 유형

(단위: 명, %)

문항 및 응답 응답자 특성		우리 사회에서 필요로 하는 지도자의 유형					계
		단체를 이끄는 리더십	신을 대행하는 리더십	이상적 인간상을 제시하는 리더십	불확신한 미래에 대한 불안해소	기타	
성별 $X^2=$ 17.651	남성	93	8	37	80	7	225
		41.3	3.6	16.4	35.6	3.1	100.0
	여성	131		37	81	4	253
		51.8		14.6	32.0	1.6	100.0
학력 $X^2=$ 26.719	고졸 이하	81	3	29	49	2	164
		49.4	1.8	17.7	29.9	1.2	100.0
	전문대졸	33	3	14	14	1	65
		50.8	4.6	21.5	21.5	1.5	100.0
	대졸	88	2	25	80	6	201
		43.8	1.0	12.4	39.8	3.0	100.0
	대학원 이상	22		6	18	2	48
		45.8		12.5	37.5	4.2	100.0

7. 리더십에서 남녀평등의식 및 성역할관

일반인들이 직업분야와 관련되는 문제에서 어느 정도의 남녀평등의식을 가지고 있는지 알아보았다. 사람들이 여성에 대해 가지고 있는 고정관념이 조직내 여성리더에 대한 인식으로까지 연결되어 있어 여성리더에 대해 부정적인 태도를 가지게 될 수 있기 때문이다.

첫째, 리더에서 남녀평등의식을 보면 <표 4-18>에서와 같이 '중요한 책임이 수반되는 직위를 여성에게 허용해서는 안 된다'에 대해 '전혀 그렇지 않다' 50.2%, '그렇지 않다' 33.2%로 나타난 반면, '그렇다' 4.1%, '매우 그렇다' 0.8%로 나타났다. 응답자 중 83.4%가 중요한 책임이 수반되는 직위에서 성평등한 인식을 보이고 있는데 이는 과거 남성=사회적 역할, 여성=가정 역할이라는 성역할 고정관념에서 상당히 벗어나고 있음을 보여준다.

그리고 '조직이나 단체지도자로서 여성의 능력과 자질은 남성에 비해 부족하다'에 대해서 '전혀 그렇지 않다' 36.9%, '그렇지 않다' 34.9%로 나타난 반면 남성에 비해 여성의 능력부족에 대해 '그렇다' 12.0%, '매우 그렇다' 1.9%로 나타났다. 여기서 리더로서의 여성능력과 자질에 대해 응답자 중 71.8%가 남성에 비해 부족하지 않다고 답하고 있어 응답자들의 리더십에 있어 남녀평등의식이 높음을 알 수 있다.

'내가 속한 조직이나 단체에 리더가 여성이라도 상관없다'에 대해서 '그렇다' 48.8%, '매우 그렇다' 27.0%로 나타나 응답자 중 75.8%가 응답자 자신의 상사로서 여성에 대해 상관없다고 답하고 있다. 반면 '전혀 그렇지 않다' 3.7%, '그렇지 않다' 6.0%로 응답자 중 9.7%만이 리더가 여성인 경우에 대해 부정적인 견해를 보이고 있다. 이와 관련해서 '여성은 남성보다 리더십이 약하다'에 대해서 '전혀 그렇지 않다' 24.5%, '그렇지 않다' 31.7%가 부정적인 응답을 한 반면 '그렇다' 19.7%, '매우 그렇다' 2.1%로 나타나 응답자 중 56.2%가 남성과 여성의 리더십에 차이가 없다고 보고 있다.

<표 4-18> 리더십에서 남녀평등의식과 성역할관

(단위 : 명, %)

문항 응답	전혀 그렇지 않다	그렇지 않다	그저 그렇다	그렇다	매우 그렇다
① 중요한 책임이 수반되는 직위를 여성에게 허용해서는 안 된다.	242	160	48	20	4
	50.2	33.2	10.0	4.1	.8
② 조직이나 단체지도자로서 여성의 능력과 자질은 남성에 비해 부족하다.	178	168	59	58	9
	36.9	34.9	12.2	12.0	1.9
③ 내가 속한 조직이나 단체에 리더가 여성이라도 상관없다.	18	29	57	235	130
	3.7	6.0	11.8	48.8	27.0
④ 여성은 남성보다 리더십이 약하다.	118	153	95	95	10
	24.5	31.7	19.7	19.7	2.1
⑤ 단체나 조직에서 여성의 리더로서의 활동은 자녀와 가사에 지장을 준다.	32	109	121	176	31
	6.6	22.6	25.1	36.5	6.4
⑥ 조직에서 리더선출시 남녀후보자가 있을 경우 이왕이면 여자보다 남자를 뽑겠다.	85	144	93	118	26
	17.6	29.9	19.3	24.5	5.4
⑦ 우리 사회에서 다른 조직에 비해 종교 여성지도자가 드문 이유는 종교지도자로서 여성의 능력과 자질이 남성에 비해 부족하기 때문이다.	135	204	69	58	6
	28.0	42.3	14.3	12.0	1.2
⑧ 종교적으로 볼 때 여성은 남성에 비해 믿음이 강하다.	32	70	132	185	50
	6.6	14.5	27.4	38.4	10.4
⑨ 여성의 종교활동은 집안일에 지장을 주지 않은 한도 내에서 해야 한다.	29	61	90	227	64
	6.0	12.7	18.7	47.1	13.3
⑩ 평등한 종교를 실현하기 위해 종교지도자 중 어느 정도 비율까지 여성에게 할당해야 한다.	26	68	158	176	38
	5.4	14.1	32.8	36.5	7.9

그러나 '단체나 조직에서 여성의 리더로서의 활동은 자녀와 가사에 지장을 준다'에 대해서 '그렇다' 36.5%, '매우 그렇다' 6.4%로 42.9% 이 문항에 대해 긍정적인 견해를 보이고 있다. 반면에 '그렇지 않다' 22.6%, '전혀 그렇지 않다' 6.6%로 29.2%가 부정적인 응답을 하고 있다. 따라서 여성이 리더를 하는데 있어 가정역할이 장애요인이 될 수 있음을 보여준다.

그리고 '조직에서 리더 선출시 남녀후보자가 있을 경우 이왕이면 여자보다 남자를 뽑겠다'에 대해서 '그렇다' 24.5%, '매우 그렇다' 5.4%로 나타난 반면 '전혀 그렇지 않다' 17.6%, '그렇지 않다' 29.9%로 응답자 중 47.5%가 여자보다는 남자를 뽑겠다는 견해에 반대의사를 보이고 있다.

최근에 우리사회에서 종교계에 여성지도자가 전무하거나 소수에 불과한 것과 맞물려 다음과 같은 질문을 하였다. '우리 사회에서 종교의 여성지도자가 드문 것은 종교지도자로서 여성의 능력과 자질이 남성에 비해 부족하기 때문이다'에 대해서 '전혀 그렇지 않다' 28.0%, '그렇지 않다' 42.3%로 나타난 반면 '그렇다' 12.0%, '매우 그렇다' 1.2%로 긍정적인 견해는 13.2%에 불과하다.

이런 점에서 응답자들은 종교계의 여성지도자가 드문 것은 여성의 리더로서의 자질부족보다는 다른 이유가 있음을 보여주고 있다. 그렇다면 '평등한 종교를 실현하기 위해 종교지도자 중 어느 정도 비율까지 여성에게 할당해야 한다' 대해 질문하였을 때, '그렇다' 36.5%, '매우 그렇다' 7.9%로 응답자 중 44.4%가 종교계에서 여성지도자에 대한 할당제를 지지하고 있다. 반면에 부정적 견해는 19.5%로 나타났다. 이와 관련하여 '종교적으로 볼 때 여성은 남성에 비해 믿음이 강하다' 대해서 '그렇다' 38.4%, '매우 그렇다' 10.4%로, 응답자 중 48.8%가 여성이 남성보다 믿음이 강하다고 보고 있다. 반면 응답자 중 21.1%는 그렇지 않다고 보고 있다.

둘째, 종교활동과 관련하여 성역할관을 보면 '여성의 종교활동은 집안일에 지장을 주지 않은 한도 내에서 해야 한다'에 대해서 '전혀 그렇지 않다' 6.0%, '그렇지 않다' 12.7%로 나타난 반면 '그렇다' 47.1%, '매우 그렇다' 13.3%로 응답자의 60.4%가 여성의 1차적 역할은 가정에 있다는 성역할 고정관념을 보여주고 있다.

이러한 결과 응답자들은 여성의 리더역할에 대해서는 긍정적인 견해를 보이는 반면 여성의 1차적 역할이 가정에 있다는 관념을 담지하고 있음을 나타내고 있다.

V. 결어

지금까지 지도력의 원천, 리더십인식, 좋은 리더, 권력의 원천, 지도자유형, 리더십에서 남녀평등의식과 성역할관 등 리더십과 관련된 변인을 중심으로 경험적 연구를 하였다. 우선 각 변인에 대한 빈도분석을 통해 응답자들의 리더십 관련변인에 대한 전반적인 태도를 고찰하였고 성별, 결혼여부, 소득, 학력, 교육수준, 출신지역, 생활수준 등 사회인구학적 변인과 리더십 관련변인과의 관계를 분석하였다. 본 연구분석의 결과를 다음과 같이 요약할 수 있다.

1) 리더십의 원천

리더십의 원천의 경우 우리나라는 전통적으로 '하늘이 낸다'는 견해가 지배적인 견해였다. 그러나 본 연구의 결과 지도자는 하늘이 내리거나, 종교적 힘에 의해 만들어지는 것이 아니라고 보고 있다. 또한 응답자들은 리더십의 원천을 국민의 합의나 여론에 의해 형성되는 것이며, 사회변화의 필요에 따라 만들어질 수 있다고 보고 있지 않다. 반면 응답자 중 55.2%가 지도력의 원천을 개인의 자질이나 능력에 기인한다고 보고 있다.

2) 좋은 리더의 요소

일반적으로 좋은 리더의 요소에는 카리스마, 비전, 지적 자극, 인간적 배려 등 4가지 요소가 있는데 응답자들은 좋은 리더의 요소로서 카리스마 (84.1%)와 리더의 통찰과 비전(86.1%) 그리고 인간적 배려(80.2%)를 들고 있다. 반면 '조직이나 단체성원에게 지적인 자극을 제시'의 경우 57.6%가 중요하다고 보고 있다. 이러한 응답자들의 견해는 리더의 요소로 인간적 배려도 중요시하면서 동시에 카리스마도 중요한 요소로 보고 있어 양면적 태도를 볼 수 있다.

특히 리더의 카리스마적 요소는 20대가 지지도가 높으며, 남성보다는 여성이, 기혼보다는 미혼이, 종교인보다는 종교없는 사람들이, 학력별로는 대졸이 좋은 리더의 요소로서 '카리스마'를 매우 중요하다고 보고 있다. 그리고 리더의 요소로서 '조직이나 단체성원을 인간적이며 사려깊은 배려'는 개신교 신자와 대학원 이상의 학력을 가진 응답자들이 다른 집단에 비해 중요하다고 보는 비율이 높게 나타났다.

3) 리더십 인식

리더십을 인식함에 있어 성원들은 크게 두 가지, 즉 첫째, 권력으로 보거나 둘째, 개인의 자질, 그리고 조직성원과의 상호작용 등으로 나누어 보고 있다.

본 연구에서는 전자의 경우 타인을 지배하는 기술, 리더의 권한과 지위, 권력의 상징으로 후자의 경우 개인의 지도력 발휘, 리더의 자질과 특성, 구성원과의 상호작용으로 나누어 분석하였다. 리더십 인식에 대한 연구결과 응답자들은 리더십을 타인의 지배기술로 보거나, 리더의 권한과 지위에 의해 전적으로 결정된다거나 권력을 상징하는 등 권력으로서의 리더십으로 보기보다는 지도자 개인의 자질이나 구성원들과의 상호작용으로 보는 경향이 더 크게 나타나고 있다.

4) 리더 영향력의 원천

리더십이란 조직의 성원을 대상으로 발휘하는 영향력이라고 할 때 지도자는 다양한 영향력의 원천을 이용하여 성원들로 하여금 따르도록 하는 것이다. 따라서 사회성원들은 자신들이 추종할 수 있는 조직의 리더가 가져야 할 영향력의 원천이 어디에 있다고 생각하는지를 알아볼 필요가 있다. 본 연구는 리더의 영향력의 원천으로 지위, 보상의 권한, 처벌의 권한, 전문성, 개인적 성격, 정보능력 및 인맥 등을 중심으로 살펴보았다.

응답자들은 지위나 보상의 권한, 전문성보다는 개인적 성격과 정보능력 및 인맥의 중요성에 더 높은 비율의 지지도를 보이고 있다. 즉 지위 68.7%, 보상의 권한 60.4%, 처벌의 권한 37.9%, 전문성 32.1%인 반면 개인적 성격 74.4%, 정보능력 및 인맥의 중요성 76.3% 등으로 중요하다고 답하고 있다.

5) 권력의 개념

권력이란 다른 사람에게 영향을 미칠 수 있는 능력으로 우리가 권력을 얻는 근원을 크게 지위에 의한 권력(position power)과 개인적 권력(personal power)으로 나눌 수 있다. 지위에 의한 권력의 근원은 물적, 인적, 재정적, 기술적 자원에 대한 할당과 통제, 조직내 위계에 따라 규정된 지위이다. 그런가 하면 개인적 권력의 근원은 과제에 대한 유능성(export power), 대인관계 유능성, 카리스마 등이다. 전통적 리더십은 지위에 의한 권력에 의존하는 경향이 크다. 즉 사회성원들은 권력에 대해 어느 정도 전통적 또는 대안적 사고를 가지고 있는지 알아볼 필요가 있는데 분석결과 응답자들은 경쟁보다는 협동을 통해 만들어지는 것이며 개인소유보다는 조직원들의 공동소유로 보고 있으며, 구성원간의 상호영향력보다는 타인을 통제할 수 있는 힘으로 보고 있다.

따라서 권력개념을 경쟁, 개인소유, 타인을 통제하는 힘으로서의 가부장적이며 전통적인 권력과 협력, 조직원들의 공동소유, 상호영향력으로서의 협동적이며 개방적인 권력으로 나누어 볼 때 응답자들은 전자보다는 후자의 개념을 더 수용하는 것으로 볼 수 있다.

6) 선호하는 지도자 유형

최근 들어 지도자의 유형에 대한 연구가 활발히 진행하고 있으며 성원들이 선호하는 지도자 유형에 대한 논의가 본격화되고 있다. 본 연구에서는 리더의 유형과 함께 현재 우리 한국사회에서 필요로 하는 지도자 유형을 알아보았다. 첫째, 응답자들이 선호하는 리더십유형을 알아보기 위해 리더 유형을 자기지향적(실력형, 경쟁형, 권력형), 도구지향적(설득형, 사교형, 위임형), 관계지향적(협력형, 헌신형, 성원형)으로 나누고 응답자들이 단체나 조직의 리더가 되었을 때 어떤 지도자 유형을 선택할 것인지를 알아보았다. 조사결과 관계지향형이 가장 높은 비율을 보이고 있으며, 반면 도구지향형이 가장 낮은 비율을 보이고 있다. 전반적으로 응답자들은 전통적인 권위, 권력형보다는 구성원간의 상호협력, 의존성을 특징으로 하는 관계지향적인 리더유형을 선호하고 있다고 할 수 있다.

둘째, 현실적으로 볼 때 현재 우리 사회에서 필요한 지도자 유형으로는 '성공적으로 조직이나 단체를 이끌어 가는 리더십'이 전체 응답자의 46.5%로 제일 높게 나타내고 있어 급속하게 변화하는 환경속에서 적극적으로 대처하면서 조직을 이끌어 가는 리더십을 기대하고 있다고 볼 수 있다. 그리고 사회인구학적 변인과 관련지어 볼 때 남성보다는 여성이 이러한 리더유형을 더 선호하고 있는 것으로 나타났다.

7) 리더십에서 남녀평등의식과 성역할관

우리나라는 1985년 이래 지속적으로 증가하여 1980년 당시 15세 이상 여성 중 경제활동에 참가하는 이의 비율이 41.9%에서 1990년 47.0%, 1995년 48.3%, 1999년 현재 48%를 나타내고 있다(한국여성개발원, 2000). 그러나 여성의 사회참여증가에 비해 여성는 사회 각 분야에서 주변적 위치에 머물고 있다. 즉 전문 경영관리직에 참여하기보다는 대부분이 사무직, 판매직, 생산직에 머물고 있으며 조직 내에서도 의사결정직에 있기다는 주로 하위직에 머물고 있다. 그러나 최근 들어 사회 각 분야에서 여성이 리더의 위치에 오르는 경우가 과거보다 늘어나면서 지도자로서의 여성에 대한 논의가 진행되고 있다. 이것은 리더역할에서 여성의 희귀효과에 기인하는 현상 즉 리더위치에 오르는 여성이 아직 소수이기에 일반인들이 갖게 되는 관심이다. 이러한 관심은 과연 여성이 리더로서의 자질이 있는가, 남성과 비교할 때 여성리더는 어떠한가 등등이 논의의 초점이 되고 있다.

응답자들의 리더에 대한 남녀평등의식과 성역할관을 10문항으로 하여 조사하였을 때 응답자 중 83.4%가 중요한 책임이 수반되는 직위도 여성에게 허용해야 한다고 보고 있으며, 71.8%가 지도자로서 여성의 능력과 자질은 남성에 비해 부족하지 않다고 보고 있다.

그리고 75.8%가 여자상관도 상관없다고 보고 있으며 56.2%가 여성과 남성간의 리더십에 차이가 없다고 보고 있다. 또한 여성 종교지도자가 부족한 것에 대해 70.3%가 능력과 자질이 부족한 것이 아니며, 그러기에 종교계에서 여성지도자를 일정 비율 할당하는 것에 대해 44.4%가 지지하고 있다.

그러나 여성의 리더로서의 활동은 가정생활에 지장을 줄 수 있으며 (42.9%), 따라서 여성의 종교활동은 집안 일에 지장을 주지 않은 한도 내에서 해야 한다(60.4%)고 보고 있어 응답자들은 성역할 고정관념을 지니고 있음을 보여주고 있다. 이러한 '남녀평등의식'에 대한 사회인구학적 집단 간의 관계를 보면 성별로는 여성이, 학력별로는 대학원 이상이 남녀평등 의식이 높은 것으로 나타났다. 이런 결과는 현재 우리사회에서 학력이 높을수록 남녀평등의식을 담지하고 있으며 여성이 남성보다 평등의식이 높다는 것은 당연한 결과일 수 있으나 여성의식이 향상되었다는 기반아래 이러한 결과가 도출될 수 있다고 여겨진다.

● 참고문헌

김양희·정경아, 『한국형 남녀 평등의식검사 개발』, 한국여성개발원, 1999.
데이비드 프리맨틀, 『21세기 리더』, 뜨락, 1999.
라우리 존스, 『최고경영자 예수』, 한국언론자료간행회, 1995.
스티븐 코비, 『원칙중심의 리더십』, 김영사, 2000.
스티븐 코비 외, 『카리스마는 죽었다』, 책누리, 1997.
진 리프먼 블루먼, 『성공한 리더, 성공하는 리더십』, 경향신문사, 1997.
피터 드러커, 『21세기 리더의 선택』, 한국경제신문, 2000.
한국여성개발원, 『한국여성통계』, 2000.
한국여성개발원, 『기업내 남녀관리자의 리더십 비교연구』, 2000.
LG사보, 2001. 5월호.
Fiedler, F. E., *A Theory of Leadership Effectiveness*, N.Y. : McGraw-Hill, 1967.
Hollander, E. P., *Leadership Dynamics*, N.Y. : The Free Press
Joan, R., *Quest*, Winter, 1976.
Kokopeli, B. & Lalay, G., *Leadership for Change : Toward a feminist model*, Santa Cruz, CA : New Society Pub, 1991.
Rosner, L. & Schwarz, P., *Women in Leadership in the 1980s'*, Paper presented at a roundtable discussion of the NOW legal defense and Education Fund, October, 1980.

제5장 한국사회의 종교지도력에 대한 인식태도

       I. 서론
     II. 종교지도력의 평가
   III. 성직자의 자질과 역할 평가
   IV. 사회 지도층의 활동 평가
   V. 종교의 미래와 사회발전 기여도
  VI. 종교 지도자의 역할과 자질 향상 방안
  VII. 조사 결과의 요약 및 결론

제5장 한국사회의 종교지도력에 대한 인식태도

김응철(중앙승가대학교 포교사회학과 교수)

I. 서론

이 연구는 종교지도력에 대하여 한국인의 인식태도를 분석하기 위하여 계획되었다. 이 연구는 설문조사를 통하여 우리나라 사람들이 종교지도력을 어떻게 이해하고 있으며, 그것을 어떻게 수용하고 있는가를 중심으로 진행되었다.

종교지도력은 크게 일반 사회지도력의 하위 영역에 속하지만 나름대로 독특한 특징을 가지고 있다. 즉 사회의 일반 지도력은 그 지도력의 원천이 권력과 권한에 주로 기반을 두고 있는 반면에 종교 지도력은 종교적 권위를 바탕으로 하고 있다. 또한 종교적 권위는 다시 사회 구성원들이 인정하는 평가와 평판에 영향을 받고 있다. 그렇지만 종교지도력을 구성하는 가장 중요한 요소는 그 종교를 추종하는 종교인의 수, 조직화의 정도, 신도들의 결속력과 아울러 종교지도자의 자질과 역량 및 사회적 헌신 등이 상호 작용을 통하여 나타난다.

사회 구성원들은 종교의 보유 여부나 신행활동의 정도를 떠나 종교인 및 종교지도자들에게 거는 기대와 희망이 있다. 그것은 종교적 이상을 바탕으로 사회 정의를 위해 일할 것이라는 기대이며 어렵고 가난하고 힘든 사람들을 위해 희생하고 봉사할 것이라는 믿음이다. 그러나 불행하게도 종교적 세속화가 진행되면서 세속의 부정적인 모습들이 종교조직이나 성직자 및 종교인들 사이에도 그대로 투영되어 많은 사람들이 실망하는 사례들을 찾아보기 어렵지 않다.

바로 이러한 시점에서 본 연구는 종교인과 무종교인을 포함하여 우리사회의 보통사람들이 종교 성직자에 대하여 어떻게 생각하고 평가하고 있는가를 조사하였다. 그리고 이 조사를 통하여 종교지도력을 강화할 수 있는 방안이 무엇인가를 모색하고자 하였다.

본 조사연구에 포함된 설문문항은 종교지도력의 평가, 성직자의 자질과 역할 평가, 사회지도층의 활동 및 종교지도자에 대한 평가, 종교의 미래와 사회발전에 대한 기여도, 종교지도자의 역할 및 자질향상 방안 등 크게 5개 영역으로 구분되어 있다.

종교지도력 평가 영역에서는 종교의 사회 지도력의 수행정도와 종교별 지도적 역할 평가의 항목이 포함되어 있다. 종교의 사회 지도력 수행에 대한 평가에서는 우리사회에서 종교가 어느 정도 사회적 지도력을 수행하고 있는지를 조사하였다. 그리고 종교별 지도력 역할 평가에서는 어떤 종교가 우리나라에서 지도력을 잘 발휘하고 있는가를 조사하였다. 조사결과는 빈도분석과 응답자의 종교별 교차분석을 통하여 무종교인과 각 종교인들이 어떻게 평가하고 있는가를 살펴보았다. 성직자의 자질과 역할 평가에서는 일반적으로 생각하고 있는 성직자의 자질이 어떤 수준인지, 그리고 성직자의 전반적인 지도력에 대한 인식 태도 등의 문항을 조사하였다. 그리고 성직자가 우리사회에서 지도력을 발휘하지 못하는 이유도 살펴보았다.

사회 지도층의 활동 평가 영역에서는 우리사회에서 신뢰도, 청렴도, 영향력, 부패도, 위상 등이 가장 높은 집단이 어떤 직업군인지를 분석하였다. 이러한 직업군에는 기업인, 정치인, 행정관료, 언론인, 성직자, 교육자, 판사 등 법조인 등이 포함되어 있다. 이러한 각 직업군들 중에서 성직자의 신뢰도, 청렴도, 영향력, 부패도, 위상 등이 어느 정도로 평가받고 있는가를 분석하였다.

종교의 미래와 사회발전 기여도 영역에서는 앞으로 우리사회에서 종교가 어떻게 발전할 것인가에 대한 예측, 종교가 사회발전에 어느 정도 기여할 것인가 등을 조사 분석하였다.

종교지도자의 역할과 자질향상 영역에서는 사회규범을 어긴 성직자에 대한 태도, 종교지도자의 바람직한 역할, 성직자의 바람직한 교육수준, 성직자의 자질향상 방안 등을 조사하였다. 사회규범을 어긴 성직자에 대한 태도에서는 각 종교인들이 나타낼 수 있는 태도, 즉 순종, 거부, 타종교시설로의 이적, 개종, 종교 포기 등에 대한 선호도를 조사하였다. 종교지도자의 바람직한 역할 문항에서는 종교지도자가 사회를 위하여 어떻게 행동하는 것이 바람직한가를 분석하였으며, 일반인들이 요구하는 성직자의 교육수준에 대하여 조사하였다. 그리고 성직자의 자질향상 방안으로 교육, 선발, 활동 제한 등에 대한 일반인들의 생각을 조사하였다.

본 연구에서 채택한 조사방법은 서울 및 경인지역에 살고 있는 20세 이상의 남녀를 대상으로 집락표집과 층화표집을 병행하여 표본을 추출하였다. 자료 수집을 위한 조사는 2000년 11월 20일부터 12월 5일 사이에 이루어졌으며, 자료수집 방법은 질문지형 설문지와 면접지를 가지고 시행하였다. 이와 같은 방법으로 배부된 설문지는 850매였으며 이중 518매가 회수되었는데 최종 분석대상 설문지는 482매였다.

본 설문조사는 제4장의 김영란 교수의 "한국사회에서 지도력 일반에 대한 인식태도 연구"에서 사용된 설문지와 통합하여 시행하였기 때문에 조사 방법 및 개요에 대한 자세한 내용은 상기 논문 자료를 참고하기 바란다.

II. 종교지도력의 평가

1. 종교의 사회적 지도력 수행 정도

고금을 막론하고 종교는 그 사회에서 일정한 수준의 지도력 혹은 영향력을 발휘하고 있다. 종교지도력의 정도나 범위는 그 사회의 구조적 특성과 종교 문화에 따라 차이가 있을 수 있지만 어느 정도 종교지도력이 작용하고 있음을 부인할 수는 없다. 종교지도력은 그 사회 구성원들이 종교적 영향력을 얼마나 수용하는가에 따라 행사 방법과 역할 등에 영향을 미친다. 특히 사회 구성원들이 종교의 역할에 대하여 얼마나 긍정적인가 혹은 부정적인가에 따라 달라질 수 있다. 따라서 일반인들이 얼마나 종교지도력을 수용하는지 혹은 역할을 어떻게 평가하는지를 조사한다면 그 사회에서의 종교지도력의 범위를 분석할 수 있다.

<표 5-1> 종교의 지도적인 역할을 수행 평가

(단위 : 명, %)

유형	분포	빈도	비율	순비율	누적비율
역할 평가	전혀 못한다	46	9.5	9.7	9.7
	거의 못한다	179	37.1	37.8	47.6
	그저 그렇다	204	42.3	43.1	90.7
	비교적 잘한다	40	8.3	8.5	99.2
	매우 잘한다	4	.8	.8	100.0
	소계	473	98.1	100.0	
	무응답	9	1.9		
	계	482	100.0		

본 문항에서는 우리나라 사람들이 종교의 지도적인 역할을 어떻게 평가

하는지를 바탕으로 종교지도력을 분석하고자 하였다. 조사 결과 현재 한국사회의 구성원들은 종교의 지도적인 역할에 대하여 부정적으로 평가하고 있는 것으로 나타났다.

구체적인 조사결과를 분석해 보면 종교가 지도적인 역할을 '전혀 못한다' 9.5%, '거의 못한다' 37.1%로 부정적 평가가 46.6%인 반면에 '비교적 잘한다' 8.3%, '매우 잘한다' 0.8% 등 긍정적 평가의 비율은 총 9.1%에 불과한 것으로 나타났다. 그리고 '그저 그렇다'라는 유보적 평가는 42.3%로 나타났다. 이러한 응답 분포로 본다면, 한국인들의 대부분은 종교지도력에 대하여 부정적인 반면에 긍정적으로 평가하는 사람은 매우 소수에 불과하다는 것을 알 수 있다.

<표 5-2> 종교의 사회 지도적 역할 수행에 대한 종교별 평가

(단위 : 명, %)

응답자 특성	문항 및 응답	현재 우리 사회에서 종교가 지도적인 역할을 수행하고 있다고 생각하십니까?					계
		전혀 못한다	거의 못한다	그저 그렇다	비교적 잘한다	매우 잘한다	
종교별	불교	12	30	42	10	2	96
		12.5	31.3	43.8	10.4	2.1	100.0
	개신교	8	34	49	12	1	104
		7.7	32.7	47.1	11.5	1.0	100.0
	천주교	2	20	31	7		60
		3.3	33.3	51.7	11.7		100.0
	기타	2	6	6	4	1	19
		10.5	31.6	31.6	21.1	5.3	100.0
	무종교	22	89	76	7		194
		11.3	45.9	39.2	3.6		100.0
계		46	179	204	40	4	473
		9.7	37.8	43.1	8.5	.8	100.0

종교의 사회적 지도력에 대한 평가가 이와 같이 부정적이라는 것은 '우리 사회에서 종교에 대한 비판적 시각을 가지고 있는 사람들이 매우 많다'라는 것을 의미한다. 이러한 비판적 시각은 최근 성직자의 수가 급격하게 팽창하여 질적 저하가 나타날 뿐만 아니라 종교집단 내에서도 사회문제에 버금가는 많은 문제들이 발생하고 있기 때문으로 볼 수 있다. 그러나 이러한 응답이 일회성 사건에 의하여 형성된 일시적인 것인가 아니면 장기적으로 누적된 사건의 결과로 나타난 것인가에 대한 판단을 하기에는 다소 이르다. 다만 종교에 대하여 부정적으로 생각하는 사람들이 상당한 비율로 확산되고 있다는 점은 간과할 수 없다.

종교의 사회적 역할 평가에 대하여 종교인별 태도를 살펴보면 부정적 평가는 무종교인 57.2%, 불교인 43.8%, 개신교인 40.4%, 천주교인 36.6% 등으로 나타났다. 반면에 긍정적 평가는 무종교인은 3.6%에 불과한 반면에 천주교인 11.7%, 불교와 개신교인은 각각 12.5%로 나타났다. 종교의 사회적 역할에 대한 평가는 소득수준이 높을수록, 학력이 높을수록, 그리고 대도시에 사는 사람들이 더 부정적으로 응답하는 경향을 나타내고 있다. 또한 여성보다는 남성이 더 부정적인 평가를 하였다.

2. 종교별 지도적 역할 평가

종교 전반에 대한 평가에 대해서는 부정적인 의견이 매우 높게 나타나고 있으나 개별 종교의 지도력에 대한 평가는 다소 차이가 나타나고 있다. 그 이유는 먼저 자신이 믿고 있는 종교에 대해서는 긍정적으로 생각하는 경향이 많을 뿐만 아니라 현재 관계가 있는 성직자에 대한 긍정적 태도가 반영되고 있는 것으로 볼 수 있다. 조사결과를 보면 우리 사회에서 활동하는 주요 종교들 중 가장 긍정적인 평가를 받는 종교는 천주교인 것으로 나타났다.

종교별 평가를 보면 천주교 38.6%, 불교 17.4%, 개신교 15.1%, 유교

3.1%, 기타 9.3%, 무응답 16.4% 등의 분포로 나타났다. 응답자들은 천주교의 사회 지도적 역할에 대하여 높은 평가를 하고 있는 반면에 불교와 개신교에 대한 평가는 이에 비하여 상당히 낮은 비율로 평가되었다. 이러한 결과는 우리 나라 전체의 종교인구 비율과는 상당히 차이가 있다. 전체 인구 중 비율이 가장 높은 종교(1995년 인구센서스)는 불교로 약 23%인데 비하여 긍정적 평가는 이에 못 미치고 있다.

<표 5-3> 종교별 지도적 역할 수행에 대한 평가

(단위 : 명, %)

유형	분포	빈도	비율	순비율	누적비율
종교별 평가	불교	84	17.4	20.8	20.8
	개신교	73	15.1	18.1	39.0
	천주교	186	38.6	46.2	85.1
	유교	15	3.1	3.7	88.8
	기타	45	9.3	11.2	100.0
	소계	403	83.6	100.0	
무응답		79	16.4		
계		482	100.0		

응답자의 사회적 특성을 중심으로 종교별 지도력을 분석해 보면 천주교는 대부분의 연령층에서 가장 긍정적인 평가를 받고 있는 것으로 나타났다. 특히 40대에서 57.3%, 30대 54.1%, 50대 50.0% 등 30대 이상에서 50% 이상의 높은 지지율을 보였다. 불교는 30대에서 25.9%로 비교적 높은 지지를 받았을 뿐 천주교에 비하면 상당히 낮은 지지율을 보이고 있다. 그러나 개신교보다는 다소 긍정적인 평가를 받는 것으로 나타났다. 응답자의 종교적 특성별로 살펴보면 자기 종교지지율에서 불교인 52.9%, 개신교인 55.7%, 천주교인 88.5% 등으로 조사되었다. 자기종교 지지율은 천주교인

이 가장 높게 나타나 타종교인에 비하여 확고한 종교적 신념이 있는 것으로 평가할 수 있다. 반면에 불교와 개신교인들은 상대적으로 자기종교에 대한 신념이 낮은 것으로 볼 수 있다.

보다 객관적인 자료를 분석하기 위해서는 무종교인의 응답 태도를 분석할 필요가 있다. 무종교인이 종교별 역할에 대하여 긍정적으로 평가하는 비율은 천주교 44.2%, 불교 20.1%, 개신교 11.0% 등으로 나타났다. 반면에 불교인의 28.2%, 개신교인의 33.0%가 천주교의 사회 지도적 역할을 긍정적으로 평가하였다.

III. 성직자의 자질과 역할 평가

다양한 종교와 종파가 난립하고 있는 한국 종교계에서 성직자의 자질 문제는 많은 시비와 논란의 대상이 되고 있다. 특히 일부 종교계에서 나타나고 있는 현상들은 일반 사회의 윤리수준에도 미치지 못하는 수준으로 평가되고 있다. 여기서는 성직자의 자질, 역할 수행 등에 대한 일반인들의 평가를 분석하였다.

1. 성직자의 자질 평가

조사 응답자들의 성직자 자질에 대한 평가는 '그저 그렇다'라는 응답이 56.6%로 가장 높게 나타났으며, '자질이 높은 편'이라는 긍정적 평가는 27.8%, '자질이 낮은 편'이라는 부정적 평가는 14.3%로 긍정적 평가가 약간 높게 나타났다. 이런 응답 분포를 보면 우리사회에서 성직자의 자질을 그다지 높게 평가하지는 않는 것으로 볼 수 있다.

응답자의 종교성향별로 성직자의 자질에 대한 긍정적 평가를 살펴보면 천주교인 51.6%, 개신교인 36.2%, 불교인 19.8%, 무종교인 18.0% 등으로 나타났다. 반면에 성직자의 자질을 부정적으로 평가한 응답 비율을 보면, 불교 19.8%, 개신교 8.6%, 천주교 6.4%, 무종교인 17.5% 등으로 조사되었다. 불교와 무종교인의 부정적 평가비율이 개신교와 천주교인 비율보다 다소 높은 것으로 나타났다.

<표 5-4> 성직자의 자질 평가

(단위 : 명, %)

유형	분포	빈도	비율	순비율	누적비율
성직자의 자질	매우 낮다	14	2.9	2.9	2.9
	낮은 편	55	11.4	11.6	14.5
	그저 그렇다	273	56.6	57.4	71.8
	높은 편	129	26.8	27.1	98.9
	매우 높다	5	1.0	1.1	100.0
	소계	476	98.8	100.0	
무응답		6	1.2		
계		482	100.0		

2. 성직자의 지도력 수행 평가

"현재 우리사회에서 성직자들이 충분한 역할을 다하고 있는가?"에 대한 조사에서 응답자들의 평가는 상당히 부정적인 의견이 많은 것으로 나타났다. 전체적인 응답 분포를 보면 '그저 그렇다'라는 응답이 49.4%(n=238)로 가장 높았으며, '거의 못한다' 33.2%, '전혀 못한다' 7.5% 등 부정적 평가가 40.7%(n=196)인 반면에 '매우 잘한다' 0.2%, '비교적 잘한다' 8.9% 등 긍정적 평가는 9.1%(n=44) 등으로 나타났다. 긍정적 평가에 비하여 부정적 평가 비율이 약 4배 정도 높게 나타나고 있다. 즉, 응답자들은 종교 성직자들의 지도력에 대하여 보통 혹은 그 이하로 평가하고 있음을 알 수 있다.

<표 5-5> 성직자의 지도력 수행 평가

(단위 : 명, %)

성직자의 역할		빈도	비율	순비율	누적비율
역할평가	전혀 못한다	36	7.5	7.5	7.5
	거의 못한다	160	33.2	33.5	41.0
	그저 그렇다	238	49.4	49.8	90.8
	비교적 잘한다	43	8.9	9.0	99.8
	매우 잘한다	1	.2	.2	100.0
	소계	478	99.2	100.0	
무응답		4	.8		
계		482	100.0		

응답자의 종교별로 성직자의 지도력 수행에 대한 평가를 보면 '잘한다'라는 평가는 천주교 14.5%, 개신교 11.4%, 불교 8.2%, 무종교 5.7% 등으로 천주교인의 긍정적 평가비율이 타종교인보다 약간 높게 나타났다. 반면에 '못한다'라는 부정적 평가는 무종교 46.9%, 불교 43.1%, 개신교 35.3%, 천주교 25.8% 등으로 무종교인과 불교인이 타종교인에 비하여 매우 높은 비율로 응답하였다.

<표 5-6> 각 종교인별로 본 성직자의 지도력 수행 평가

(단위 : 명, %)

응답자의 종교	성직자의 지도력 수행 평가		
	못한다	그저 그렇다	잘한다
불교	43.1	48.5	8.2
개신교	35.3	53.3	11.4
천주교	25.8	59.7	14.5
무종교	46.9	47.4	5.7

즉, 불교인과 무종교인 사이에서 성직자의 지도적 역할 수행을 매우 부정적으로 보는 비율이 많음을 알 수 있다. 반면에 개신교인과 천주교인은 타종교인에 비하여 유보적인 평가를 하는 응답자가 많은 것으로 나타났다.

성직자의 지도력 수행 평가는 연령이 많을수록 학력이 낮을수록 다소 긍정적으로 평가하는 것으로 나타났다.

3. 지도력을 발휘하지 못하는 이유

성직자가 사회적 지도력을 발휘하지 못하는 이유는 크게 성직자 자신의 문제, 종교 내부의 문제, 사회 구조적인 문제 등으로 구분할 수 있다. 성직자 자신의 문제는 성직자로서의 자질과 능력이 부족한 데서 파생되는 문제로 이것은 자질 향상을 위한 종교단체의 노력으로 해결될 수 있는 문제이다.

반면에 종교 내부의 문제는 특정 종교가 구조적 모순과 부패, 갈등 등으로 인하여 스스로 자기 종교를 정화할 능력이 부족한 데서 기인한다. 그리고 사회 구조적인 문제는 종교가 활동하는 사회가 전반적으로 도덕적 의식이 낮고, 부패하여 종교가 부정적인 영향을 받고 있기 때문으로 볼 수 있다. 그러나 어떤 경우든간에 종교가 스스로 정화하고 사회도 정화하여 바르게 이끌 수 있는 종교지도력을 발휘해 주기를 바라는 것이 일반인들의 바람이다.

그런데 우리나라의 일반 사회인들은 성직자 자질, 종교조직의 구조적 문제, 사회환경 모두에 문제가 있다는 인식을 가지고 있는 것으로 볼 수 있다. 다만 그 중에서도 성직자의 자질이 가장 큰 문제가 되고 있음을 지적하는 의견이 많은 것으로 볼 수 있다.

즉 성직자가 사회적 지도력을 충분히 발휘하지 못하는 이유에 대해서는 물질적인 욕심과 사회에 만연된 구조적 모순에서 기인하고 있다는 의견이 다소 높게 나타났다.

구체적인 응답 비율을 보면 '물질적인 욕심 때문에' 29.5%, '사회에 만연된 구조적 모순 때문에' 18.0%, '성직자의 자질과 능력 부족 때문에' 15.1%, '성직자가 활동할 수 있는 사회적 여건의 불충분 때문에' 13.7%, '종교간의 과도한 경쟁 때문에' 12.7% 등으로 나타났다.

이러한 응답 분포를 보면 성직자의 지도력 발휘에 가장 큰 장애가 되는 것은 성직자의 물질적 욕심이나 자질과 능력 등 성직자 자신에 귀책사유가 있다는 생각을 하는 응답자가 약 반수 정도 되고 있는 것을 알 수 있다.

<표 5-7> 성직자가 사회적 지도력을 발휘하지 못하는 이유

(단위 : 명, %)

이유	비율	빈도	비율	순비율	누적비율
성직자가 지도력을 발휘하지 못하는 이유	사회적 여건의 불충분	66	13.7	14.6	14.6
	성직자의 자질과 능력 부족	73	15.1	16.2	30.8
	성직자의 물질적인 욕심	142	29.5	31.4	62.2
	신도의 신앙심 부족	15	3.1	3.3	65.5
	구조적 모순	87	18.0	19.2	84.7
	종교간의 과도한 경쟁	61	12.7	13.5	98.2
	기타	8	1.7	1.8	100.0
	소계	452	93.8	100.0	
무응답		30	6.2		
계		482	100.0		

Ⅳ. 사회 지도층의 활동 평가

1. 신뢰도

우리나라 주요 직업군에 대한 신뢰도를 조사해 본 결과 성직자와 교육자에 대한 신뢰 정도가 비교적 높게 나타난 반면에 정치인과 행정관료, 판검사 및 변호사 등에 대한 신뢰도는 매우 낮게 나타났다.

"귀하는 다음 중 어떤 사람의 말을 가장 신뢰하고 있습니까?"라는 설문에 대하여 '성직자' 27.4%, '교육자' 26.3% 등으로 비교적 높게 나타났다. 다음으로 '일반인'이라는 응답이 16.8%로 나타나 '평범한 소시민 등 일반인들이 주요 권력계층 종사자보다 더 신뢰할 수 있다'고 응답하였다. 반면에 '언론인' 9.1%, '판사' 2.9%, '기업인' 2.3%, '행정관료' 1.5%, '검사' 0.4%, '정치인' 0.2%, '변호사' 0.2% 등으로 매우 낮은 신뢰도를 나타냈다.

이 문항은 가장 신뢰하는 직업군을 선택하도록 하였기 때문에 특정 직업군에 대한 신뢰도를 종합적으로 판단하기는 어려운 점이 있다. 그러나 전반적으로 권력이나 사회적인 영향력을 행사할 수 있는 직업군에 대한 신뢰도가 그다지 높지 않다는 것을 확인할 수 있었다.

연령별로 성직자에 대한 신뢰도를 살펴보면 20대 20.8%, 30대 29.3%, 40대 38.2%, 50대 56.5% 등으로 나타났다. 즉, 연령이 높아질 수 있도록 가장 신뢰하는 사람으로 성직자를 선택하는 응답비율이 높아지는 것으로 조사되었다. 교육자에 대한 신뢰도는 20대 28.5%, 30대 31.5%, 40대 26.4%, 50대 이상 17.4% 등으로 30대 이하가 40대 이상보다 상대적으로 교육자에 대한 신뢰도가 높은 것으로 조사되었다. 성직자와 교육자에 대한 신뢰도를 비교해보면 30대 이하에서는 교육자에 대한 신뢰도가 높은 반면에 40대 이상에서는 성직자에 대한 신뢰도가 더 높은 것으로 나타났다.

<표 5-8> 사회 지도층의 신뢰도, 청렴도, 영향력, 부패도 평가

(단위 : 명, %)

유형	분포	신뢰도	청렴도	영향력	부패도	위상
직업 유형	기업인	2.3	.4	③8.3	③5.8	8.7
	일반인	③16.8	②28.6	4.1	1.2	2.1
	정치인	.2	.4	①52.1	①78.2	①32.4
	행정관료	1.5	1.5	4.6	②6.4	4.8
	언론인	9.1	4.6	②16.4	2.7	6.2
	성직자	①27.4	①31.5	6.4	1.5	③11.6
	교육자	②26.3	③17.4	2.3	.6	7.1
	판사	2.9	1.5	.4	.2	②13.3
	변호사	.2	.2	.2	.4	1.5
	검사	.4	2.1	1.0	.4	4.6
	기타	7.3	5.4	1.0	0.8	2.5
	소계	94.4	93.6	96.9	98.3	94.6
무응답		5.6	6.4	3.1	1.7	5.4
계		100.0	100.0	100.0	100.0	100.0

이와 같은 응답 분포를 보면 최근 신세대를 중심으로 성직자에 대한 신뢰도가 낮아지고 있음을 알 수 있으며, 이러한 경향은 향후 종교 발전에도 어느 정도 영향을 미칠 것으로 판단된다.

성직자에 대한 신뢰도는 남성 26.8%, 여성 31.0%인 반면에 교육자에 대한 신뢰도는 남성 29.1%, 여성 26.9% 등으로 성별에 따라 신뢰도에 차이가 있음을 알 수 있다. 즉, 남성은 교육자를 여성은 성직자를 약간 더 신뢰하고 있는 것으로 나타났다.

종교별로 성직자에 대한 신뢰도를 살펴보면 천주교 50.8%, 개신교 41.0%, 불교 22.3%, 무종교인 17.7% 등으로 나타났다. 천주교인과 개신교인의 성직자에 대한 신뢰도가 비교적 높은 반면에 불교와 무종교인의 성직자에 대한 신뢰도는 상당히 낮은 것으로 볼 수 있다. 이 결과는 자신이 믿는 종교의 성직자에 국한되는 신뢰도 측정은 아니지만 결국 일반인들은 자기 종교의 성직자에 의하여 영향을 받고 있음을 무시할 수 없다.

2. 청렴도

가장 청렴하다고 생각하는 직종 종사자를 조사해 본 결과 성직자가 31.5%로 가장 높게 나타났으며, 일반인 28.6%, 교육자 17.4%, 언론인 4.6% 등의 순으로 조사되었다. 이 문항은 청렴하다고 생각하는 주관적 믿음을 조사한 것이기 때문에 개별 직종 종사자의 청렴도가 어느 정도인지를 평가할 수는 없다. 그러나 일반적으로 성직자가 청렴하다는 응답이 다른 직종에 비하여 상대적으로 높은 것은 다행스러운 일이라고 할 수 있다.

연령별로 청렴도에 대한 응답 분포를 보면, 연령이 높아질수록 성직자에 대한 지지율이 높아지는 것으로 나타났다. 즉, 20대 27.4%, 30대 34.8%, 40대 39.3%, 50대 56.5% 등으로 40대 이상의 지지율이 30대 이하 보다 높게 나타났다. 성직자의 청렴도에 대한 종교별 지지도를 살펴보면 천주교 56.9%, 개신교 49.0%, 불교 23.7%, 무종교 21.9% 등으로 천주교와 개신교인의 성직자 지지율이 불교와 무종교인에 비하여 약 2배 이상 높게 나타났다. 특히 불교인은 성직자의 청렴도가 일반인에 못 미친다고 응답하는 사람의 비율이 타종교인에 비하여 매우 높게 나타나고 있다. 이러한 응답 분포는 사실 여부와 관계없이 불교인의 성직자에 대한 부정적 평가와 비판적인 태도를 반영하는 것으로 볼 수 있다.

3. 영향력

주요 직종의 사회적 영향력에 대한 일반인들의 평가를 분석해본 결과

'사회적 영향력이 가장 큰 직종'은 '정치인'이라는 응답이 52.1%로 가장 높게 나타났다. 정치인은 신뢰도에서 0.2%, 청렴도에서 0.4%의 지지도를 나타냈지만 사회적인 영향력은 가장 큰 것으로 응답자들은 인식하고 있었다.

정치인 다음으로 영향력이 큰 직종은 '언론인'이 16.4%, 기업인 8.3%, '성직자' 6.4% 등의 순서로 나타났다. 언론인과 기업인의 사회적 영향력이 교육자, 판검사, 변호사 등의 직종보다 크게 나타나고 있는 것은 언론자유의 확대와 더불어 언론의 사회적 기능이 강화되고 있음을 보여주는 것이다.

사회적 영향력에 대해서는 연령, 성별, 종교, 생활 수준 등에 따른 차이가 거의 없는 것으로 조사되었다. 사회적 변인에 관계없이 정치인과 언론인의 사회적 영향력에 대한 평가에 대하여 큰 이견이 없는 것으로 볼 수 있다.

4. 부패도

주요 직종 종사자들의 부패 정도에 대한 일반인들의 평가를 보면 조사대상자의 78.2%가 우리 사회에서 가장 부패한 사람들로 '정치인'이라고 응답하였다. 이는 행정관료 6.4%, 기업인 5.8% 등에 비해서도 가장 높은 응답비율이다. 성직자가 가장 부패하였다는 응답은 1.5%로 매우 미미하게 나타났다.

정치인이 가장 부패하였다는 응답은 20대 73.5%, 30대 81.3%, 40대 86.7%, 50대 91.3% 등으로 연령이 높아질수록 응답비율이 높아졌다. 기타 다른 사회적 변인에 따른 응답 차이는 나타나지 않았다. 이것은 우리 사회에서 가장 문제 있는 집단이 정치인임을 지적하는 국민들의 시각을 반영하는 것으로 볼 수 있다.

5. 사회적 위상

정치인이 우리 사회의 여러 직종 중에서 사회적 위상이 가장 높은 것으로 조사되었다. "다음 중 어떤 직종의 종사자가 사회적 위상이 가장 높은가?"에 대한 조사문항에서 응답자의 32.4%가 정치인을 선택하였으며, 다음으로는 판사 13.3%, 성직자 11.6%, 기업인 8.7% 등의 순서대로 응답하였다. 정치인은 가장 부패한 직종이고 신뢰도와 청렴도에서도 매우 낮은 평가를 받고 있음에도 불구하고 사회적 영향력과 위상에 있어서는 긍정적 평가를 받았다. 이것은 여러 가지 부작용이 있음에도 불구하고 정치와 정치인에 대하여 사회구성원들이 보이지 않는 기대감을 갖고 있음을 반영하는 조사결과이다.

성직자의 사회적 위상이 높다는 응답이 11.6%에 불과한 것은 우리 사회에서 성직자에 대한 인식과 태도를 반영하고 있는 것으로 보인다. 성직자의 영향력과 위상이 다른 직종에 비하여 현저히 낮은 것은 성직자에 대한 사회적 평가가 낮아지고 있음을 보여주는 것으로 볼 수 있다. 일반인들이 성직자에 의하여 긍정적인 영향을 받지 못하고 사회적 위상도 낮게 평가한다면 향후 우리 사회에서 종교의 발전에도 부정적인 영향을 미칠 것으로 보인다.

V. 종교의 미래와 사회발전 기여도

1. 종교의 미래 예측

그 사회의 구성원들이 종교의 미래를 어떻게 예측하고 있는가는 종교의 발전과 상관관계가 있다. 왜냐하면 종교의 미래에 대한 평가는 종교의 수용태도에 영향을 미칠 수 있기 때문이다. 그런 점에서 이번 조사결과 우리 사회에서 종교의 미래는 그다지 낙관적이지 않은 것으로 나타났다. 즉, 우리 사회에서 종교의 미래에 대하여 발전한다는 의견보다는 퇴보한 다는 의견이 약간 많은 것으로 나타났다.

구체적인 응답 분포를 살펴보면 '매우 퇴보할 것이다' 9.1%, '다소 퇴보할 것이다' 29.5% 등 퇴보를 예측하는 응답이 전체 응답자의 38.6%로 나타났다. 반면에 '매우 발전할 것이다' 7.7%, '다소 발전할 것이다' 25.1% 등 전체 응답자의 32.8%가 발전할 것이라고 응답하였다. 발전을 예측하는 응답보다 퇴보를 예측하는 응답 비율이 약 5.8% 많은 것으로 나타났다. '그저 그렇다'라는 유보적 응답은 27.4%로 나타났다.

이와 같은 응답 분포로 종교가 우리 사회에서 완전하게 퇴보할 것이라고 예측하는 것은 무리가 따른다. 그러나 발전을 예측하는 응답 비율이 상대적으로 낮은 것은 종교의 미래를 낙관하기 어렵다는 것을 반증하는 것이다.

우리 사회에서 종교발전 가능성은 연령이 높을수록 비교적 낙관적으로 평가하는 의견이 매우 높아지고 있다. 이것은 반대로 연령이 낮을수록 종교의 미래를 부정적으로 예측하고 있음을 보여주는 것이다.

<표 5-9> 종교의 미래 예측

(단위 : 명, %)

유형	분포	빈도	비율
종교의 미래	매우 퇴보할 것이다	44	9.1
	다소 퇴보할 것이다	142	29.5
	그저 그렇다	132	27.4
	다소 발전할 것이다	121	25.1
	매우 발전할 것이다	37	7.7
	소 계	476	98.8
	무응답	6	1.2
	계	482	100.0

종교의 발전 가능성을 긍정적으로 평가하는 응답 비율을 연령별로 살펴보면, 20대 32.1%, 30대 23.7%, 40대 39.7%, 50대 이상 47.8% 등으로 나타났다. 40대 이상의 연령층에서 긍정적으로 평가하는 비율이 다른 연령층에 비하여 더 높게 나타났다. 반면에 부정적으로 평가하는 응답 비율은 20대 40.1%, 30대 48.4%, 40대 32.3%, 50대 26.1% 등으로 20대와 30대에서 매우 높게 나타나고 있음을 알 수 있다.

응답자의 종교분포에 따라 종교의 미래에 대한 예측을 살펴보면, 종교 발전을 긍정적으로 예측하는 응답비율은 천주교 44.3%, 개신교 41.0%, 불교 28.8%, 무종교 25.9% 등으로 개신교와 천주교인들이 높게 나타났다.

반면에 부정적으로 예측하는 응답은 개신교 41.9%, 무종교 38.8%, 불교 38.1%, 천주교 36.1% 등으로 나타났다. 개신교인들은 종교의 미래에 대하여 긍정적 평가와 부정적 평가가 크게 양분되고 있는 반면에 불교인과 무종교인들은 부정적 평가가 다소 많았다. 그러나 천주교인들은 긍정적으로 응답하는 비율이 많았다.

2. 종교의 사회발전 기여도

과거 종교가 우리 사회에서 얼마나 크게 기여하였다고 생각하는가를 측정해본 결과 응답자들은 매우 긍정적으로 평가하는 것으로 나타났다. 응답자 중 '기여하지 못했다'는 부정적 평가는 약 16.4%인 반면에 '기여하였다'는 긍정적 평가는 56.0%로 매우 높은 것으로 조사되었다. 이러한 응답은 지금까지 한국 사회에서 종교는 매우 긍정적으로 수용되어 왔음을 보여주는 것이다.

미래의 종교발전 기여 가능성에 대해서는 '기여하지 못할 것'이라는 부정적 예측이 18.8%, '그저 그렇다' 35.3%, '기여할 것'이라는 긍정적 예측이 44.6% 등으로 긍정적 예측이 비교적 높게 나타났다. 그러나 과거의 평가에 비하여 긍정적 예측은 약 11.4% 감소한 반면에 '그저 그럴 것이다'라는 유보적 예측은 9.2%, '기여하지 못할 것'이라는 부정적 예측은 2.4% 증가하였다. 대체적으로 유보적이거나 부정적 예측이 다소 증가하고 있음을 보여주는 것이다.

<표 5-10> 종교의 사회발전 기여도 평가

(단위 : 명, %)

유형 \ 분포	과거		미래	
	빈도	비율	빈도	비율
전혀 기여하지 못함	18	3.7	19	3.9
기여하지 못한 편	61	12.7	72	14.9
그저 그렇다	126	26.1	170	35.3
다소 기여한 편	198	41.1	175	36.3
매우 크게 기여	72	14.9	40	8.3
소계	475	98.5	476	98.8
무응답	7	1.5	6	1.2
계	482	100.0	482	100.0

VI. 종교 지도자의 역할과 자질 향상 방안

1. 사회규범을 어긴 성직자에 대한 태도

최근 일부 종교의 성직자들이 사회적 물의를 일으키는 행위들이 나타나는 경향이 있으며, 이에 대한 일반인들의 비판이 커지고 있다.

종교의 성직자들이 사회규범을 어겼을 경우 어떻게 할 것인가에 대한 조사에서 응답자의 74.1%가 '종교는 믿지만 성직자는 거부할 것'이라는 태도를 보였다. 반면에 '어떤 경우든 성직자를 절대적으로 믿고 순종한다'

는 응답은 3.9%에 불과하였으며, '종교를 포기할 것이다' 8.1%, '다른 종교로 개종할 것이다' 1.2% 등으로 나타났다.

이와 같은 응답 분포를 보면 신도들은 성직자의 잘못된 행동에 대해서는 단호한 태도를 보이고 있다. 다만 이로 인하여 종교를 포기하거나 개종하겠다는 응답은 10% 미만으로 나타나 일부 성직자의 잘못된 행위가 종교 전체에 주는 영향은 크지 않은 것을 알 수 있다.

규범을 어긴 성직자의 행동에 의하여 받는 영향력은 성별에 따라 다르게 나타났다. 성직자가 사회 규범을 어겼을 때 취할 수 있는 행동유형 중에서 '종교는 믿지만 성직자는 거부한다'는 응답은 남성이 70.1%인데 비하여 여성은 85.5%로 여성의 응답 비율이 매우 높게 나타났다. 반면에 '종교를 포기하겠다'라는 응답은 남성이 12.6%인데 비하여 여성은 5.0% 등으로 남성의 응답 비율이 상대적으로 높게 나타났다.

<표 5-11> 규범을 어긴 성직자에 대한 태도

(단위 : 명, %)

유형	분포	빈도	비율
태도	어떤 경우든 절대적으로 믿고 순종한다	19	3.9
	종교는 믿지만 성직자는 거부할 것이다	357	74.1
	다른 종교시설로 이적할 것이다	19	3.9
	다른 종교로 개종할 것이다	6	1.2
	종교를 포기할 것이다	39	8.1
	기타	16	3.3
	소계	456	94.6
무응답		26	5.4
계		482	100.0

'사회규범을 어긴 성직자'에 대한 대응태도에서 개신교인들은 타종교인에 비하여 '종교는 믿지만 성직자는 거부하겠다'는 응답 비율이 88.3%로 타종교인(불교인 74.7%, 천주교 75.8%)에 비하여 상대적으로 높게 나타났다. 반면에 불교인들은 종교를 포기하겠다는 응답비율이 14.7%로 개신교인 0.0%, 천주교인 4.8% 등에 비하여 상대적으로 높게 나타났다. 즉, 개신교나 천주교인들은 성직자의 잘못된 행태 때문에 종교를 포기하는 비율은 거의 없는 반면에 불교인들은 종교를 포기하겠다는 응답이 많은 것은 신심이 확고하지 않은 사람들이 많다는 것을 시사하는 것으로 볼 수 있다.

학력별로 보면, '종교는 믿지만 성직자는 거부하겠다'는 응답은 대졸 이상의 학력층이 그 이하의 학력에 비하여 많은 반면에 '종교를 포기하겠다'는 응답은 전문대 이하의 학력층이 대졸 이상보다 많은 것으로 나타났다. 즉, 학력에 따라 대응 태도에 다소의 차이가 있음을 알 수 있다.

2. 종교지도자의 바람직한 역할

사회에서는 종교지도자가 특정한 역할을 해주기를 바라는 기대가 있다. 이러한 기대는 그 사회가 직면하고 있는 문제와 관련이 많다. 이러한 측면에서 볼 때 일반인들은 종교지도자들에 대하여 사회적 역할보다는 순수 종교적 역할에 더 충실해 주기를 바라는 의견이 매우 높은 것으로 조사되었다. 즉, 종교지도자들이 자신의 종교에 대하여 더 충실하는 것이 사회를 위하는 것으로 보고 있는 것이다.

구체적인 조사결과를 보면, '자기 종교에 충실해 주기를 바란다' 31.1%, '일반인의 정신적 귀의처가 되기를 바란다' 23.0%, '사회복지사업에 전념해 주기를 바란다' 16.8%, '사회적 안정에 기여해 주기를 바란다' 12.9% 등의 순으로 나타났다. 응답 분포를 보면, 종교적 역할을 강조한 응답(자기 종교에 충실, 정신적 귀의처)이 약 54.1%로 반 수 이상으로 나타났다. 반면에

'사회복지사업'이나 '사회적 안정에 기여' 등과 같은 사회적 역할 수행은 약 29.7%, 부정부패 척결, 남북 통일이나 빈부 격차 해소 등과 같은 민족문제, 경제문제 등에 대한 역할 수행은 그다지 많은 기대를 하지 않는 것으로 조사되었다.

종교지도자의 역할이 종교 외부에서 종교 내부로 전환되기를 바라는 사회인들이 많다는 것은 종교 내부에 해결해야 할 문제가 더 많다는 것을 의미한다. 종교인들이 사회개혁이나 사회문제 해결에 앞장서기 위해서는 종교개혁과 종교적인 문제 해결에 더 많은 관심을 기울일 필요가 있다.

<표 5-12> 종교지도자의 바람직한 역할

(단위 : 명, %)

유형	분포	빈도	비율
바람직한 역할	자기 종교에 충실	150	31.1
	부정부패 척결에 앞장	31	6.4
	남북통일에 기여	7	1.5
	빈부 격차 해소에 일조	23	4.8
	사회복지사업에 전념	81	16.8
	사회적 안정에 기여	62	12.9
	일반인의 정신적 귀의처	111	23.0
	기타	6	1.2
	소계	471	97.7
무응답		11	2.3
계		482	100.0

3. 성직자의 교육수준

우리 사회는 최근 대학 교육이 보편화되면서 사회 각 분야에서 고학력자들이 급증하고 있다. 사회의 고학력화는 종교 성직자들의 학력에도 영향을 미치고 있는 것으로 나타나고 있다.

　이번 조사결과를 보면 성직자의 교육 수준에 대한 태도는 양극화되고 있는 것으로 나타났다. 성직자의 학력에 관계없다는 응답이 54.4%, 대학 이상의 고학력이어야 한다는 응답은 41.9%로 나타났다. 성직자는 학력에 관계없다는 응답이 다소 많지만 대졸 이상을 원하는 응답도 상대적으로 높게 나타나고 있다.

　이러한 응답 분포가 성직자의 교육수준이 낮아도 상관없다는 것을 의미하는 것은 아니다. 성직자의 단순한 학벌보다는 성직자로서의 자질과 역량을 더 중요하게 생각하는 것으로 볼 수 있다.

　성직자의 학력 수준에 대한 평가는 종교별로 차이가 있는 것으로 나타났다. 불교와 무종교인들은 성직자의 학력은 별 상관이 없다는 응답이 많은 반면에 개신교와 천주교인들은 대학교 이상의 학력수준이 필요하다는 응답이 비교적 많았다.

<표 5-13> 종교지도자의 바람직한 역할

(단위 : 명, %)

유형	분포	빈도	비율
학력 수준	고등학교 이상	25	5.2
	대학교 이상	139	28.8
	대학원 석사 이상	35	7.3
	대학원 박사 이상	28	5.8
	학력과 무관	243	50.4
	소계	470	97.5
무응답		12	2.5
계		482	100.0

종교별로 '성직자의 학력에 관계없다'라고 생각하는 응답비율은 무종교인 67.2%, 불교인 46.4%, 개신교 39.0%, 천주교 32.3% 등으로 나타났다. 무종교인의 경우는 '학력에 관계없다'는 응답 비율이 매우 높게 나타났으며, 불교인도 약 과반수에 달하는 것으로 나타났다.

반면에 개신교인과 천주교인은 성직자의 학력 수준을 비교적 중요하게 생각하는 응답자가 많았다.

성직자에게 대학교 이상의 학력을 요구하는 응답비율을 종교별로 비교하면, 천주교인 61.3%, 개신교 55.2%, 불교 48.5%, 무종교인 28.0% 등으로 천주교인들이 고학력을 선호하는 응답 비율이 매우 높았다. 불교인의 경우 학력에 관계없다는 응답과 대학 이상의 학력을 요구하는 응답이 거의 유사하게 나타났는데 이것은 승가의 전통교육과 현대교육의 차이에서 오는 것으로 볼 수 있다. 그러나 점차적으로 일정 수준 이상의 세속적인 학력을 요구하는 신도들이 증가하고 있다.

<표 5-14> 성직자의 자질 향상 방안

(단위 : 명, %)

유형	분포	빈도	비율
자질 향상 방안	각 종교별로 성직자 교육 강화	154	32.0
	성직자 선발에 엄격한 제약	101	21.0
	사회적 결격사유가 있는 성직자의 활동 금지	40	8.3
	자질이 부족한 성직자의 활동 금지	133	27.6
	기타	34	7.1
	소계	462	95.9
무응답		20	4.1
계		482	100.0

4. 성직자의 자질 향상 방안

성직자의 자질을 향상하는 방안에 대해서는 응답자 사이에 다양한 의견이 분산되어 나타났다. 응답 내용을 보면, '성직자 교육의 강화' 32.0%, '자질 부족한 성직자의 활동 금지' 27.6%, '성직자 선발에 엄격한 제약' 21.0%, '사회적 결격사유가 있는 성직자의 활동 금지' 8.3% 등으로 분산되었다.

성직자의 자질을 향상시키는 방법은 전적으로 각 종교단체의 의지와 노력에 달려있다고 해도 과언이 아니다. 양질의 성직자를 육성하기 위해서는 일정한 수준의 사회 교육을 이수하고, 성직자로서의 결격사유가 없으며 헌신과 봉사의 자세를 갖춘 인재를 등용하는 방법이다. 그러나 최근 각 종교단체에서는 교세 확장을 위한 수단이나 인력 수급 차원에서 성직자 양성제도를 운영하는 경향이 많아지고 있다. 그 결과 사회적으로 물의를 일으키는 성직자들이 많아질 수밖에 없다.

Ⅶ. 조사 결과의 요약 및 결론

본 조사는 일반 시민들이 종교와 그 성직자의 지도력을 어떻게 평가하고 수용하고 있는가를 살펴볼 수 있었다는 점에서 큰 의미를 지니고 있다. 주요 조사 내용을 요약하면 다음과 같다.

첫째, 우리 사회에서 종교는 그다지 큰 역할을 수행하지 못하고 있다는 것이 다수의 의견으로 나타났다. 종교의 사회적 역할을 부정적으로 평가하는 의견은 무종교인이 가장 많은 비율로 나타났으며, 종교인 중에서는 개신교인이 부정적으로 평가하는 비율이 가장 낮게 나타났다. 종교별 지도력에 대해서는 전체적으로 천주교의 역할을 긍정적으로 평가하는 응답자가 가장 많았다. 응답자의 종교적 특성을 기준으로 종교의 지도력에 대한 평가를 보면 천주교인이 자신의 종교를 가장 긍정적으로 평가하는 비율이 높은 반면에 불교와 개신교인이 자기종교를 긍정적으로 평가한 비율은 약 반수 정도인 것으로 나타났다. 무종교인은 천주교(44.2%)를 가장 긍정적으로 평가하였으며, 불교(20.1%), 개신교(11.0%) 등의 순으로 나타났다.

둘째, 성직자의 자질과 지도력에 대한 평가는 유보적이거나 부정적인 의견이 많은 것으로 나타났다. 성직자의 자질에 대해서는 '그저 그렇다'(56.6%)는 유보적 평가가 가장 많았으며, 성직자의 자질을 긍정적으로 평가한 응답은 천주교인(51.6%)이 가장 높게 나타났다. 그리고 개신교인(36.2%), 불교인(19.8%), 무종교인(18.0%) 등으로 불교인과 무종교인이 성직자의 자질에 대하여 매우 부정적인 시각을 가지고 있는 것을 알 수 있었다. 성직자의 지도력에 대해서는 긍정적인 평가보다는 부정적인 평가가 압도적으로 많은 것으로 나타났다.

셋째, 성직자가 지도력을 발휘하지 못하는 이유에 대해서는 종교의 내부적인 문제가 주원인인 것으로 조사되었다. 종교 내부적 요인 중에서도 성직자 개인적인 차원의 문제가 구조적인 문제나 환경적인 문제보다 더 중요한 요인으로 작용하고 있는 것으로 나타났다. 성직자의 물질적인 욕심, 자질과 능력 부족 등이 중요하다는 지적이 많았으며, 사회 환경적 요인도 일부작용하고 있다고 생각하는 사람도 있었다. 즉, 종교의 세속화가 급격히 진행되고 있으며, 세속화의 결과는 각 종교인들을 크게 실망시키고 있는 것으로 볼 수 있다.

넷째, 성직자는 다른 직업 계층에 비하여 신뢰도와 청렴도는 높게 평가받고 있는 것으로 나타났다. 그러나 신뢰도에 있어서는 교육자와 큰 차이가 없으며, 청렴도에 있어서는 일반인과 큰 차이가 없는 것으로 조사되었다. 반면에 부패도와 영향력에 있어서는 매우 낮은 평가를 받고 있다. 또한 사회적 위상도 정치인이나 판사보다 낮은 것으로 나타났다. 결국 성직자는 다른 직업 계층에 비하여 다소 긍정적인 평가를 받고는 있으나 그 평가의 수준은 미미한 것으로 볼 수 있다. 이러한 사실들을 종합해 보면, 일반인들이 더 이상 종교인을 존경의 대상으로 보거나 사회 지도적인 위상을 인정하지 않는 분위기가 팽배하고 있는 것으로 분석할 수 있다.

다섯째, 우리 사회에서 종교의 미래는 부정적인 시각이 긍정적인 시각에 비하여 약간 많은 것으로 나타나고 있다. 이것은 현재 종교가 긍정적으로 기여하지 못하는 부분이 많아지면서 종교의 미래를 부정적으로 생각하는 사람들이 늘어가고 있음을 보여주는 것이다. 특히 연령이 낮을수록 종교의 미래를 부정적으로 평가하는 의견이 있어서 향후 각 종교의 대응에 주목할 필요가 있다. 지금까지 우리 사회에서 종교의 긍정적 기여를 인정하는 의견은 전체 응답자의 56.0%였으나 앞으로 긍정적으로 기여할 것이라는 응답은 44.6%로 11.4% 감소하고 있는 것으로 나타났다.

여섯째, 사회규범을 어긴 성직자에 대하여는 분명한 거부반응을 보이고 있으며, 성직자들은 종교 외적인 문제보다는 종교 내적인 문제에 더 충실해 주기를 바라는 의견이 매우 높게 나타났다. 성직자의 자질 향상을 위해서는 대학 이상의 학력 수준과 양성과정에서의 철저한 관리가 필요하다는 의견이 많이 제시되었다. 성직자의 선발과정에서부터 엄격한 제약과 교육을 강화하고, 자질이 부족하거나 결격사유가 있는 사람들의 활동을 금지하자는 의견도 많이 제시되었다.

우리 사회에서 가장 도덕적이고 이상적인 조직이 종교조직이며, 그 종교를 이끌어 가는 종교지도자는 사회의 다른 지도자에 비하여 양심적이고, 정의롭고, 헌신적이며, 희생과 봉사의 정신을 가지고 실천하기를 바라는 것이 국민 대다수의 바람이다. 그러나 앞의 조사 결과에서 나타났듯이 많은 국민들은 이러한 기대와 희망에도 불구하고 종교와 종교조직들이 그 역할을 다하지 못하고 있다는 평가를 내리고 있다. 특히 불교에 대해서는 부분적으로 타종교에 비하여 부족하거나 부정적으로 평가하는 의견들이 많다는 것을 알 수 있었다. 이와 같은 평가가 나타난 것은 그 동안 불교가 사회적 역할 수행에 대한 관심이 부족하였으며, 사회의 정신적 지도력의 발휘에 소극적이었기 때문인 것으로 생각된다.

종교의 지도력은 종교 본연의 역할을 충실히 수행할 때 사회로부터 긍정적인 평가를 받을 수 있다. 종교는 그 사회 구성원들이 안심입명(安心立命)할 수 있도록 정신적 구심점 역할을 담당해야 한다. 이와 같은 기본적인 역할 수행이 원활하게 이루어질 때 그 일반인들의 평가가 좋아질 수 있다. 또한 사회가 어려울 때 종교가 적극적으로 구제활동에 동참할 때 국민들은 그 종교를 신뢰하게 된다. 사람들은 종교가 그 사회의 가장 어렵고 힘들고 고통스러운 문제에 관심을 갖기를 원하고 있다.

우리 사회는 지난 100년 동안 격변의 세월을 지내왔다. 일본 식민치하에서의 독립, 강대국의 이데올로기에 바탕한 동족간의 전쟁, 폐허화된 국토의 재건과 경제 부흥, 권위주의 정권에 대한 도전과 민주화의 실현 등 국가와 민족의 장래를 결정할 수 있는 중요한 과제들을 해결하여 왔다. 이러한 민족적 과제를 해결하는 과정에서 불교를 비롯한 많은 종교조직들이 각자의 역할을 수행하였다. 그럼에도 불구하고 불교는 타종교에 비하여 역할 수행에 대한 평가를 제대로 받지 못하고 있는 실정이다. 그것은 불교가 우리 사회를 이끌어 갈 수 있는 정신적 기반을 제공하고 동시에 실천할 수 있는 구체적인 대안 개발에 소홀하였기 때문으로 볼 수 있다. 리더십의 관점에서 본다면 불교의 종교적 지도력 발휘가 부진하였기 때문이다.

특정사회에서 한 종교가 다수 종교 혹은 지배적인 위치를 차지하기 위해서는 그 만큼 많은 사람들이 그 종교를 추종하고 긍정적으로 평가하고 있을 때 가능한 일이다. 아직도 한국사회에서 불교는 가장 많은 신도가 추종하는 최대 종교조직이다. 그것은 아직도 불교의 지도력이 어느 정도 형성되어 있음을 말해 주는 것이다. 그러나 불교가 이와 같은 현재의 종교적 입지를 계속 유지하기 위해서는 지도력 발휘에 필요한 자원을 더욱 효과적으로 이용할 수 있어야 한다.

21세기에 들어 우리나라 사람들의 관심은 국가적, 민족적 차원의 거시적인 문제보다는 개인적인 문제에 대한 관심이 더 커지고 있다. 종교에 대한 요구 또한 사회적인 문제해결보다는 종교 본연의 역할 수행을 더 원하고 있는 것으로 나타나고 있다. 이와 같은 사회 변화에 대응할 수 있는 불교지도력의 형성 및 불교지도자의 양성이 필요한 때이다.

제6장 신도가 본 출가자 리더십의 이상과 현실

Ⅰ. 서론
Ⅱ. 연구방법론
Ⅲ. 출가자 리더십의 이상
Ⅳ. 출가자 리더십의 현실
Ⅴ. 결론

제6장 신도가 본 출가자 리더십의 이상과 현실

유승무(중앙승가대학교 포교사회학과 교수)

Ⅰ. 서론

　종교는 한 사회의 구성원들이 지니고 있는 종교적 가치체계나 신념체계로 이해되고 있다. 그리고 한 사회 구성원의 종교적 가치체계 및 신념체계는 자신의 정치·경제적 태도를 비롯한 삶의 또 다른 측면에 영향을 미칠 뿐만 아니라 타인을 비롯한 모든 대상과의 상호작용과정에 영향을 미치고 있다.[1] 많은 사람들이 인간의 내적 종교성에 관심을 가지게 된 것도, 사회과학자들이 인간의 종교성과 사회의 관계를 해명하는 데 정열을 바치게 된 것도 그 때문이다. 특히 종교사회학자들은 종교적 신념체계 및 가치체계와 사회 사이의 관계를 해명함으로써 자본주의의 발생과 같은 거시적인 사회현상의 설명에서부터 특정 부족이나 민족의 문화에 대한 특수하고 미시적인 이해에 이르기까지 탁월한 연구성과를 남길 수 있었다.[2] 그러나 이러한 학문적 관심의 성공적 결실이라는 바로 그 이유 때문에 종교에

---

[1] 로버트 벨라(Robert N. Bellah)의 Tokugawa Religion(1960)은 이러한 관계를 실증적으로 분석한 대표적인 연구이다. 이 책에 대한 자세한 논의는 졸고(1999)를 참고할 것.
[2] 베버(Max Weber)의 『신교윤리와 자본주의 정신』이란 저서는 전자를 대표할 수 있고, 기어츠(C. Geertz)의 『문화의 해석』은 후자를 대표할 수 있는 저작이다. 그러나 베버와 기어츠는 종교를 삶의 궁극적 의미로 정의하고 있다는 점에서 공통점을 지니고 있다.

관심을 갖고 있는 사회과학자라면 마땅히 연구해야만 하는 또 다른 연구대상, 즉 종교공동체 내부의 사회현상이 학문적 불모지로 남게 되었다.3)

이러한 학문적 무관심에도 불구하고 종교공동체는 종교의 불가결한 구성요소이며 종교공동체 내부에는 다양한 사회현상이 존재하고 있다. 종교 성립의 또 하나의 요소인 성직자에게 있어서 종교공동체는 운명적 삶의 터전이다. 신도에게 있어서 종교공동체는 그들의 신앙생활을 지탱해 주고 강화해 주는 종교사회이다. 그곳에서는 성직자 및 신도들과 관련된 일상적인 업무가 생겨나고 크고 작은 사회적 사건도 발생한다. 그곳에도 구성원의 일상생활 및 사회활동을 규제하는 규율이 존재하며 독특한 사회문화가 발달해 있다. 그리고 그러한 모든 사회현상은 시간의 경과와 함께 구조화되기도 하고 사멸되기도 한다. 이렇게 볼 때 종교에 관심을 가진 사회과학자들에게 있어서 종교공동체는 일종의 실험실이다. 이제 종교에 관한 사회과학적 관심은 신념체계 및 가치체계에 대한 관심뿐만 아니라 종교공동체 내부의 사회현상으로 확대되어야 한다.

불교공동체 내부에서도 다양한 사회현상이 발생하고 있다. 그리고 그 배후에는 승가공동체의 사회관계와 그러한 관계 속에서 발생하는 상호작용의 제도화, 즉 구조가 숨겨져 있다. 출가자 리더십은 그 대표적인 사회현상 중의 하나이다.

> "불교의 경우 지도자 그룹과 추종자 그룹의 분화는 교단 구성 초기부터 있어 왔다. 부처님의 제자를 크게 네 가지 부류로 나누고, 이를 다시 신분과 역할에 따라 출가이부중(出家二部衆)과 재가이부중(在家二部衆)으로 구분하는 것은 바로 지도자 그룹과 추종자 그룹의 구분이라 할 수 있다. 즉 출가하여 전문으로 수행하는 비구·비구니가 지도자 그룹이고, 세속에 살면서 불교의 가르침에 따르는 우바새·우바이가 추종자 그룹에 해당한다."(홍사성, 2000)

---

3) 필자는 『불교사회학의 성립조건(1)(1997)』에서 불교의 사례를 들어 종교사회학적 연구에서 종교공동체에 대한 논의가 왜 필요 불가결한 연구대상인지를 자세하게 논의한 바 있다.

위의 인용문에는, 출가자가 리더이고 재가자가 추종자라는 사실이 언급되어 있을 뿐만 아니라 불교교단의 구성이 사부대중 사이의 사회관계로 이루어져 있으며 그러한 사회 관계 중에서도 출가이부중과 재가이부중 사이의 관계가 중추적인 관계임을 잘 나타내고 있다. 이렇게 볼 때, 리더로서의 출가자와 추종자로서의 재가자 사이에서 발생하는 리더십 현상은 불교공동체의 대표적인 사회현상의 하나이다.

그런데 출가자와 재가자 사이의 사회관계는 사회적 상황에 따라 변화한다. 한국불교의 경우만 하더라도 역사적으로 출가자와 재가자 사이의 사회관계는 시대적 상황에 따라 상당한 변화를 겪어 왔다.[4] 주지하는 바와 같이 고려시대의 경우 출가자의 사회적 위상은 매우 높았으며 그들의 역할 또한 막중했지만 조선시대의 경우는 상대적으로 낮은 위상을 점하고 있었다. 이렇듯 출가자의 사회적 위상에 따라 리더로서의 출가자와 추종자로서의 재가자 사이에서 발생하는 리더십 현상은 다양한 편차를 보였던 것이 사실이다. 특히 사회의 민주화와 종교사회의 세속화가 급격하게 진행되고 있는 오늘날의 경우 출가자 리더십 현상은 새로운 국면을 맞이하고 있다. 오늘날 문제가 되는 것은 출가자에 대한 재가자의 존경과 추종이 절대적인 것이 아니라 상대적인 것이 되었다는 사실이다. 다시 말하면 오늘날과 같은 사회적 상황 속에서는 출가자라는 직분적 요건은 출가자 리더십의 필요조건일 뿐 충분조건이 아니다. 오늘날에는 추종자들조차도 합법적이고 정당한 지배에는 추종력을 보이지만, 그렇지 않은 경우에는 지도자를 의심하거나 그의 지도력에 저항하기도 한다. 추종자로서의 재가자에게 영향력을 발휘해야 하는 오늘날의 출가자는 리더십의 필요조건뿐만 아니라 충분조건까지도 갖추어야 하는 어려움을 안고 있다.

또한 사회의 급속한 분화와 그에 따른 역할의 전문화가 가속화됨에 따라, 그러한 외적 사회환경에 적응해야 하는 불교공동체 내부에서도 역

---

4) 이에 대한 자세한 논의로는 홍사성(2000)을 참고할 것.

할분화가 발생한다. 예컨대 출가자의 역할과 관련해서도 수행과 교화의 역할을 넘어서서 사제의 역할, 상담가의 역할, 복지사의 역할 등의 분화가 불가피하다. 게다가 출가자에 대한 추종자의 기대치가 높은 데다가 그들의 기호도 다양할 뿐만 아니라 시시각각 변화하고 있다. 한국 불교의 경우 더욱 심각한 문제는 출가자의 리더십은 약화되는데 반하여 재가자의 영향력은 지속적으로 높아지고 있다는 점이다.[5] 바로 이러한 상황으로 말미암아 오늘날 한국불교에서는 '오늘날의 사회적 상황 속에서 출가자와 재가자의 사회관계를 어떻게 정립해 나가는 것이 바람직한 것인가?'라는 문제가 제기되고 있다.

그러나 여기에서 우리의 초점은 출가-재가의 관계 정립의 문제를 직접 다루려는 것은 아니다. 오히려 이 글의 초점은 그러한 관계 정립의 문제를 논의하는 데 필요한 기초자료를 제공하는 데 있다. 보다 구체적으로 말하면 이 글의 목적은 '오늘날의 상황 속에서 추종자로서 재가불자들은 과연 출가자 리더십을 어떻게 인식하고 있는가?'라는 의문을 해결하는 데 있다.

II. 연구방법론

1. 연구방법상의 전제

앞서 살펴 본 바와 같이, 리더로서의 출가자에 대한 추종자로서의 재가자의 의식과 태도는 출가자 리더십 문제를 이해하는 요체이다.

그런데 지금까지 한국사회에서 추종자로서의 재가자는 삭발염의라는 상징만으로도 출가자에게 추종력(followership)을 보여 왔으며 반대로 리더로서 출가자는 출가라는 이유만으로도 신도들뿐만 아니라 사회로부터 존

---

[5] 홍사성(2000)은 이를 자세하게 논의하고 있다. 따라서 이에 대한 근거와 관련해서는 홍사성의 글을 참고하기 바란다.

경을 받아 왔다. 이는 한국 전통사회에서는 재가자가 출가자라는 신분적 요건을 출가자 리더십의 결정적인 요인으로 간주하고 있었음을 의미한다. 물론 지금도 출가자가 중생의 고통을 구원하기 위해 온갖 세속적인 이해관계를 단절하고 오로지 부처님의 법에 따라 생활하면서 깨달음과 중생구제의 목표를 향해 청정하게 수행정진하는 한, 신도나 사회는 언제든지 출가자를 존경하고 추종할 것이다. 그것은 그러한 조건이야말로 불교공동체 스스로가 주장하고 있는 그리고 신도나 사회가 기대하는 출가자의 기본 조건이기 때문이다.

또한 동일한 이유에서 만약 어떤 출가자가 그러한 기본 조건을 갖추지 못한 것으로 판명되거나 인식되는 순간 그래서 신도들이나 사회의 기대가 무너지는 순간, 출가자에 대한 신도들의 존경과 추종은 순식간에 철회된다. 이렇게 본다면, 출가자 리더십은 궁극적으로는 출가자 자신의 행위 여부에 달려 있다. 불교의 업사상에 따르더라도, 인간의 행위는 결코 인과율을 벗어날 수 없다.[6]

그런데 여기에서 주의할 것은 행위의 주체인 인간이나 출가자를 고립된 존재로 분리하여 이해하거나 혹은 출가자 리더십을 고정된 무엇으로 간주해서는 안된다는 점이다. 오히려 우리가 인간이나 출가자를 집합명사로 이해할 때 상기 진술의 완전한 의미가 살아난다. 출가자 리더십은 개인으로서의 출가자 자신의 행위에 달려 있는 동시에 모든 출가자의 행위에 달려 있기도 한 것이기 때문이다. 불교의 연기사상에 따르더라도 인간이란 고정된 실체가 아니라 '연기성을 지닌 그래서 무상한' 현존재이다. 바로 여기에 출가자 리더십 그 자체를 무상한 그 무엇으로 인식해야 할 뿐만 아니라 출가자 리더십을 집합적 차원에서 고민해야 할 이유가 있다.

게다가, 현상학적 시각에 따르면, 실재란 사회적으로 구성된다. 다시 말하

---

[6] 불교의 업사상에 따르면, 인간은 자신이 '지은 혹은 짓고 지어갈' 업에 따라 최고의 지도자가 되기도 하고 고통받는 천민이 되기도 한다. 불교의 업사상에 대한 자세한 논의로는 사사키겐쥰(佐佐木現順)의 업 연구(진열 역저, 경서원, 1992)를 참고할 것.

면 출가자 리더십의 실재는 리더 자신의 행위뿐만 아니라 추종자의 인식에 의해서도 영향을 받는다는 것이다. 특히 돈이나 권력과 같은 세속적 가치의 성화(절대화)[7], 국경일이나 기념일과 같은 시민종교의 등장[8], 신앙의 자유에 따라 점차 백화점화 되어 가고 있는 종교시장의 다원화[9], 그리고 그러한 경향에 따른 성스로움의 상대화[10] 등과 같은 종교사회의 구조적 조건을 고려하면, 리더에 대한 추종자의 믿음이나 추종자에 대한 리더의 설득력은 출가자 리더십에 결정적인 의미를 갖는다. 심지어 최근 리더십 일반에 관한 연구에서도 논의의 초점은 리더에 대한 추종자의 믿음이라는 요인에 놓여 있다.[11] 이렇게 볼 때, 출가자 리더십을 이해하기 위해서는 집합적 의미에서의 출가자의 행위적 측면과 그것에 대한 신도들의 느낌, 생각, 판단, 그리고 희망 등의 측면을 동시에 고려할 수밖에 없다. 그런데 출가자의 행위에 대한 주관적 평가는 출가자에 대한 선이해 및 주관적 기대에 의해 영향을 받을 수밖에 없다. 그렇기 때문에 오늘날 한국불교의 출가자 리더십을 이해하기 위해서는 출가자 리더십과 관련된 재가자의 기대와 출가자 리더십의 실재에 대한 재가자의 평가를 구분한 다음, 두 가지 측면을 동시에 고려한 해석이 불가피하다. 이에 우리는 우선 출가자 리더십의 이상과 현실을 구분하고, 다음으로 오늘날 한국불교의 재가자들이 출가자 리더십을 어떻게 인식하고 있는지를 조사한 다음, 그 조사 결과를 바탕으로 하여 오늘날 한국불교의 출가자 리더십의 실재(reality)를 드러내 보고자 한다.

---

[7] 이는 현대인들이 돈이나 그와 결부된 권력 그 자체를 지고의 목적으로 간주하는 태도를 말하는 것으로서, 우리는 이러한 태도를 소외현상으로 이해하고자 한다.
[8] 로버트 벨라(Robert N. Bellah)는 시민종교의 등장을 날카롭게 지적한 대표적인 학자이다. 이에 대한 자세한 논의로는 벨라(박영신 역)을 참고할 것.
[9] 종교시장의 다원주의화는 한국의 사례만으로도 충분히 알 수 있다. 그러나 세계화가 가속화됨에 따라 종교의 자유가 허용된 모든 사회는 종교다원주의 경향으로부터 자유롭지 않을 것이다.
[10] 물론 필자는 피터 버거(Peter Berger)의 세속화라는 개념 속에 성스로움의 상대화라는 의미가 이미 포함되어 있다고 생각한다. 그러나 필자가 굳이 상대화라는 개념을 사용한 것은 리더십의 정도를 논의하기 위한 개념으로 사용하기 위해서이다.
[11] 이에 대한 자세한 논의로는 필자가 수행한 출가자 리더십에 관한 이론적 연구인 『출가자 리더십의 제유형과 특성(2001)』을 참고하기 바란다.

2. 조사방법

1) 조사설계 및 자료수집 방법

본 연구의 의식조사는 필자외 2인의 공동 연구로 현재까지 진행되고 있는 불교지도자론 연구의 일부이다. 불교지도자론 연구는 2000년 9월 경 이미 불교지도자론을 연구하여 강의를 하고 있는 김응철 교수님(중앙승가대학교 포교사회학과)이 불교지도자론을 공동으로 연구하자는 제안으로 시작된 공동연구로서, 이 제안에 대해 사회변화에 적합한 새로운 출가자 리더십의 필요성을 절감하고 있던 필자 그리고 여성지도자의 리더십 프로그램 연수와 관련하여 상당한 경험을 축적한 바 있는 김영란 교수님(숙명여대 정책대학원) 등이 동의하여 시작된 공동연구이다. 물론 이 연구는 전체 내용을 크게 세 부분으로 구분하여 각자의 관심분야에 따라 역할분담을 함으로써 개별적으로 이루어지고 있지만, 동시에 우리는 불교지도자론 연구에 필요한 기초자료의 부족이라는 공통의 과제를 안고 있었다.

이에 우리는 불교지도자론을 연구하면서 각 연구자가 발견한 아이디어를 종합하여 설문문항을 개발한 다음 설문조사를 실시하기로 합의하였다.

그 후 조사설계 과정에서 우리는 본 연구에 필요한 설문조사를 크게 리더십 일반에 대한 일반인들의 의식조사와 출가자에 대한 불자들의 의식조사로 나누어 진행한 다음 상호 비교하는 비교의 방법에 합의하였다. 이에 우리는 두 가지 종류의 설문문항을 개발한 다음, 몇 차례의 토론과 수정 과정을 거쳐서 10월 30일 최종설문지를 완성하였는데, 본 설문조사는 그 후자에 해당하는 것이다.

설문지의 배포는 2000년 11월 20일~12월 5일까지 집중적으로 이루어졌다. 그런데, 본 설문조사는 불교신도들만을 대상으로 해야 하는 특수성을 고려하여 중앙승가대학교에 재학하고 있는 학인스님들 중에서 수도권 사찰에 소속되어 있는 학인스님들로 하여금 그 절의 신도들에게 설문을 배포해 주도록 도움을 요청하였다.

물론 이 과정에서 우리는 총 500부의 설문지를 20부 정도씩 할당하여 배분하였다. 그리고 2000년 12월 20일 우리는 총 220부를 회수하여 응답자가 비불자인 사례와 부실한 응답 사례를 제외하고 총 184 사례를 최종 분석대상으로 확정하였다.

2) 조사대상의 일반적 특성

본 설문의 조사대상자의 특성은 다음과 같다.

첫째, 연령별 분포를 보면 '20대'가 15.3%, '30대'가 14.2%, '40대'가 40.4%, '50대'가 22.4%, 그리고 '60대 이상'이 7.7%로 나타났다. 이렇게 본다면 '40대'가 압도적으로 많이 포함되어 있으며 '30대~50'대가 80% 이상을 차지하고 있다.

둘째, 성별로는 '남성'이 11.4%, '여성'이 88.6%로 나타나 여성이 압도적으로 많음을 알 수 있다. 그러나 이러한 결과는 설문응답자가 여성일 가능성이 많다는 이유 이외에도 불자의 성별 구성상의 현실 때문이기도 하다.

셋째, 결혼여부별로는 '미혼'이 17.5%, '기혼'이 80.9%, 그리고 '기타'가 1.6%로 나타나 기혼자가 압도적인 다수를 차지하고 있음을 잘 알 수 있다.

넷째, 학력별로는 '중졸 이하'가 1.1%, '고졸'이 33.1%, '전문대졸'이 19.1%, '대졸'이 42.1%, 그리고 '대학원 이상'이 4.5%로 나타났다. 이렇게 볼 때, 전문대졸 이상의 학력을 지닌 응답자가 약 2/3 이상을 차지하고 있음을 알 수 있다.

다섯째, 소득별로는 '50만 원 이하'가 5.2%, '50만 원~100만 원'이 8.4%, '100만 원~150만 원'이 17.4%, '150만 원~200만 원'이 17.4%, '200만 원~250만 원'이 16.1%, '250만 원~300만 원'이 14.2%, '300만 원~350만 원'이 7.1%, '350만 원~400만 원'이 9.0%, 그리고 '400만 원 이상'이 5.2%로 나타났다. 이렇게 본다면 소득별로는 비교적 고른 분포를 보이고 있음을 알 수 있다.

여섯째, 직업별로는 '가정주부'가 65.5%를 차지하여 응답자의 2/3 이상을 차지하고 있고 그 이외의 직업은 소수의 응답이 골고루 나타나고 있는데, 이러한 분포는 성별 응답자 분포와 연관된 결과로 보인다.

일곱째, 생활수준별로는 '상'이 0.6%, '중의 상'이 11.1%, '중의 중'이 42.1%, '중의 하'가 35.1%, '하의 상'이 7.0%, '하의 중'이 3.5%, '하의 하'가 0.6% 등으로, 중간층이라고 응답한 응답자가 약 90% 정도에 이르는 것으로 나타났다.

여덟째, 출신지역별로는 대도시가 47.7%, 중소도시가 30.5%, 읍·면(농어촌)이 21%로 나타나, 대도시 출신이 다소 큰 비중을 차지하고 있지만 대체로 고른 분포를 보이고 있다.

3. 측정 변인

본 연구에서는 출가자 리더십을 크게 두 부분으로 나누어 살펴보고자 한다. 하나는 리더로서의 출가자 자신의 행위에 초점을 맞추어 오늘날 한국불교계에서 활동하는 출가자의 리더십의 실재를 평가하는 것이고, 다른 하나는 추종자들의 느낌, 생각, 희망 등에 초점을 맞추어 추종자들이 생각하는 바람직한 출가자 리더십을 밝혀 보는 것이다. 이에 아래에서는 각 부분의 측정과 관련된 변인들에 대해 간략하게 언급해 두고자 한다.

1) 사회인구학적 변인

본 조사에서 우리는 단순한 인구학적 변인으로 연령, 성, 결혼여부, 그리고 출신지역 등과 같은 변인을 그리고 사회경제적 변인으로는 학력, 월평균 소득, 직업, 그리고 생활수준 등의 변인을 설정하였다.

여기에서 성이나 결혼여부는 각각 두 가지 범주로 구분하였으며, 출신지역은 대도시, 중소도시, 읍면(농어촌) 등 세 가지 범주로 구분하였고, 연령은 피조사자가 직접 기술한 연령을 10대, 20대, 30대, 40대, 50대, 60대로 구분하였다. 또한 학력은 고졸 이하, 전문대졸, 대졸 이상 등 네 가지 범주로 구분하였으며, 소득은 150만원 미만, 150만원~250만원 미만, 250만원 이상으로 구분하였다.

2) 출가자 리더십의 실재와 관련된 변인

본 조사는 출가자 리더십의 실재에 접근하기 위하여 크게 두 가지 부분의 변인들을 설정하였다. 그 하나는 오늘날 출가자의 리더십 요건에 관한 변인들이고 다른 하나는 오늘날 출가자 리더십의 실재와 관련된 변인들이다.

전자의 변인들로는 수행자의 품위나 위의, 사부대중을 장악하는 카리스마, 사회의 장래에 대한 통찰과 비전, 신도들에게 지적 자극을 줌, 신도들에게 종교적 영감을 줌, 신도들에 대한 사려 깊은 배려, 그리고 매사를 합리적/합법적으로 해결 등의 문항을 설정하였고, 그 척도는 강과 약 사이를 5점 척도로 구성하였다. 다음으로 후자의 변인들은 다음과 같다 : 현재 업무수행능력 1문항, 현재의 사회적 지위 1문항, 자격 및 품위와 관련된 문항 1문항, 업무지시와 관련된 문항 1문항, 솔선수범의 정도와 관련된 문항 1문항, 종단 운영과 관련된 문항 2문항, 사회적 역할 수행과 관련된 문항 1문항, 출가자에 대한 일상적 느낌이나 감정과 관련된 문항 1문항, 그리고 타종교 성직자와 비교에 대한 문항 1문항 등으로 구성되어 있다.[12]

3) 출가자 리더십의 이상과 관련된 변인

본 조사에서는 출가자 리더십의 이상과 관련된 변인을 또다시 두 부분으로 나누었다. 그 하나는 이상적인 출가자 유형과 관련된 변인이고 다른 하나는 이상적인 출가자 리더십의 요건과 관련된 변인이다.

먼저 이상적인 출가자 유형과 관련된 변인으로는 존경하는 출가자 유형, 추종하는 출가자 유형, 이상적인 출가자 유형 등의 문항을 각각 1개씩 설정하였고, 이상적인 출가자 리더십의 요건과 관련된 변인으로는 가장

---

[12] 이러한 변인들의 척도에 대해서는 부록의 설문지를 참고하기 바란다.

중요한 리더십의 원천, 출가자 리더십에 필요한 학력 수준, 출가자 리더십에 요구되는 수행 정도, 출가자 리더십과 사회활동의 관계 등의 문항을 각각 1개씩 그리고 출가자 리더십과 연수 및 훈련 프로그램과 관련된 문항을 2개 설정하였다[13].

III. 출가자 리더십의 이상

1. 이상적인 출가자 유형

이상적인 출가자 유형을 알아보기 위해 우리는 먼저 불자들이 어떤 유형의 스님을 가장 존경하는지를 질문해 보았다. 그에 대한 응답결과는 <표 6-1>과 같다.

<표 6-1>을 보면, 신도들이 생각하는 가장 존경하는 스님으로는 '사회봉사활동을 적극적으로 실천하는 스님'이라는 응답이 33.1%로 나타나 가장 높은 비중을 차지하고 있다. 그리고 '선수행 스님'이 그 다음으로 높은 비중인 26.5%를 차지하고 있으며, '합리적인 스님'이 19.9%로 약 1/5 정도에 이르고, '기도하는 스님'이 14.9%로 나타났다. 한국의 출가자가 자신의 본분사를 관례적으로 '선수행'이나 '기도'에 한정하고 있다는 점을 고려해 볼 때, 이번 조사의 결과는 매우 유의미한 시사점을 제시하고 있다. 그것은 과반수 이상(선수행이나 기도에 응답하지 않은 응답자의 비율)의 신도들이 아직도 출가자의 본분사를 전통적인 선수행과 기도에 한정하는 태도를 보이고 있는 일부 보수적인 출가자에게 추종력을 발휘하지 않을 것이란 사실이다. 이는 뒤집어서 말한다면, 전통적인 리더십은 과반수 이상의 신도들에게는 더 이상 리더십을 발휘하기 힘들어질 것이란 함의를 지닌다.

---

13) 각 문항의 척도에 대해서는 부록의 설문지를 참고할 것.

<표 6-1> 존경하는 스님의 유형

(단위 : 명, %)

유형	분포	빈도	비율	순비율	누적비율
존경하는 스님	선수행 스님	48	26.1	26.5	26.5
	기도 스님	27	14.7	14.9	41.4
	합리적인 스님	36	19.6	19.9	61.3
	복지활동 스님	60	32.6	33.1	94.5
	기타	10	5.4	5.5	100.0
	소계	181	98.4	100.0	
무응답		3	1.6		
계		184	100.0		

이러한 결과를 응답자의 학력이나 출신지에 따라 나누어 보면 <표 6-2>와 같다.

<표 6-2> 학력별, 출신지역별 존경하는 스님의 유형

(단위 : %)

응답자 특성	문항 및 응답	존경하는 스님의 유형				
		선수행 스님	기도 스님	합리적인 스님	복지활동 스님	기타
학력별 분포	고졸 이하	16.7	26.7	21.7	26.7	8.3
	전문대졸	35.3	14.7	20.6	29.4	
	대졸 이상	29.3	6.1	18.3	40.0	6.1
출신 지역별 분포	대도시	25.9	4.9	16.0	46.9	6.2
	중소도시	28.8	19.2	25.0	19.2	7.7
	농촌	21.1	26.3	26.3	23.7	2.6

먼저 <표 6-2>에서 고졸 이하와 대졸 이상의 차이는 뚜렷하게 대비되고 있다. 특히 기도하는 스님에 대한 평가와 복지활동을 하는 스님에 대한

평가에 있어서 두 집단간의 차이는 뚜렷하다.

고졸 이하의 경우 대졸 이상에 비해 기도하는 스님을 상대적으로 존경하는 반면에 복지활동을 하는 스님을 상대적으로 덜 존경하고 있으며, 반대로 대졸 이상의 경우 고졸 이하에 비해 기도하는 스님을 상대적으로 덜 존경하고 오히려 복지활동을 하는 스님을 상대적으로 더 존경하고 있음을 알 수 있다. 또한 합리적인 스님을 존경하는 비율도 대졸 이상이 고졸 이하에 비해 약 10% 정도 낮다. 이러한 대비는 대도시 출신의 응답자와 농촌 출신 응답자 사이의 뚜렷한 차이와 유사하다. 이렇게 본다면, 대도시 출신이고 학력이 높을수록 기도하는 스님보다는 복지활동을 하는 스님을 존경하는 태도를 지니고 있음을 알 수 있다.

이러한 결과는 '귀하는 어떤 유형의 불교성직자를 추종하십니까?'라는 질문, 즉 현재 신도들이 추종력을 발휘하는 스님들은 도대체 어떠한 유형의 스님인가에 대한 응답 결과와도 어느 정도 논리적으로 일관성을 보이고 있다. <표 6-3>을 보자.

<표 6-3> 추종하는 불교성직자 유형

(단위 : 명, %)

유형	분포	빈도	비율	순비율	누적비율
추종하는 불교 성직자 유형	비범한 능력을 지닌 스님	41	22.3	23.7	23.7
	권위와 기강을 중시하는 스님	16	8.7	9.2	32.9
	민주적인 스님	92	50.0	53.2	86.1
	간섭하지 않는 스님	11	6.0	6.4	92.5
	기타	13	7.1	7.5	100.0
	소계	173	94.0	100.0	
무응답		11	6.0		
계		184	100.0		

<표 6-3>을 보면, 전체 응답자의 53.2%가 '민주적인 태도를 지닌 스님'이라고 응답하여 압도적으로 높은 비중을 차지하고 있음을 알 수 있다. 그리고 '비범한 능력을 지닌 스님'이라는 응답은 23.7%에 그치고 있으며, '권위와 기강을 중시하는 스님'이라는 응답은 고작 9.2%에 머무르고 있다.

이러한 결과는 신도들의 추종력이 사회민주화라는 전체사회의 변동을 민감하게 반영하고 있음을 보여주는 것으로 판단된다. 이렇게 볼 때, 이제는 민주적인 태도를 지니지 못한 스님들은 최소한 과반수의 신도들에게는 더 이상 리더십을 발휘하기 힘들어질 것이다.

그렇다면 신도들이 생각하는 이상적인 출가자 유형은 어떤 것인지를 살펴보자. <표 6-4>는 이 질문에 대한 응답 결과이다.

<표 6-4> 이상적인 불교성직자 유형

(단위 : 명, %)

유형	분포	빈도	비율	순비율	누적비율
이상적인 불교 성직자 유형	무관심형	8	4.3	4.4	4.4
	친목 중심형	30	16.3	16.5	20.9
	업적 중심형	27	14.7	14.8	35.7
	중도형	117	63.6	64.3	100.0
	소계	182	98.9	100.0	
무응답		2	1.1		
계		184	100.0		

<표 6-4>를 보면, 전체 응답자의 64.3%가 '매사에 균형을 유지함으로써 어떤 부분에도 치우침이 없는 중도형'이라고 응답하여 압도적으로 높은 비중을 차지하고 있다. 그리고 나머지 항목에 대한 응답 비율은 대체로 미미한데, 특히 '수행에 대한 관심 외에 모든 일에 무관심형'이라는 응답은

4.4%로 극히 낮은 비중을 점하고 있다.

이상의 결과를 두고 볼 때, 이제는 선수행만으로는 추종자인 신도들의 추종력을 확보하기가 상대적으로 어려워진 반면에 전체사회의 변화에 잘 적응하고 사회적 수요에 잘 부응할 수 있는 출가자의 리더십은 상대적으로 증가할 것으로 판단된다. 그렇다면 신도들이 바라는 바람직한 출가자 리더십의 요건은 무엇일까?

2. 바람직한 출가자 리더십의 요건

주지하듯이 현대사회에서는 교육경력(career)에 따라 사회적 지위 및 계층의 성층화가 나타나고 있다. 게다가 오늘날 우리 사회의 교육 인플레이션은 계속 높아지고 있다. 이에 우리는 교육경력과 출가자 리더십 사이의 관계를 알아보았다. <표 6-5>는 '귀하는 오늘날 스님들이 신도들을 지도하려면 어느 정도의 교육 수준을 갖추어야 한다고 생각하십니까?'라는 문항에 대한 응답결과이다.

<표 6-5> 수행자로서 갖추어야 할 학력

(단위 : 명, %)

유형	분포	빈도	비율	순비율	누적비율
수행자로서 갖추어야 할 학력	무학이라도 상관없다	41	22.3	22.9	22.9
	고졸 이상	39	21.2	21.8	44.7
	대졸 이상	84	45.7	46.9	91.6
	대학원 이상	15	8.2	8.4	100.0
	소계	179	97.3	100.0	
무응답		5	2.7		
계		184	100.0		

〈표 6-5〉를 보면, 응답자의 과반수 이상이 대졸 이상의 학력을 갖추어야 한다고 응답하고 있음을 알 수 있으며, 심지어 응답자의 8.4%는 '대학원 이상의 학력을 갖추어야 한다'고 응답하였다. 물론 '무학이라도 상관없다'라는 응답이 22.9%로 나타났으며 '고졸 이상의 학력만 갖추면 족하다'라는 응답도 21.8%로 나타나 상대적으로 높은 비중을 차지하고 있어 좋은 대조를 보이고 있다. 이렇게 본다면 학력 요건과 관련하여 신도들의 의견이 크게 두 부분으로 갈라져 있음을 알 수 있다. 그런데 〈표 6-6〉을 보면, 학력 요건에 관한 의견이 주로 응답자의 성별이나 학력에 따라 나누어지고 있음을 알 수 있다.

〈표 6-6〉 성별 수행자의 기대 학력

(단위 : %)

응답자 특성	문항 및 응답	수행자로서 갖추어야 할 학력			
		무학이라도 상관없다	고졸 이상	대졸 이상	대학원 이상
성별 분포	남성	55.0	10.0	30.0	5.0
	여성	18.9	23.3	49.1	8.8
학력별 분포	고졸 이하	27.6	29.3	41.4	1.7
	전문대졸	29.4	29.4	32.4	8.8
	대졸 이상	14.8	14.8	58.0	12.3

〈표 6-6〉을 보면, '무학이라도 상관없다'라는 항목의 경우 남성은 55.0%로 높은 비중을 차지하고 있는데 반해 여성은 18.9%에 불과하다. 반면에 여성은 응답자의 약 과반수(49.1%)가 대졸 이상 학력을 꼽고 있다. 또한 응답자의 학력별 차이를 보면 대체로 학력이 높을수록 수행자의 학력이 높아야 한다는 의견을 갖고 있음을 알 수 있다. 특히 대졸 이상 학력을 가진 응답자의 70.3%는 출가자 역시도 대졸 이상 학력을 갖추어야 한다고 생각

하고 있는 것으로 나타났다. 다음은 수행이력과 리더십의 관계를 살펴보자.

<표 6-7> 스님들의 수행정도

(단위 : %)

유형	분포	빈도	비율	순비율	누적비율
스님들의 수행 정도	철저하게 수행	149	81.0	81.0	81.0
	현 수준	31	16.8	16.8	97.8
	수행이 중요하지 않다	4	2.2	2.2	100.0
	계	184	100.0	100.0	

'귀하가 생각하기에 오늘날 스님들이 신도를 지도하려면 어느 정도 수행을 하셔야 된다고 생각하십니까?'라는 질문에 대해, <표 6-7>에서 알 수 있듯이 응답자의 압도적인 다수인 81.0%가 '지금보다 훨씬 수행을 더 많이 그리고 더 철저하게 해야 한다'라고 응답하였다. 이와 관련하여 또 다른 질문의 응답결과(<표 6-8>)을 보자.

<표 6-8> 성직자의 요건

(단위 : %)

유형	분포	빈도	비율	순비율	누적비율
성직자의 요건	자질	116	63.0	65.2	65.2
	위엄과 품위	28	15.2	15.7	80.9
	종무수행 능력	26	14.1	14.6	95.5
	교육경력	3	1.6	1.7	97.2
	기타	5	2.7	2.8	100.0
	소계	178	96.7	100.0	
	무응답	6	3.3		
	계	184	100.0		

'귀하는 불교성직자로서 갖추어야 할 요건 중에서 가장 중요하다고 생각하는 것은 무엇입니까?'라는 질문에 대해, 응답자의 압도적인 다수인 65.2%가 '자질'이라고 응답하였다.

<표 6-9> 학력별 출가자의 기대 수행정도

(단위 : %)

문항 및 응답 응답자 특성		스님들의 수행정도		
		철저하게 수행	현수준	수행이 중요하지 않다
학력별 분포	고졸 이하	72.1	23.0	4.9
	전문대졸	73.5	26.5	
	대졸 이상	91.6	8.4	

이러한 결과를 종합하면 다수의 신도들이 철저한 수행이야말로 출가자의 자질 향상의 기본 요건이라고 생각하고 있음을 알 수 있다.

그리고 <표 6-9>에서 알 수 있듯이, 학력이 높을수록 철저한 수행을 강조하는 비율이 높게 나타나고 있다.

마지막으로 사회활동 경력과 출가자 리더십 사이의 관계를 보자. <표 6-10>은 '귀하는 스님의 사회활동 경력이 많을수록 지도력이 크다고 생각하십니까?'라는 질문에 대한 응답 결과를 정리한 것이다.

<표 6-10>에 나타난 바와 같이, 응답자의 과반수 이상(57.6%)은 상관성을 부인하고 있으며 응답자의 약 1/3만이 상관성이 있다고 응답하고 있다.

물론 '모르겠다'라는 응답률도 12.0%로 나타나 상대적으로 높게 나타나고 있다. 그런데 이러한 결과는 성별이나 학력에 따라 유의미한 차이를 보이고 있다.

<표 6-10> 스님의 사회활동과 지도력의 관계

(단위 : %)

유형	분포	빈도	비율	순비율	누적비율
사회활동과 지도력의 관계	예	56	30.4	30.4	30.4
	아니오	106	57.6	57.6	88.0
	모르겠다	22	12.0	12.0	100.0
	계	184	100.0	100.0	

<표 6-11>에서 알 수 있듯이, 남성이 여성이 비해 그리고 학력이 높을수록 사회활동과 출가자 리더십과의 관계가 있다고 생각하는 비중이 상대적으로 높게 나타나고 있다.

<표 6-11> 출가자의 사회활동과 지도력의 상관성에 대한 성별, 학력별 분포

(단위 : %)

응답자 특성	문항 및 응답	스님의 사회활동과 지도력의 관계		
		예	아니오	모르겠다
성별 분포	남성	52.4	33.3	14.3
	여성	27.6	60.7	11.7
학력별 분포	고졸 이하	29.5	49.2	21.3
	전문대졸	23.5	73.5	2.9
	대졸 이상	34.9	55.4	9.6

이상의 내용을 살펴볼 때, 아직도 많은 신도들은 자신들의 기대나 이상과는 달리 선수행을 리더십의 중요한 요건으로 간주하고 있음을 알 수 있다. 그러나 이상의 결과만으로도 우리는 출가자 리더십의 원천이 다원화되고 있음을 알 수 있을 뿐만 아니라 각 원천의 상대적 중요성을 간과해

서도 안됨을 알 수 있다. 특히 출가자 리더십의 이상과 관련된 모든 문항에서 대졸 이상의 학력을 가진 응답자와 고졸 이하의 응답자 사이에서 유의미한 차이가 나타났다는 점은 주목을 요한다. 왜냐하면 현대사회는 학력 인플레이션 경향을 지니고 있기 때문이다.

Ⅳ. 출가자 리더십의 현실

1. 출가자 리더십의 요건 평가

오늘날 한국 불교계의 리더로서 출가자의 리더십을 평가하기 위해서는 무엇보다도 '오늘날 한국불교의 출가자가 리더로서의 요건을 실제로 어느 정도 갖추고 있는지'를 살펴보지 않을 수 없다. 게다가 출가자 리더십의 요건은 여러 가지이기 때문에 어떠한 요건을 어느 정도 갖추고 있는지를 파악하는 것도 매우 중요하다. 따라서 우리는 출가자 리더십의 요건이라고 판단되는 것들을 모두 제시하고 각 요건의 정도를 파악하고자 하였다.

가장 먼저 우리는 특별히 수행자의 청정성의 정도를 평가해 보고자 하였다. 왜냐하면 출가자의 청정성은 도덕적 수준을 상징하는 것으로써 출가자 리더십의 가장 중요한 요소라고 판단되었기 때문이다. <표 6-12>은 이에 대한 결과이다.

<표 6-12>를 보면, '청정하지 못하다'라는 응답과 '전혀 청정하지 못하다'라는 응답을 합하여도 전체 응답자의 8.7%에 불과하였다. 반면에 '매우 청정하다'라는 응답과 '어느 정도 청정하다'라는 응답을 합할 경우 그 비중은 전체 응답자의 약 70%에 달하고 있다. 이렇게 볼 때, 한국불교의 신도들은 출가자의 청정성을 매우 긍정적으로 평가하고 있음을 알 수 있다. 특히 '매우 청정하다'라는 극단적인 응답이 1/5 이상을 차지하고 있다는 사실은 이를 잘 말해주고 있다.

<표 6-12> 스님의 청정성

(단위 : 명, %)

유형	분포	빈도	비율	순비율	누적비율
스님의 청정성	매우 청정하다	41	22.3	22.4	22.4
	어느 정도 청정하다	87	47.3	47.5	69.9
	그저 그렇다	39	21.2	21.3	91.3
	청정하지 못하다	15	8.2	8.2	99.5
	전혀 청정하지 못하다	1	.5	.5	100.0
	소계	183	99.5	100.0	
무응답		1	.5		
계		184	100.0		

물론 청정성이라는 요소는 리더가 갖추어야 할 요건들 중 하나에 불과하다. 이에 우리는 리더로서 갖추어야 할 요건으로 판단되는 것들을 모두 제시하고 그 하나 하나를 5점 척도로 평가하고자 하였다. 보다 구체적으로 우리는 '귀하는 다음의 각 요소를 스님들이 어느 정도 갖추고 있다고 생각하십니까? 각 항목별로 해당하는 숫자에 O표 해 주십시오'라고 요구하였다. 물론 여기에서 5점 척도는 숫자가 낮을수록 약함을 의미한다. 그러면 응답결과를 보자.

첫째, '수행자로서의 품위나 위의'를 어느 정도 갖추고 있다고 평가하는지를 보자.

<표 6-13>에 나타난 바와 같이, 응답자의 37.3%는 중간 정도라고 생각하여 가장 많은 비중을 차지하고 있다. 물론 이러한 결과는 중간에 응답하고자 하는 심리를 통제하기 어려운 주관적 평가의 일반적 경향이 어느 정도 반영된 결과일 수도 있다. 이에 우리는 이 3을 기준으로 하여 1과 2의 응답자를 합하고 4와 5의 응답자를 합하여 비교해 봄으로써 정도의 차이를 보다 분명하게 부각시켜 보려고 했다. 그 결과, 1과 2의 응답자를

합한 비중은 24.7%로 나타난 반면에 4와 5의 응답자를 합한 비중은 37.0%로 나타났다.

이렇게 본다면, 불교신도들은 스님들이 출가자의 품위나 위의를 잘 지키고 있지 못하다고 인식하기보다는 중간 수준 이상은 지키고 있는 것으로 인식하고 있음을 알 수 있다.

<표 6-13> 수행자로서의 품위나 위엄

(단위 : 명, %)

유형	분포	빈도	비율	순비율	누적비율
수행자로서의 품위나 위의	1	15	8.2	9.5	9.5
	2	24	13.0	15.2	24.7
	3	59	32.1	37.3	62.0
	4	34	18.5	21.5	83.5
	5	26	14.1	16.5	100.0
	소계	158	85.9	100.0	
무응답		26	14.1		
계		184	100.0		

출가자의 품위와 위의에 대한 빈도는 '신도들에게 종교적 영감을 줌'이라는 요소에 대한 평가와 유사하다. <표 6-14>는 이를 잘 보여주고 있다.

한편 이상의 두 가지 요소 이외에 다른 요소들에 대한 평가는 이보다는 좀더 낮게 평가하고 있다.

<표 6-15>는 '사부대중을 장악하는 카리스마'라는 요소에 대한 응답 결과를 보여주고 있다. 3에 응답한 응답비율은 30.1%로 나타났다. 그리고 1과 2의 응답비율은 32.1%로 나타난 반면에 4와 5의 응답비율은 37.9%로 나타났다.

<표 6-14> 신도들에게 종교적 영감을 줌

(단위 : 명, %)

유형	분포	빈도	비율	순비율	누적비율
신도들에게 종교적 영감을 줌	1	9	4.9	5.8	5.8
	2	31	16.8	20.0	25.8
	3	54	29.3	34.8	60.6
	4	33	17.9	21.3	81.9
	5	28	15.2	18.1	100.0
	소계	155	84.2	100.0	
무응답		29	15.8		
계		184	100.0		

<표 6-15> 사부대중을 장악하는 카리스마

(단위 : 명, %)

유형	분포	빈도	비율	순비율	누적비율
사부대중을 장악하는 카리스마	1	18	9.8	11.8	11.8
	2	31	16.8	20.3	32.0
	3	46	25.0	30.1	62.1
	4	35	19.0	22.9	85.0
	5	23	12.5	15.0	100.0
	소계	153	83.2	100.0	
무응답		31	16.8		
계		184	100.0		

<표 6-16>에 나타난 바와 같이, 그 밖의 나머지 다른 요소('사회의 장래에 대한 통찰과 비전', '신도들에게 지적 자극을 줌', '신도들에 대한 사려 깊은 배려', '매사를 합리적/합법적으로 해결')에 대한 응답 결과도 이와 비슷한

비율을 보여주고 있다.

<표 6-16> 리더십의 각 요소에 대한 종합적 평가 결과

(단위 : 명, %)

항목 \ 정도	1+2	3	4+5
사회의 장래에 대한 통찰과 비전	33.1	32.5	34.4
신도들에게 지적 자극을 줌	30.6	34.0	35.4
신도들에 대한 깊은 배려	33.6	28.4	37.1
매사를 합리적/합법적으로 해결	31.3	38.9	29.3

이렇게 볼 때, 리더로서 출가자는 리더로서 갖추어야 할 요소들 중에서 그 밖의 다른 요소에 비해 품위나 종교적 영감이라는 요소를 상대적으로 더 잘 갖추고 있음을 알 수 있다. 역으로 말하면, 한국불교의 리더로서 출가자는 품위 및 위의나 종교적 영감 제공이라는 요소에 비해 다른 요소, 즉 '사부대중을 장악하는 카리스마', '사회의 장래에 대한 통찰과 비전, '신도들에게 지적 자극을 줌', '신도들에 대한 사려 깊은 배려', '매사를 합리적/합법적으로 해결' 등을 상대적으로 약하게 갖추고 있음을 의미한다.

그렇다면 이러한 리더십의 요건들 중에서 타종교 성직자에 비해 출가자가 더 잘 갖추고 있다고 생각하는 요소들은 대체로 어떠한 순서를 지니고 있는지를 살펴보자. <표 6-17>은 이를 나타내 주고 있다.

불교신도들은 리더십의 원천들 중에서 출가자가 타종교 성직자에 비해 상대적으로 더 잘 갖추고 있다고 생각하는 요소들의 순서를 잘 알 수 있다. '개인의 청렴한 사생활'이나 '인간적 자질'이란 항목에 각각 31.1%와 29.9%가 응답하고 있다는 점은 특기할 만한 사실이다. 약 60%의 응답자가 출가자는 개인적 차원의 도덕률에서 타종교 성직자보다 나은 것으로 믿고 있음을 의미하기 때문이다.

<표 6-17> 타종교 성직자보다 우월한 면

(단위 : 명, %)

유형	분포	빈도	비율	순비율	누적비율
타종교 성직자보다 우월한 면	인간적 자질	53	28.8	29.9	29.9
	개인의 청렴한 사생활	55	29.9	31.1	61.0
	대인관계 등 사회생활	19	10.3	10.7	71.8
	업무처리 능력	2	1.1	1.1	72.9
	솔선수범	5	2.7	2.8	75.7
	언행	18	9.8	10.2	85.9
	없다	17	9.2	9.6	95.5
	기타	8	4.3	4.5	100.0
	소계	177	96.2	100.0	
무응답		7	3.8		
계		184	100.0		

이상으로 우리는 오늘날 한국불교의 출가자가 리더로서의 자격요건을 어느 정도 갖추고 있는지를 살펴보았다. 그러나 이러한 자격 요건은 출가자 리더십의 실재, 즉 출가자 자신의 행위나 업무 능력 등과 밀접하게 연관되어 있다. 따라서 아래에서는 출가자 리더십의 실재를 통해 오늘날 한국불교 출가자 리더십의 현실을 파악하고자 한다.

2. 출가자 리더십의 실재

출가자 리더십의 실재를 평가하기 위해 우리는 우선 출가자 리더십과 직접 연관되는 요소, 즉 출가자의 업무 수행 능력, 솔선수범의 정도, 종단 운영 능력, 사회적 역할 등을 살펴보고, 다음으로는 출가자 리더십을 저해하리라 예상되는 요인, 즉 품위나 자격을 결한 수행자의 비중에 대한 인식이나 합리적이지 못한 지시와 같은 경험의 유무를 살펴보고자 하였다.

그럼 첫번째로 출가자 리더십과 직접 연관되는 요소들에 대한 인식을 살펴보자. '귀하는 사찰의 소임자 스님들께서 주어진 일을 어느 정도 수행하고 있다고 생각하십니까?'라는 문항에 대해, 전체 응답자의 58.0%가 '대체로 잘 수행하는 편이다'라고 응답하여 가장 높은 응답률을 기록하고 있다. 그리고 '매우 잘 수행하고 있다'라는 응답 비율 8.3%까지 고려하면 응답자의 약 2/3 정도가 긍정적인 평가를 하고 있는 셈이다. 반면에 '다소 수행하지 못하고 있다'라는 응답이나 '전혀 수행하고 있지 못하다'라는 응답은 16.6%에 불과한 것으로 나타났다. <표 6-18>은 이러한 결과를 잘 보여주고 있다.

<표 6-18> 사찰의 소임자 스님들의 업무 수행 능력

(단위 : 명, %)

유형	분포	빈도	비율	순비율	누적비율
사찰소임자 스님의 업무수행 능력	매우 잘 수행	15	8.2	8.3	8.3
	대체로 잘 수행	105	57.1	58.0	66.3
	모르겠다	31	16.8	17.1	83.4
	다소 수행 못함	29	15.8	16.0	99.4
	전혀 수행 못함	1	.5	.6	100.0
	소계	181	98.4	100.0	
무응답		3	1.6		
계		184	100.0		

또한 솔선수범의 정도와 관련하여, '귀하는 다음 중 스님들의 솔선수범

의 정도가 어디에 해당한다고 생각하십니까?'라는 질문에 대해, '해당 사찰 일에만 솔선수범한다'라는 응답이 46.9%를 차지하여 압도적으로 높은 비중을 차지하였고 그 다음으로는 '매사에 솔선수범한다'라는 응답비율이 21.8%로 나타났다. 그리고 나머지 항목에 대해서는 비슷한 비율을 보이고 있다. <표 6-19>는 이를 표로 나타낸 것이다.

<표 6-19> 스님의 솔선수범 정도

(단위 : 명, %)

유형	분포	빈도	비율	순비율	누적비율
스님의 솔선수범 정도	매사에 솔선수범	39	21.2	21.8	21.8
	불교계 일에만 솔선수범	33	17.9	18.4	40.2
	해당 사찰일에만 솔선수범	84	45.7	46.9	87.2
	매사에 못하다	23	12.5	12.8	100.0
	소계	179	97.3	100.0	
무응답		5	2.7		
계		184	100.0		

또한 종단 운영 능력과 관련하여, 우리는 '귀하는 스님들이 종단을 잘 이끌어 가고 있다고 생각하십니까?'라고 질문하였다. 이에 대한 응답 결과는 <표 6-20>과 같다.

<표 6-20>을 보면, '그저 그렇다'라는 응답비율이 37.0%로서 가장 높은 비중을 차지하고 있고, 다음으로는 '대체로 잘 이끌어 가고 있다'라는 응답이 31.5%로 나타났다. 반면에 '조금 잘 못 이끌어 가고 있다'라는 응답은 18.5%로 나타났으며 '매우 잘 못 이끌어 가고 있다'라는 응답도 7.6%에 달해 전체 응답자의 약 1/4 정도가 부정적인 견해를 갖고 있는 것으로 나타났다.

<표 6-20> 스님들의 종단 운영 평가

(단위 : 명, %)

유형	분포	빈도	비율	순비율	누적비율
스님의 종단운영 평가	매우 잘 운영	10	5.4	5.4	5.4
	대체로 잘 운영	58	31.5	31.5	37.0
	그저 그렇다	68	37.0	37.0	73.9
	조금 잘못 운영	34	18.5	18.5	92.4
	매우 잘못 운영	14	7.6	7.6	100.0
	계	184	100.0	100.0	

종단운영에 대한 평가 빈도는 사회적 역할에 대한 평가와 비슷한 것으로 나타나고 있다. '귀하는 스님들이 어느 정도 사회적 역할을 수행하고 있다고 생각하십니까?'라는 질문에 대해, 응답자의 36.8%는 '그저 그렇다'라고 응답하였으며 응답자의 31.9%는 '대체로 적극적인 편이다'라고 응답하여 다음으로 높은 비중을 차지하고 있다. 반면에 '별로 적극적이지 않다'라는 응답과 '전혀 적극적이지 않다'라는 응답은 각각 25.8%와 1.6%로 나타났다. <표 6-21>은 이를 도표화한 것이다.

이렇게 볼 때, 불교신도들은 스님들의 해당 사찰 업무에 대해서는 비교적 긍정적인 평가를 하는 반면에 종단적 차원이나 대사회적 차원의 일에 대해서는 다소 부정적인 시각이 다소 많음을 알 수 있다.

둘째로 출가자 리더십을 저해하는 요소로 생각되는 사항에 대한 신도들의 견해를 살펴보자.

'귀하는 요즈음 우리사회에서 품위가 없거나 자격이 없는 불교성직자들이 얼마나 된다고 생각하십니까?'라는 질문에 대해, 응답자의 61.2%가 '약간 많다'라고 응답하여 압도적으로 높은 비중을 차지하고 있는 것으로 나타났다.

<표 6-21> 스님의 사회적 역할 수행 정도

(단위 : 명, %)

유형	분포	빈도	비율	순비율	누적비율
스님의 사회적 역할수행 정도	매우 적극적	7	3.8	3.8	3.8
	대체로 적극적	58	31.5	31.9	35.7
	그저 그렇다	67	36.4	36.8	72.5
	적극적이지 않다	47	25.5	25.8	98.4
	전혀 적극적이지 않다	3	1.6	1.6	100.0
	소계	182	98.9	100.0	
무응답		2	1.1		
계		184	100.0		

게다가 극단적인 항목인 '아주 많다'라는 응답 비율도 무려 16.9%로 상대적으로 높은 것으로 나타났다. 이렇게 본다면 응답자의 3/4 정도가 이른바 문제의 출가자가 많다고 생각하고 있는 것으로 나타났다. <표 6-22>는 이 결과이다.

반면에, '귀하는 스님들로부터 사리에 맞지 않는 말을 듣거나 지시를 받은 경험이 있습니까?'라는 질문에 대해, 응답자의 약 3/4인 72.0%는 '없다'라고 응답하여 위의 결과와 대조를 보였다.

<표 6-23>은 이를 도표화한 것이다. 그런데 이러한 결과를 학력별로 구분해 보았을 때 학력집단 간에는 유의미한 차이가 발견되었다. <표 6-24>에 나타난 바와 같이, 학력이 높을수록 사리에 맞지 않는 질문 경험이 많다고 응답하고 있다.

이상의 내용을 종합해 보면 다음과 같다. 우선 한국불교의 출가자는 해당 사찰 내의 업무처리와 관련해서는 어느 정도 능력을 발휘하고 있으며 또한 그러한 일에는 솔선수범하고 있다.

그러나 개별 사찰 업무를 넘어서는 일, 즉 종단운영이나 대사회적 역할에 있어서는 신도들로부터 좋은 평가를 받고 있지 못하고 있다. 특히 품위나 위의가 없는 출가자가 많다고 생각하고 있는 점이나 학력이 높을수록 출가자의 요구가 사리에 맞지 않다고 느끼는 사람도 많아지고 있다는 점을 고려할 때, 출가자 리더십의 저해 요인도 분명히 존재하고 있음을 알 수 있다.

<표 6-22> 품위 없는 성직자의 비중

(단위 : 명, %)

유형	분포	빈도	비율	순비율	누적비율
품위없는 성직자의 비중	아주 많다	31	16.8	16.9	16.9
	약간 많다	112	60.9	61.2	78.1
	거의 없다	21	11.4	11.5	89.6
	모르겠다	19	10.3	10.4	100.0
	소계	183	99.5	100.0	
무응답		1	.5		
계		184	100.0		

<표 6-23> 사리에 맞지 않는 요구 경험

(단위 : 명, %)

유형	분포	빈도	비율	순비율	누적비율
사리에 맞지 않는 요구 경험	있다	49	26.6	28.0	28.0
	없다	126	68.5	72.0	100.0
	소계	175	95.1	100.0	
무응답		9	4.9		
계		184	100.0		

<표 6-24> 사리에 맞지 않는 요구 경험에 대한 학력별 분포

(단위 : %)

유형	분포	사리에 맞지 않는 질문 경험	
		있다	없다
학력별 분포	고졸 이하	17.5	82.5
	전문대졸	21.9	78.1
	대졸 이상	38.8	61.3

V. 결론

　출가자와 재가자 사이의 사회관계는 불교공동체의 근간을 이루고 있다. 그 관계 중에서도 리더로서의 출가자와 추종자로서의 재가자 사이의 정치적 관계는 불교공동체의 질서 및 변동과 직접적으로 연관되어 있다. 그리고 이러한 사회관계는 불교공동체를 넘어선 전체사회의 변화로부터 영향을 받고 있다.

　최근 한국불교계에서는 출가자의 리더십이 약화되고 있다는 조짐이 나타나고 있다. 물론 그러한 조짐은 어디까지나 상대적인 것이며 정도의 문제이다. 그러나 출가자 리더십의 정도가 출가자에 대한 추종자로서 재가자가 지닌 의식과 태도를 반영하고 있다는 점에서, 출가자 리더십의 약화 조짐은 출가자와 재가자 사이의 총체적인 사회관계에 영향을 미칠 뿐만 아니라 불교공동체의 질서 및 변화와 관련되어 있다. 그것이 이 글에서 우리가 출가자 리더십을 주목하는 이유이다.

　출가자 리더십을 규정하는 결정적인 요인 중의 하나가 리더로서의 출가자에 대한 추종자의 태도이다. 그런데 리더에 대한 추종자의 태도는 추종자가 기대하는 이상과 실제로 경험하는 현실의 방정식과 함수관계를 지닌다. 기대는 낮아도 경험적 실재가 만족스러우면 긍정적인 태도는 높아질 것이고, 반대로 기대는 높으나 실재가 불만족스러우면 부정적 태도가 커질 것이다. 그리고 기대도 높고 실재도 만족스러운 경우나 기대도 낮고 실재도 불만족스러운 경우도 그 사이의 어디엔가 위치할 것이다. 이렇게 본다면 리더로서 출가자에 대한 추종자로서 재가자의 의식과 태도는 그들의 이상과 현실을 모두 고려할 때 적절하게 이해될 것이다. 이에 우리는 추종자인 재가신도의 의식조사 자료를 근거로 출가자 리더십의 이상과 현실을 살펴보았다.

먼저 추종자로서 재가자가 지니고 있는 출가자 리더십의 이상을 요약해 보면 다음과 같다. 주지하듯이 전통적으로 한국불교의 신도들에게 출가자의 철저한 수행이야말로 재가자의 추종력 및 출가자 리더십의 원천이었다. 그리고 이번 조사연구에서도 우리는 그러한 사실을 확인할 수 있었다. 그러나 이번 조사는 또한 이제는 출가자의 선수행만으로는 추종자인 신도들의 추종력을 확보하기가 상대적으로 어려워진 반면에 전체사회의 변화에 잘 적응하고 사회적 수요에 잘 부응할 수 있는 출가자의 리더십에 대한 수요가 높아지고 있다는 점을 확인할 수 있었다. 이는 출가자 리더십의 원천이 다원화되고 있음을 의미한다. 특히 출가자 리더십의 이상과 관련된 모든 문항에서 대졸 이상의 학력을 가진 응답자와 고졸 이하의 응답자 사이에서 유의미한 차이가 나타났다는 점은 주목을 요한다.

다음으로 한국불교의 현실 속에서 추종자로서 재가자가 경험하는 출가자 리더십의 현실은 다음과 같다. 한국불교 공동체 속에서 재가자는 출가자가 리더로서 갖추어야 할 요건을 실제로 어느 정도 갖추고 있는지를 나름대로 경험하고 있다. 이를 조사해 본 결과, 출가자가 리더로서의 모든 요건들에서 거의 중간 수준에 이르고 있다는 응답이 가장 많았고, 잘 갖추고 있다는 비중과 갖추고 있지 못하다는 비중도 비슷하였다. 그리고 리더로서 출가자의 역할 중에서도 재가자는 해당 사찰 업무에 대해서는 비교적 긍정적인 평가를 하는 반면에 종단적 차원이나 대사회적 차원의 일에 대해서는 다소 부정적인 시각이 다소 많았다. 특히 출가자 리더십과 관련하여 품위나 위의가 없는 출가자가 많다고 생각하고 있는 점이나 학력이 높을수록 출가자의 요구가 사리에 맞지 않다고 느끼는 사람도 많아지고 있다는 점은 주목을 요한다.

　이러한 연구결과는 출가자 리더십이 사회변화에 부응하여 새롭게 형성되고 있으며 또한 그렇게 되어야 한다는 점을 암시한다. 보다 구체적으로 말하면, 전통적으로 출가자 리더십은 개인의 철저한 수행과 개별 단위사찰의 소임을 충실하게 수행하는 것만으로도 충분히 확보되었지만, 오늘날 한국불교의 출가자 리더십은 그 이상의 요건, 즉 사회복지 활동이나 사회참여 활동을 포함한 대사회적 역할이라는 요건을 요구하고 있다. 게다가 우리사회의 학력 인플레이션 경향을 고려하면 오늘날 한국불교의 출가자 리더십은 고학력자의 기호에 부응할 수 있는 합리성과 민주성을 절실히 요구하고 있다. 그러나 이러한 요구들은 선천적으로 갖추어지나 저절로 갖추어질 수 있는 것이 아니라, 교육과 훈련을 통하여 형성해 나가야 하는 것이다. 이러한 점에서 우리는 오늘날 한국불교가 종단적 차원에서 출가자 리더십 훈련 프로그램을 적극적으로 개발·설치하고 모든 출가자가 재교육 차원에서 리더십 프로그램을 이수하도록 강제할 수 있는 제도적 장치를 마련하기를 촉구하고자 한다.

● 참고문헌

유승무, "불교사회학의 성립조건(1)", 『교수논문집 제6집』, 중앙승가대학교, 1997.
_____, "Tokugawa Religion의 불교사회학적 함의", 『교수논문집 제8집』, 중앙승가대학교, 1999.
홍사성, "출가와 재가의 새로운 관계정립을 위한 시론", 『불교평론』 제3권 4호, 불교평론사, 2000.
Bellah, Robert N., Tokugawa Religion-The values of preindustrial Japan, 1960. The free press, N.Y.(박영신 옮김, 『도쿠가와 종교』, 현상과 인식, 1994).
Geertz, C., *The Interpretation of Cultures*, Basic Books, Inc, 1973.
Weber, Max, Die Protestantische Ethik und der Geist des Kapitalis-mus(박성수 역, 『프로테스탄티즘의 윤리와 자본주의 정신』, 문예출판사, 1993).
사사키겐준, "業說の 硏究", 法藏館(김진열 역저, 『업설 연구』, 경서원, 1992).

부 록

리더십 연구를 위한 설문지 1
리더십 연구를 위한 설문지 2

1. 일반지도력 빈도분석자료
2. 일반지도력 교차분석자료
3. 승가지도력 빈도분석자료
4. 승가지도력 교차분석자료

본 문

ID NUMBER		

리더십 연구를 위한 설문지 1

안녕하십니까?

본 설문지는 우리가 생각하는 일반적인 리더십 및 종교인들의 리더십에 관해 여러분들의 의견을 알아보고자 마련한 것입니다.

귀하께서 말씀해 주시는 내용은 옳고 그름이 없으며 다만 통계적으로 처리하여 연구자료로만 이용하고 다른 목적으로는 절대 사용되지 않을 것이므로 솔직히 답변해 주시면 저희들의 연구에 큰 도움이 될 것입니다.

부디 바쁘시더라도 응답해 주시기를 간곡히 부탁드립니다.

귀하의 건강과 가정의 행복을 기원합니다. 대단히 감사합니다.

2000년 11월

중앙승가대학교 불교사회과학연구소
전화 : 02) 926-5905 팩스 : 02) 928-4302
E-mail : LSM691@unitel.co.kr

다음 문항은 리더십 일반에 대한 질문입니다.
귀하의 생각을 말씀해 주십시오

1. 귀하께서 생각하시기에 지도자(리더)의 원천은 어디에 있다고 생각하십니까?

   ① 지도자는 하늘이 내린다
   ② 개인의 자질이나 능력에 기인한다
   ③ 농경사회, 산업사회, 정보사회 등 사회변화의 필요에 따라 만들어진다
   ④ 국민의 합의나 여론에 의해 형성된다
   ⑤ 종교적 힘에 의해 만들어진다
   ⑥ 특정 지역이나 사회에 기반하여 성원들의 지지에 의해 만들어진다
   ⑦ 기타(구체적으로 _____)

2. 귀하께서는 일반적으로 좋은 지도자(리더)가 되기 위해 다음의 각각이 얼마나 중요하다고 생각하십니까? 귀하의 생각과 일치하는 곳에 V표를 해주십시오.

중요도 좋은 지도자가 되는 조건	전혀 중요하지 않다	중요하지 않다	그저 그렇다	중요하다	매우 중요하다
① 조직이나 단체성원을 지휘하는 능력 (카리스마)	1	2	3	4	5
② 조직이나 단체의 장래에 대한 통찰과 비전	1	2	3	4	5
③ 조직이나 단체성원에게 지적인 자극을 제시	1	2	3	4	5
④ 조직이나 단체성원에게 인간적이며 사려깊은 배려	1	2	3	4	5

3. 귀하의 생각과 일치하는 곳에 V표를 해주십시오.

지도력의 특징 \ 정도	전혀 그렇지 않다	그렇지 않다	그저 그렇다	그렇다	매우 그렇다
① 조직이나 단체에서 개개인은 지위를 막론하고 지도력(리더십)을 발휘해야 한다	1	2	3	4	5
② 지도력은 지도자(리더) 자신의 특성과 자질이 가장 중요하다	1	2	3	4	5
③ 지도력은 타인을 지배하는 기술이다	1	2	3	4	5
④ 지도력은 지도자에게 부여된 권한과 지위에 의해 전적으로 결정된다	1	2	3	4	5
⑤ 지도력은 조직이나 단체에서 지도자 자신의 권력이나 힘을 나타내는 것이다	1	2	3	4	5
⑥ 지도력은 조직이나 단체 내의 구성원들과의 상호작용에서 나타내는 것이다	1	2	3	4	5

4. 다음은 조직이나 단체에서 리더가 지녀야 할 영향력입니다. 귀하의 생각에 가장 가까운 번호에 V표를 해주십시오.

지도자의 영향력 \ 정도	전혀 그렇지 않다	그렇지 않다	그저 그렇다	그렇다	매우 그렇다
① 지위에 근거한 영향력을 발휘해야 한다	1	2	3	4	5
② 성원들에 대한 처벌권한을 가져야 한다	1	2	3	4	5
③ 성원들에 대한 보상권한을 줄 수 있어야 한다	1	2	3	4	5
④ 전문가이기에 그의 말을 따른다	1	2	3	4	5
⑤ 성원들이 따르고 싶고 인정받고 싶어할 수 있는 개인적 성격을 가져야 한다	1	2	3	4	5
⑥ 사교나 정보의 범위를 넓혀 줄 수 있는 광범위한 사회적 연결망을 가져야 한다	1	2	3	4	5

5. 귀하께서는 조직이나 단체에서 힘 또는 권력(power)이란 무엇이라고 생각하십니까? 다음 항목 중 가장 중요한 것 2개를 선택해 주십시오.

   ① 경쟁을 통해 얻는 것
   ② 개인이 지니고 있는 것
   ③ 조직이나 단체성원을 통제할 수 있는 힘
   ④ 협동을 통해 구축되는 것
   ⑤ 조직이나 단체성원들이 공동으로 소유하는 것
   ⑥ 구성원들간의 상호영향력

6. 귀하께서 생각하기에 현재 우리 사회에서 어떤 지도자의 유형이 필요하다고 생각하십니까?

   ① 성공적으로 조직이나 단체를 이끌어 가는 리더십
   ② 신비로운 혹은 신의 역할을 대행할 수 있는 리더십
   ③ 이상적인 인간상을 제공할 수 있는 리더십
   ④ 현실의 불안, 미래에 대한 불확실성을 해소해 줄 수 있는 리더십
   ⑤ 기타(구체적으로 _____)

7. 귀하께서는 다음에 대해 어떻게 생각하십니까? 각 항목별로 해당되는 번호에 V표를 해주십시오.

문항 \ 정도	전혀 그렇지 않다	그렇지 않다	그저 그렇다	그렇다	매우 그렇다
① 중요한 책임이 수반되는 직위를 여성에게 허용해서는 안 된다	1	2	3	4	5
② 조직이나 단체지도자로서 여성의 능력과 자질은 남성에 비해 부족하다	1	2	3	4	5

문항 \ 정도	전혀 그렇지 않다	그렇지 않다	그저 그렇다	그렇다	매우 그렇다
③ 내가 속한 조직이나 단체에 리더가 여성이라도 상관없다	1	2	3	4	5
④ 여성은 남성보다 리더십이 약하다	1	2	3	4	5
⑤ 단체나 조직에서 여성의 리더로서의 활동은 자녀와 가사에 지장을 준다	1	2	3	4	5
⑥ 조직에서 리더 선출시 남녀후보자가 있을 경우 이왕이면 여자보다 남자를 뽑겠다	1	2	3	4	5
⑦ 우리 사회에서 종교의 여성지도자가 드문 것은 종교지도자로서 여성의 능력과 자질이 남성에 비해 부족하기 때문이다	1	2	3	4	5
⑧ 종교적으로 볼 때 여성은 남성에 비해 믿음이 강하다	1	2	3	4	5
⑨ 여성의 종교활동은 집안 일에 지장을 주지 않은 한도 내에서 해야 한다	1	2	3	4	5
⑩ 평등한 종교를 실현하기 위해 종교지도자 중 어느 정도 비율까지 여성에게 할당해야 한다	1	2	3	4	5

8. 귀하가 단체나 조직에서 리더가 된다면 다음 중 어떤 지도자의 유형을 선택하시겠습니까?

① 실력형(스스로 명료하게 정의된 계획 아래 행동하여 사람들을 이끄는 형)
② 경쟁형(다른 사람을 능가하고자 하는 경쟁적 열정을 지향하는 형)
③ 권력형(자신의 책임 아래 성원들을 통솔하는 형)
④ 설득형(자신이 가진 모든 자원을 활용하여 사람들을 자신에게 끌어들이는 형)
⑤ 사교형(필요한 상황에 동원할 수 있는 인맥관계를 만드는 형)
⑥ 위임형(능력 있는 사람을 선택하여 자신을 돕도록 하는 형)
⑦ 협력형(팀을 구성하여 협력하여 일하는 형)

⑧ 헌신형(자신을 던져 다른 사람의 일을 돕는 형)
⑨ 성원형(성원들을 고무하거나 북돋아주는 형)

9. 다음 사항 중 귀하의 견해와 일치하는 것에 V표를 해주십시오.

문항 \ 정도	전혀 그렇지 않다	그렇지 않다	그저 그렇다	그렇다	매우 그렇다
① 나는 내가 속한 집단의 이익을 위해 내 이익을 희생한다	1	2	3	4	5
② 다른 사람이 나보다 잘하면 속이 탄다	1	2	3	4	5
③ 경쟁이 없다면 좋은 사회는 만들어지지 않는다	1	2	3	4	5
④ 성공에 있어 가장 중요한 것은 그 사람의 능력이다	1	2	3	4	5
⑤ 나의 직장이나 사회발전도 좋지만 내 가족과 가정의 발전이 우선이다	1	2	3	4	5
⑥ 물질적으로 여유가 있어야 효도할 수 있다	1	2	3	4	5

10. 다음 사항 중 귀하의 견해와 일치하는 것에 V표를 해주십시오.

문항 \ 정도	전혀 그렇지 않다	그렇지 않다	그저 그렇다	그렇다	매우 그렇다
① 열심히 일하면 원하는 것을 얻을 수 있다	1	2	3	4	5
② 가난한 사람도 다른 사람들만큼 노력을 한다	1	2	3	4	5
③ 일에 실패한 사람은 자신을 탓해야 한다	1	2	3	4	5
④ 모든 사람에게 평등한 기회가 주어지지 않고 있다	1	2	3	4	5
⑤ 부유하고 힘있는 사람들 때문에 가난한 사람이 있다	1	2	3	4	5
⑥ 가난한 사람은 성공할 기회가 적다	1	2	3	4	5

다음 문항은 종교 지도자의 지도력(리더십)에 대한 질문입니다. 귀하의 생각을 말씀해 주십시오

1. 귀하는 현재 우리 사회에서 종교가 지도적인 역할을 수행하고 있다고 생각하십니까?

   ① 전혀 못한다   ② 거의 못한다   ③ 그저 그렇다
   ④ 비교적 잘한다 ⑤ 매우 잘한다

1-1. 다음의 종교 중에서 어떤 종교가 우리 사회에서 지도적인 역할을 잘 수행하고 있다고 생각하십니까?

   ① 불교   ② 개신교   ③ 천주교   ④ 유교   ⑤ 기타(   )

2. 귀하는 현재 우리 사회에서 성직자들이 충분한 역할을 다하고 있다고 생각하십니까?

   ① 전혀 못한다   ② 거의 못한다   ③ 그저 그렇다
   ④ 비교적 잘한다 ⑤ 매우 잘한다

2-1. 우리 사회에서 성직자들이 충분한 지도력을 발휘하지 못하고 있다고 생각한다면 가장 큰 이유는 무엇 때문이라고 생각하십니까?

   ① 성직자가 활동할 수 있는 사회적 여건이 불충분하기 때문에
   ② 성직자의 자질과 능력 부족 때문에
   ③ 성직자의 물질적인 욕심 때문에

④ 신도들의 신앙심 부족 때문에
⑤ 사회에 만연된 구조적 모순 때문에
⑥ 종교간의 과도한 경쟁 때문에
⑦ 기타(   )

3. 귀하는 우리나라 각 종교 성직자의 전반적 자질이 일반인에 비하여 어떻다고 생각하십니까?

① 매우 낮다   ② 낮은 편이다   ③ 그저 그렇다
④ 높은 편이다   ⑤ 매우 높다

4. 귀하는 다음 중 어떤 사람의 말을 가장 신뢰하고 있습니까?

① 기업인   ② 정치인   ③ 행정관료   ④ 언론인   ⑤ 성직자
⑥ 교육자   ⑦ 판사   ⑧ 변호사   ⑨ 검사   ⑩ 일반인
⑪ 기타(   )

5. 귀하는 다음 중 어떤 직종의 종사자가 가장 청렴하다고 생각하십니까?

① 기업인   ② 정치인   ③ 행정관료   ④ 언론인   ⑤ 성직자
⑥ 교육자   ⑦ 판사   ⑧ 변호사   ⑨ 검사   ⑩ 일반인
⑪ 기타(   )

6. 귀하는 다음 중 어떤 직종의 종사자가 사회적 영향력이 가장 크다고 생각하십니까?

① 기업인   ② 정치인   ③ 행정관료   ④ 언론인   ⑤ 성직자

⑥ 교육자   ⑦ 판사   ⑧ 변호사   ⑨ 검사   ⑩ 일반인
⑪ 기타(   )

7. 귀하는 다음 중 어떤 직종의 종사자가 가장 부패해 있다고 생각하십니까?

① 기업인   ② 정치인   ③ 행정관료   ④ 언론인   ⑤ 성직자
⑥ 교육자   ⑦ 판사   ⑧ 변호사   ⑨ 검사   ⑩ 일반인
⑪ 기타(   )

8. 귀하는 다음 중 어떤 직종의 종사자가 가장 사회적 위상이 높다고 생각하십니까?

① 기업인   ② 정치인   ③ 행정관료   ④ 언론인   ⑤ 성직자
⑥ 교육자   ⑦ 판사   ⑧ 변호사   ⑨ 검사   ⑩ 일반인
⑪ 기타(   )

9. 귀하는 우리 사회에서 종교의 미래가 어떻게 될 것이라고 생각하십니까?

① 매우 퇴보할 것이다   ② 현재 상태에서 정체될 것이다
③ 그저 그렇다   ④ 다소 발전할 것이다   ⑤ 매우 발전할 것이다

10. 귀하는 과거 종교가 우리 사회의 발전에 얼마나 기여하였다고 생각하십니까?

① 전혀 기여한 바 없다   ② 기여하지 못했다   ③ 그저 그렇다
④ 다소 기여한 편이다   ⑤ 매우 크게 기여하였다

11. 귀하는 앞으로 종교가 우리 사회에 얼마나 기여할 것이라고 생각하십니까?

   ① 전혀 기여한 바 없다   ② 기여하지 못했다   ③ 그저 그렇다
   ④ 다소 기여한 편이다   ⑤ 매우 크게 기여하였다

12. 만일 귀하가 종교를 가지고 있다면 종교 성직자가 사회 규범을 어겼을 때 어떻게 행동하시겠습니까?

   ① 어떤 경우든 성직자에게 절대적으로 믿고 순종한다
   ② 종교는 계속 믿지만 성직자는 거부할 것이다
   ③ 다른 종교시설로 이적할 것이다
   ④ 다른 종교로 개종할 것이다
   ⑤ 종교를 포기할 것이다
   ⑥ 기타 _____

13. 귀하는 종교 지도자가 우리 사회에서 어떤 역할을 해주기를 원하십니까?

   ① 자기 종교에서 충실히 해주기를 바란다
   ② 부정부패 척결에 앞장서 주기를 바란다
   ③ 남북통일에 기여해 주기를 바란다
   ④ 빈부 격차 해소에 일조해 주기를 바란다
   ⑤ 사회복지사업에 전념해 주기를 바란다
   ⑥ 사회적 안정에 기여해 주기를 바란다
   ⑦ 일반인의 정신적 귀의처가 되기를 바란다
   ⑧ 기타 _____

14. 귀하는 현재 우리 사회에서 어떤 분을 가장 이상적인 종교지도자라고 생각하십니까? 구체적으로 기입해 주십시오.

　　_____

15. 귀하는 성직자의 교육수준이 어느 정도 이상이어야 한다고 생각하십니까?

　① 고등학교 이상　② 대학교 이상　③ 대학원 석사 이상
　④ 대학원 박사 이상　⑤ 학력에 관계 없다

16. 귀하는 종교지도자의 자질을 강화하기 위해서는 어떻게 하는 것이 바람직하다고 생각하십니까?

　① 각 종교별로 성직자 교육을 강화한다
　② 성직자 선발에 엄격한 제약을 가한다
　③ 사회적 결격사유가 있는 사람의 성직자 활동을 법으로 금한다
　④ 자질이 부족한 성직자의 활동을 제도적으로 금지시킨다
　⑤ 기타

17. 귀하는 여성 성직자의 서품과 활동에 대하여 어떻게 생각하십니까?

　① 절대 반대한다　② 반대하는 편이다　③ 그저 그렇다
　④ 찬성하는 편이다　⑤ 적극 찬성한다

**다음은 귀하의 일반적인 배경에 대해 알아보고자 하는 것입니다.
통계분석 자료로만 사용될 것이니 사실대로 답해 주십시오.**

1. 귀하의 연령은? _____ 세

2. 귀하의 성별은?

    ① 남성　　　② 여성

3. 귀하의 결혼 여부는?

    ① 미혼　　　② 기혼　　　③ 기타

4. 귀하의 종교는?

    ① 불교　② 개신교　③ 천주교　④ 기타　⑤ 종교 없음

5. 귀하의 학력은?

    ① 중졸 이하　② 고졸　③ 전문대졸　④ 대졸　⑤ 대학원 이상

6. 귀하의 월평균 소득은?

    ① 50만 원 이하　　　　　　② 50만 원~100만 원 미만
    ③ 100만 원~150만 원 미만　④ 150만 원~200만 원 미만
    ⑤ 200만 원~250만 원 미만　⑥ 250만 원~300만 원 미만

⑦ 300만 원~350만 원 미만   ⑧ 350만 원~400만 원 미만
⑨ 400만 원 이상

7. 귀하의 직업은?

   ① 생산 감독자나 이에 해당하는 직업
   ② 기업체의 과장 이상의 사무직 종사자 / 과학자, 의사, 변호사 등 전문직 종사자 / 고위관리직 공무원(5급 이상)이거나 이와 유사한 직위의 직업 등
   ③ 대리 이하의 사무직 종사자 / 정부의 행정공무원 5급 미만 / 초·중·고 교사 등
   ④ 서비스직 피고용자(점원 및 판매원이나 이와 유사한 직업 등)
   ⑤ 청소원 / 단순노무자
   ⑥ 도소매 자영업, 요식숙박업, 가내수공업 혹은 이와 유사한 직업
   ⑦ 생산 및 생산관련 종사, 산업노동자
   ⑧ 가정주부   ⑨ 학생   ⑩ 기타(구체적으로 _____)

8. 귀하의 생활 수준은? 해당 항목에 V표를 해주십시오.

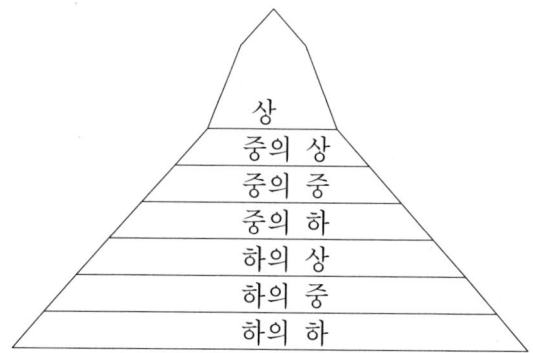

9. 귀하의 출신 지역은?

　　① 대도시　　② 중·소도시　　③ 읍·면(농어촌)　　④ 기타

　　　　　　　　　◎ 오랜 시간 도와주셔서 감사 드립니다.

	ID NUMBER	

리더십 연구를 위한 설문지 2

귀의 삼보하옵고,

오늘날 우리사회가 분화되고 전문화되면서 스님들의 지도력에도 변화가 요구되고 있습니다. 이에 본 연구소에서는 '스님들의 지도력(리더십)'에 관한 연구를 기획하여 수행하고 있습니다. 본 설문지는 이 연구에 필요한 기초자료를 수집하고자 마련한 것입니다.

귀하께서 말씀해 주시는 내용은 옳고 그름이 없으며 다만 통계적으로 처리하여 연구자료로만 이용하고 다른 목적으로는 절대 사용되지 않을 것이므로 솔직히 답변해 주시면 저희들의 연구에 큰 도움이 될 것입니다.

부디 바쁘시더라도 응답해 주시기를 간곡히 부탁드립니다. 귀하의 건강과 가정의 행복을 기원합니다. 대단히 감사합니다.

성불하십시오.

2000년 11월

중앙승가대학교 불교사회과학연구소
전화 : 02) 926-5905, 팩스 : 02) 928-4302
E-mail : LSM691@unitel.co.kr

다음 문항은 불교 리더십에 대한 질문입니다.
귀하의 생각을 말씀해 주십시오.

1. 귀하는 다음 중 어떤 유형의 스님을 가장 존경합니까?

   ① 수행에만 정진하고 계시는 선방 스님
   ② 기도나 염불을 잘 하시는 스님
   ③ 사찰 업무를 합리적이고 민주적으로 처리하는 스님
   ④ 사회 봉사활동을 적극적으로 실천하는 스님
   ⑤ 기타

2. 귀하는 불교 성직자로서 갖추어야 할 요건 중에서 가장 중요하다고 생각하는 것은 무엇입니까?

   ① 자질   ② 위엄과 품위   ③ 종무 수행 및 관리 능력
   ④ 대학 이상의 교육경력   ⑤ 기타

---

3. 귀하는 다음의 각 요소를 스님들이 어느 정도 갖추고 있다고 생각하십니까? 각 항목별로 해당하는 숫자 위에 O 표 해 주십시오.

   ① 수행자로서의 품위나 위의
      약 +--1--+--2--+--3--+--4--+--5--+ 강
   ② 사부대중을 장악하는 카리스마
      약 +--1--+--2--+--3--+--4--+--5--+ 강
   ③ 사회의 장래에 대한 통찰과 비전

약 +--1--+--2--+--3--+--4--+--5--+ 강
④ 신도들에게 지적인 자극을 줌
약 +--1--+--2--+--3--+--4--+--5--+ 강
⑤ 신도들에게 종교적 영감을 줌
약 +--1--+--2--+--3--+--4--+--5--+ 강
⑥ 신도들에 대한 사려 깊은 배려
약 +--1--+--2--+--3--+--4--+--5--+ 강
⑦ 매사를 합리적/합법적으로 해결
약 +--1--+--2--+--3--+--4--+--5--+ 강

4. 귀하는 사찰의 소임자 스님들께서 주어진 일을 어느 정도 수행하고 있다고 생각하십니까?

① 매우 잘 수행하고 있다   ② 대체로 잘 수행하는 편이다
③ 모르겠다
④ 다소 수행하고 있지 못하다   ⑤ 전혀 수행하고 있지 못하다

5. 귀하는 우리 사회에서 스님들의 사회적 지위가 어느 정도라고 생각하십니까?

① 매우 높다   ② 대체로 높은 편이다   ③ 그저 그렇다
④ 다소 낮은 편이다   ⑤ 매우 낮다

6. 귀하는 요즈음 우리 사회에서 품위가 없거나 자격이 없는 불교성직자들이 얼마나 된다고 생각하십니까?

① 아주 많다   ② 약간 많다   ③ 거의 없다

④ 전혀 없다　　　　⑤ 모르겠다

7. 귀하는 스님들로부터 사리에 맞지 않는 말을 듣거나 지시를 받은 경험이 있습니까?

　　① 있다 (7.1 문항으로 가십시오)　　　② 없다

7.1 (경험이 있다면) 대표적인 사례를 하나만이라도 적어 주십시오.

_____

8. 귀하는 다음 중 스님들의 솔선수범의 정도가 어디에 해당한다고 생각하십니까?

　　① 매사에 솔선수범한다
　　② 불교계 일에만 솔선수범한다
　　③ 해당 사찰 일에만 솔선수범한다
　　④ 매사에 솔선수범하지 못한다

9. 귀하는 스님들이 종단을 잘 이끌어 가고 있다고 생각하십니까?

　　① 매우 잘 이끌어 가고 있다
　　② 대체로 잘 이끌어 가고 있다
　　③ 그저 그렇다
　　④ 조금 잘못 이끌어 가고 있다
　　⑤ 매우 잘못 이끌어 가고 있다

11. 귀하는 종단 내 불교지도자들이 불교발전을 위해 어떤 역할을 해 주기를 바랍니까?

   _____
   _____

12. 귀하는 평소에 스님들에 대해 어떤 느낌이나 감정을 갖고 계십니까?

   ① 매우 청정한 이미지를 갖고 있었다
   ② 어느 정도 청정한 이미지를 갖고 있었다
   ③ 그저 그렇다
   ④ 별로 청정하지 못하다는 이미지를 갖고 있었다
   ⑤ 전혀 청정하지 못한 이미지를 갖고 있었다

13. 귀하는 스님들이 어느 정도 사회적 역할을 수행하고 있다고 생각하십니까?

   ① 매우 적극적으로 한다   ② 대체로 적극적인 편이다
   ③ 그저 그렇다
   ④ 별로 적극적이지 않다   ⑤ 전혀 적극적이지 않다

14. 귀하는 스님들이 타종교의 성직자에 비해 어느 면에서 더 낫다고 생각하십니까?

   ① 인간적 자질   ② 개개인의 청렴한 사생활
   ③ 대인관계 등 사회생활   ④ 업무처리 능력
   ⑤ 솔선수범   ⑥ 언행

⑦ 없다 ⑧ 기타 _____

15. 귀하는 어떤 유형의 불교성직자를 추종하십니까?

　　① 비범한 능력을 지닌 스님
　　② 권위와 기강을 중시하는 스님
　　③ 민주적인 태도를 지닌 스님
　　④ 만사를 본인이 알아서 처리하도록 간섭하지 않는 스님
　　⑤ 기타 _____

16. 귀하는 다음 중 어느 유형의 불교성직자를 이상적이라고 생각하십니까?

　　① 수행에 대한 관심 외의 모든 일에 무관심형
　　② 수행자는 물론 신도들과도 친목을 중시하는 친목중심형
　　③ 자신의 맡은 바 소임을 확실하게 처리하고 성취하는 업적중심형
　　④ 매사에 균형을 유지함으로써 어떤 부분에도 치우침이 없는 중도형

17. 귀하가 생각하시기에 오늘날 스님들이 신도를 지도하려면 어느 정도의 학력을 갖추어야 한다고 생각하십니까?

　　① 무학이어도 상관없다
　　② 고졸 이상의 학력만 갖추면 족하다
　　③ 대학 이상의 학력은 갖추어야 한다
　　④ 대학원 이상의 학력을 갖추어야 한다

18. 귀하가 생각하시기에 오늘날 스님들이 신도를 지도하려면 어느 정도

수행을 하셔야 한다고 생각하십니까?

① 지금보다 훨씬 수행을 더 많이 그리고 더 철저하게 해야 한다
② 지금의 수준이어도 상관없다
③ 타인을 지도함에 있어서는 수행이 중요하지 않다

19. 귀하는 스님의 사회활동 경력이 많을수록 지도력도 크다고 생각하십니까?

① 예　　　② 아니오　　　③ 모르겠다

20. (스님만 응답) 스님께서는 스님들의 지도력을 향상시킬 수 있는 연수 및 훈련 프로그램의 필요성을 어느 정도 느끼고 있습니까?

① 매우 절실하게 느낀다　　② 어느 정도 느낀다
③ 보통이다
④ 별로 못 느낀다　　　　　⑤ 전혀 못 느낀다

21. (스님만 응답) 스님께서는, 만약 지도력 향상을 위한 연수 및 훈련 프로그램이 있다면, 참가할 생각을 갖고 계십니까?

① 예　　　② 아니오　　　③ 모르겠다

**다음은 귀하의 일반적인 배경에 대해 알아보고자 하는 것입니다.
통계분석 자료로만 사용될 것이니 사실대로 답해 주십시오.**

1. 귀하의 연령은? _____ 세

2. 귀하의 성별은?

   ① 남성   ② 여성

3. 귀하의 결혼 여부는?

   ① 미혼   ② 기혼   ③ 기타

4. 귀하의 종교는?

   ① 불교   ② 개신교   ③ 천주교   ④ 기타   ⑤ 종교 없음

5. 귀하의 학력은?

   ① 중졸 이하   ② 고졸   ③ 전문대졸   ④ 대졸   ⑤ 대학원 이상

6. 귀하의 월평균 소득은?

   ① 50만 원 이하   ② 50만 원~100만 원 미만
   ③ 100만 원~150만 원 미만   ④ 150만 원~200만 원 미만
   ⑤ 200만 원~250만 원 미만   ⑥ 250만 원~300만 원 미만

⑦ 300만 원~350만 원 미만   ⑧ 350만 원~400만 원 미만
⑨ 400만 원 이상

7. 귀하의 직업은?

① 생산 감독자나 이에 해당하는 직업
② 기업체의 과장 이상의 사무직 종사자 / 과학자, 의사, 변호사 등 전문직 종사자 / 고위관리직 공무원(5급 이상)이거나 이와 유사한 직위의 직업 등
③ 대리 이하의 사무직 종사자 / 정부의 행정공무원 5급 미만 / 초·중·고 교사 등
④ 서비스직 피고용자(점원 및 판매원이나 이와 유사한 직업 등)
⑤ 청소원 / 단순노무자
⑥ 도소매 자영업, 요식숙박업, 가내수공업 혹은 이와 유사한 직업
⑦ 생산 및 생산관련 종사, 산업노동자
⑧ 가정주부   ⑨ 학생   ⑩ 기타(구체적으로 _____)

8. 귀하의 생활 수준은? 해당 항목에 V표를 해주십시오.

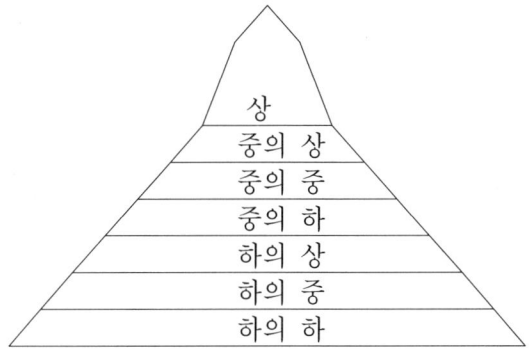

9. 귀하의 출신 지역은?

① 대도시　　② 중·소도시　　③ 읍·면(농어촌)　　④ 기타

◎ 오랜 시간 도와주셔서 감사 드립니다.

1. 일반지도력 빈도분석자료

Ⅰ. 다음 문항은 리더십 일반에 대한 질문입니다.

1. 귀하께서 생각하시기에 지도자(리더)의 원천은 어디에 있다고 생각하십니까?

유형 \ 분포	빈도	비율	순비율	누적비율
하늘이 내린다	35	7.3	7.4	7.4
개인의 자질이나 능력에 기인	266	55.2	56.4	63.8
사회변화의 필요에 따라	71	14.7	15.0	78.8
국민의 합의나 여론에 의해	54	11.2	11.4	90.3
종교적 힘에 의해	4	.8	.8	91.1
특정 지역이나 사회성원의 지지에 의해	39	8.1	8.3	99.4
기타	3	.6	.6	100.0
소계	472	97.9	100.0	
무응답	10	2.1		
계	482	100.0		

2. 귀하께서는 일반적으로 좋은 지도자(리더)가 되기 위해 다음이 각각이 얼마나 중요하다고 생각하십니까?

① 카리스마적 능력

유형 \ 분포	빈도	비율	순비율	누적비율
전혀 중요하지 않다	9	1.9	1.9	1.9
중요하지 않다	9	1.9	1.9	3.8
그저 그렇다	41	8.5	8.8	12.6
중요하다	227	47.1	48.5	61.1
매우 중요하다	182	37.8	38.9	100.0
소계	468	97.1	100.0	
무응답	14	2.9		
계	482	100.0		

② 미래에 대한 통찰과 비전

유형 \ 분포	빈도	비율	순비율	누적비율
전혀 중요하지 않다	7	1.5	1.5	1.5
중요하지 않다	15	3.1	3.2	4.7
그저 그렇다	31	6.4	6.6	11.3
중요하다	188	39.0	40.2	51.5
매우 중요하다	227	47.1	48.5	100.0
소계	468	97.1	100.0	
무응답	14	2.9		
계	482	100.0		

③ 지적인 영향력

유형 \ 분포	빈도	비율	순비율	누적비율
전혀 중요하지 않다	11	2.3	2.4	2.4
중요하지 않다	41	8.5	8.8	11.2
그저 그렇다	135	28.0	29.0	40.2
중요하다	220	45.6	47.3	87.5
매우 중요하다	58	12.0	12.5	100.0
소계	465	96.5	100.0	
무응답	17	3.5		
계	482	100.0		

④ 인간적이며 사려 깊은 배려

유형 \ 분포	빈도	비율	순비율	누적비율
전혀 중요하지 않다	11	2.3	2.4	2.4
중요하지 않다	21	4.4	4.5	6.9
그저 그렇다	48	10.0	10.3	17.1
중요하다	193	40.0	41.3	58.5
매우 중요하다	194	40.2	41.5	100.0
소계	467	96.9	100.0	
무응답	15	3.1		
계	482	100.0		

3-1. 조직이나 단체에서 개개인은 지위를 막론하고 지도력(리더십)을 발휘해야 한다.

유형 \ 분포	빈도	비율	순비율	누적비율
전혀 그렇지 않다	32	6.6	6.7	6.7
그렇지 않다	156	32.4	32.8	39.6
그저 그렇다	101	21.0	21.3	60.8
그렇다	144	29.9	30.3	91.2
매우 그렇다	42	8.7	8.8	100.0
소계	475	98.5	100.0	
무응답	7	1.5		
계	482	100.0		

3-2. 지도력은 지도자(리더) 자신의 특성과 자질이 가장 중요하다.

유형 \ 분포	빈도	비율	순비율	누적비율
전혀 그렇지 않다	8	1.7	1.7	1.7
그렇지 않다	27	5.6	5.7	7.4
그저 그렇다	65	13.5	13.7	21.1
그렇다	270	56.0	56.8	77.9
매우 그렇다	105	21.8	22.1	100.0
소계	475	98.5	100.0	
무응답	7	1.5		
계	482	100.0		

3-3. 지도력은 타인을 지배하는 기술이다.

유형 \ 분포	빈도	비율	순비율	누적비율
전혀 그렇지 않다	93	19.3	19.7	19.7
그렇지 않다	170	35.3	35.9	55.6
그저 그렇다	96	19.9	20.3	75.9
그렇다	102	21.2	21.6	97.5
매우 그렇다	12	2.5	2.5	100.0
소계	473	98.1	100.0	
무응답	9	1.9		
계	482	100.0		

3-4. 지도력은 지도자에게 부여된 권한과 지위에 의해 전적으로 결정된다.

유형 \ 분포	빈도	비율	순비율	누적비율
전혀 그렇지 않다	68	14.1	14.4	14.4
그렇지 않다	196	40.7	41.5	55.9
그저 그렇다	98	20.3	20.8	76.7
그렇다	98	20.3	20.8	97.5
매우 그렇다	12	2.5	2.5	100.0
소계	472	97.9	100.0	
무응답	10	2.1		
계	482	100.0		

3-5. 지도자는 조직이나 단체에서 지도자 자신의 권력이나 힘을 나타내는 것이다.

유형 \ 분포	빈도	비율	순비율	누적비율
전혀 그렇지 않다	105	21.8	22.3	22.3
그렇지 않다	189	39.2	40.1	62.4
그저 그렇다	89	18.5	18.9	81.3
그렇다	81	16.8	17.2	98.5
매우 그렇다	7	1.5	1.5	100.0
소계	471	97.7	100.0	
무응답	11	2.3		
계	482	100.0		

3-6. 지도력은 조직이나 단체내의 구성원들과의 상호작용에서 나타나는 것이다.

유형 \ 분포	빈도	비율	순비율	누적비율
전혀 그렇지 않다	8	1.7	1.7	1.7
그렇지 않다	7	1.5	1.5	3.2
그저 그렇다	49	10.2	10.4	13.6
그렇다	241	50.0	51.2	64.8
매우 그렇다	166	34.4	35.2	100.0
소계	471	97.7	100.0	
무응답	11	2.3		
계	482	100.0		

4. 다음은 조직이나 단체에서 리더가 지녀야 할 영향력입니다.

① 지위에 근거한 영향력을 발휘해야 한다.

유형 \ 분포	빈도	비율	순비율	누적비율
전혀 그렇지 않다	9	1.9	1.9	1.9
그렇지 않다	44	9.1	9.2	11.1
그저 그렇다	94	19.5	19.7	30.8
그렇다	284	58.9	59.4	90.2
매우 그렇다	47	9.8	9.8	100.0
소계	478	99.2	100.0	
무응답	4	.8		
계	482	100.0		

② 성원들에 대한 처벌 권한을 가져야 한다.

유형 \ 분포	빈도	비율	순비율	누적비율
전혀 그렇지 않다	27	5.6	5.7	5.7
그렇지 않다	124	25.7	26.2	31.9
그저 그렇다	139	28.8	29.4	61.3
그렇다	167	34.6	35.3	96.6
매우 그렇다	16	3.3	3.4	100.0
소계	473	98.1	100.0	
무응답	9	1.9		
계	482	100.0		

③ 성원들에 대한 보상권한을 줄 수 있어야 한다.

유형 \ 분포	빈도	비율	순비율	누적비율
전혀 그렇지 않다	8	1.7	1.7	1.7
그렇지 않다	54	11.2	11.6	13.3
그저 그렇다	114	23.7	24.4	37.7
그렇다	242	50.2	51.8	89.5
매우 그렇다	49	10.2	10.5	100.0
소계	467	96.9	100.0	
무응답	15	3.1		
계	482	100.0		

④ 전문가이기에 그의 말을 따른다.

유형 \ 분포	빈도	비율	순비율	누적비율
전혀 그렇지 않다	32	6.6	6.8	6.8
그렇지 않다	134	27.8	28.3	35.0
그저 그렇다	153	31.7	32.3	67.3
그렇다	135	28.0	28.5	95.8
매우 그렇다	20	4.1	4.2	100.0
소계	474	98.3	100.0	
무응답	8	1.7		
계	482	100.0		

⑤ 성원들이 따르고 싶고 인정받고 싶어할 수 있는 개인적 성격을 가져야 한다.

유형 \ 분포	빈도	비율	순비율	누적비율
전혀 그렇지 않다	10	2.1	2.1	2.1
그렇지 않다	26	5.4	5.5	7.5
그저 그렇다	73	15.1	15.3	22.9
그렇다	253	52.5	53.0	75.9
매우 그렇다	115	23.9	24.1	100.0
소계	477	99.0	100.0	
무응답	5	1.0		
계	482	100.0		

⑥ 사교나 정보 범위를 넓혀줄 수 있는 광범위한 사회적 연결망을 가져야 한다.

유형 \ 분포	빈도	비율	순비율	누적비율
전혀 그렇지 않다	6	1.2	1.3	1.3
그렇지 않다	17	3.5	3.6	4.9
그저 그렇다	82	17.0	17.3	22.2
그렇다	272	56.4	57.5	79.7
매우 그렇다	96	19.9	20.3	100.0
소계	473	98.1	100.0	
무응답	9	1.9		
계	482	100.0		

5-1. 귀하께서는 조직이나 단체에서 힘 또는 권력(power)이란 무엇이라고 생각하십니까?

유형 \ 분포	빈도	비율	순비율	누적비율
경쟁을 통해 얻는 것	65	13.5	13.5	13.5
개인이 지닌 것	46	9.5	9.6	23.1
통제력	222	46.1	46.3	69.4
협동을 통해 구축	103	21.4	21.5	90.8
단체성원이 공동 소유하는 것	38	7.9	7.9	98.8
구성원들간의 상호영향력	6	1.2	1.3	100.0
소계	480	99.6	100.0	
무응답	2	.4		
계	482	100.0		

5-2. 귀하께서는 조직이나 단체에서 힘 또는 권력(power)이란 무엇이라고 생각하십니까?

유형 \ 분포	빈도	비율	순비율	누적비율
개인이 지닌 것	4	.8	.9	.9
통제력	51	10.6	11.9	12.9
협동을 통해 구축	70	14.5	16.4	29.2
단체성원이 공동 소유하는 것	97	20.1	22.7	51.9
구성원들간의 상호영향력	206	42.7	48.1	100.0
소계	428	88.8	100.0	
무응답	54	11.2		
계	482	100.0		

6. 귀하께서 생각하기에 현재 우리 사회에서 어떤 지도자의 유형이 필요하다고 생각하십니까?

유형 \ 분포	빈도	비율	순비율	누적비율
단체를 이끄는 리더십	224	46.5	46.9	46.9
신의 역할을 대행하는 리더십	8	1.7	1.7	48.5
이상적인 인간상을 제공하는 리더십	74	15.4	15.5	64.0
불확신한 미래에 대한 불안 해소	161	33.4	33.7	97.7
기타	11	2.3	2.3	100.0
소계	478	99.2	100.0	
무응답	4	.8		
계	482	100.0		

7-1. 중요한 책임이 수반되는 직위를 여성에게 허용해서는 안 된다.

유형 \ 분포	빈도	비율	순비율	누적비율
전혀 그렇지 않다	242	50.2	51.1	51.1
그렇지 않다	160	33.2	33.8	84.8
그저 그렇다	48	10.0	10.1	94.9
그렇다	20	4.1	4.2	99.2
매우 그렇다	4	.8	.8	100.0
소계	474	98.3	100.0	
무응답	8	1.7		
	482	100.0		

7-2. 조직이나 단체지도자로서 여성의 능력과 자질이 남성에 비해 부족하다.

유형 \ 분포	빈도	비율	순비율	누적비율
전혀 그렇지 않다	178	36.9	37.7	37.7
그렇지 않다	168	34.9	35.6	73.3
그저 그렇다	59	12.2	12.5	85.8
그렇다	58	12.0	12.3	98.1
매우 그렇다	9	1.9	1.9	100.0
소계	472	97.9	100.0	
무응답	10	2.1		
계	482	100.0		

7-3. 내가 속한 조직이나 단체에 리더가 여성이라도 상관없다.

유형 \ 분포	빈도	비율	순비율	누적비율
전혀 그렇지 않다	18	3.7	3.8	3.8
그렇지 않다	29	6.0	6.2	10.0
그저 그렇다	57	11.8	12.2	22.2
그렇다	235	48.8	50.1	72.3
매우 그렇다	130	27.0	27.7	100.0
소계	469	97.3	100.0	
무응답	13	2.7		
계	482	100.0		

7-4. 여성은 남성보다 리더십이 약하다.

유형 \ 분포	빈도	비율	순비율	누적비율
전혀 그렇지 않다	118	24.5	25.1	25.1
그렇지 않다	153	31.7	32.5	57.5
그저 그렇다	95	19.7	20.2	77.7
그렇다	95	19.7	20.2	97.9
매우 그렇다	10	2.1	2.1	100.0
소계	471	97.7	100.0	
무응답	11	2.3		
계	482	100.0		

7-5. 단체나 조직에서 여성의 리더로서의 활동은 자녀와 가사에 지장을 준다.

유형 \ 분포	빈도	비율	순비율	누적비율
전혀 그렇지 않다	32	6.6	6.8	6.8
그렇지 않다	109	22.6	23.2	30.1
그저 그렇다	121	25.1	25.8	55.9
그렇다	176	36.5	37.5	93.4
매우 그렇다	31	6.4	6.6	100.0
소계	469	97.3	100.0	
무응답	13	2.7		
계	482	100.0		

7-6. 조직에서 리더 선출시 남녀후보자가 있을 경우 이왕이면 여자보다 남자를 뽑겠다.

유형 \ 분포	빈도	비율	순비율	누적비율
전혀 그렇지 않다	85	17.6	18.2	18.2
그렇지 않다	144	29.9	30.9	49.1
그저 그렇다	93	19.3	20.0	69.1
그렇다	118	24.5	25.3	94.4
매우 그렇다	26	5.4	5.6	100.0
소계	466	96.7	100.0	
무응답	16	3.3		
계	482	100.0		

7-7. 우리 사회에서 종교의 여성지도자가 드문 것은 종교지도자로서 여성의 능력과 자질이 남성에 비해 부족하기 때문이다.

유형 \ 분포	빈도	비율	순비율	누적비율
전혀 그렇지 않다	135	28.0	28.6	28.6
그렇지 않다	204	42.3	43.2	71.8
그저 그렇다	69	14.3	14.6	86.4
그렇다	58	12.0	12.3	98.7
매우 그렇다	6	1.2	1.3	100.0
소계	472	97.9	100.0	
무응답	10	2.1		
계	482	100.0		

7-8. 종교적으로 볼 때 여성은 남성에 비해 믿음이 강하다.

유형 \ 분포	빈도	비율	순비율	누적비율
전혀 그렇지 않다	32	6.6	6.8	6.8
그렇지 않다	70	14.5	14.9	21.7
그저 그렇다	132	27.4	28.1	49.9
그렇다	185	38.4	39.4	89.3
매우 그렇다	50	10.4	10.7	100.0
소계	469	97.3	100.0	
무응답	13	2.7		
계	482	100.0		

7-9. 여성의 종교활동은 집안 일에 지장을 주지 않은 한도 내에서 해야 한다.

유형 \ 분포	빈도	비율	순비율	누적비율
전혀 그렇지 않다	29	6.0	6.2	6.2
그렇지 않다	61	12.7	13.0	19.1
그저 그렇다	90	18.7	19.1	38.2
그렇다	227	47.1	48.2	86.4
매우 그렇다	64	13.3	13.6	100.0
소계	471	97.7	100.0	
무응답	11	2.3		
계	482	100.0		

7-10. 평등한 종교를 실현하기 위해 종교지도자 중 어느 정도 비율까지 여성에게 할당해야 한다.

유형 \ 분포	빈도	비율	순비율	누적비율
전혀 그렇지 않다	26	5.4	5.6	5.6
그렇지 않다	68	14.1	14.6	20.2
그저 그렇다	158	32.8	33.8	54.0
그렇다	176	36.5	37.7	91.7
매우 그렇다	38	7.9	8.1	100.0
소계	467	96.9	100.0	
무응답	16	3.3		
계	482	100.0		

8. 귀하가 단체나 조직에서 리더가 된다면 다음 중 어떤 지도자의 유형을 선택하시겠습니까?

유형 \ 분포	빈도	비율	순비율	누적비율
실력형	122	25.3	25.6	25.6
경쟁형	10	2.1	2.1	27.7
권력형	15	3.1	3.2	30.9
설득형	59	12.2	12.4	43.3
사교형	16	3.3	3.4	46.6
위임형	45	9.3	9.5	56.1
협력형	164	34.0	34.5	90.5
헌신형	26	5.4	5.5	96.0
성원형	19	3.9	4.0	100.0
소계	476	98.8	100.0	
무응답	6	1.2		
계	482	100.0		

9-1. 나는 내가 속한 집단의 이익을 위해 내 이익을 희생한다.

유형 \ 분포	빈도	비율	순비율	누적비율
전혀 그렇지 않다	12	2.5	2.5	2.5
그렇지 않다	94	19.5	19.7	22.2
그저 그렇다	185	38.4	38.8	61.0
그렇다	166	34.4	34.8	95.8
매우 그렇다	20	4.1	4.2	100.0
소계	477	99.0	100.0	
무응답	5	1.0		
계	482	100.0		

9-2. 다른 사람이 나다 잘하면 속이 탄다.

유형 \ 분포	빈도	비율	순비율	누적비율
전혀 그렇지 않다	28	5.8	5.9	5.9
그렇지 않다	139	28.8	29.1	35.0
그저 그렇다	151	31.3	31.7	66.7
그렇다	144	29.9	30.2	96.9
매우 그렇다	15	3.1	3.1	100.0
소계	477	99.0	100.0	
무응답	5	1.0		
계	482	100.0		

9-3. 경쟁이 없다면 좋은 사회는 만들어지지 않는다.

유형 \ 분포	빈도	비율	순비율	누적비율
전혀 그렇지 않다	12	2.5	2.5	2.5
그렇지 않다	45	9.3	9.4	11.9
그저 그렇다	92	19.1	19.2	31.1
그렇다	275	57.1	57.4	88.5
매우 그렇다	55	11.4	11.5	100.0
소계	479	99.4	100.0	
무응답	3	.6		
계	482	100.0		

9-4. 성공에 있어 가장 중요한 것은 그 사람의 능력이다.

유형 \ 분포	빈도	비율	순비율	누적비율
전혀 그렇지 않다	8	1.7	1.7	1.7
그렇지 않다	49	10.2	10.2	11.9
그저 그렇다	106	22.0	22.1	34.0
그렇다	246	51.0	51.3	85.2
매우 그렇다	71	14.7	14.8	100.0
소계	480	99.6	100.0	
무응답	2	.4		
계	482	100.0		

9-5. 나의 직장이나 사회발전도 좋지만 내 가족과 가정의 발전이 우선이다.

유형 \ 분포	빈도	비율	순비율	누적비율
전혀 그렇지 않다	5	1.0	1.1	1.1
그렇지 않다	39	8.1	8.2	9.2
그저 그렇다	113	23.4	23.7	33.0
그렇다	244	50.6	51.3	84.2
매우 그렇다	75	15.6	15.8	100.0
소계	476	98.8	100.0	
무응답	6	1.2		
계	482	100.0		

9-6. 물질적으로 여유가 있어야 효도할 수 있다.

유형 \ 분포	빈도	비율	순비율	누적비율
전혀 그렇지 않다	37	7.7	7.8	7.8
그렇지 않다	140	29.0	29.5	37.3
그저 그렇다	84	17.4	17.7	54.9
그렇다	171	35.5	36.0	90.9
매우 그렇다	43	8.9	9.1	100.0
소계	475	98.5	100.0	
무응답	7	1.5		
계	482	100.0		

10-1. 열심히 일하면 원하는 것을 얻을 수 있다.

유형 \ 분포	빈도	비율	순비율	누적비율
전혀 그렇지 않다	8	1.7	1.7	1.7
그렇지 않다	66	13.7	13.8	15.4
그저 그렇다	145	30.1	30.3	45.7
그렇다	230	47.7	48.0	93.7
매우 그렇다	30	6.2	6.3	100.0
소계	479	99.4	100.0	
무응답	3	.6		
계	482	100.0		

10-2. 가난한 사람도 다른 사람들 만큼 노력을 한다.

유형 \ 분포	빈도	비율	순비율	누적비율
전혀 그렇지 않다	4	.8	.8	.8
그렇지 않다	42	8.7	8.8	9.6
그저 그렇다	109	22.6	22.9	32.5
그렇다	270	56.0	56.6	89.1
매우 그렇다	52	10.8	10.9	100.0
소계	477	99.0	100.0	
무응답	5	1.0		
계	482	100.0		

10-3. 일에 실패한 사람은 자신을 탓해야 한다.

유형 \ 분포	빈도	비율	순비율	누적비율
전혀 그렇지 않다	21	4.4	4.4	4.4
그렇지 않다	129	26.8	27.0	31.4
그저 그렇다	153	31.7	32.1	63.5
그렇다	161	33.4	33.8	97.3
매우 그렇다	13	2.7	2.7	100.0
소계	477	99.0	100.0	
무응답	5	1.0		
계	482	100.0		

10-4. 모든 사람에게 평등한 기회가 주어지지 않고 있다.

유형 \ 분포	빈도	비율	순비율	누적비율
전혀 그렇지 않다	7	1.5	1.5	1.5
그렇지 않다	24	5.0	5.0	6.5
그저 그렇다	84	17.4	17.6	24.1
그렇다	273	56.6	57.1	81.2
매우 그렇다	90	18.7	18.8	100.0
소계	478	99.2	100.0	
무응답	4	.8		
계	482	100.0		

10-5. 부유하고 힘있는 사람들 때문에 가난한 사람이 있다.

유형 \ 분포	빈도	비율	순비율	누적비율
전혀 그렇지 않다	17	3.5	3.5	3.5
그렇지 않다	101	21.0	21.1	24.6
그저 그렇다	130	27.0	27.1	51.8
그렇다	190	39.4	39.7	91.4
매우 그렇다	41	8.5	8.6	100.0
소계	479	99.4	100.0	
무응답	3	.6		
계	482	100.0		

10-6. 가난한 사람은 성공할 기회가 적다.

유형 \ 분포	빈도	비율	순비율	누적비율
전혀 그렇지 않다	17	3.5	3.5	3.5
그렇지 않다	61	12.7	12.7	16.3
그저 그렇다	82	17.0	17.1	33.4
그렇다	229	47.5	47.8	81.2
매우 그렇다	90	18.7	18.8	100.0
소계	479	99.4	100.0	
무응답	3	.6		
계	482	100.0		

Ⅱ. 다음 문항은 종교 지도자의 지도력(리더십)에 대한 질문입니다.

1. 귀하는 현재 우리 사회에서 종교가 지도적인 역할을 수행하고 있다고 생각하십니까?

유형＼분포	빈도	비율	순비율	누적비율
전혀 못한다	46	9.5	9.7	9.7
거의 못한다	179	37.1	37.8	47.6
그저 그렇다	204	42.3	43.1	90.7
비교적 잘한다	40	8.3	8.5	99.2
매우 잘한다	4	.8	.8	100.0
소계	473	98.1	100.0	
무응답	9	1.9		
계	482	100.0		

1-1. 다음의 종교 중에서 어떤 종교가 우리 사회에서 지도적인 역할을 잘 수행하고 있다고 생각하십니까?

유형＼분포	빈도	비율	순비율	누적비율
불교	84	17.4	20.8	20.8
개신교	73	15.1	18.1	39.0
천주교	186	38.6	46.2	85.1
유교	15	3.1	3.7	88.8
기타	45	9.3	11.2	100.0
소계	403	83.6	100.0	
무응답	79	16.4		
계	482	100.0		

2. 귀하는 현재 우리 사회에서 성직자들이 충분한 역할을 다하고 있다고 생각하십니까?

유형 \ 분포	빈도	비율	순비율	누적비율
전혀 못한다	36	7.5	7.5	7.5
거의 못한다	160	33.2	33.5	41.0
그저 그렇다	238	49.4	49.8	90.8
비교적 잘한다	43	8.9	9.0	99.8
매우 잘한다	1	.2	.2	100.0
소계	478	99.2	100.0	
무응답	4	.8		
계	482	100.0		

2-1. 우리 사회에서 성직자들이 충분한 지도력을 발휘하지 못하고 있다고 생각한다면 가장 큰 이유는 무엇 때문이라고 생각하십니까?

유형 \ 분포	빈도	비율	순비율	누적비율
사회적 여건이 불충분하기 때문	66	13.7	14.6	14.6
자질과 능력 부족	73	15.1	16.2	30.8
물질적인 욕심	142	29.5	31.4	62.2
신앙심 부족	15	3.1	3.3	65.5
구조적 모순	87	18.0	19.2	84.7
종교간의 과도한 경쟁 때문	61	12.7	13.5	98.2
기타	8	1.7	1.8	100.0
소계	452	93.8	100.0	
무응답	30	6.2		
계	482	100.0		

3. 귀하는 우리나라 각 종교 성직자의 전반적 자질이 일반인에 비하여 어떻다고 생각하십니까?

유형 \ 분포	빈도	비율	순비율	누적비율
매우 낮다	14	2.9	2.9	2.9
낮은 편	55	11.4	11.6	14.5
그저 그렇다	273	56.6	57.4	71.8
높은 편	129	26.8	27.1	98.9
매우 높다	5	1.0	1.1	100.0
소계	476	98.8	100.0	
무응답	6	1.2		
계	482	100.0		

4. 귀하는 다음 중 어떤 사람의 말을 가장 신뢰하고 있습니까?

유형＼분포	빈도	비율	순비율	누적비율
기업인	11	2.3	2.4	2.4
일반인	81	16.8	17.8	20.2
기타	35	7.3	7.7	27.9
정치인	1	.2	.2	28.1
행정관료	7	1.5	1.5	29.7
언론인	44	9.1	9.7	39.3
성직자	132	27.4	29.0	68.4
교육자	127	26.3	27.9	96.3
판사	14	2.9	3.1	99.3
변호사	1	.2	.2	99.6
검사	2	.4	.4	100.0
소계	455	94.4	100.0	
무응답	27	5.6		
계	482	100.0		

5. 귀하는 다음 중 어떤 직종의 종사자가 가장 청렴하다고 생각하십니까?

유형＼분포	빈도	비율	순비율	누적비율
기업인	2	.4	.4	.4
일반인	138	28.6	30.6	31.0
기타	26	5.4	5.8	36.8
정치인	2	.4	.4	37.3
행정관료	7	1.5	1.6	38.8
언론인	22	4.6	4.9	43.7
성직자	152	31.5	33.7	77.4
교육자	84	17.4	18.6	96.0
판사	7	1.5	1.6	97.6
변호사	1	.2	.2	97.8
검사	10	2.1	2.2	100.0
소계	451	93.6	100.0	
무응답	31	6.4		
계	482	100.0		

6. 귀하는 다음 중 어떤 직종의 종사자가 사회적 영향력이 가장 크다고 생각하십니까?

유형 \ 분포	빈도	비율	순비율	누적비율
기업인	40	8.3	8.6	8.6
일반인	20	4.1	4.3	12.8
기타	5	1.0	1.1	13.9
정치인	251	52.1	53.7	67.7
행정관료	22	4.6	4.7	72.4
언론인	79	16.4	16.9	89.3
성직자	31	6.4	6.6	95.9
교육자	11	2.3	2.4	98.3
판사	2	.4	.4	98.7
변호사	1	.2	.2	98.9
검사	5	1.0	1.1	100.0
소계	467	96.9	100.0	
무응답	15	3.1		
계	482	100.0		

7. 귀하는 다음 중 어떤 직종의 종사자가 가장 부패해 있다고 생각하십니까?

유형 \ 분포	빈도	비율	순비율	누적비율
기업인	28	5.8	5.9	5.9
일반인	6	1.2	1.3	7.2
기타	4	.8	.8	8.0
정치인	377	78.2	79.5	87.6
행정관료	31	6.4	6.5	94.1
언론인	13	2.7	2.7	96.8
성직자	7	1.5	1.5	98.3
교육자	3	.6	.6	98.9
판사	1	.2	.2	99.2
변호사	2	.4	.4	99.6
검사	2	.4	.4	100.0
소계	474	98.3	100.0	
무응답	8	1.7		
계	482	100.0		

8. 귀하는 다음 중 어떤 직종의 종사자가 가장 사회적 위상이 높다고 생각하십니까?

유형 \ 분포	빈도	비율	순비율	누적비율
기업인	42	8.7	9.2	9.2
일반인	10	2.1	2.2	11.4
기타	12	2.5	2.6	14.0
정치인	156	32.4	34.2	48.2
행정관료	23	4.8	5.0	53.3
언론인	30	6.2	6.6	59.9
성직자	56	11.6	12.3	72.1
교육자	34	7.1	7.5	79.6
판사	64	13.3	14.0	93.6
변호사	7	1.5	1.5	95.2
검사	22	4.6	4.8	100.0
소계	456	94.6	100.0	
무응답	26	5.4		
계	482	100.0		

9. 귀하는 우리사회에서 종교의 미래가 어떻게 될 것이라고 생각하십니까?

유형 \ 분포	빈도	비율	순비율	누적비율
매우 퇴보	44	9.1	9.2	9.2
현재 상태 정체	142	29.5	29.8	39.1
그저 그렇다	132	27.4	27.7	66.8
다소 발전	121	25.1	25.4	92.2
매우 발전	37	7.7	7.8	100.0
소계	476	98.8	100.0	
무응답	6	1.2		
계	482	100.0		

10. 귀하는 과거 종교가 우리 사회의 발전에 얼마나 기여하였다고 생각하십니까?

유형 \ 분포	빈도	비율	순비율	누적비율
전혀 기여한 바 없다	18	3.7	3.8	3.8
기여하지 못했다	61	12.7	12.8	16.6
그저 그렇다	126	26.1	26.5	43.2
다소 기여한 편	198	41.1	41.7	84.8
매우 크게 기여	72	14.9	15.2	100.0
소계	475	98.5	100.0	
무응답	7	1.5		
계	482	100.0		

11. 귀하는 앞으로 종교가 우리 사회에 얼마나 기여할 것이라고 생각하십니까?

유형 \ 분포	빈도	비율	순비율	누적비율
전혀 기여하지 못할 것	19	3.9	4.0	4.0
기여하지 못할 것	72	14.9	15.1	19.1
그저 그렇다	170	35.3	35.7	54.8
다소 기여	175	36.3	36.8	91.6
매우 크게 기여	40	8.3	8.4	100.0
소계	476	98.8	100.0	
무응답	6	1.2		
계	482	100.0		

12. 만일 귀하가 종교를 가지고 있다면 종교 성직자가 사회 규범을 어겼을 때 어떻게 행동하시겠습니까?

유형 \ 분포	빈도	비율	순비율	누적비율
성직자에 절대적으로 믿고 순종	19	3.9	4.2	4.2
종교는 믿지만 성직자는 거부	357	74.1	78.3	82.5
다른 종교시설로 이적	19	3.9	4.2	86.6
다른 종교로 개종	6	1.2	1.3	87.9
종교를 포기	39	8.1	8.6	96.5
기타	16	3.3	3.5	100.0
소계	456	94.6	100.0	
무응답	26	5.4		
계	482	100.0		

13. 귀하는 종교 지도자가 우리 사회에서 어떤 역할을 해주기를 원하십니까?

유형 \ 분포	빈도	비율	순비율	누적비율
자기 종교에 충실	150	31.1	31.8	31.8
부정부패 척결에 앞장	31	6.4	6.6	38.4
남북통일에 기여	7	1.5	1.5	39.9
빈부 격차 해소에 일조	23	4.8	4.9	44.8
사회복지사업에 전념	81	16.8	17.2	62.0
사회적 안정에 기여	62	12.9	13.2	75.2
일반인의 정신적 귀의처	111	23.0	23.6	98.7
기타	6	1.2	1.3	100.0
소계	471	97.7	100.0	
무응답	11	2.3		
계	482	100.0		

14. 귀하는 성직자의 교육 수준이 어느 정도 이상이어야 한다고 생각하십니까?

유형 \ 분포	빈도	비율	순비율	누적비율
고등학교 이상	25	5.2	5.3	5.3
대학교 이상	139	28.8	29.6	34.9
대학원 석사 이상	35	7.3	7.4	42.3
대학원 박사 이상	28	5.8	6.0	48.3
학력에 관계없다	243	50.4	51.7	100.0
소계	470	97.5	100.0	
무응답	12	2.5		
계	482	100.0		

15. 귀하는 종교지도자의 자질을 강화하기 위해서는 어떻게 하는 것이 바람직하다고 생각하십니까?

유형 \ 분포	빈도	비율	순비율	누적비율
각 종교별로 성직자 교육 강화	154	32.0	33.3	33.3
성직자 선발에 엄격한 제약을 가한다	101	21.0	21.9	55.2
결격사유가 있는 사람의 활동을 금한다	40	8.3	8.7	63.9
자질이 부족한 성직자의 활동 제도적으로 금지	133	27.6	28.8	92.6
기타	34	7.1	7.4	100.0
소계	462	95.9	100.0	
무응답	20	4.1		
계	482	100.0		

16. 귀하는 여성 성직자의 서품과 활동에 대하여 어떻게 생각하십니까?

유형 \ 분포	빈도	비율	순비율	누적비율
절대 반대	13	2.7	2.8	2.8
반대하는 편	25	5.2	5.4	8.2
그저 그렇다	137	28.4	29.5	37.7
찬성하는 편	210	43.6	45.3	83.0
적극 찬성	79	16.4	17.0	100.0
소계	464	96.3	100.0	
무응답	18	3.7		
계	482	100.0		

III. 다음은 귀하의 일반적인 배경에 대해 알아보고자 하는 것입니다.

1. 귀하의 연령은?

유형	분포	빈도	비율	순비율	누적비율
연령	무응답	12	2.5	2.5	2.5
	19	9	1.9	1.9	4.4
	20	16	3.3	3.3	7.7
	21	13	2.7	2.7	10.4
	22	21	4.4	4.4	14.7
	23	20	4.1	4.1	18.9
	24	27	5.6	5.6	24.5
	25	27	5.6	5.6	30.1
	26	29	6.0	6.0	36.1
	27	24	5.0	5.0	41.1
	28	20	4.1	4.1	45.2
	29	22	4.6	4.6	49.8
	30	21	4.4	4.4	54.1
	31	10	2.1	2.1	56.2
	32	5	1.0	1.0	57.3
	33	7	1.5	1.5	58.7
	34	8	1.7	1.7	60.4
	35	5	1.0	1.0	61.4
	36	8	1.7	1.7	63.1
	37	10	2.1	2.1	65.1
	38	10	2.1	2.1	67.2
	39	13	2.7	2.7	69.9
	40	27	5.6	5.6	75.5
	41	15	3.1	3.1	78.6
	42	16	3.3	3.3	82.0
	43	15	3.1	3.1	85.1
	44	10	2.1	2.1	87.1
	45	14	2.9	2.9	90.0
	46	7	1.5	1.5	91.5
	47	6	1.2	1.2	92.7
	48	6	1.2	1.2	94.0

유형	분포	빈도	비율	순비율	누적비율
연령	49	6	1.2	1.2	95.2
	50	3	.6	.6	95.9
	51	4	.8	.8	96.7
	52	3	.6	.6	97.3
	53	2	.4	.4	97.7
	54	1	.2	.2	97.9
	56	3	.6	.6	98.5
	58	2	.4	.4	99.0
	59	1	.2	.2	99.2
	60	2	.4	.4	99.6
	61	1	.2	.2	99.8
	66	1	.2	.2	100.0
	계	482	100.0	100.0	

2. 귀하의 성별은?

유형	분포	빈도	비율	순비율	누적비율
성별	남성	225	46.7	46.7	46.7
	여성	257	53.3	53.3	100.0
	계	482	100.0	100.0	

3. 귀하의 결혼 여부는?

유형	분포	빈도	비율	순비율	누적비율
결혼 여부	미혼	235	48.8	48.8	48.8
	기혼	236	49.0	49.0	97.7
	기타	11	2.3	2.3	100.0
	계	482	100.0	100.0	

4. 귀하의 종교는?

유형	분포	빈도	비율	순비율	누적비율
종교	불교	97	20.1	20.1	20.1
	개신교	105	21.8	21.8	41.9
	천주교	62	12.9	12.9	54.8
	기타	20	4.1	4.1	58.9
	종교없음	198	41.1	41.1	100.0
	계	482	100.0	100.0	

5. 귀하의 학력은?

유형	분포	빈도	비율	순비율	누적비율
학력	중졸 이하	2	.4	.4	.4
	고졸	163	33.8	33.8	34.2
	전문대졸	65	13.5	13.5	47.7
	대졸	204	42.3	42.3	90.0
	대학원 이상	48	10.0	10.0	100.0
	계	482	100.0	100.0	

6. 귀하의 월평균 소득은?

유형	분포	빈도	비율	순비율	누적비율
월평균 소득	50만 원 이하	55	11.4	12.4	12.4
	50만 원~100만 원 미만	81	16.8	18.2	30.6
	100만 원~150만 원 미만	119	24.7	26.7	57.3
	150만 원~200만 원 미만	78	16.2	17.5	74.8
	200만 원~250만 원 미만	50	10.4	11.2	86.1
	250만 원~300만 원 미만	28	5.8	6.3	92.4
	300만 원~350만 원 미만	12	2.5	2.7	95.1
	350만 원~400만 원 미만	10	2.1	2.2	97.3
	400만 원 이상	12	2.5	2.7	100.0
	소계	445	92.3	100.0	
무응답		37	7.7		
계		482	100.0		

7. 귀하의 직업은?

유형	분포	빈도	비율	순비율	누적비율
직업	생산 감독자나 이에 해당하는 직업	25	5.2	5.4	5.4
	기타	45	9.3	9.8	15.2
	과장급 이상 사무직 종사자/ 의사, 변호사 등 전문직 종사자	32	6.6	6.9	22.1
	대리 이하 사무직 종사자/5급 이하 공무원/초중고 교사	96	19.9	20.8	43.0
	서비스직 피고용자	17	3.5	3.7	46.6
	청소원/단순노무자	2	.4	.4	47.1
	도소매 자영업, 요식숙박업, 가내수공업	37	7.7	8.0	55.1
	생산 및 산업노동자	44	9.1	9.5	64.6
	가정주부	53	11.0	11.5	76.1
	학생	110	22.8	23.9	100.0
	소계	461	95.6	100.0	
무응답		21	4.4		
계		482	100.0		

8. 귀하의 생활 수준은?

유형	분포	빈도	비율	순비율	누적비율
생활 수준	상	7	1.5	1.5	1.5
	중의 상	22	4.6	4.6	6.0
	중의 중	162	33.6	33.6	39.6
	중의 하	169	35.1	35.1	74.7
	하의 상	69	14.3	14.3	89.0
	하의 중	43	8.9	8.9	97.9
	하의 하	10	2.1	2.1	100.0
계		482	100.0	100.0	

9. 귀하의 출신 지역은?

유형 \ 분포		빈도	비율	순비율	누적비율
출신 지역	대도시	249	51.7	51.7	51.7
	중소도시	112	23.2	23.2	74.9
	읍면(농어촌)	121	25.1	25.1	100.0
	계	482	100.0	100.0	

2. 일반지도력 교차분석자료

Ⅰ. 다음 문항은 리더십 일반에 대한 질문입니다.
1. 지도자의 원천에 대한 평가

<표 1-1> 연령, 성별, 결혼 여부, 종교별 분포

(단위 : 명, %)

문항 및 응답 응답자 특성		귀하께서 생각하시기에 지도자(리더)의 원천은 어디에 있다고 생각하십니까?							계
		하늘이 내린다	개인의 자질이나 능력에 기인	사회 변화의 필요에 따라	국민의 합의나 여론에 의해	종교적 힘에 의해	특정 지역 이나 사회 성원의 지지에 의해	기타	
연령별 분포	20대	13	127	36	27	2	20	1	226
		5.8	56.2	15.9	11.9	.9	8.8	.4	100.0
	30대	8	50	20	9		7	1	95
		8.4	52.6	21.1	9.5		7.4	1.1	100.0
	40대	8	70	12	14	2	12	1	119
		6.7	58.8	10.1	11.8	1.7	10.1	.8	100.0
	50대	6	9	3	3				21
		28.6	42.9	14.3	14.3				100.0
성별 분포	남성	15	120	31	34	1	18	3	222
		6.8	54.1	14.0	15.3	.5	8.1	1.4	100.0
	여성	20	146	40	20	3	21		250
		8.0	58.4	16.0	8.0	1.2	8.4		100.0
결혼 여부	미혼	13	134	35	26	1	21	2	232
		5.6	57.8	15.1	11.2	.4	9.1	.9	100.0
	기혼	22	124	36	26	2	18	1	229
		9.6	54.1	15.7	11.4	.9	7.9	.4	100.0
	기타		8		2	1			11
			72.7		18.2	9.1			100.0
종교별 분포	불교	3	58	17	6	1	9	1	95
		3.2	61.1	17.9	6.3	1.1	9.5	1.1	100.0
	개신교	16	58	12	12	1	4		103
		15.5	56.3	11.7	11.7	1.0	3.9		100.0
	천주교	6	33	8	5		8		60
		10.0	55.0	13.3	8.3		13.3		100.0
	기타	1	12	3	2	1	1		20
		5.0	60.0	15.0	10.0	5.0	5.0		100.0
	종교 없음	9	105	31	29	1	17	2	194
		4.6	54.1	16.0	14.9	.5	8.8	1.0	100.0

<표 1-2> 학력, 소득, 생활 수준, 출신 지역별 분포

(단위 : 명, %)

문항 및 응답 응답자 특성		귀하께서 생각하시기에 지도자(리더)의 원천은 어디에 있다고 생각하십니까?							계
		하늘이 내린다	개인의 자질이나 능력에 기인	사회 변화의 필요에 따라	국민의 합의나 여론에 의해	종교적 힘에 의해	특정 지역이나 사회성원의 지지에 의해	기타	
학력별 분포	고졸 이하	20	94	22	16	2	6		160
		12.5	58.8	13.8	10.0	1.3	3.8		100.0
	전문대 졸	4	36	11	4	1	7	1	64
		6.3	56.3	17.2	6.3	1.6	10.9	1.6	100.0
	대졸	8	108	31	28	1	23	1	200
		4.0	54.0	15.5	14.0	.5	11.5	.5	100.0
	대학원 이상	3	28	7	6		3	1	48
		6.3	58.3	14.6	12.5		6.3	2.1	100.0
소득별 분포	100만 원 미만	11	81	11	18		9	3	133
		8.3	60.9	8.3	13.5		6.8	2.3	100.0
	100~200만 원 미만	17	101	41	17	2	16		194
		8.8	52.1	21.1	8.8	1.0	8.2		100.0
	200~300만 원 미만	7	39	10	11	1	9		77
		9.1	50.6	13.0	14.3	1.3	11.7		100.0
	300만 원 이상		23	4	3		4		34
			67.6	11.8	8.8		11.8		100.0
생활 수준	중상층 이상	1	22	1	3	1	1		29
		3.4	75.9	3.4	10.3	3.4	3.4		100.0
	중중층	11	87	31	16	1	10		156
		7.1	55.8	19.9	10.3	.6	6.4		100.0
	중하층	12	88	26	17	2	21	1	167
		7.2	52.7	15.6	10.2	1.2	12.6	.6	100.0
	하층	11	69	13	18		7	2	120
		9.2	57.5	10.8	15.0		5.8	1.7	100.0
출신 지역	대도시	21	134	35	26	3	23	3	245
		8.6	54.7	14.3	10.6	1.2	9.4	1.2	100.0
	중소도시	8	59	20	15	1	8		111
		7.2	53.2	18.0	13.5	.9	7.2		100.0
	읍면 (농어촌)	6	73	16	13		8		116
		5.2	62.9	13.8	11.2		6.9		100.0

2. 좋은 지도자가 되는 조건
2-1. 카리스마

<표 2-1-1> 연령, 성별, 결혼여부, 종고별 분포

(단위 : 명, %)

문항 및 응답 응답자 특성		조직이나 단체성원을 지휘하는 능력(카리스마)					계
		전혀 중요하지 않다	중요하지 않다	그저 그렇다	중요하다	매우 중요하다	
연령별 분포	20대	7	3	23	88	103	224
		3.1	1.3	10.3	39.3	46.0	100.0
	30대		2	3	57	32	94
			2.1	3.2	60.6	34.0	100.0
	40대	2	3	9	68	38	120
		1.7	2.5	7.5	56.7	31.7	100.0
	50대		1	5	8	8	22
			4.5	22.7	36.4	36.4	100.0
성별 분포	남성	4	1	26	107	81	219
		1.8	.5	11.9	48.9	37.0	100.0
	여성	5	8	15	120	101	249
		2.0	3.2	6.0	48.2	40.6	100.0
결혼 여부	미혼	6	4	21	98	101	230
		2.6	1.7	9.1	42.6	43.9	100.0
	기혼	3	5	17	124	80	229
		1.3	2.2	7.4	54.1	34.9	100.0
	기타			3	5	1	9
				33.3	55.6	11.1	100.0
종교별 분포	불교	5	2	10	49	30	96
		5.2	2.1	10.4	51.0	31.3	100.0
	개신교		5	7	49	41	102
			4.9	6.9	48.0	40.2	100.0
	천주교	1	2	6	33	18	60
		1.7	3.3	10.0	55.0	30.0	100.0
	기타	2		4	11	3	20
		10.0		20.0	55.0	15.0	100.0
	종교 없음	1		14	85	90	190
		.5		7.4	44.7	47.4	100.0

<표 2-1-2> 학력, 소득, 생활수준, 출신 지역별 분포

(단위 : 명, %)

응답자 특성	문항 및 응답	조직이나 단체성원을 지휘하는 능력(카리스마)					계
		전혀 중요하지 않다	중요하지 않다	그저 그렇다	중요하다	매우 중요하다	
학력별 분포	고졸 이하	7	5	18	69	57	156
		4.5	3.2	11.5	44.2	36.5	100.0
	전문대졸	2	1	10	29	21	63
		3.2	1.6	15.9	46.0	33.3	100.0
	대졸		3	11	101	86	201
			1.5	5.5	50.2	42.8	100.0
	대학원 이상			2	28	18	48
				4.2	58.3	37.5	100.0
소득별 분포	100만 원 미만	3	4	18	54	53	132
		2.3	3.0	13.6	40.9	40.2	100.0
	100만 원~ 200만 원 미만	5	5	13	92	79	194
		2.6	2.6	6.7	47.4	40.7	100.0
	200만 원~ 300만 원 미만			5	42	29	76
				6.6	55.3	38.2	100.0
	300만 원 이상			2	16	15	33
				6.1	48.5	45.5	100.0
생활 수준	중상층 이상		1	2	14	11	28
			3.6	7.1	50.0	39.3	100.0
	중중층	4	1	17	73	62	157
		2.5	.6	10.8	46.5	39.5	100.0
	중하층	1	3	10	94	55	163
		.6	1.8	6.1	57.7	33.7	100.0
	하층	4	4	12	46	54	120
		3.3	3.3	10.0	38.3	45.0	100.0
출신 지역	대도시	2	2	21	109	107	241
		.8	.8	8.7	45.2	44.4	100.0
	중소 도시	4	4	9	58	34	109
		3.7	3.7	8.3	53.2	31.2	100.0
	읍면 (농어촌)	3	3	11	60	41	118
		2.5	2.5	9.3	50.8	34.7	100.0

2-2. 미래에 대한 통찰과 비전

<표 2-2-1> 연령, 성별, 결혼여부, 종교별 분포

(단위 : 명, %)

문항 및 응답 응답자 특성		조직이나 단체의 장래에 대한 통찰과 비전					계
		전혀 중요하지 않다	중요하지 않다	그저 그렇다	중요하다	매우 중요하다	
연령별 분포	20대	6 2.7	7 3.1	15 6.7	93 41.3	104 46.2	225 100.0
	30대		1 1.1	2 2.2	35 38.0	54 58.7	92 100.0
	40대	1 .8	4 3.4	10 8.4	51 42.9	53 44.5	119 100.0
	50대			3 14.3	9 42.9	9 42.9	21 100.0
성별 분포	남성	5 2.3	7 3.2	14 6.4	84 38.4	109 49.8	219 100.0
	여성	2 .8	8 3.2	17 6.8	104 41.8	118 47.4	249 100.0
결혼 여부	미혼	5 2.2	8 3.5	15 6.5	90 39.0	113 48.9	231 100.0
	기혼	2 .9	6 2.6	15 6.6	95 41.9	109 48.0	227 100.0
	기타		1 10.0	1 10.0	3 30.0	5 50.0	10 100.0
종교별 분포	불교	3 3.2	5 5.4	7 7.5	36 38.7	42 45.2	93 100.0
	개신교		1 1.0	6 5.9	43 42.2	52 51.0	102 100.0
	천주교	1 1.6	3 4.9	9 14.8	25 41.0	23 37.7	61 100.0
	기타	1 5.0		1 5.0	10 50.0	8 40.0	20 100.0
	종교 없음	2 1.0	6 3.1	8 4.2	74 38.5	102 53.1	192 100.0

<표 2-2-2> 학력, 소득, 생활수준, 출신 지역별 분포

(단위 : 명, %)

문항 및 응답 응답자 특성		조직이나 단체의 장래에 대한 통찰과 비전					계
		전혀 중요하지 않다	중요하지 않다	그저 그렇다	중요하다	매우 중요하다	
학력별 분포	고졸 이하	3	11	20	67	54	155
		1.9	7.1	12.9	43.2	34.8	100.0
	전문대졸	2	2	9	26	25	64
		3.1	3.1	14.1	40.6	39.1	100.0
	대졸	2	2	2	74	121	201
		1.0	1.0	1.0	36.8	60.2	100.0
	대학원 이상				21	27	48
					43.8	56.3	100.0
소득별 분포	100만 원 미만	2	5	13	58	55	133
		1.5	3.8	9.8	43.6	41.4	100.0
	100만 원~ 200만 원 미만	4	5	11	83	88	191
		2.1	2.6	5.8	43.5	46.1	100.0
	200만 원~ 300만 원 미만		2	4	32	38	76
			2.6	5.3	42.1	50.0	100.0
	300만 원 이상				6	27	33
					18.2	81.8	100.0
생활 수준	중상층 이상		1	2	12	13	28
			3.6	7.1	42.9	46.4	100.0
	중중층	3	7	11	63	72	156
		1.9	4.5	7.1	40.4	46.2	100.0
	중하층		7	9	61	89	166
			4.2	5.4	36.7	53.6	100.0
	하층	4		9	52	53	118
		3.4		7.6	44.1	44.9	100.0
출신 지역	대도시	4	4	16	99	118	241
		1.7	1.7	6.6	41.1	49.0	100.0
	중소도시	3	8	7	43	51	112
		2.7	7.1	6.3	38.4	45.5	100.0
	읍면 (농어촌)		3	8	46	58	115
			2.6	7.0	40.0	50.4	100.0

2-3. 지적인 영향력

<표 2-3-1> 연령, 성별, 결혼여부, 종교별 분포

(단위 : 명, %)

응답자 특성		문항 및 응답 조직이나 단체성원에게 지적인 자극을 제시					계
		전혀 중요하지 않다	중요하지 않다	그저 그렇다	중요하다	매우 중요하다	
연령별 분포	20대	4	17	74	99	30	224
		1.8	7.6	33.0	44.2	13.4	100.0
	30대		8	24	49	11	92
			8.7	26.1	53.3	12.0	100.0
	40대	4	11	31	61	12	119
		3.4	9.2	26.1	51.3	10.1	100.0
	50대	1	5	2	8	4	20
		5.0	25.0	10.0	40.0	20.0	100.0
성별 분포	남성	4	21	70	92	31	218
		1.8	9.6	32.1	42.2	14.2	100.0
	여성	7	20	65	128	27	247
		2.8	8.1	26.3	51.8	10.9	100.0
결혼 여부	미혼	5	16	75	102	32	230
		2.2	7.0	32.6	44.3	13.9	100.0
	기혼	5	24	58	113	25	225
		2.2	10.7	25.8	50.2	11.1	100.0
	기타	1	1	2	5	1	10
		10.0	10.0	20.0	50.0	10.0	100.0
종교별 분포	불교	3	14	24	41	11	93
		3.2	15.1	25.8	44.1	11.8	100.0
	개신교	1	5	25	53	17	101
		1.0	5.0	24.8	52.5	16.8	100.0
	천주교	1	4	21	31	3	60
		1.7	6.7	35.0	51.7	5.0	100.0
	기타	1	2	4	11	2	20
		5.0	10.0	20.0	55.0	10.0	100.0
	종교 없음	5	16	61	84	25	191
		2.6	8.4	31.9	44.0	13.1	100.0

<표 2-3-2> 학력, 소득, 생활수준, 출신 지역별 분포

(단위 : 명, %)

문항 및 응답 응답자 특성		조직이나 단체성원에게 지적인 자극을 제시					계
		전혀 중요하지 않다	중요하지 않다	그저 그렇다	중요하다	매우 중요하다	
학력별 분포	고졸 이하	6	18	57	56	16	153
		3.9	11.8	37.3	36.6	10.5	100.0
	전문대졸	3	8	16	28	8	63
		4.8	12.7	25.4	44.4	12.7	100.0
	대졸	2	12	50	110	27	201
		1.0	6.0	24.9	54.7	13.4	100.0
	대학원 이상		3	12	26	7	48
			6.3	25.0	54.2	14.6	100.0
소득별 분포	100만 원 미만	2	15	39	60	16	132
		1.5	11.4	29.5	45.5	12.1	100.0
	100만 원~ 200만 원 미만	5	18	59	88	21	191
		2.6	9.4	30.9	46.1	11.0	100.0
	200만 원~ 300만 원 미만		4	18	41	12	75
			5.3	24.0	54.7	16.0	100.0
	300만 원 이상		3	11	16	3	33
			9.1	33.3	48.5	9.1	100.0
생활 수준	중상층 이상		2	6	14	6	28
			7.1	21.4	50.0	21.4	100.0
	중중층	4	12	47	72	20	155
		2.6	7.7	30.3	46.5	12.9	100.0
	중하층	1	11	48	91	13	164
		.6	6.7	29.3	55.5	7.9	100.0
	하층	6	16	34	43	19	118
		5.1	13.6	28.8	36.4	16.1	100.0
출신 지역	대도시	3	19	66	118	33	239
		1.3	7.9	27.6	49.4	13.8	100.0
	중소도시	5	8	37	56	5	111
		4.5	7.2	33.3	50.5	4.5	100.0
	읍면 (농어촌)	3	14	32	46	20	115
		2.6	12.2	27.8	40.0	17.4	100.0

2-4. 인간적이며 사려깊은 배려

<표 2-4-1> 연령, 성별, 결혼여부, 종교별 분포

(단위 : 명, %)

문항 및 응답 응답자 특성		조직이나 단체성원에게 인간적이며 사려깊은 배려					계
		전혀 중요하지 않다	중요하지 않다	그저 그렇다	중요하다	매우 중요하다	
연령별 분포	20대	8	8	29	98	82	225
		3.6	3.6	12.9	43.6	36.4	100.0
	30대		4	10	39	39	92
			4.3	10.9	42.4	42.4	100.0
	40대	2	7	8	44	59	120
		1.7	5.8	6.7	36.7	49.2	100.0
	50대	1	1		8	10	20
		5.0	5.0		40.0	50.0	100.0
성별 분포	남성	6	11	26	91	85	219
		2.7	5.0	11.9	41.6	38.8	100.0
	여성	5	10	22	102	109	248
		2.0	4.0	8.9	41.1	44.0	100.0
결혼 여부	미혼	6	11	28	100	86	231
		2.6	4.8	12.1	43.3	37.2	100.0
	기혼	4	10	19	91	102	226
		1.8	4.4	8.4	40.3	45.1	100.0
	기타	1		1	2	6	10
		10.0		10.0	20.0	60.0	100.0
종교별 분포	불교	3	6	12	41	32	94
		3.2	6.4	12.8	43.6	34.0	100.0
	개신교		4	7	46	44	101
			4.0	6.9	45.5	43.6	100.0
	천주교	2		10	31	17	60
		3.3		16.7	51.7	28.3	100.0
	기타	3	1		6	10	20
		15.0	5.0		30.0	50.0	100.0
	종교 없음	3	10	19	69	91	192
		1.6	5.2	9.9	35.9	47.4	100.0

<표 2-4-2> 학력, 소득, 생활수준, 출신 지역별 분포

(단위 : 명, %)

응답자 특성		문항 및 응답 조직이나 단체성원에게 인간적이며 사려깊은 배려					계
		전혀 중요하지 않다	중요하지 않다	그저 그렇다	중요하다	매우 중요하다	
학력별 분포	고졸 이하	6	11	21	64	52	154
		3.9	7.1	13.6	41.6	33.8	100.0
	전문대졸	3	5	9	25	21	63
		4.8	7.9	14.3	39.7	33.3	100.0
	대졸	2	4	17	83	96	202
		1.0	2.0	8.4	41.1	47.5	100.0
	대학원 이상		1	1	21	25	48
			2.1	2.1	43.8	52.1	100.0
소득별 분포	100만 원 미만	2	8	17	53	52	132
		1.5	6.1	12.9	40.2	39.4	100.0
	100만 원~ 200만 원 미만	9	9	20	77	77	192
		4.7	4.7	10.4	40.1	40.1	100.0
	200만 원~ 300만 원 미만		1	5	37	32	75
			1.3	6.7	49.3	42.7	100.0
	300만 원 이상		2	2	11	18	33
			6.1	6.1	33.3	54.5	100.0
생활 수준	중상층 이상		2	3	14	9	28
			7.1	10.7	50.0	32.1	100.0
	중중층	6	3	17	71	59	156
		3.8	1.9	10.9	45.5	37.8	100.0
	중하층	1	9	16	68	70	164
		.6	5.5	9.8	41.5	42.7	100.0
	하층	4	7	12	40	56	119
		3.4	5.9	10.1	33.6	47.1	100.0
출신 지역	대도시	5	8	25	95	107	240
		2.1	3.3	10.4	39.6	44.6	100.0
	중소도시	4	5	13	49	40	111
		3.6	4.5	11.7	44.1	36.0	100.0
	읍면 (농어촌)	2	8	10	49	47	116
		1.7	6.9	8.6	42.2	40.5	100.0

3. 지도력의 특징에 대한 평가
3-1. 지도력 발휘

<표 3-1-1> 연령, 성별, 결혼여부, 종교별 분포

(단위 : 명, %)

응답자 특성		문항 및 응답: 조직이나 단체에서 개개인은 지위를 막론하고 지도력(리더십)을 발휘해야 한다					계
		전혀 그렇지 않다	그렇지 않다	그저 그렇다	그렇다	매우 그렇다	
연령별 분포	20대	16	73	56	58	24	227
		7.0	32.2	24.7	25.6	10.6	100.0
	30대	5	27	23	36	4	95
		5.3	28.4	24.2	37.9	4.2	100.0
	40대	8	50	15	38	11	122
		6.6	41.0	12.3	31.1	9.0	100.0
	50대	2	4	5	7	3	21
		9.5	19.0	23.8	33.3	14.3	100.0
성별 분포	남성	12	60	51	76	21	220
		5.5	27.3	23.2	34.5	9.5	100.0
	여성	20	96	50	68	21	255
		7.8	37.6	19.6	26.7	8.2	100.0
결혼 여부	미혼	17	78	55	60	24	234
		7.3	33.3	23.5	25.6	10.3	100.0
	기혼	15	76	45	79	16	231
		6.5	32.9	19.5	34.2	6.9	100.0
	기타		2	1	5	2	10
			20.0	10.0	50.0	20.0	100.0
종교별 분포	불교	6	34	18	28	9	95
		6.3	35.8	18.9	29.5	9.5	100.0
	개신교	9	32	26	26	10	103
		8.7	31.1	25.2	25.2	9.7	100.0
	천주교	5	26	8	18	5	62
		8.1	41.9	12.9	29.0	8.1	100.0
	기타	5	4	4	5	2	20
		25.0	20.0	20.0	25.0	10.0	100.0
	종교 없음	7	60	45	67	16	195
		3.6	30.8	23.1	34.4	8.2	100.0

<표 3-1-2> 학력, 소득, 생활수준, 출신 지역별 분포

(단위 : 명, %)

문항 및 응답 응답자 특성		조직이나 단체에서 개개인은 지위를 막론하고 지도력(리더십)을 발휘해야 한다					계
		전혀 그렇지 않다	그렇지 않다	그저 그렇다	그렇다	매우 그렇다	
학력별 분포	고졸 이하	12	48	30	52	18	160
		7.5	30.0	18.8	32.5	11.3	100.0
	전문대졸	6	26	14	15	3	64
		9.4	40.6	21.9	23.4	4.7	100.0
	대졸	14	63	46	63	17	203
		6.9	31.0	22.7	31.0	8.4	100.0
	대학원 이상		19	11	14	4	48
			39.6	22.9	29.2	8.3	100.0
소득별 분포	100만 원 미만	7	45	37	28	18	135
		5.2	33.3	27.4	20.7	13.3	100.0
	100만 원~ 200만 원 미만	18	65	41	59	12	195
		9.2	33.3	21.0	30.3	6.2	100.0
	200만 원~ 300만 원 미만	2	24	15	28	8	77
		2.6	31.2	19.5	36.4	10.4	100.0
	300만 원 이상	2	11	4	14	2	33
		6.1	33.3	12.1	42.4	6.1	100.0
생활 수준	중상층 이상	1	9	6	9	3	28
		3.6	32.1	21.4	32.1	10.7	100.0
	중중층	14	57	35	47	7	160
		8.8	35.6	21.9	29.4	4.4	100.0
	중하층	6	53	40	52	17	168
		3.6	31.5	23.8	31.0	10.1	100.0
	하층	11	37	20	36	15	119
		9.2	31.1	16.8	30.3	12.6	100.0
출신 지역	대도시	19	85	55	67	20	246
		7.7	34.6	22.4	27.2	8.1	100.0
	중소도시	7	33	24	36	11	111
		6.3	29.7	21.6	32.4	9.9	100.0
	읍면 (농어촌)	6	38	22	41	11	118
		5.1	32.2	18.6	34.7	9.3	100.0

3-2. 특성과 자질이 중요

<표 3-2-1> 연령, 성별, 결혼여부, 종교별 분포

(단위 : 명, %)

응답자 특성	문항 및 응답	지도력은 지도자(리더) 자신의 특성과 자질이 가장 중요하다					계
		전혀 그렇지 않다	그렇지 않다	그저 그렇다	그렇다	매우 그렇다	
연령별 분포	20대	4	13	41	129	39	226
		1.8	5.8	18.1	57.1	17.3	100.0
	30대	3	4	13	51	24	95
		3.2	4.2	13.7	53.7	25.3	100.0
	40대	1	9	9	68	35	122
		.8	7.4	7.4	55.7	28.7	100.0
	50대		1	1	13	7	22
			4.5	4.5	59.1	31.8	100.0
성별 분포	남성	4	12	33	117	54	220
		1.8	5.5	15.0	53.2	24.5	100.0
	여성	4	15	32	153	51	255
		1.6	5.9	12.5	60.0	20.0	100.0
결혼 여부	미혼	4	11	44	134	39	232
		1.7	4.7	19.0	57.8	16.8	100.0
	기혼	4	16	21	129	63	233
		1.7	6.9	9.0	55.4	27.0	100.0
	기타				7	3	10
					70.0	30.0	100.0
종교별 분포	불교	3	5	10	54	23	95
		3.2	5.3	10.5	56.8	24.2	100.0
	개신교	1	9	9	66	19	104
		1.0	8.7	8.7	63.5	18.3	100.0
	천주교	1	4	6	39	12	62
		1.6	6.5	9.7	62.9	19.4	100.0
	기타	1	1	2	7	8	19
		5.3	5.3	10.5	36.8	42.1	100.0
	종교 없음	2	8	38	104	43	195
		1.0	4.1	19.5	53.3	22.1	100.0

<표 3-2-2> 학력, 소득, 생활수준, 출신 지역별 분포

(단위: 명, %)

응답자 특성		문항 및 응답: 지도력은 지도재(리더) 자신의 특성과 자질이 가장 중요하다					
		전혀 그렇지 않다	그렇지 않다	그저 그렇다	그렇다	매우 그렇다	계
학력별 분포	고졸 이하	3	10	14	102	31	160
		1.9	6.3	8.8	63.8	19.4	100.0
	전문대졸	2	6	14	30	12	64
		3.1	9.4	21.9	46.9	18.8	100.0
	대졸	1	9	30	112	51	203
		.5	4.4	14.8	55.2	25.1	100.0
	대학원 이상	2	2	7	26	11	48
		4.2	4.2	14.6	54.2	22.9	100.0
소득별 분포	100만 원 미만	3	8	27	71	24	133
		2.3	6.0	20.3	53.4	18.0	100.0
	100만 원~ 200만 원 미만	4	13	23	115	41	196
		2.0	6.6	11.7	58.7	20.9	100.0
	200만 원~ 300만 원 미만		2	11	43	22	78
			2.6	14.1	55.1	28.2	100.0
	300만 원 이상	1	2		17	13	33
		3.0	6.1		51.5	39.4	100.0
생활 수준	중상층 이상			4	16	8	28
				14.3	57.1	28.6	100.0
	중중층	5	7	19	102	29	162
		3.1	4.3	11.7	63.0	17.9	100.0
	중하층	1	9	20	93	43	166
		.6	5.4	12.0	56.0	25.9	100.0
	하층	2	11	22	59	25	119
		1.7	9.2	18.5	49.6	21.0	100.0
출신 지역	대도시	2	19	40	132	53	246
		.8	7.7	16.3	53.7	21.5	100.0
	중소도시	3	2	12	70	24	111
		2.7	1.8	10.8	63.1	21.6	100.0
	읍면 (농어촌)	3	6	13	68	28	118
		2.5	5.1	11.0	57.6	23.7	100.0

3-3. 지배하는 기술

<표 3-3-1> 연령, 성별, 결혼여부, 종교별 분포

(단위 : 명, %)

응답자 특성	문항 및 응답	지도력은 타인을 지배하는 기술이다					계
		전혀 그렇지 않다	그렇지 않다	그저 그렇다	그렇다	매우 그렇다	
연령별 분포	20대	43	82	48	46	8	227
		18.9	36.1	21.1	20.3	3.5	100.0
	30대	20	36	19	17	1	93
		21.5	38.7	20.4	18.3	1.1	100.0
	40대	24	45	25	25	3	122
		19.7	36.9	20.5	20.5	2.5	100.0
	50대	5	5	3	9		22
		22.7	22.7	13.6	40.9		100.0
성별 분포	남성	38	74	59	42	7	220
		17.3	33.6	26.8	19.1	3.2	100.0
	여성	55	96	37	60	5	253
		21.7	37.9	14.6	23.7	2.0	100.0
결혼 여부	미혼	42	85	49	47	9	232
		18.1	36.6	21.1	20.3	3.9	100.0
	기혼	51	82	46	49	3	231
		22.1	35.5	19.9	21.2	1.3	100.0
	기타		3	1	6		10
			30.0	10.0	60.0		100.0
종교별 분포	불교	21	34	11	25	4	95
		22.1	35.8	11.6	26.3	4.2	100.0
	개신교	26	34	22	20	1	103
		25.2	33.0	21.4	19.4	1.0	100.0
	천주교	11	20	15	13	3	62
		17.7	32.3	24.2	21.0	4.8	100.0
	기타	4	9	1	5	1	20
		20.0	45.0	5.0	25.0	5.0	100.0
	종교 없음	31	73	47	39	3	193
		16.1	37.8	24.4	20.2	1.6	100.0

<표 3-3-2> 학력, 소득, 생활수준, 출신 지역별 분포

(단위 : 명, %)

응답자 특성	문항 및 응답	지도력은 타인을 지배하는 기술이다					계
		전혀 그렇지 않다	그렇지 않다	그저 그렇다	그렇다	매우 그렇다	
학력별 분포	고졸 이하	27	52	27	48	3	157
		17.2	33.1	17.2	30.6	1.9	100.0
	전문대졸	18	20	8	16	3	65
		27.7	30.8	12.3	24.6	4.6	100.0
	대졸	40	73	52	32	6	203
		19.7	36.0	25.6	15.8	3.0	100.0
	대학원 이상	8	25	9	6		48
		16.7	52.1	18.8	12.5		100.0
소득별 분포	100만 원 미만	25	58	20	28	3	134
		18.7	43.3	14.9	20.9	2.2	100.0
	100만 원~ 200만 원 미만	38	66	40	47	4	195
		19.5	33.8	20.5	24.1	2.1	100.0
	200만 원~ 300만 원 미만	12	28	20	14	3	77
		15.6	36.4	26.0	18.2	3.9	100.0
	300만 원 이상	10	9	10	3	1	33
		30.3	27.3	30.3	9.1	3.0	100.0
생활수준	중상층 이상	6	9	8	5		28
		21.4	32.1	28.6	17.9		100.0
	중중층	35	53	37	32	2	159
		22.0	33.3	23.3	20.1	1.3	100.0
	중하층	26	61	34	39	7	167
		15.6	36.5	20.4	23.4	4.2	100.0
	하층	26	47	17	26	3	119
		21.8	39.5	14.3	21.8	2.5	100.0
출신 지역	대도시	49	88	55	50	3	245
		20.0	35.9	22.4	20.4	1.2	100.0
	중소도시	19	44	22	20	5	110
		17.3	40.0	20.0	18.2	4.5	100.0
	읍면 (농어촌)	25	38	19	32	4	118
		21.2	32.2	16.1	27.1	3.4	100.0

3-4. 권한과 지위에 의해 결정

<표 3-4-1> 연령, 성별, 결혼여부, 종교별 분포

(단위 : 명, %)

응답자 특성		문항 및 응답: 지도력은 지도자에게 부여된 권한과 지위에 의해 전적으로 결정된다					계
		전혀 그렇지 않다	그렇지 않다	그저 그렇다	그렇다	매우 그렇다	
연령별 분포	20대	33	98	58	33	5	227
		14.5	43.2	25.6	14.5	2.2	100.0
	30대	15	40	18	20		93
		16.1	43.0	19.4	21.5		100.0
	40대	16	50	17	34	4	121
		13.2	41.3	14.0	28.1	3.3	100.0
	50대	2	5	3	9	2	21
		9.5	23.8	14.3	42.9	9.5	100.0
성별 분포	남성	31	80	49	50	9	219
		14.2	36.5	22.4	22.8	4.1	100.0
	여성	37	116	49	48	3	253
		14.6	45.8	19.4	19.0	1.2	100.0
결혼 여부	미혼	32	106	60	30	5	233
		13.7	45.5	25.8	12.9	2.1	100.0
	기혼	36	88	37	63	6	230
		15.7	38.3	16.1	27.4	2.6	100.0
	기타		2	1	5	1	9
			22.2	11.1	55.6	11.1	100.0
종교별 분포	불교	11	31	23	24	5	94
		11.7	33.0	24.5	25.5	5.3	100.0
	개신교	15	44	25	18		102
		14.7	43.1	24.5	17.6		100.0
	천주교	7	33	8	13	1	62
		11.3	53.2	12.9	21.0	1.6	100.0
	기타	3	4	4	7	2	20
		15.0	20.0	20.0	35.0	10.0	100.0
	종교 없음	32	84	38	36	4	194
		16.5	43.3	19.6	18.6	2.1	100.0

<표 3-4-2> 학력, 소득, 생활수준, 출신 지역별 분포

(단위 : 명, %)

응답자 특성		문항 및 응답 지도력은 지도자에게 부여된 권한과 지위에 의해 전적으로 결정된다					계
		전혀 그렇지 않다	그렇지 않다	그저 그렇다	그렇다	매우 그렇다	
학력별 분포	고졸 이하	23	60	28	42	4	157
		14.6	38.2	17.8	26.8	2.5	100.0
	전문대 졸	11	24	13	13	3	64
		17.2	37.5	20.3	20.3	4.7	100.0
	대졸	25	88	49	36	5	203
		12.3	43.3	24.1	17.7	2.5	100.0
	대학원 이상	9	24	8	7		48
		18.8	50.0	16.7	14.6		100.0
소득별 분포	100만 원 미만	19	61	33	18	2	133
		14.3	45.9	24.8	13.5	1.5	100.0
	100만 원~ 200만 원 미만	26	78	35	50	6	195
		13.3	40.0	17.9	25.6	3.1	100.0
	200만 원~ 300만 원 미만	12	29	12	21	2	76
		15.8	38.2	15.8	27.6	2.6	100.0
	300만 원 이상	7	12	8	5	1	33
		21.2	36.4	24.2	15.2	3.0	100.0
생활 수준	중상층 이상	2	12	6	7	1	28
		7.1	42.9	21.4	25.0	3.6	100.0
	중중층	23	70	38	25	4	160
		14.4	43.8	23.8	15.6	2.5	100.0
	중하층	23	69	28	39	7	166
		13.9	41.6	16.9	23.5	4.2	100.0
	하층	20	45	26	27		118
		16.9	38.1	22.0	22.9		100.0
출신 지역	대도시	32	104	52	53	4	245
		13.1	42.4	21.2	21.6	1.6	100.0
	중소도시	18	43	27	18	5	111
		16.2	38.7	24.3	16.2	4.5	100.0
	읍면 (농어촌)	18	49	19	27	3	116
		15.5	42.2	16.4	23.3	2.6	100.0

3-5. 권력이나 힘에 의한다

<표 3-5-1> 연령, 성별, 결혼여부, 종교별 분포

(단위 : 명, %)

문항 및 응답 응답자 특성		지도력은 조직이나 단체에서 지도자 자신의 권력이나 힘을 나타내는 것이다					계
		전혀 그렇지 않다	그렇지 않다	그저 그렇다	그렇다	매우 그렇다	
연령별 분포	20대	45	82	57	38	4	226
		19.9	36.3	25.2	16.8	1.8	100.0
	30대	29	35	16	13		93
		31.2	37.6	17.2	14.0		100.0
	40대	26	59	12	22	2	121
		21.5	48.8	9.9	18.2	1.7	100.0
	50대	4	9	3	5	1	22
		18.2	40.9	13.6	22.7	4.5	100.0
성별 분포	남성	33	87	51	43	5	219
		15.1	39.7	23.3	19.6	2.3	100.0
	여성	72	102	38	38	2	252
		28.6	40.5	15.1	15.1	.8	100.0
결혼 여부	미혼	46	82	58	41	4	231
		19.9	35.5	25.1	17.7	1.7	100.0
	기혼	57	104	28	39	2	230
		24.8	45.2	12.2	17.0	.9	100.0
	기타	2	3	3	1	1	10
		20.0	30.0	30.0	10.0	10.0	100.0
종교별 분포	불교	22	39	15	17	2	95
		23.2	41.1	15.8	17.9	2.1	100.0
	개신교	26	39	20	15	2	102
		25.5	38.2	19.6	14.7	2.0	100.0
	천주교	10	30	12	10		62
		16.1	48.4	19.4	16.1		100.0
	기타	4	8	1	6	1	20
		20.0	40.0	5.0	30.0	5.0	100.0
	종교 없음	43	73	41	33	2	192
		22.4	38.0	21.4	17.2	1.0	100.0

<표 3-5-2> 학력, 소득, 생활수준, 출신 지역별 분포

(단위 : 명, %)

응답자 특성		문항 및 응답	지도력은 조직이나 단체에서 지도자 자신의 권력이나 힘을 나타내는 것이다					계
			전혀 그렇지 않다	그렇지 않다	그저 그렇다	그렇다	매우 그렇다	
학력별 분포		고졸 이하	37	55	26	37	1	156
			23.7	35.3	16.7	23.7	.6	100.0
		전문대졸	24	25	11	2	3	65
			36.9	38.5	16.9	3.1	4.6	100.0
		대졸	33	83	46	37	3	202
			16.3	41.1	22.8	18.3	1.5	100.0
		대학원 이상	11	26	6	5		48
			22.9	54.2	12.5	10.4		100.0
소득별 분포		100만 원 미만	35	45	29	22	3	134
			26.1	33.6	21.6	16.4	2.2	100.0
		100만 원~ 200만 원 미만	43	80	34	35	3	195
			22.1	41.0	17.4	17.9	1.5	100.0
		200만 원~ 300만 원 미만	12	35	18	9	1	75
			16.0	46.7	24.0	12.0	1.3	100.0
		300만 원 이상	9	13	4	7		33
			27.3	39.4	12.1	21.2		100.0
생활 수준		중상층 이상	5	14	4	4	1	28
			17.9	50.0	14.3	14.3	3.6	100.0
		중중층	42	60	28	25	3	158
			26.6	38.0	17.7	15.8	1.9	100.0
		중하층	25	68	37	35	1	166
			15.1	41.0	22.3	21.1	.6	100.0
		하층	33	47	20	17	2	119
			27.7	39.5	16.8	14.3	1.7	100.0
출신 지역		대도시	54	98	55	33	5	245
			22.0	40.0	22.4	13.5	2.0	100.0
		중소도시	25	42	19	23		109
			22.9	38.5	17.4	21.1		100.0
		읍면 (농어촌)	26	49	15	25	2	117
			22.2	41.9	12.8	21.4	1.7	100.0

3-6. 구성원과의 상호작용

<표 3-6-1> 연령, 성별, 결혼여부, 종교별 분포

(단위 : 명, %)

응답자 특성		지도력은 조직이나 단체내의 구성원들과의 상호작용에서 나타나는 것이다					계
		전혀 그렇지 않다	그렇지 않다	그저 그렇다	그렇다	매우 그렇다	
연령별 분포	20대	6	1	25	102	92	226
		2.7	.4	11.1	45.1	40.7	100.0
	30대	1		6	53	32	92
		1.1		6.5	57.6	34.8	100.0
	40대		5	11	74	31	121
			4.1	9.1	61.2	25.6	100.0
	50대	1	1	5	9	7	23
		4.3	4.3	21.7	39.1	30.4	100.0
성별 분포	남성	5	4	25	104	81	219
		2.3	1.8	11.4	47.5	37.0	100.0
	여성	3	3	24	137	85	252
		1.2	1.2	9.5	54.4	33.7	100.0
결혼 여부	미혼	4	1	26	107	93	231
		1.7	.4	11.3	46.3	40.3	100.0
	기혼	3	6	22	130	69	230
		1.3	2.6	9.6	56.5	30.0	100.0
	기타	1		1	4	4	10
		10.0		10.0	40.0	40.0	100.0
종교별 분포	불교	1	2	11	50	31	95
		1.1	2.1	11.6	52.6	32.6	100.0
	개신교	1	2	8	56	36	103
		1.0	1.9	7.8	54.4	35.0	100.0
	천주교	1		5	37	19	62
		1.6		8.1	59.7	30.6	100.0
	기타	3		2	13	2	20
		15.0		10.0	65.0	10.0	100.0
	종교 없음	2	3	23	85	78	191
		1.0	1.6	12.0	44.5	40.8	100.0

<표 3-6-2> 학력, 소득, 생활수준, 출신 지역별 분포

(단위 : 명, %)

문항 및 응답 응답자 특성		지도력은 조직이나 단체내의 구성원들과의 상호작용에서 나타나는 것이다					계
		전혀 그렇지 않다	그렇지 않다	그저 그렇다	그렇다	매우 그렇다	
학력별 분포	고졸 이하	2	3	29	76	47	157
		1.3	1.9	18.5	48.4	29.9	100.0
	전문대졸	4		6	38	17	65
		6.2		9.2	58.5	26.2	100.0
	대졸	2	2	13	102	82	201
		1.0	1.0	6.5	50.7	40.8	100.0
	대학원 이상		2	1	25	20	48
			4.2	2.1	52.1	41.7	100.0
소득별 분포	100만 원 미만	2	1	18	57	54	132
		1.5	.8	13.6	43.2	40.9	100.0
	100만 원~ 200만 원 미만	4	2	19	104	66	195
		2.1	1.0	9.7	53.3	33.8	100.0
	200만 원~ 300만 원 미만	2	1	6	45	23	77
		2.6	1.3	7.8	58.4	29.9	100.0
	300만 원 이상		3	1	17	12	33
			9.1	3.0	51.5	36.4	100.0
생활 수준	중상층 이상			5	17	6	28
				17.9	60.7	21.4	100.0
	중중층	2	5	12	83	57	159
		1.3	3.1	7.5	52.2	35.8	100.0
	중하층	1	2	21	88	53	165
		.6	1.2	12.7	53.3	32.1	100.0
	하층	5		11	53	50	119
		4.2		9.2	44.5	42.0	100.0
출신 지역	대도시	5	2	20	124	93	244
		2.0	.8	8.2	50.8	38.1	100.0
	중소도시	3	1	15	54	37	110
		2.7	.9	13.6	49.1	33.6	100.0
	읍면(농어촌)		4	14	63	36	117
			3.4	12.0	53.8	30.8	100.0

4. 지도자의 영향력 평가
4-1. 지위에 근거한 영향력 발휘

<표 4-1-1> 연령, 성별, 결혼여부, 종교별 분포

(단위 : 명, %)

응답자 특성	문항 및 응답	지위에 근거한 영향력을 발휘해야 한다					계
		전혀 그렇지 않다	그렇지 않다	그저 그렇다	그렇다	매우 그렇다	
연령별 분포	20대	3	23	48	125	28	227
		1.3	10.1	21.1	55.1	12.3	100.0
	30대	1	7	15	64	8	95
		1.1	7.4	15.8	67.4	8.4	100.0
	40대	3	13	25	70	11	122
		2.5	10.7	20.5	57.4	9.0	100.0
	50대	2	1	1	19		23
		8.7	4.3	4.3	82.6		100.0
성별 분포	남성	4	21	46	125	27	223
		1.8	9.4	20.6	56.1	12.1	100.0
	여성	5	23	48	159	20	255
		2.0	9.0	18.8	62.4	7.8	100.0
결혼 여부	미혼	4	24	52	128	25	233
		1.7	10.3	22.3	54.9	10.7	100.0
	기혼	4	20	40	148	22	234
		1.7	8.5	17.1	63.2	9.4	100.0
	기타	1		2	8		11
		9.1		18.2	72.7		100.0
종교별 분포	불교	3	8	16	54	15	96
		3.1	8.3	16.7	56.3	15.6	100.0
	개신교	1	7	21	66	10	105
		1.0	6.7	20.0	62.9	9.5	100.0
	천주교	2	9	11	37	3	62
		3.2	14.5	17.7	59.7	4.8	100.0
	기타	2	5	3	8	1	19
		10.5	26.3	15.8	42.1	5.3	100.0
	종교 없음	1	15	43	119	18	196
		.5	7.7	21.9	60.7	9.2	100.0

<표 4-1-2> 학력, 소득, 생활수준, 출신 지역별 분포

(단위 : 명, %)

응답자 특성	문항 및 응답	지위에 근거한 영향력을 발휘해야 한다					계
		전혀 그렇지 않다	그렇지 않다	그저 그렇다	그렇다	매우 그렇다	
학력별 분포	고졸 이하	4	16	35	91	15	161
		2.5	9.9	21.7	56.5	9.3	100.0
	전문대졸	3	8	14	33	7	65
		4.6	12.3	21.5	50.8	10.8	100.0
	대졸	1	16	38	128	21	204
		.5	7.8	18.6	62.7	10.3	100.0
	대학원 이상	1	4	7	32	4	48
		2.1	8.3	14.6	66.7	8.3	100.0
소득별 분포	100만 원 미만	2	14	24	81	13	134
		1.5	10.4	17.9	60.4	9.7	100.0
	100만 원~ 200만 원 미만	5	15	35	120	21	196
		2.6	7.7	17.9	61.2	10.7	100.0
	200만 원~ 300만 원 미만		7	17	46	8	78
			9.0	21.8	59.0	10.3	100.0
	300만 원 이상	1	5	8	16	4	34
		2.9	14.7	23.5	47.1	11.8	100.0
생활 수준	중상층 이상		2	5	20	2	29
			6.9	17.2	69.0	6.9	100.0
	중중층	3	20	43	84	12	162
		1.9	12.3	26.5	51.9	7.4	100.0
	중하층	4	13	28	103	19	167
		2.4	7.8	16.8	61.7	11.4	100.0
	하층	2	9	18	77	14	120
		1.7	7.5	15.0	64.2	11.7	100.0
출신 지역	대도시	5	17	40	156	29	247
		2.0	6.9	16.2	63.2	11.7	100.0
	중소도시	4	12	24	61	10	111
		3.6	10.8	21.6	55.0	9.0	100.0
	읍면 (농어촌)		15	30	67	8	120
			12.5	25.0	55.8	6.7	100.0

4-2. 처벌권한을 가진다

<표 4-2-1> 연령, 성별, 결혼여부, 종교별 분포

(단위 : 명, %)

응답자 특성		문항 및 응답 성원들에 대한 처벌권한을 가져야 한다					
		전혀 그렇지 않다	그렇지 않다	그저 그렇다	그렇다	매우 그렇다	계
연령별 분포	20대	7	51	73	86	10	227
		3.1	22.5	32.2	37.9	4.4	100.0
	30대	8	21	28	36	1	94
		8.5	22.3	29.8	38.3	1.1	100.0
	40대	10	46	34	29	3	122
		8.2	37.7	27.9	23.8	2.5	100.0
	50대	1	4	2	11	2	20
		5.0	20.0	10.0	55.0	10.0	100.0
성별 분포	남성	8	45	64	94	11	222
		3.6	20.3	28.8	42.3	5.0	100.0
	여성	19	79	75	73	5	251
		7.6	31.5	29.9	29.1	2.0	100.0
결혼 여부	미혼	8	49	77	88	10	232
		3.4	21.1	33.2	37.9	4.3	100.0
	기혼	18	72	60	74	6	230
		7.8	31.3	26.1	32.2	2.6	100.0
	기타	1	3	2	5		11
		9.1	27.3	18.2	45.5		100.0
종교별 분포	불교	3	28	22	34	7	94
		3.2	29.8	23.4	36.2	7.4	100.0
	개신교	4	29	31	36	3	103
		3.9	28.2	30.1	35.0	2.9	100.0
	천주교	8	11	15	27	1	62
		12.9	17.7	24.2	43.5	1.6	100.0
	기타	2	6	6	4	1	19
		10.5	31.6	31.6	21.1	5.3	100.0
	종교 없음	10	50	65	66	4	195
		5.1	25.6	33.3	33.8	2.1	100.0

<표 4-2-2> 학력, 소득, 생활수준, 출신 지역별 분포

(단위 : 명, %)

응답자 특성	문항 및 응답	성원들에 대한 처벌권한을 가져야 한다					계
		전혀 그렇지 않다	그렇지 않다	그저 그렇다	그렇다	매우 그렇다	
학력별 분포	고졸 이하	6	41	47	58	5	157
		3.8	26.1	29.9	36.9	3.2	100.0
	전문대졸	8	23	11	18	4	64
		12.5	35.9	17.2	28.1	6.3	100.0
	대졸	10	47	66	76	5	204
		4.9	23.0	32.4	37.3	2.5	100.0
	대학원 이상	3	13	15	15	2	48
		6.3	27.1	31.3	31.3	4.2	100.0
소득별 분포	100만 원 미만	6	36	42	44	5	133
		4.5	27.1	31.6	33.1	3.8	100.0
	100만 원~200만 원 미만	11	46	55	76	6	194
		5.7	23.7	28.4	39.2	3.1	100.0
	200만 원~300만 원 미만	5	23	21	25	3	77
		6.5	29.9	27.3	32.5	3.9	100.0
	300만 원 이상	2	9	10	11	2	34
		5.9	26.5	29.4	32.4	5.9	100.0
생활 수준	중상층 이상		8	11	10		29
			27.6	37.9	34.5		100.0
	중중층	5	44	51	58	2	160
		3.1	27.5	31.9	36.3	1.3	100.0
	중하층	13	43	47	55	9	167
		7.8	25.7	28.1	32.9	5.4	100.0
	하층	9	29	30	44	5	117
		7.7	24.8	25.6	37.6	4.3	100.0
출신 지역	대도시	12	62	78	84	9	245
		4.9	25.3	31.8	34.3	3.7	100.0
	중소도시	8	25	29	46	2	110
		7.3	22.7	26.4	41.8	1.8	100.0
	읍면(농어촌)	7	37	32	37	5	118
		5.9	31.4	27.1	31.4	4.2	100.0

4-3. 보상권한을 줄 수 있다

<표 4-3-1> 연령, 성별, 결혼여부, 종교별 분포

(단위 : 명, %)

응답자 특성		문항 및 응답 성원들에 대한 보상권한을 줄 수 있어야 한다					계
		전혀 그렇지 않다	그렇지 않다	그저 그렇다	그렇다	매우 그렇다	
연령별 분포	20대		20	62	114	29	225
			8.9	27.6	50.7	12.9	100.0
	30대	2	11	17	55	7	92
		2.2	12.0	18.5	59.8	7.6	100.0
	40대	5	22	27	57	8	119
		4.2	18.5	22.7	47.9	6.7	100.0
	50대	1	1	4	13	2	21
		4.8	4.8	19.0	61.9	9.5	100.0
성별 분포	남성	2	22	53	116	29	222
		.9	9.9	23.9	52.3	13.1	100.0
	여성	6	32	61	126	20	245
		2.4	13.1	24.9	51.4	8.2	100.0
결혼 여부	미혼		21	59	121	28	229
			9.2	25.8	52.8	12.2	100.0
	기혼	7	32	52	118	18	227
		3.1	14.1	22.9	52.0	7.9	100.0
	기타	1	1	3	3	3	11
		9.1	9.1	27.3	27.3	27.3	100.0
종교별 분포	불교		11	15	54	13	93
			11.8	16.1	58.1	14.0	100.0
	개신교	3	13	19	58	10	103
		2.9	12.6	18.4	56.3	9.7	100.0
	천주교	1	6	18	32	4	61
		1.6	9.8	29.5	52.5	6.6	100.0
	기타	1	5	4	4	2	16
		6.3	31.3	25.0	25.0	12.5	100.0
	종교 없음	3	19	58	94	20	194
		1.5	9.8	29.9	48.5	10.3	100.0

<표 4-3-2> 학력, 소득, 생활수준, 출신 지역별 분포

(단위 : 명, %)

문항 및 응답 응답자 특성		성원들에 대한 보상권한을 줄 수 있어야 한다					계
		전혀 그렇지 않다	그렇지 않다	그저 그렇다	그렇다	매우 그렇다	
학력별 분포	고졸 이하	2	24	42	70	16	154
		1.3	15.6	27.3	45.5	10.4	100.0
	전문대졸	5	8	20	24	5	62
		8.1	12.9	32.3	38.7	8.1	100.0
	대졸	1	19	44	118	21	203
		.5	9.4	21.7	58.1	10.3	100.0
	대학원 이상		3	8	30	7	48
			6.3	16.7	62.5	14.6	100.0
소득별 분포	100만 원 미만	1	14	40	64	12	131
		.8	10.7	30.5	48.9	9.2	100.0
	100만 원~ 200만 원 미만	5	21	35	107	23	191
		2.6	11.0	18.3	56.0	12.0	100.0
	200만 원~ 300만 원 미만	1	12	19	38	7	77
		1.3	15.6	24.7	49.4	9.1	100.0
	300만 원 이상		4	7	18	4	33
			12.1	21.2	54.5	12.1	100.0
생활 수준	중상층 이상		3	7	18	1	29
			10.3	24.1	62.1	3.4	100.0
	중중층	2	22	37	80	16	157
		1.3	14.0	23.6	51.0	10.2	100.0
	중하층	4	15	45	81	20	165
		2.4	9.1	27.3	49.1	12.1	100.0
	하층	2	14	25	63	12	116
		1.7	12.1	21.6	54.3	10.3	100.0
출신 지역	대도시	3	27	56	124	33	243
		1.2	11.1	23.0	51.0	13.6	100.0
	중소도시	2	10	31	56	9	108
		1.9	9.3	28.7	51.9	8.3	100.0
	읍면 (농어촌)	3	17	27	62	7	116
		2.6	14.7	23.3	53.4	6.0	100.0

4-4. 전문가이기에 그의 말을 따른다

<표 4-4-1> 연령, 성별, 결혼여부, 종교별 분포

(단위 : 명, %)

응답자 특성		문항 및 응답	전문가이기에 그의 말을 따른다					계
			전혀 그렇지 않다	그렇지 않다	그저 그렇다	그렇다	매우 그렇다	
연령별 분포	20대		14	61	80	64	8	227
			6.2	26.9	35.2	28.2	3.5	100.0
	30대		6	28	31	24	6	95
			6.3	29.5	32.6	25.3	6.3	100.0
	40대		7	41	30	35	6	119
			5.9	34.5	25.2	29.4	5.0	100.0
	50대		3	3	8	8		22
			13.6	13.6	36.4	36.4		100.0
성별 분포	남성		10	56	78	67	13	224
			4.5	25.0	34.8	29.9	5.8	100.0
	여성		22	78	75	68	7	250
			8.8	31.2	30.0	27.2	2.8	100.0
결혼 여부	미혼		18	63	83	65	5	234
			7.7	26.9	35.5	27.8	2.1	100.0
	기혼		13	70	64	67	15	229
			5.7	30.6	27.9	29.3	6.6	100.0
	기타		1	1	6	3		11
			9.1	9.1	54.5	27.3		100.0
종교별 분포	불교		8	27	24	32	5	96
			8.3	28.1	25.0	33.3	5.2	100.0
	개신교		4	31	30	34	5	104
			3.8	29.8	28.8	32.7	4.8	100.0
	천주교		5	14	19	19	2	59
			8.5	23.7	32.2	32.2	3.4	100.0
	기타		1	5	7	5	1	19
			5.3	26.3	36.8	26.3	5.3	100.0
	종교 없음		14	57	73	45	7	196
			7.1	29.1	37.2	23.0	3.6	100.0

<표 4-4-2> 학력, 소득, 생활수준, 출신 지역별 분포

(단위 : 명, %)

문항 및 응답 응답자 특성		전문가이기에 그의 말을 따른다					계
		전혀 그렇지 않다	그렇지 않다	그저 그렇다	그렇다	매우 그렇다	
학력별 분포	고졸 이하	13	48	48	46	4	159
		8.2	30.2	30.2	28.9	2.5	100.0
	전문대졸	8	17	19	13	6	63
		12.7	27.0	30.2	20.6	9.5	100.0
	대졸	8	57	72	61	6	204
		3.9	27.9	35.3	29.9	2.9	100.0
	대학원 이상	3	12	14	15	4	48
		6.3	25.0	29.2	31.3	8.3	100.0
소득별 분포	100만 원 미만	13	36	49	31	6	135
		9.6	26.7	36.3	23.0	4.4	100.0
	100만 원~ 200만 원 미만	8	61	54	63	8	194
		4.1	31.4	27.8	32.5	4.1	100.0
	200만 원~ 300만 원 미만	4	16	28	24	3	75
		5.3	21.3	37.3	32.0	4.0	100.0
	300만 원 이상	3	13	11	5	2	34
		8.8	38.2	32.4	14.7	5.9	100.0
생활 수준	중상층 이상	2	11	7	8	1	29
		6.9	37.9	24.1	27.6	3.4	100.0
	중중층	7	41	59	48	6	161
		4.3	25.5	36.6	29.8	3.7	100.0
	중하층	10	44	53	55	4	166
		6.0	26.5	31.9	33.1	2.4	100.0
	하층	13	38	34	24	9	118
		11.0	32.2	28.8	20.3	7.6	100.0
출신 지역	대도시	17	66	74	77	10	244
		7.0	27.0	30.3	31.6	4.1	100.0
	중소도시	7	29	40	32	3	111
		6.3	26.1	36.0	28.8	2.7	100.0
	읍면 (농어촌)	8	39	39	26	7	119
		6.7	32.8	32.8	21.8	5.9	100.0

4-5. 성원들이 따르고 싶고 인정받고 싶어할 수 있는 개인적 성격을 가져야 한다

<표 4-5-1> 연령, 성별, 결혼여부, 종교별 분포

(단위 : 명, %)

응답자 특성		문항 및 응답 성원들이 따르고 싶고 인정받고 싶어할 수 있는 개인적 성격을 가져야 한다					계
		전혀 그렇지 않다	그렇지 않다	그저 그렇다	그렇다	매우 그렇다	
연령별 분포	20대	3	11	38	119	56	227
		1.3	4.8	16.7	52.4	24.7	100.0
	30대		4	9	55	26	94
			4.3	9.6	58.5	27.7	100.0
	40대	4	9	17	65	27	122
		3.3	7.4	13.9	53.3	22.1	100.0
	50대	1	2	4	10	5	22
		4.5	9.1	18.2	45.5	22.7	100.0
성별 분포	남성	6	9	38	114	57	224
		2.7	4.0	17.0	50.9	25.4	100.0
	여성	4	17	35	139	58	253
		1.6	6.7	13.8	54.9	22.9	100.0
결혼 여부	미혼	4	10	39	125	55	233
		1.7	4.3	16.7	53.6	23.6	100.0
	기혼	5	16	31	121	60	233
		2.1	6.9	13.3	51.9	25.8	100.0
	기타	1		3	7		11
		9.1		27.3	63.6		100.0
종교별 분포	불교		8	13	57	17	95
			8.4	13.7	60.0	17.9	100.0
	개신교	2	7	15	54	26	104
		1.9	6.7	14.4	51.9	25.0	100.0
	천주교	1	4	6	38	13	62
		1.6	6.5	9.7	61.3	21.0	100.0
	기타	1	3	3	7	5	19
		5.3	15.8	15.8	36.8	26.3	100.0
	종교 없음	6	4	36	97	54	197
		3.0	2.0	18.3	49.2	27.4	100.0

<표 4-5-2> 학력, 소득, 생활수준, 출신 지역별 분포

(단위 : 명, %)

응답자 특성		문항 및 응답: 성원들이 따르고 싶고 인정받고 싶어할 수 있는 개인적 성격을 가져야 한다					계
		전혀 그렇지 않다	그렇지 않다	그저 그렇다	그렇다	매우 그렇다	
학력별 분포	고졸 이하	7	14	24	82	33	160
		4.4	8.8	15.0	51.3	20.6	100.0
	전문대졸	2	4	14	32	13	65
		3.1	6.2	21.5	49.2	20.0	100.0
	대졸	1	7	27	111	58	204
		.5	3.4	13.2	54.4	28.4	100.0
	대학원 이상		1	8	28	11	48
			2.1	16.7	58.3	22.9	100.0
소득별 분포	100만 원 미만	2	10	25	70	27	134
		1.5	7.5	18.7	52.2	20.1	100.0
	100만 원~ 200만 원 미만	4	7	27	108	49	195
		2.1	3.6	13.8	55.4	25.1	100.0
	200만 원~ 300만 원 미만	2	6	9	40	20	77
		2.6	7.8	11.7	51.9	26.0	100.0
	300만 원 이상		2	4	16	12	34
			5.9	11.8	47.1	35.3	100.0
생활 수준	중상층 이상		3	3	16	7	29
			10.3	10.3	55.2	24.1	100.0
	중중층	3	13	24	75	46	161
		1.9	8.1	14.9	46.6	28.6	100.0
	중하층	5	5	26	98	34	168
		3.0	3.0	15.5	58.3	20.2	100.0
	하층	2	5	20	64	28	119
		1.7	4.2	16.8	53.8	23.5	100.0
출신 지역	대도시	3	12	39	122	70	246
		1.2	4.9	15.9	49.6	28.5	100.0
	중소도시	4	6	19	64	19	112
		3.6	5.4	17.0	57.1	17.0	100.0
	읍면 (농어촌)	3	8	15	67	26	119
		2.5	6.7	12.6	56.3	21.8	100.0

4-6. 광범위한 사회적 연결망

<표 4-6-1> 연령, 성별, 결혼여부, 종교별 분포

(단위 : 명, %)

응답자 특성	문항 및 응답	사교나 정보의 범위를 넓혀줄 수 있는 광범위한 사회적 연결망을 가져야 한다					계
		전혀 그렇지 않다	그렇지 않다	그저 그렇다	그렇다	매우 그렇다	
연령별 분포	20대	3	4	43	125	51	226
		1.3	1.8	19.0	55.3	22.6	100.0
	30대		2	13	62	18	95
			2.1	13.7	65.3	18.9	100.0
	40대	3	11	18	67	23	122
		2.5	9.0	14.8	54.9	18.9	100.0
	50대			7	11	3	21
				33.3	52.4	14.3	100.0
성별 분포	남성	6	8	45	116	47	222
		2.7	3.6	20.3	52.3	21.2	100.0
	여성		9	37	156	49	251
			3.6	14.7	62.2	19.5	100.0
결혼 여부	미혼	2	4	45	129	51	231
		.9	1.7	19.5	55.8	22.1	100.0
	기혼	4	13	35	138	42	232
		1.7	5.6	15.1	59.5	18.1	100.0
	기타			2	5	3	10
				20.0	50.0	30.0	100.0
종교별 분포	불교	2	3	15	55	18	93
		2.2	3.2	16.1	59.1	19.4	100.0
	개신교	1	2	16	63	22	104
		1.0	1.9	15.4	60.6	21.2	100.0
	천주교		3	13	35	11	62
			4.8	21.0	56.5	17.7	100.0
	기타	1		4	9	5	19
		5.3		21.1	47.4	26.3	100.0
	종교 없음	2	9	34	110	40	195
		1.0	4.6	17.4	56.4	20.5	100.0

<표 4-6-2> 학력, 소득, 생활수준, 출신 지역별 분포

(단위 : 명, %)

응답자 특성	문항 및 응답	사교나 정보의 범위를 넓혀 줄 수 있는 광범위한 사회적 연결망을 가져야 한다					계
		전혀 그렇지 않다	그렇지 않다	그저 그렇다	그렇다	매우 그렇다	
학력별 분포	고졸 이하	1	10	22	92	31	156
		.6	6.4	14.1	59.0	19.9	100.0
	전문대졸	2	4	10	36	13	65
		3.1	6.2	15.4	55.4	20.0	100.0
	대졸	2	2	39	115	46	204
		1.0	1.0	19.1	56.4	22.5	100.0
	대학원 이상	1	1	11	29	6	48
		2.1	2.1	22.9	60.4	12.5	100.0
소득별 분포	100만 원 미만	1	6	25	75	27	134
		.7	4.5	18.7	56.0	20.1	100.0
	100만 원~ 200만 원 미만	4	7	27	119	38	195
		2.1	3.6	13.8	61.0	19.5	100.0
	200만 원~ 300만 원 미만		2	15	43	16	76
			2.6	19.7	56.6	21.1	100.0
	300만 원 이상	1	2	7	15	9	34
		2.9	5.9	20.6	44.1	26.5	100.0
생활 수준	중상층 이상		2	5	16	6	29
			6.9	17.2	55.2	20.7	100.0
	중중층	3	3	25	94	35	160
		1.9	1.9	15.6	58.8	21.9	100.0
	중하층		5	32	99	28	164
			3.0	19.5	60.4	17.1	100.0
	하층	3	7	20	63	27	120
		2.5	5.8	16.7	52.5	22.5	100.0
출신 지역	대도시	4	9	33	143	55	244
		1.6	3.7	13.5	58.6	22.5	100.0
	중소도시	1	3	29	58	18	109
		.9	2.8	26.6	53.2	16.5	100.0
	읍면 (농어촌)	1	5	20	71	23	120
		.8	4.2	16.7	59.2	19.2	100.0

5. 조직이나 단체에서 힘 또는 권력에 관한 평가

<표 5-1-1> 연령, 성별, 결혼여부, 종교별 분포

(단위 : 명, %)

문항 및 응답 응답자 특성		귀하는 조직이나 단체에서 힘 또는 권력이란 무엇이라고 생각하십니까?						계
		경쟁을 통해 얻는 것	개인이 지닌 것	통제력	협동을 통해 구축	단체성원이 공동 소유하는것	구성원들 간의 상호 영향력	
연령별 분포	20대	32	24	107	41	20	3	227
		14.1	10.6	47.1	18.1	8.8	1.3	100.0
	30대	12	7	47	22	9		97
		12.4	7.2	48.5	22.7	9.3		100.0
	40대	15	12	53	31	9	2	122
		12.3	9.8	43.4	25.4	7.4	1.6	100.0
	50대	5	2	11	5			23
		21.7	8.7	47.8	21.7			100.0
성별 분포	남성	35	24	102	44	19	1	225
		15.6	10.7	45.3	19.6	8.4	.4	100.0
	여성	30	22	120	59	19	5	255
		11.8	8.6	47.1	23.1	7.5	2.0	100.0
결혼 여부	미혼	29	21	112	47	21	3	233
		12.4	9.0	48.1	20.2	9.0	1.3	100.0
	기혼	35	24	106	52	16	3	236
		14.8	10.2	44.9	22.0	6.8	1.3	100.0
	기타	1	1	4	4	1		11
		9.1	9.1	36.4	36.4	9.1		100.0
종교별 분포	불교	13	12	50	16	5	1	97
		13.4	12.4	51.5	16.5	5.2	1.0	100.0
	개신교	12	8	49	24	11	1	105
		11.4	7.6	46.7	22.9	10.5	1.0	100.0
	천주교	12	7	24	15	3		61
		19.7	11.5	39.3	24.6	4.9		100.0
	기타	3	2	13	2			20
		15.0	10.0	65.0	10.0			100.0
	종교 없음	25	17	86	46	19	4	197
		12.7	8.6	43.7	23.4	9.6	2.0	100.0

<표 5-1-2> 학력, 소득, 생활수준, 출신 지역별 분포

(단위 : 명, %)

응답자 특성	문항 및 응답	귀하는 조직이나 단체에서 힘 또는 권력이란 무엇이라고 생각하십니까?						계
		경쟁을 통해 얻는 것	개인이 지닌 것	통제력	협동을 통해 구축	단체성원이 공동 소유하는 것	구성원들 간의 상호 영향력	
학력별 분포	고졸 이하	28	27	71	29	6	3	164
		17.1	16.5	43.3	17.7	3.7	1.8	100.0
	전문대졸	10	4	33	17		1	65
		15.4	6.2	50.8	26.2		1.5	100.0
	대졸	20	14	94	47	27	1	203
		9.9	6.9	46.3	23.2	13.3	.5	100.0
	대학원 이상	7	1	24	10	5	1	48
		14.6	2.1	50.0	20.8	10.4	2.1	100.0
소득별 분포	100만 원 미만	19	16	66	26	7	2	136
		14.0	11.8	48.5	19.1	5.1	1.5	100.0
	100~200 만 원 미만	27	18	85	46	18	2	196
		13.8	9.2	43.4	23.5	9.2	1.0	100.0
	200~300 만 원 미만	11	7	38	15	7		78
		14.1	9.0	48.7	19.2	9.0		100.0
	300만 원 이상	5	2	18	4	4	1	34
		14.7	5.9	52.9	11.8	11.8	2.9	100.0
생활 수준	중상층 이상	2	3	15	6	2	1	29
		6.9	10.3	51.7	20.7	6.9	3.4	100.0
	중중층	32	10	71	35	12		160
		20.0	6.3	44.4	21.9	7.5		100.0
	중하층	22	22	77	29	17	2	169
		13.0	13.0	45.6	17.2	10.1	1.2	100.0
	하층	9	11	59	33	7	3	122
		7.4	9.0	48.4	27.0	5.7	2.5	100.0
출신 지역	대도시	34	16	123	57	18	1	249
		13.7	6.4	49.4	22.9	7.2	.4	100.0
	중소도시	13	17	44	22	14	1	111
		11.7	15.3	39.6	19.8	12.6	.9	100.0
	읍면 (농어촌)	18	13	55	24	6	4	120
		15.0	10.8	45.8	20.0	5.0	3.3	100.0

<표 5-2-1> 연령, 성별, 결혼여부, 종교별 분포

(단위 : 명, %)

문항 및 응답 응답자 특성		귀하는 조직이나 단체에서 힘 또는 권력이란 무엇이라고 생각하십니까?					계
		개인이 지닌 것	통제력	협동을 통해 구축	단체성원이 공동 소유하는 것	구성원들 간의 상호 영향력	
연령별 분포	20대	1	26	28	47	104	206
		.5	12.6	13.6	22.8	50.5	100.0
	30대	1	5	19	18	42	85
		1.2	5.9	22.4	21.2	49.4	100.0
	40대	2	14	16	25	50	107
		1.9	13.1	15.0	23.4	46.7	100.0
	50대		6	6	5	4	21
			28.6	28.6	23.8	19.0	100.0
성별 분포	남성	1	26	35	57	81	200
		.5	13.0	17.5	28.5	40.5	100.0
	여성	3	25	35	40	125	228
		1.3	11.0	15.4	17.5	54.8	100.0
결혼 여부	미혼	1	23	28	51	110	213
		.5	10.8	13.1	23.9	51.6	100.0
	기혼	3	27	42	43	90	205
		1.5	13.2	20.5	21.0	43.9	100.0
	기타		1		3	6	10
			10.0		30.0	60.0	100.0
종교별 분포	불교		13	16	18	39	86
			15.1	18.6	20.9	45.3	100.0
	개신교	2	13	10	21	49	95
		2.1	13.7	10.5	22.1	51.6	100.0
	천주교	1	9	10	12	24	56
		1.8	16.1	17.9	21.4	42.9	100.0
	기타		2	6	4	5	17
			11.8	35.3	23.5	29.4	100.0
	종교 없음	1	14	28	42	89	174
		.6	8.0	16.1	24.1	51.1	100.0

<표 5-2-2> 학력, 소득, 생활수준, 출신 지역별 분포

(단위 : 명, %)

응답자 특성		문항 및 응답 귀하는 조직이나 단체에서 힘 또는 권력이란 무엇이라고 생각하십니까?					계
		개인이 지닌 것	통제력	협동을 통해 구축	단체성원이 공동 소유하는것	구성원들간 의 상호 영향력	
학력별 분포	고졸 이하	2 1.4	25 17.9	30 21.4	25 17.9	58 41.4	140 100.0
	전문대졸	1 1.8	6 10.7	14 25.0	14 25.0	21 37.5	56 100.0
	대졸	1 .5	17 9.1	19 10.2	50 26.9	99 53.2	186 100.0
	대학원 이상		3 6.5	7 15.2	8 17.4	28 60.9	46 100.0
소득별 분포	100만 원 미만	1 .8	12 9.8	15 12.3	29 23.8	65 53.3	122 100.0
	100만 원~ 200만 원 미만	2 1.1	24 13.7	33 18.9	40 22.9	76 43.4	175 100.0
	200만 원~ 300만 원 미만		10 14.3	11 15.7	13 18.6	36 51.4	70 100.0
	300만 원 이상	1 3.2	3 9.7	7 22.6	6 19.4	14 45.2	31 100.0
생활 수준	중상층 이상		4 14.3	5 17.9	6 21.4	13 46.4	28 100.0
	중중층	2 1.4	15 10.3	25 17.2	38 26.2	65 44.8	145 100.0
	중하층	1 .7	25 17.0	23 15.6	19 12.9	79 53.7	147 100.0
	하층	1 .9	7 6.5	17 15.7	34 31.5	49 45.4	108 100.0
출신 지역	대도시	2 .9	26 11.5	41 18.1	41 18.1	117 51.5	227 100.0
	중소도시	1 1.0	11 11.5	15 15.6	24 25.0	45 46.9	96 100.0
	읍면 (농어촌)	1 1.0	14 13.3	14 13.3	32 30.5	44 41.9	105 100.0

6. 우리 사회에서 필요로 하는 지도자의 유형에 관한 평가

<표 6-1> 연령, 성별, 결혼여부, 종교별 분포

(단위 : 명, %)

응답자 특성		단체를 이끄는 리더십	신의 역할을 대행하는 리더십	이상적인 인간상을 제공하는 리더십	불확신한 미래에 대한 불안 해소	기타	계
연령별 분포	20대	111	7	31	71	6	226
		49.1	3.1	13.7	31.4	2.6	100.0
	30대	47	1	11	35	2	96
		49.0	1.0	11.5	36.5	2.0	100.0
	40대	48		26	45	3	122
		39.3		21.3	36.9	2.5	100.0
	50대	12		4	7		23
		52.2		17.4	30.4		100.0
성별 분포	남성	93	8	37	80	7	225
		41.3	3.6	16.4	35.6	3.1	100.0
	여성	131		37	81	4	253
		51.8		14.6	32.0	1.6	100.0
결혼 여부	미혼	120	6	28	72	6	232
		51.7	2.6	12.1	31.0	2.6	100.0
	기혼	98	2	43	87	5	235
		41.7	.9	18.3	37.0	2.1	100.0
	기타	6		3	2		11
		54.5		27.3	18.2		100.0
종교별 분포	불교	41	2	17	36	1	97
		42.3	2.1	17.5	37.1	1.0	100.0
	개신교	52	1	18	29	3	103
		50.5	1.0	17.5	28.2	2.9	100.0
	천주교	24	2	7	26	2	61
		39.3	3.3	11.5	42.6	3.2	100.0
	기타	10		5	5		20
		50.0		25.0	25.0		100.0
	종교 없음	97	3	27	65	5	197
		49.2	1.5	13.7	33.0	2.5	100.0

<표 6-2> 학력, 소득, 생활수준, 출신 지역별 분포

(단위 : 명, %)

응답자 특성		문항 및 응답: 귀하께서 생각하기에 현재 우리 사회에서 어떤 지도자의 유형이 필요하다고 생각하십니까?					계
		단체를 이끄는 리더십	신의 역할을 대행하는 리더십	이상적인 인간상을 제공하는 리더십	불확신한 미래에 대한 불안해소	기타	
학력별 분포	고졸 이하	81	3	29	49	2	164
		49.4	1.8	17.7	29.9	1.2	100.0
	전문대졸	33	3	14	14	1	65
		50.8	4.6	21.5	21.5	1.5	100.0
	대졸	88	2	25	80	6	201
		43.8	1.0	12.4	39.8	3.0	100.0
	대학원 이상	22		6	18	2	48
		45.8		12.5	37.5	4.2	100.0
소득별 분포	100만 원 미만	73	3	20	36	4	136
		53.7	2.2	14.7	26.5	2.9	100.0
	100만 원~200만 원 미만	96	5	29	62	2	194
		49.5	2.6	14.9	32.0	1.0	100.0
	200만 원~300만 원 미만	28		10	35	5	78
		35.9		12.8	44.9	6.4	100.0
	300만 원 이상	15		8	11		34
		44.1		23.5	32.4		100.0
생활 수준	중상층 이상	14		3	12		29
		48.3		10.3	41.4		100.0
	중중층	71	4	29	50	4	158
		44.9	2.5	18.4	31.6	2.5	100.0
	중하층	79	1	24	62	3	169
		46.7	.6	14.2	36.7	1.8	100.0
	하층	60	3	18	37	4	122
		49.2	2.5	14.8	30.3	3.3	100.0
출신 지역	대도시	126	1	39	78	4	248
		50.8	.4	15.7	31.5	1.6	100.0
	중소도시	43	3	18	45	2	111
		38.7	2.7	16.2	40.5	1.8	100.0
	읍면 (농어촌)	55	4	17	38	5	119
		46.2	3.4	14.3	31.9	4.2	100.0

7-1. 여성의 직위에 관한 평가

<표 7-1-1> 연령, 성별, 결혼여부, 종교별 분포

(단위 : 명, %)

응답자 특성		중요한 책임이 수반되는 직위를 여성에게 허용해선 안된다					계
	문항 및 응답	전혀 그렇지 않다	그렇지 않다	그저 그렇다	그렇다	매우 그렇다	
연령별 분포	20대	116	74	23	10	4	227
		51.1	32.6	10.1	4.4	1.8	100.0
	30대	56	24	12	3		95
		58.9	25.3	12.6	3.2		100.0
	40대	57	52	8	5		122
		46.7	42.6	6.6	4.1		100.0
	50대	8	8	3	2		21
		38.1	38.1	14.3	9.5		100.0
성별 분포	남성	62	100	40	15	4	221
		28.1	45.2	18.1	6.8	1.8	100.0
	여성	180	60	8	5		253
		71.1	23.7	3.2	2.0		100.0
결혼 여부	미혼	123	74	23	9	4	233
		52.8	31.8	9.9	3.9	1.7	100.0
	기혼	115	81	24	11		231
		49.8	35.1	10.4	4.8		100.0
	기타	4	5	1			10
		40.0	50.0	10.0			100.0
종교별 분포	불교	39	41	6	7	1	94
		41.5	43.6	6.4	7.4	1.1	100.0
	개신교	62	30	9	1	2	104
		59.6	28.8	8.7	1.0	1.9	100.0
	천주교	33	21	5	3		62
		53.2	33.9	8.1	4.8		100.0
	기타	10	7	2	1		20
		50.0	35.0	10.0	5.0		100.0
	종교 없음	98	61	26	8	1	194
		50.5	31.4	13.4	4.1	.5	100.0

<표 7-1-2> 학력, 소득, 생활수준, 출신 지역별 분포

(단위 : 명, %)

응답자 특성		문항 및 응답	중요한 책임이 수반되는 직위를 여성에게 허용해선 안된다					계
			전혀 그렇지 않다	그렇지 않다	그저 그렇다	그렇다	매우 그렇다	
학력별 분포		고졸 이하	68	60	24	6	1	159
			42.8	37.7	15.1	3.8	.6	100.0
		전문대졸	28	24	5	5	1	63
			44.4	38.1	7.9	7.9	1.6	100.0
		대졸	116	61	18	7	2	204
			56.9	29.9	8.8	3.4	1.0	100.0
		대학원 이상	30	15	1	2		48
			62.5	31.3	2.1	4.2		100.0
소득별 분포		100만 원 미만	74	43	11	6		134
			55.2	32.1	8.2	4.5		100.0
		100만 원~ 200만 원 미만	100	63	23	6	3	195
			51.3	32.3	11.8	3.1	1.5	100.0
		200만 원~ 300만 원 미만	31	32	8	6		77
			40.3	41.6	10.4	7.8		100.0
		300만 원 이상	18	12	4			34
			52.9	35.3	11.8			100.0
생활 수준		중상층 이상	14	11	3	1		29
			48.3	37.9	10.3	3.4		100.0
		중중층	79	52	22	6	1	160
			49.4	32.5	13.8	3.8	.6	100.0
		중하층	91	56	13	6	1	167
			54.5	33.5	7.8	3.6	.6	100.0
		하층	58	41	10	7	2	118
			49.2	34.7	8.5	5.9	1.7	100.0
출신 지역		대도시	137	74	20	12	2	245
			55.9	30.2	8.2	4.9	.8	100.0
		중소도시	55	37	12	5	2	111
			49.5	33.3	10.8	4.5	1.8	100.0
		읍면 (농어촌)	50	49	16	3		118
			42.4	41.5	13.6	2.5		100.0

7-2. 지도자로서 여성의 능력과 자질에 관한 평가

<표 7-2-1> 연령, 성별, 결혼여부, 종교별 분포

(단위 : 명, %)

응답자 특성		문항 및 응답	조직이나 단체지도자로서 여성의 능력과 자질이 남성에 비해 부족하다					계
			전혀 그렇지 않다	그렇지 않다	그저 그렇다	그렇다	매우 그렇다	
연령별 분포	20대		85	78	34	23	6	226
			37.6	34.5	15.0	10.2	2.7	100.0
	30대		40	39	8	7		94
			42.6	41.5	8.5	7.4		100.0
	40대		40	45	12	22	3	122
			32.8	36.9	9.8	18.0	2.5	100.0
	50대		9	3	5	4		21
			42.9	14.3	23.8	19.0		100.0
성별 분포	남성		43	83	45	42	8	221
			19.5	37.6	20.4	19.0	3.6	100.0
	여성		135	85	14	16	1	251
			53.8	33.9	5.6	6.4	.4	100.0
결혼 여부	미혼		91	82	33	21	6	233
			39.1	35.2	14.2	9.0	2.6	100.0
	기혼		83	83	25	35	3	229
			36.2	36.2	10.9	15.3	1.3	100.0
	기타		4	3	1	2		10
			40.0	30.0	10.0	20.0		100.0
종교별 분포	불교		27	42	8	14	2	93
			29.0	45.2	8.6	15.1	2.2	100.0
	개신교		48	32	11	10	3	104
			46.2	30.8	10.6	9.6	2.9	100.0
	천주교		24	22	10	4	1	61
			39.3	36.1	16.4	6.6	1.6	100.0
	기타		10	6	2	2		20
			50.0	30.0	10.0	10.0		100.0
	종교 없음		69	66	28	28	3	194
			35.6	34.0	14.4	14.4	1.5	100.0

<표 7-2-2> 학력, 소득, 생활수준, 출신 지역별 분포

(단위 : 명, %)

응답자 특성	문항 및 응답	조직이나 단체지도자로서 여성의 능력과 자질이 남성에 비해 부족하다					계
		전혀 그렇지 않다	그렇지 않다	그저 그렇다	그렇다	매우 그렇다	
학력별 분포	고졸 이하	49	58	26	23	2	158
		31.0	36.7	16.5	14.6	1.3	100.0
	전문대졸	19	26	9	7	2	63
		30.2	41.3	14.3	11.1	3.2	100.0
	대졸	82	74	21	22	4	203
		40.4	36.5	10.3	10.8	2.0	100.0
	대학원 이상	28	10	3	6	1	48
		58.3	20.8	6.3	12.5	2.1	100.0
소득별 분포	100만 원 미만	55	47	15	15	1	133
		41.4	35.3	11.3	11.3	.8	100.0
	100만 원~ 200만 원 미만	77	65	20	26	6	194
		39.7	33.5	10.3	13.4	3.1	100.0
	200만 원~ 300만 원 미만	20	32	15	10		77
		26.0	41.6	19.5	13.0		100.0
	300만 원 이상	10	11	7	5	1	34
		29.4	32.4	20.6	14.7	2.9	100.0
생활 수준	중상층 이상	11	10	6	2		29
		37.9	34.5	20.7	6.9		100.0
	중중층	54	61	21	19	4	159
		34.0	38.4	13.2	11.9	2.5	100.0
	중하층	68	65	16	17	1	167
		40.7	38.9	9.6	10.2	.6	100.0
	하층	45	32	16	20	4	117
		38.5	27.4	13.7	17.1	3.4	100.0
출신 지역	대도시	107	87	29	18	4	245
		43.7	35.5	11.8	7.3	1.6	100.0
	중소도시	40	37	15	15	2	109
		36.7	33.9	13.8	13.8	1.8	100.0
	읍면 (농어촌)	31	44	15	25	3	118
		26.3	37.3	12.7	21.2	2.5	100.0

7-3. 조직이나 단체에서 리더로서의 여성 평가

<표 7-3-1> 연령, 성별, 결혼여부, 종교별 분포

(단위 : 명, %)

응답자 특성		문항 및 응답: 내가 속한 조직이나 단체에 리더가 여성이라도 상관없다					계
		전혀 그렇지 않다	그렇지 않다	그저 그렇다	그렇다	매우 그렇다	
연령별 분포	20대	10	13	26	97	78	224
		4.5	5.8	11.6	43.3	34.8	100.0
	30대	1	4	13	47	29	94
		1.1	4.3	13.8	50.0	30.9	100.0
	40대	5	10	12	77	16	120
		4.2	8.3	10.0	64.2	13.3	100.0
	50대	1	1	5	10	5	22
		4.5	4.5	22.7	45.5	22.7	100.0
성별 분포	남성	7	24	44	112	31	218
		3.2	11.0	20.2	51.4	14.2	100.0
	여성	11	5	13	123	99	251
		4.4	2.0	5.2	49.0	39.4	100.0
결혼 여부	미혼	10	12	25	103	80	230
		4.3	5.2	10.9	44.8	34.8	100.0
	기혼	7	16	31	126	49	229
		3.1	7.0	13.5	55.0	21.4	100.0
	기타	1	1	1	6	1	10
		10.0	10.0	10.0	60.0	10.0	100.0
종교별 분포	불교	3	4	10	53	23	93
		3.2	4.3	10.8	57.0	24.7	100.0
	개신교	5	4	15	46	34	104
		4.8	3.8	14.4	44.2	32.7	100.0
	천주교	3	3	4	35	15	60
		5.0	5.0	6.7	58.3	25.0	100.0
	기타	2		3	8	7	20
		10.0		15.0	40.0	35.0	100.0
	종교 없음	5	18	25	93	51	192
		2.6	9.4	13.0	48.4	26.6	100.0

<표 7-3-2> 학력, 소득, 생활수준, 출신 지역별 분포

(단위 : 명, %)

응답자 특성	문항 및 응답	내가 속한 조직이나 단체에 리더가 여성이라도 상관없다					계
		전혀 그렇지 않다	그렇지 않다	그저 그렇다	그렇다	매우 그렇다	
학력별 분포	고졸 이하	5	13	26	82	31	157
		3.2	8.3	16.6	52.2	19.7	100.0
	전문대졸	3	4	5	39	11	62
		4.8	6.5	8.1	62.9	17.7	100.0
	대졸	8	8	23	99	65	203
		3.9	3.9	11.3	48.8	32.0	100.0
	대학원 이상	2	4	3	15	23	47
		4.3	8.5	6.4	31.9	48.9	100.0
소득별 분포	100만 원 미만	4	9	11	56	52	132
		3.0	6.8	8.3	42.4	39.4	100.0
	100만 원~ 200만 원 미만	10	10	27	96	50	193
		5.2	5.2	14.0	49.7	25.9	100.0
	200만 원~ 300만 원 미만		8	7	47	15	77
			10.4	9.1	61.0	19.5	100.0
	300만 원 이상	3	1	6	16	8	34
		8.8	2.9	17.6	47.1	23.5	100.0
생활 수준	중상층 이상	2		5	15	6	28
		7.1		17.9	53.6	21.4	100.0
	중중층	7	11	19	80	44	161
		4.3	6.8	11.8	49.7	27.3	100.0
	중하층	4	9	17	88	47	165
		2.4	5.5	10.3	53.3	28.5	100.0
	하층	5	9	16	52	33	115
		4.3	7.8	13.9	45.2	28.7	100.0
출신 지역	대도시	10	15	24	115	80	244
		4.1	6.1	9.8	47.1	32.8	100.0
	중소도시	5	5	14	60	24	108
		4.6	4.6	13.0	55.6	22.2	100.0
	읍면 (농어촌)	3	9	19	60	26	117
		2.6	7.7	16.2	51.3	22.2	100.0

7-4. 여성과 남성의 리더십 비교 평가

<표 7-4-1> 연령, 성별, 결혼여부, 종교별 분포

(단위 : 명, %)

문항 및 응답 응답자 특성		여성은 남성보다 리더십이 약하다					계
		전혀 그렇지 않다	그렇지 않다	그저 그렇다	그렇다	매우 그렇다	
연령별 분포	20대	61	63	45	45	9	223
		27.4	28.3	20.2	20.2	4.0	100.0
	30대	24	36	20	16		96
		25.0	37.5	20.8	16.7		100.0
	40대	26	46	24	25	1	122
		21.3	37.7	19.7	20.5	.8	100.0
	50대	4	5	5	7		21
		19.0	23.8	23.8	33.3		100.0
성별 분포	남성	31	59	58	64	7	219
		14.2	26.9	26.5	29.2	3.2	100.0
	여성	87	94	37	31	3	252
		34.5	37.3	14.7	12.3	1.2	100.0
결혼 여부	미혼	65	69	46	43	9	232
		28.0	29.7	19.8	18.5	3.9	100.0
	기혼	50	82	48	48	1	229
		21.8	35.8	21.0	21.0	.4	100.0
	기타	3	2	1	4		10
		30.0	20.0	10.0	40.0		100.0
종교별 분포	불교	20	31	23	18	1	93
		21.5	33.3	24.7	19.4	1.1	100.0
	개신교	31	35	18	15	4	103
		30.1	34.0	17.5	14.6	3.9	100.0
	천주교	15	18	12	15	2	62
		24.2	29.0	19.4	24.2	3.2	100.0
	기타	5	6	3	5		19
		26.3	31.6	15.8	26.3		100.0
	종교 없음	47	63	39	42	3	194
		24.2	32.5	20.1	21.6	1.5	100.0

<표 7-4-2> 학력, 소득, 생활수준, 출신 지역별 분포

(단위 : 명, %)

응답자 특성		여성은 남성보다 리더십이 약하다					계
		전혀 그렇지 않다	그렇지 않다	그저 그렇다	그렇다	매우 그렇다	
학력별 분포	고졸 이하	34	53	31	38	4	160
		21.3	33.1	19.4	23.8	2.5	100.0
	전문대졸	12	25	9	11	3	60
		20.0	41.7	15.0	18.3	5.0	100.0
	대졸	51	61	49	39	3	203
		25.1	30.0	24.1	19.2	1.5	100.0
	대학원 이상	21	14	6	7		48
		43.8	29.2	12.5	14.6		100.0
소득별 분포	100만 원 미만	37	48	18	27	4	134
		27.6	35.8	13.4	20.1	3.0	100.0
	100만 원~ 200만 원 미만	55	57	40	36	4	192
		28.6	29.7	20.8	18.8	2.1	100.0
	200만 원~ 300만 원 미만	9	27	24	15	2	77
		11.7	35.1	31.2	19.5	2.6	100.0
	300만 원 이상	5	11	7	11		34
		14.7	32.4	20.6	32.4		100.0
생활 수준	중상층 이상	7	5	7	10		29
		24.1	17.2	24.1	34.5		100.0
	중중층	40	52	31	30	5	158
		25.3	32.9	19.6	19.0	3.2	100.0
	중하층	44	59	37	26	2	168
		26.2	35.1	22.0	15.5	1.2	100.0
	하층	27	37	20	29	3	116
		23.3	31.9	17.2	25.0	2.6	100.0
출신 지역	대도시	74	77	45	44	4	244
		30.3	31.6	18.4	18.0	1.6	100.0
	중소도시	23	33	27	23	4	110
		20.9	30.0	24.5	20.9	3.6	100.0
	읍면 (농어촌)	21	43	23	28	2	117
		17.9	36.8	19.7	23.9	1.7	100.0

7-5. 단체나 조직에서 여성의 리더로서의 활동은 자녀와 가사에 지장을 준다

<표 7-5-1> 연령, 성별, 결혼여부, 종교별 분포

(단위 : 명, %)

응답자 특성		문항 및 응답: 단체나 조직에서 여성의 리더로서의 활동은 자녀와 가사에 지장을 준다					계
		전혀 그렇지 않다	그렇지 않다	그저 그렇다	그렇다	매우 그렇다	
연령별 분포	20대	18	47	64	78	16	223
		8.1	21.1	28.7	35.0	7.2	100.0
	30대	5	24	24	38	4	95
		5.3	25.3	25.3	40.0	4.2	100.0
	40대	5	34	24	49	9	121
		4.1	28.1	19.8	40.5	7.4	100.0
	50대	2	2	6	10	1	21
		9.5	9.5	28.6	47.6	4.8	100.0
성별 분포	남성	10	45	64	83	17	219
		4.6	20.5	29.2	37.9	7.8	100.0
	여성	22	64	57	93	14	250
		8.8	25.6	22.8	37.2	5.6	100.0
결혼 여부	미혼	18	49	68	80	15	230
		7.8	21.3	29.6	34.8	6.5	100.0
	기혼	11	57	51	95	15	229
		4.8	24.9	22.3	41.5	6.6	100.0
	기타	3	3	2	1	1	10
		30.0	30.0	20.0	10.0	10.0	100.0
종교별 분포	불교	4	22	26	34	6	92
		4.3	23.9	28.3	37.0	6.5	100.0
	개신교	7	22	26	41	8	104
		6.7	21.2	25.0	39.4	7.7	100.0
	천주교	4	11	12	30	5	62
		6.5	17.7	19.4	48.4	8.1	100.0
	기타	4	8	3	3	2	20
		20.0	40.0	15.0	15.0	10.0	100.0
	종교 없음	13	46	54	68	10	191
		6.8	24.1	28.3	35.6	5.2	100.0

<표 7-5-2> 학력, 소득, 생활수준, 출신 지역별 분포

(단위 : 명, %)

응답자 특성		문항 및 응답 단체나 조직에서 여성의 리더로서의 활동은 자녀와 가사에 지장을 준다					계
		전혀 그렇지 않다	그렇지 않다	그저 그렇다	그렇다	매우 그렇다	
학력별 분포	고졸 이하	11	42	43	47	13	156
		7.1	26.9	27.6	30.1	8.3	100.0
	전문대졸	3	16	13	22	7	61
		4.9	26.2	21.3	36.1	11.5	100.0
	대졸	13	38	54	91	8	204
		6.4	18.6	26.5	44.6	3.9	100.0
	대학원 이상	5	13	11	16	3	48
		10.4	27.1	22.9	33.3	6.3	100.0
소득별 분포	100만 원 미만	13	29	34	44	11	131
		9.9	22.1	26.0	33.6	8.4	100.0
	100만 원~ 200만 원 미만	8	46	53	75	12	194
		4.1	23.7	27.3	38.7	6.2	100.0
	200만 원~ 300만 원 미만	5	21	18	29	3	76
		6.6	27.6	23.7	38.2	3.9	100.0
	300만 원 이상	3	4	6	20	1	34
		8.8	11.8	17.6	58.8	2.9	100.0
생활 수준	중상층 이상	1	4	7	16	1	29
		3.4	13.8	24.1	55.2	3.4	100.0
	중중층	9	44	41	60	4	158
		5.7	27.8	25.9	38.0	2.5	100.0
	중하층	12	34	42	63	15	166
		7.2	20.5	25.3	38.0	9.0	100.0
	하층	10	27	31	37	11	116
		8.6	23.3	26.7	31.9	9.5	100.0
출신 지역	대도시	15	50	68	90	19	242
		6.2	20.7	28.1	37.2	7.9	100.0
	중소도시	10	24	28	43	5	110
		9.1	21.8	25.5	39.1	4.5	100.0
	읍면 (농어촌)	7	35	25	43	7	117
		6.0	29.9	21.4	36.8	6.0	100.0

7-6. 조직에서 리더 선출시 남녀후보자가 있을 경우 이왕이면 남자를 뽑겠다

<표 7-6-1> 연령, 성별, 결혼여부, 종교별 분포

(단위 : 명, %)

응답자 특성		문항 및 응답 조직에서 리더선출시 남녀후보자가 있을 경우 이왕이면 여자보다 남자를 뽑겠다					계
		전혀 그렇지 않다	그렇지 않다	그저 그렇다	그렇다	매우 그렇다	
연령별 분포	20대	44	69	46	49	16	224
		19.6	30.8	20.5	21.9	7.1	100.0
	30대	21	35	21	15	3	95
		22.1	36.8	22.1	15.8	3.2	100.0
	40대	16	34	22	41	5	118
		13.6	28.8	18.6	34.7	4.2	100.0
	50대	3	4	2	11	1	21
		14.3	19.0	9.5	52.4	4.8	100.0
성별분포	남성	16	47	53	76	21	213
		7.5	22.1	24.9	35.7	9.9	100.0
	여성	69	97	40	42	5	253
		27.3	38.3	15.8	16.6	2.0	100.0
결혼여부	미혼	47	75	49	46	15	232
		20.3	32.3	21.1	19.8	6.5	100.0
	기혼	37	67	43	68	10	225
		16.4	29.8	19.1	30.2	4.4	100.0
	기타	1	2	1	4	1	9
		11.1	22.2	11.1	44.4	11.1	100.0
종교별 분포	불교	16	26	16	26	8	92
		17.4	28.3	17.4	28.3	8.7	100.0
	개신교	24	28	18	27	6	103
		23.3	27.2	17.5	26.2	5.8	100.0
	천주교	10	17	13	20	1	61
		16.4	27.9	21.3	32.8	1.6	100.0
	기타	6	5	4	5		20
		30.0	25.0	20.0	25.0		100.0
	종교 없음	29	68	42	40	11	190
		15.3	35.8	22.1	21.1	5.8	100.0

<표 7-6-2> 학력, 소득, 생활수준, 출신 지역별 분포

(단위 : 명, %)

응답자 특성		문항 및 응답: 조직에서 리더선출시 남녀후보자가 있을 경우 이왕이면 여자보다 남자를 뽑겠다					계
		전혀 그렇지 않다	그렇지 않다	그저 그렇다	그렇다	매우 그렇다	
학력별 분포	고졸 이하	20	51	36	40	7	154
		13.0	33.1	23.4	26.0	4.5	100.0
	전문대졸	6	18	10	19	8	61
		9.8	29.5	16.4	31.1	13.1	100.0
	대졸	39	66	38	50	10	203
		19.2	32.5	18.7	24.6	4.9	100.0
	대학원 이상	20	9	9	9	1	48
		41.7	18.8	18.8	18.8	2.1	100.0
소득별 분포	100만 원 미만	34	35	31	24	9	133
		25.6	26.3	23.3	18.0	6.8	100.0
	100만 원~ 200만 원 미만	32	70	35	43	10	190
		16.8	36.8	18.4	22.6	5.3	100.0
	200만 원~ 300만 원 미만	9	17	16	34	1	77
		11.7	22.1	20.8	44.2	1.3	100.0
	300만 원 이상	7	7	4	11	4	33
		21.2	21.2	12.1	33.3	12.1	100.0
생활 수준	중상층 이상	3	11	6	8	1	29
		10.3	37.9	20.7	27.6	3.4	100.0
	중중층	30	47	26	44	9	156
		19.2	30.1	16.7	28.2	5.8	100.0
	중하층	25	55	39	38	7	164
		15.2	33.5	23.8	23.2	4.3	100.0
	하층	27	31	22	28	9	117
		23.1	26.5	18.8	23.9	7.7	100.0
출신 지역	대도시	53	77	49	50	13	242
		21.9	31.8	20.2	20.7	5.4	100.0
	중소도시	17	28	26	30	5	106
		16.0	26.4	24.5	28.3	4.7	100.0
	읍면 (농어촌)	15	39	18	38	8	118
		12.7	33.1	15.3	32.2	6.8	100.0

7-7. 우리 사회에서 종교의 여성지도자가 드문 것은 종교지도자로서 여성의 능력과 자질이 남성에 비해 부족하기 때문이다

<표 7-7-1> 연령, 성별, 결혼여부, 종교별 분포

(단위 : 명, %)

문항 및 응답 응답자 특성		우리 사회에서 종교의 여성지도자가 드문 것은 종교지도자로서 여성의 능력과 자질이 남성에 비해 부족하기 때문이다					계
		전혀 그렇지 않다	그렇지 않다	그저 그렇다	그렇다	매우 그렇다	
연령별 분포	20대	64	98	35	24	5	226
		28.3	43.4	15.5	10.6	2.2	100.0
	30대	34	43	12	6		95
		35.8	45.3	12.6	6.3		100.0
	40대	29	52	20	19	1	121
		24.0	43.0	16.5	15.7	.8	100.0
	50대	5	9	1	6		21
		23.8	42.9	4.8	28.6		100.0
성별 분포	남성	38	99	40	36	6	219
		17.4	45.2	18.3	16.4	2.7	100.0
	여성	97	105	29	22		253
		38.3	41.5	11.5	8.7		100.0
결혼 여부	미혼	66	104	33	25	5	233
		28.3	44.6	14.2	10.7	2.1	100.0
	기혼	67	95	35	31	1	229
		29.3	41.5	15.3	13.5	.4	100.0
	기타	2	5	1	2		10
		20.0	50.0	10.0	20.0		100.0
종교별 분포	불교	28	37	13	13	2	93
		30.1	39.8	14.0	14.0	2.2	100.0
	개신교	40	42	10	9	2	103
		38.8	40.8	9.7	8.7	1.9	100.0
	천주교	18	28	9	7		62
		29.0	45.2	14.5	11.3		100.0
	기타	6	9	3	2		20
		30.0	45.0	15.0	10.0		100.0
	종교 없음	43	88	34	27	2	194
		22.2	45.4	17.5	13.9	1.0	100.0

<표 7-7-2> 학력, 소득, 생활수준, 출신 지역별 분포

(단위 : 명, %)

응답자 특성		문항 및 응답 우리 사회에서 종교의 여성지도자가 드문 것은 종교지도자로서 여성의 능력과 자질이 남성에 비해 부족하기 때문이다					계
		전혀 그렇지 않다	그렇지 않다	그저 그렇다	그렇다	매우 그렇다	
학력별 분포	고졸 이하	27	70	29	32	1	159
		17.0	44.0	18.2	20.1	.6	100.0
	전문대졸	18	19	13	9	3	62
		29.0	30.6	21.0	14.5	4.8	100.0
	대졸	63	98	25	16	2	204
		30.9	48.0	12.3	7.8	1.0	100.0
	대학원 이상	27	17	2	1		47
		57.4	36.2	4.3	2.1		100.0
소득별 분포	100만 원 미만	44	50	21	17	2	134
		32.8	37.3	15.7	12.7	1.5	100.0
	100만 원~ 200만 원 미만	55	86	27	23	3	194
		28.4	44.3	13.9	11.9	1.5	100.0
	200만 원~ 300만 원 미만	16	38	12	9	1	76
		21.1	50.0	15.8	11.8	1.3	100.0
	300만 원 이상	9	17	6	2		34
		26.5	50.0	17.6	5.9		100.0
생활 수준	중상층 이상	9	14	3	3		29
		31.0	48.3	10.3	10.3		100.0
	중중층	48	67	27	16	1	159
		30.2	42.1	17.0	10.1	.6	100.0
	중하층	43	81	21	21		166
		25.9	48.8	12.7	12.7		100.0
	하층	35	42	18	18	5	118
		29.7	35.6	15.3	15.3	4.2	100.0
출신 지역	대도시	82	107	33	18	3	243
		33.7	44.0	13.6	7.4	1.2	100.0
	중소도시	31	40	22	16	2	111
		27.9	36.0	19.8	14.4	1.8	100.0
	읍면 (농어촌)	22	57	14	24	1	118
		18.6	48.3	11.9	20.3	.8	100.0

7-8. 여성과 남성의 종교적 믿음에 관한 비교 평가

<표 7-8-1> 연령, 성별, 결혼여부, 종교별 분포

(단위 : 명, %)

문항 및 응답 / 응답자 특성		종교적으로 볼 때 여성은 남성에 비해 믿음이 강하다					계
		전혀 그렇지 않다	그렇지 않다	그저 그렇다	그렇다	매우 그렇다	
연령별 분포	20대	18	34	77	77	19	225
		8.0	15.1	34.2	34.2	8.4	100.0
	30대	5	15	29	34	12	95
		5.3	15.8	30.5	35.8	12.6	100.0
	40대	5	19	20	60	15	119
		4.2	16.0	16.8	50.4	12.6	100.0
	50대	3	1	1	13	3	21
		14.3	4.8	4.8	61.9	14.3	100.0
성별 분포	남성	14	38	56	87	23	218
		6.4	17.4	25.7	39.9	10.6	100.0
	여성	18	32	76	98	27	251
		7.2	12.7	30.3	39.0	10.8	100.0
결혼 여부	미혼	20	38	76	79	19	232
		8.6	16.4	32.8	34.1	8.2	100.0
	기혼	10	31	53	103	30	227
		4.4	13.7	23.3	45.4	13.2	100.0
	기타	2	1	3	3	1	10
		20.0	10.0	30.0	30.0	10.0	100.0
종교별 분포	불교	7	9	24	37	16	93
		7.5	9.7	25.8	39.8	17.2	100.0
	개신교	9	15	23	45	11	103
		8.7	14.6	22.3	43.7	10.7	100.0
	천주교	5	9	16	26	4	60
		8.3	15.0	26.7	43.3	6.7	100.0
	기타	2	3	7	7		19
		10.5	15.8	36.8	36.8		100.0
	종교 없음	9	34	62	70	19	194
		4.6	17.5	32.0	36.1	9.8	100.0

<표 7-8-2> 학력, 소득, 생활수준, 출신 지역별 분포

(단위 : 명, %)

응답자 특성		문항 및 응답: 종교적으로 볼 때 여성은 남성에 비해 믿음이 강하다					계
		전혀 그렇지 않다	그렇지 않다	그저 그렇다	그렇다	매우 그렇다	
학력별 분포	고졸 이하	5	23	47	64	18	157
		3.2	14.6	29.9	40.8	11.5	100.0
	전문대졸	6	10	14	28	4	62
		9.7	16.1	22.6	45.2	6.5	100.0
	대졸	16	28	61	74	24	203
		7.9	13.8	30.0	36.5	11.8	100.0
	대학원 이상	5	9	10	19	4	47
		10.6	19.1	21.3	40.4	8.5	100.0
소득별 분포	100만 원 미만	10	21	44	46	12	133
		7.5	15.8	33.1	34.6	9.0	100.0
	100만 원~ 200만 원 미만	14	31	55	75	18	193
		7.3	16.1	28.5	38.9	9.3	100.0
	200만 원~ 300만 원 미만	4	12	14	38	7	75
		5.3	16.0	18.7	50.7	9.3	100.0
	300만 원 이상	3	2	8	12	9	34
		8.8	5.9	23.5	35.3	26.5	100.0
생활 수준	중상층 이상	2	5	6	12	4	29
		6.9	17.2	20.7	41.4	13.8	100.0
	중중층	13	26	38	64	16	157
		8.3	16.6	24.2	40.8	10.2	100.0
	중하층	7	23	55	63	17	165
		4.2	13.9	33.3	38.2	10.3	100.0
	하층	10	16	33	46	13	118
		8.5	13.6	28.0	39.0	11.0	100.0
출신 지역	대도시	23	29	76	90	24	242
		9.5	12.0	31.4	37.2	9.9	100.0
	중소도시	7	16	34	41	12	110
		6.4	14.5	30.9	37.3	10.9	100.0
	읍면 (농어촌)	2	25	22	54	14	117
		1.7	21.4	18.8	46.2	12.0	100.0

7-9. 여성의 종교활동의 정도 평가

<표 7-9-1> 연령, 성별, 결혼여부, 종교별 분포

(단위 : 명, %)

응답자 특성		여성의 종교활동은 집안 일에 지장을 주지 않은 한도 내에서 해야 한다					계
		전혀 그렇지 않다	그렇지 않다	그저 그렇다	그렇다	매우 그렇다	
연령별 분포	20대	15	38	53	92	27	225
		6.7	16.9	23.6	40.9	12.0	100.0
	30대	10	10	20	43	11	94
		10.6	10.6	21.3	45.7	11.7	100.0
	40대	3	10	14	76	18	121
		2.5	8.3	11.6	62.8	14.9	100.0
	50대	1	1	2	13	5	22
		4.5	4.5	9.1	59.1	22.7	100.0
성별 분포	남성	9	22	51	100	36	218
		4.1	10.1	23.4	45.9	16.5	100.0
	여성	20	39	39	127	28	253
		7.9	15.4	15.4	50.2	11.1	100.0
결혼 여부	미혼	20	41	58	85	28	232
		8.6	17.7	25.0	36.6	12.1	100.0
	기혼	9	19	32	136	33	229
		3.9	8.3	14.0	59.4	14.4	100.0
	기타		1		6	3	10
			10.0		60.0	30.0	100.0
종교별 분포	불교	3	7	22	46	15	93
		3.2	7.5	23.7	49.5	16.1	100.0
	개신교	9	12	21	52	10	104
		8.7	11.5	20.2	50.0	9.6	100.0
	천주교	6	5	8	35	8	62
		9.7	8.1	12.9	56.5	12.9	100.0
	기타	1	1	1	14	2	19
		5.3	5.3	5.3	73.7	10.5	100.0
	종교 없음	10	36	38	80	29	193
		5.2	18.7	19.7	41.5	15.0	100.0

<표 7-9-2> 학력, 소득, 생활수준, 출신 지역별 분포

(단위 : 명, %)

응답자 특성	문항 및 응답	여성의 종교활동은 집안 일에 지장을 주지 않은 한도 내에서 해야 한다					계
		전혀 그렇지 않다	그렇지 않다	그저 그렇다	그렇다	매우 그렇다	
학력별 분포	고졸 이하	4	16	26	97	16	159
		2.5	10.1	16.4	61.0	10.1	100.0
	전문대졸	2	5	9	35	11	62
		3.2	8.1	14.5	56.5	17.7	100.0
	대졸	15	33	44	82	29	203
		7.4	16.3	21.7	40.4	14.3	100.0
	대학원 이상	8	7	11	13	8	47
		17.0	14.9	23.4	27.7	17.0	100.0
소득별 분포	100만 원 미만	15	23	35	50	10	133
		11.3	17.3	26.3	37.6	7.5	100.0
	100만 원~ 200만 원 미만	10	24	33	100	27	194
		5.2	12.4	17.0	51.5	13.9	100.0
	200만 원~ 300만 원 미만	2	6	10	46	12	76
		2.6	7.9	13.2	60.5	15.8	100.0
	300만 원 이상	1	3	8	11	11	34
		2.9	8.8	23.5	32.4	32.4	100.0
생활 수준	중상층 이상	2	1	5	16	5	29
		6.9	3.4	17.2	55.2	17.2	100.0
	중중층	10	16	35	75	23	159
		6.3	10.1	22.0	47.2	14.5	100.0
	중하층	8	33	29	76	19	165
		4.8	20.0	17.6	46.1	11.5	100.0
	하층	9	11	21	60	17	118
		7.6	9.3	17.8	50.8	14.4	100.0
출신 지역	대도시	18	30	48	111	36	243
		7.4	12.3	19.8	45.7	14.8	100.0
	중소도시	6	17	26	50	12	111
		5.4	15.3	23.4	45.0	10.8	100.0
	읍면 (농어촌)	5	14	16	66	16	117
		4.3	12.0	13.7	56.4	13.7	100.0

7-10. 평등한 종교를 실현하기 위해 종교지도자 중 어느 정도 비율까지 여성에게 할당해야 한다

<표 7-10-1> 연령, 성별, 결혼여부, 종교별 분포

(단위 : 명, %)

응답자 특성		전혀 그렇지 않다	그렇지 않다	그저 그렇다	그렇다	매우 그렇다	계
연령별 분포	20대	10	32	88	70	23	223
		4.5	14.3	39.5	31.4	10.3	100.0
	30대	7	13	28	37	8	93
		7.5	14.0	30.1	39.8	8.6	100.0
	40대	8	18	35	53	7	121
		6.6	14.9	28.9	43.8	5.8	100.0
	50대	1	4	2	13	1	21
		4.8	19.0	9.5	61.9	4.8	100.0
성별 분포	남성	14	35	84	74	13	220
		6.4	15.9	38.2	33.6	6.0	100.0
	여성	12	33	74	102	26	247
		4.9	13.4	30.0	41.3	10.5	100.0
결혼 여부	미혼	10	34	89	74	24	231
		4.3	14.7	38.5	32.0	10.4	100.0
	기혼	16	34	66	95	15	226
		7.1	15.0	29.2	42.0	6.6	100.0
	기타			3	7		10
				30.0	70.0		100.0
종교별 분포	불교	8	15	30	31	8	92
		8.7	16.3	32.6	33.7	8.7	100.0
	개신교	7	14	35	41	7	104
		6.7	13.5	33.7	39.4	6.7	100.0
	천주교	2	9	17	26	8	62
		3.2	14.5	27.4	41.9	12.9	100.0
	기타	1		7	10	1	19
		5.3		36.8	52.6	5.3	100.0
	종교 없음	8	30	69	68	15	190
		4.2	15.8	36.3	35.8	7.9	100.0

<표 7-10-2> 학력, 소득, 생활수준, 출신 지역별 분포

(단위 : 명, %)

응답자 특성		문항 및 응답: 평등한 종교를 실현하기 위해 종교지도자 중 어느 정도 비율까지 여성에게 할당해야 한다					계
		전혀 그렇지 않다	그렇지 않다	그저 그렇다	그렇다	매우 그렇다	
학력별 분포	고졸 이하	2	20	58	64	13	157
		1.3	12.7	36.9	40.8	8.3	100.0
	전문대졸	7	9	17	23	6	62
		11.3	14.5	27.4	37.1	9.7	100.0
	대졸	13	30	72	74	11	200
		6.5	15.0	36.0	37.0	5.5	100.0
	대학원 이상	4	9	11	15	9	48
		8.3	18.8	22.9	31.3	18.8	100.0
소득별 분포	100만 원 미만	3	21	47	45	16	132
		2.3	15.9	35.6	34.1	12.1	100.0
	100만 원~200만 원 미만	14	29	69	66	15	193
		7.3	15.0	35.8	34.2	7.8	100.0
	200만 원~300만 원 미만	3	14	26	30	2	75
		4.0	18.7	34.7	40.0	2.7	100.0
	300만 원 이상	4	3	8	15	3	33
		12.1	9.1	24.2	45.5	9.1	100.0
생활 수준	중상층 이상	2	3	7	15	1	28
		7.1	10.7	25.0	53.6	3.6	100.0
	중중층	8	25	60	53	12	158
		5.1	15.8	38.0	33.5	7.6	100.0
	중하층	8	26	47	69	15	165
		4.8	15.8	28.5	41.8	9.1	100.0
	하층	8	14	44	39	11	116
		6.9	12.1	37.9	33.6	9.5	100.0
출신 지역	대도시	16	35	76	93	21	241
		6.6	14.5	31.5	38.6	8.7	100.0
	중소도시	4	14	49	31	11	109
		3.7	12.8	45.0	28.4	10.1	100.0
	읍면(농어촌)	6	19	33	52	7	117
		5.1	16.2	28.2	44.4	6.0	100.0

8. 되고자 하는 지도자 유형 평가

<표 8-1> 연령, 성별, 결혼여부, 종교별 분포

(단위 : 명, %)

문항 및 응답 응답자 특성		귀하가 단체나 조직에서 리더가 된다면 다음 중 어떤 지도자의 유형을 선택하시겠습니까?									계
		실력형	경쟁형	권력형	설득형	사교형	위임형	협력형	헌신형	성원형	
연령별 분포	20대	54	7	8	28	13	24	73	12	7	226
		23.9	3.1	3.5	12.4	5.8	10.6	32.3	5.3	3.1	100.0
	30대	24		1	12	1	9	38	6	6	97
		24.7		1.0	12.4	1.0	9.3	39.2	6.2	6.2	100.0
	40대	32	1	5	17	2	10	44	6	5	122
		26.2	.8	4.1	13.9	1.6	8.2	36.1	4.9	4.1	100.0
	50대	8	2		2		2	7	1		22
		36.4	9.1		9.1		9.1	31.8	4.5		100.0
성별 분포	남성	49	5	13	32	9	25	71	12	6	222
		22.1	2.3	5.9	14.4	4.1	11.3	32.0	5.4	2.7	100.0
	여성	73	5	2	27	7	20	93	14	13	254
		28.7	2.0	.8	10.6	2.8	7.9	36.6	5.5	5.1	100.0
결혼여부	미혼	55	6	9	32	12	22	76	12	9	233
		23.6	2.6	3.9	13.7	5.2	9.4	32.6	5.2	3.9	100.0
	기혼	65	3	6	27	4	23	84	12	9	233
		27.9	1.3	2.6	11.6	1.7	9.9	36.1	5.2	3.9	100.0
	기타	2	1					4	2	1	10
		20.0	10.0					40.0	20.0	10.0	100.0
종교별 분포	불교	28	2	4	10	1	9	36	4	2	96
		29.2	2.1	4.2	10.4	1.0	9.4	37.5	4.2	2.1	100.0
	개신교	26		3	11	6	14	34	6	4	104
		25.0		2.9	10.6	5.8	13.5	32.7	5.8	3.8	100.0
	천주교	17	3	1	11		9	15	3	3	62
		27.4	4.8	1.6	17.7		14.5	24.2	4.8	4.8	100.0
	기타	5	1	2	2	1	1	7	1		20
		25.0	5.0	10.0	10.0	5.0	5.0	35.0	5.0		100.0
	종교없음	46	4	5	25	8	12	72	12	10	194
		23.7	2.1	2.6	12.9	4.1	6.2	37.1	6.2	5.2	100.0

<표 8-2> 학력, 소득, 생활수준, 출신 지역별 분포

(단위 : 명, %)

응답자 특성		문항 및 응답: 귀하가 단체나 조직에서 리더가 된다면 다음 중 어떤 지도자의 유형을 선택하시겠습니까?									계
		실력형	경쟁형	권력형	설득형	사교형	위임형	협력형	헌신형	성원형	
학력별 분포	고졸 이하	46	2	8	21	8	12	48	13	4	162
		28.4	1.2	4.9	13.0	4.9	7.4	29.6	8.0	2.5	100.0
	전문대졸	13	5	4	5	3	5	23	4	1	63
		20.6	7.9	6.3	7.9	4.8	7.9	36.5	6.3	1.6	100.0
	대졸	51	3	3	26	5	22	76	5	13	204
		25.0	1.5	1.5	12.7	2.5	10.8	37.3	2.5	6.4	100.0
	대학원 이상	12			7		6	17	4	1	47
		25.5			14.9		12.8	36.2	8.5	2.1	100.0
소득별 분포	100만 원 미만	25	3	4	18	7	15	48	9	5	134
		18.7	2.2	3.0	13.4	5.2	11.2	35.8	6.7	3.7	100.0
	100만 원~200만 원 미만	50	7	7	19	5	17	70	12	9	196
		25.5	3.6	3.6	9.7	2.6	8.7	35.7	6.1	4.6	100.0
	200만 원~300만 원 미만	20		2	13	2	10	25	4	2	78
		25.6		2.6	16.7	2.6	12.8	32.1	5.1	2.6	100.0
	300만 원 이상	16			4	1	2	9		2	34
		47.1			11.8	2.9	5.9	26.5		5.9	100.0
생활 수준	중상층 이상	13			4		3	7	1	1	29
		44.8			13.8		10.3	24.1	3.4	3.4	100.0
	중중층	43	4	7	22	6	15	49	9	5	160
		26.9	2.5	4.4	13.8	3.8	9.4	30.6	5.6	3.1	100.0
	중하층	37	4	2	22	5	22	55	10	11	168
		22.0	2.4	1.2	13.1	3.0	13.1	32.7	6.0	6.5	100.0
	하층	29	2	6	11	5	5	53	6	2	119
		24.4	1.7	5.0	9.2	4.2	4.2	44.5	5.0	1.7	100.0
출신 지역	대도시	65	5	4	29	9	25	82	16	11	246
		26.4	2.0	1.6	11.8	3.7	10.2	33.3	6.5	4.5	100.0
	중소도시	27	2	6	12	6	16	35	3	4	111
		24.3	1.8	5.4	10.8	5.4	14.4	31.5	2.7	3.6	100.0
	읍면 (농어촌)	30	3	5	18	1	4	47	7	4	119
		25.2	2.5	4.2	15.1	.8	3.4	39.7	5.9	3.4	100.0

9-1. 나는 내가 속한 집단의 이익을 위해 내 이익을 희생한다

<표 9-1-1> 연령, 성별, 결혼여부, 종교별 분포

(단위 : 명, %)

응답자 특성		문항 및 응답 나는 내가 속한 집단의 이익을 위해 내 이익을 희생한다					계
		전혀 그렇지 않다	그렇지 않다	그저 그렇다	그렇다	매우 그렇다	
연령별 분포	20대	7	43	104	65	8	227
		3.1	18.9	45.8	28.6	3.5	100.0
	30대	2	16	40	32	5	95
		2.1	16.8	42.1	33.7	5.3	100.0
	40대	2	30	33	52	5	122
		1.6	24.6	27.0	42.6	4.1	100.0
	50대	1	3	4	13		21
		4.8	14.3	19.0	61.9		100.0
성별 분포	남성	5	36	89	77	15	222
		2.3	16.2	40.1	34.7	6.8	100.0
	여성	7	58	96	89	5	255
		2.7	22.7	37.6	34.9	2.0	100.0
결혼 여부	미혼	8	42	104	71	8	233
		3.4	18.0	44.6	30.5	3.4	100.0
	기혼	4	52	77	90	10	233
		1.7	22.3	33.0	38.6	4.3	100.0
	기타			4	5	2	11
				36.4	45.5	18.2	100.0
종교별 분포	불교	1	15	39	35	4	94
		1.1	16.0	41.5	37.2	4.3	100.0
	개신교	5	18	38	43		104
		4.8	17.3	36.5	41.3		100.0
	천주교	2	12	25	22	1	62
		3.2	19.4	40.3	35.5	1.6	100.0
	기타		4	5	9	1	19
			21.1	26.3	47.4	5.3	100.0
	종교 없음	4	45	78	57	14	198
		2.0	22.7	39.4	28.8	7.1	100.0

<표 9-1-2> 학력, 소득, 생활수준, 출신 지역별 분포

(단위 : 명, %)

응답자 특성	문항 및 응답	나는 내가 속한 집단의 이익을 위해 내 이익을 희생한다					계
		전혀 그렇지 않다	그렇지 않다	그저 그렇다	그렇다	매우 그렇다	
학력별 분포	고졸 이하	2	38	57	59	6	162
		1.2	23.5	35.2	36.4	3.7	100.0
	전문대졸	3	15	21	20	5	64
		4.7	23.4	32.8	31.3	7.8	100.0
	대졸	6	34	83	72	8	203
		3.0	16.7	40.9	35.5	3.9	100.0
	대학원 이상	1	7	24	15	1	48
		2.1	14.6	50.0	31.3	2.1	100.0
소득별 분포	100만 원 미만	4	33	57	34	6	134
		3.0	24.6	42.5	25.4	4.5	100.0
	100만 원~ 200만 원 미만	6	34	74	76	5	195
		3.1	17.4	37.9	39.0	2.6	100.0
	200만 원~ 300만 원 미만	1	17	23	33	3	77
		1.3	22.1	29.9	42.9	3.9	100.0
	300만 원 이상	1	6	15	8	4	34
		2.9	17.6	44.1	23.5	11.8	100.0
생활 수준	중상층 이상		3	16	10		29
			10.3	55.2	34.5		100.0
	중중층	6	36	61	53	5	161
		3.7	22.4	37.9	32.9	3.1	100.0
	중하층	2	37	63	57	9	168
		1.2	22.0	37.5	33.9	5.4	100.0
	하층	4	18	45	46	6	119
		3.4	15.1	37.8	38.7	5.0	100.0
출신 지역	대도시	9	36	92	97	12	246
		3.7	14.6	37.4	39.4	4.9	100.0
	중소도시	1	24	53	33	1	112
		.9	21.4	47.3	29.5	.9	100.0
	읍면 (농어촌)	2	34	40	36	7	119
		1.7	28.6	33.6	30.3	5.9	100.0

9-2. 다른 사람이 나보다 잘하면 속이 탄다

<표 9-2-1> 연령, 성별, 결혼여부, 종교별 분포

(단위 : 명, %)

응답자 특성		문항 및 응답 다른 사람이 나보다 잘하면 속이 탄다					계
		전혀 그렇지 않다	그렇지 않다	그저 그렇다	그렇다	매우 그렇다	
연령별 분포	20대	11	47	75	84	11	228
		4.8	20.6	32.9	36.8	4.8	100.0
	30대	4	34	33	23	1	95
		4.2	35.8	34.7	24.2	1.1	100.0
	40대	10	50	34	26	1	121
		8.3	41.3	28.1	21.5	.8	100.0
	50대	2	5	5	8	1	21
		9.5	23.8	23.8	38.1	4.8	100.0
성별 분포	남성	9	59	80	71	4	223
		4.0	26.5	35.9	31.8	1.8	100.0
	여성	19	80	71	73	11	254
		7.5	31.5	28.0	28.7	4.3	100.0
결혼 여부	미혼	10	54	77	83	10	234
		4.3	23.1	32.9	35.5	4.3	100.0
	기혼	17	81	72	59	3	232
		7.3	34.9	31.0	25.4	1.3	100.0
	기타	1	4	2	2	2	11
		9.1	36.4	18.2	18.2	18.2	100.0
종교별 분포	불교	6	29	26	30	3	94
		6.4	30.9	27.7	31.9	3.2	100.0
	개신교	10	18	36	38	2	104
		9.6	17.3	34.6	36.5	1.9	100.0
	천주교	3	18	24	17		62
		4.8	29.0	38.7	27.4		100.0
	기타	2	6	4	5	3	20
		10.0	30.0	20.0	25.0	15.0	100.0
	종교 없음	7	68	61	54	7	197
		3.6	34.5	31.0	27.4	3.6	100.0

<표 9-2-2> 학력, 소득, 생활수준, 출신 지역별 분포

(단위 : 명, %)

응답자 특성		문항 및 응답	다른 사람이 나보다 잘하면 속이 탄다					계
			전혀 그렇지 않다	그렇지 않다	그저 그렇다	그렇다	매우 그렇다	
학력별 분포		고졸 이하	11	48	46	51	5	161
			6.8	29.8	28.6	31.7	3.1	100.0
		전문대졸	1	25	14	21	3	64
			1.6	39.1	21.9	32.8	4.7	100.0
		대졸	12	52	72	62	6	204
			5.9	25.5	35.3	30.4	2.9	100.0
		대학원 이상	4	14	19	10	1	48
			8.3	29.2	39.6	20.8	2.1	100.0
소득별 분포		100만 원 미만	6	32	49	41	5	133
			4.5	24.1	36.8	30.8	3.8	100.0
		100만 원~ 200만 원 미만	14	63	51	62	6	196
			7.1	32.1	26.0	31.6	3.1	100.0
		200만 원~ 300만 원 미만	2	25	26	23	1	77
			2.6	32.5	33.8	29.9	1.3	100.0
		300만 원 이상	3	8	12	9	2	34
			8.8	23.5	35.3	26.5	5.9	100.0
생활 수준		중상층 이상	2	7	14	6		29
			6.9	24.1	48.3	20.7		100.0
		중중층	8	42	56	53	2	161
			5.0	26.1	34.8	32.9	1.2	100.0
		중하층	8	54	49	50	6	167
			4.8	32.3	29.3	29.9	3.6	100.0
		하층	10	36	32	35	7	120
			8.3	30.0	26.7	29.2	5.8	100.0
출신 지역		대도시	12	61	82	80	12	247
			4.9	24.7	33.2	32.4	4.9	100.0
		중소도시	9	34	34	34	1	112
			8.0	30.4	30.4	30.4	.9	100.0
		읍면 (농어촌)	7	44	35	30	2	118
			5.9	37.3	29.7	25.4	1.7	100.0

9-3. 경쟁이 없다면 좋은 사회는 만들어지지 않는다

<표 9-3-1> 연령, 성별, 결혼여부, 종교별 분포

(단위 : 명, %)

응답자 특성	문항 및 응답	경쟁이 없다면 좋은 사회는 만들어지지 않는다					계
		전혀 그렇지 않다	그렇지 않다	그저 그렇다	그렇다	매우 그렇다	
연령별 분포	20대	2	17	53	126	29	227
		.9	7.5	23.3	55.5	12.8	100.0
	30대	4	9	21	56	5	95
		4.2	9.5	22.1	58.9	5.3	100.0
	40대	4	15	12	75	16	122
		3.3	12.3	9.8	61.5	13.1	100.0
	50대	1	2	4	13	3	23
		4.3	8.7	17.4	56.5	13.0	100.0
성별 분포	남성	3	22	53	118	27	223
		1.3	9.9	23.8	52.9	12.1	100.0
	여성	9	23	39	157	28	256
		3.5	9.0	15.2	61.3	10.9	100.0
결혼 여부	미혼	5	17	59	124	28	233
		2.1	7.3	25.3	53.2	12.0	100.0
	기혼	6	27	33	145	24	235
		2.6	11.5	14.0	61.7	10.2	100.0
	기타	1	1		6	3	11
		9.1	9.1		54.5	27.3	100.0
종교별 분포	불교	3	11	12	54	15	95
		3.2	11.6	12.6	56.8	15.8	100.0
	개신교	2	11	16	68	8	105
		1.9	10.5	15.2	64.8	7.6	100.0
	천주교	2	5	16	34	5	62
		3.2	8.1	25.8	54.8	8.1	100.0
	기타	1	2	3	10	4	20
		5.0	10.0	15.0	50.0	20.0	100.0
	종교 없음	4	16	45	109	23	197
		2.0	8.1	22.8	55.3	11.7	100.0

<표 9-3-2> 학력, 소득, 생활수준, 출신 지역별 분포

(단위 : 명, %)

응답자 특성		문항 및 응답	경쟁이 없다면 좋은 사회는 만들어지지 않는다					계
			전혀 그렇지 않다	그렇지 않다	그저 그렇다	그렇다	매우 그렇다	
학력별 분포		고졸 이하	3	15	24	97	23	162
			1.9	9.3	14.8	59.9	14.2	100.0
		전문대졸	2	8	11	34	10	65
			3.1	12.3	16.9	52.3	15.4	100.0
		대졸	5	16	48	118	17	204
			2.5	7.8	23.5	57.8	8.3	100.0
		대학원 이상	2	6	9	26	5	48
			4.2	12.5	18.8	54.2	10.4	100.0
소득별 분포		100만 원 미만	3	14	35	69	13	134
			2.2	10.4	26.1	51.5	9.7	100.0
		100만 원~ 200만 원 미만	6	16	34	116	24	196
			3.1	8.2	17.3	59.2	12.2	100.0
		200만 원~ 300만 원 미만		6	13	50	9	78
				7.7	16.7	64.1	11.5	100.0
		300만 원 이상	2	2	6	19	5	34
			5.9	5.9	17.6	55.9	14.7	100.0
생활 수준		중상층 이상		4	4	17	4	29
				13.8	13.8	58.6	13.8	100.0
		중중층	2	9	34	106	10	161
			1.2	5.6	21.1	65.8	6.2	100.0
		중하층	5	18	30	97	18	168
			3.0	10.7	17.9	57.7	10.7	100.0
		하층	5	14	24	55	23	121
			4.1	11.6	19.8	45.5	19.0	100.0
출신 지역		대도시	6	16	50	143	32	247
			2.4	6.5	20.2	57.9	13.0	100.0
		중소도시	4	16	27	55	10	112
			3.6	14.3	24.1	49.1	8.9	100.0
		읍면(농어촌)	2	13	15	77	13	120
			1.7	10.8	12.5	64.2	10.8	100.0

9-4. 성공에 있어 가장 중요한 것은 그 사람의 능력이다

<표 9-4-1> 연령, 성별, 결혼여부, 종교별 분포

(단위 : 명, %)

응답자 특성		문항 및 응답	성공에 있어 가장 중요한 것은 그 사람의 능력이다					계
			전혀 그렇지 않다	그렇지 않다	그저 그렇다	그렇다	매우 그렇다	
연령별 분포	20대		5	22	56	113	31	227
			2.2	9.7	24.7	49.8	13.7	100.0
	30대			9	26	51	10	96
				9.4	27.1	53.1	10.4	100.0
	40대		3	13	22	63	21	122
			2.5	10.7	18.0	51.6	17.2	100.0
	50대			3		14	6	23
				13.0		60.9	26.1	100.0
성별 분포	남성		5	23	47	120	30	225
			2.2	10.2	20.9	53.3	13.3	100.0
	여성		3	26	59	126	41	255
			1.2	10.2	23.1	49.4	16.1	100.0
결혼 여부	미혼		5	25	61	113	30	234
			2.1	10.7	26.1	48.3	12.8	100.0
	기혼		3	24	43	127	38	235
			1.3	10.2	18.3	54.0	16.2	100.0
	기타				2	6	3	11
					18.2	54.5	27.3	100.0
종교별 분포	불교		1	8	22	47	18	96
			1.0	8.3	22.9	49.0	18.8	100.0
	개신교		2	13	23	56	11	105
			1.9	12.4	21.9	53.3	10.5	100.0
	천주교			9	10	36	7	62
				14.5	16.1	58.1	11.3	100.0
	기타		2	1	3	8	6	20
			10.0	5.0	15.0	40.0	30.0	100.0
	종교 없음		3	18	48	99	29	197
			1.5	9.1	24.4	50.3	14.7	100.0

<표 9-4-2> 학력, 소득, 생활수준, 출신 지역별 분포

(단위 : 명, %)

응답자 특성	문항 및 응답	성공에 있어 가장 중요한 것은 그 사람의 능력이다					계
		전혀 그렇지 않다	그렇지 않다	그저 그렇다	그렇다	매우 그렇다	
학력별 분포	고졸 이하	2	17	25	92	27	163
		1.2	10.4	15.3	56.4	16.6	100.0
	전문대졸	3	8	9	32	13	65
		4.6	12.3	13.8	49.2	20.0	100.0
	대졸	1	21	55	100	27	204
		.5	10.3	27.0	49.0	13.2	100.0
	대학원 이상	2	3	17	22	4	48
		4.2	6.3	35.4	45.8	8.3	100.0
소득별 분포	100만 원 미만	3	17	32	64	19	135
		2.2	12.6	23.7	47.4	14.1	100.0
	100만 원~ 200만 원 미만	3	23	48	95	27	196
		1.5	11.7	24.5	48.5	13.8	100.0
	200만 원~ 300만 원 미만	1	5	12	48	12	78
		1.3	6.4	15.4	61.5	15.4	100.0
	300만 원 이상	1	2	9	17	5	34
		2.9	5.9	26.5	50.0	14.7	100.0
생활 수준	중상층 이상		4	6	17	2	29
			13.8	20.7	58.6	6.9	100.0
	중중층	3	18	45	74	22	162
		1.9	11.1	27.8	45.7	13.6	100.0
	중하층	2	14	34	96	23	169
		1.2	8.3	20.1	56.8	13.6	100.0
	하층	3	13	21	59	24	120
		2.5	10.8	17.5	49.2	20.0	100.0
출신 지역	대도시	5	22	59	132	31	249
		2.0	8.8	23.7	53.0	12.4	100.0
	중소도시	1	17	27	54	12	111
		.9	15.3	24.3	48.6	10.8	100.0
	읍면 (농어촌)	2	10	20	60	28	120
		1.7	8.3	16.7	50.0	23.3	100.0

9-5. 나의 직장이나 사회발전도 좋지만 내 가족과 가정의 발전이 우선이다

<표 9-5-1> 연령, 성별, 결혼여부, 종교별 분포

(단위 : 명, %)

응답자 특성		문항 및 응답 나의 직장이나 사회발전도 좋지만 내 가족과 가정의 발전이 우선이다					계
		전혀 그렇지 않다	그렇지 않다	그저 그렇다	그렇다	매우 그렇다	
연령별 분포	20대	2	16	62	118	29	227
		.9	7.0	27.3	52.0	12.8	100.0
	30대	1	13	24	41	15	94
		1.1	13.8	25.5	43.6	16.0	100.0
	40대	1	8	25	65	23	122
		.8	6.6	20.5	53.3	18.9	100.0
	50대		1	1	14	6	22
			4.5	4.5	63.6	27.3	100.0
성별 분포	남성	3	15	60	112	33	223
		1.3	6.7	26.9	50.2	14.8	100.0
	여성	2	24	53	132	42	253
		.8	9.5	20.9	52.2	16.6	100.0
결혼 여부	미혼	3	18	65	116	30	232
		1.3	7.8	28.0	50.0	12.9	100.0
	기혼	1	20	47	123	42	233
		.4	8.6	20.2	52.8	18.0	100.0
	기타	1	1	1	5	3	11
		9.1	9.1	9.1	45.5	27.3	100.0
종교별 분포	불교		11	23	47	14	95
			11.6	24.2	49.5	14.7	100.0
	개신교	1	8	26	53	15	103
		1.0	7.8	25.2	51.5	14.6	100.0
	천주교		4	13	34	11	62
			6.5	21.0	54.8	17.7	100.0
	기타	1	2	1	9	6	19
		5.3	10.5	5.3	47.4	31.6	100.0
	종교 없음	3	14	50	101	29	197
		1.5	7.1	25.4	51.3	14.7	100.0

<표 9-5-2> 학력, 소득, 생활수준, 출신 지역별 분포

(단위 : 명, %)

응답자 특성		문항 및 응답: 나의 직장이나 사회발전도 좋지만 내 가족과 가정의 발전이 우선이다					계
		전혀 그렇지 않다	그렇지 않다	그저 그렇다	그렇다	매우 그렇다	
학력별 분포	고졸 이하	2	11	29	92	25	159
		1.3	6.9	18.2	57.9	15.7	100.0
	전문대졸	1	4	17	31	12	65
		1.5	6.2	26.2	47.7	18.5	100.0
	대졸	2	13	53	103	33	204
		1.0	6.4	26.0	50.5	16.2	100.0
	대학원 이상		11	14	18	5	48
			22.9	29.2	37.5	10.4	100.0
소득별 분포	100만 원 미만	1	15	39	64	16	135
		.7	11.1	28.9	47.4	11.9	100.0
	100만 원~ 200만 원 미만	3	16	43	100	32	194
		1.5	8.2	22.2	51.5	16.5	100.0
	200만 원~ 300만 원 미만		3	17	42	15	77
			3.9	22.1	54.5	19.5	100.0
	300만 원 이상		3	6	18	7	34
			8.8	17.6	52.9	20.6	100.0
생활 수준	중상층 이상			7	15	7	29
				24.1	51.7	24.1	100.0
	중중층	1	9	34	89	27	160
		.6	5.6	21.3	55.6	16.9	100.0
	중하층	2	18	38	90	19	167
		1.2	10.8	22.8	53.9	11.4	100.0
	하층	2	12	34	50	22	120
		1.7	10.0	28.3	41.7	18.3	100.0
출신 지역	대도시	2	18	66	126	34	246
		.8	7.3	26.8	51.2	13.8	100.0
	중소도시	2	12	24	59	14	111
		1.8	10.8	21.6	53.2	12.6	100.0
	읍면 (농어촌)	1	9	23	59	27	119
		.8	7.6	19.3	49.6	22.7	100.0

9-6. 물질적으로 여유가 있어야 효도할 수 있다

<표 9-6-1> 연령, 성별, 결혼여부, 종교별 분포

(단위 : 명, %)

응답자 특성		물질적으로 여유가 있어야 효도할 수 있다					계
		전혀 그렇지 않다	그렇지 않다	그저 그렇다	그렇다	매우 그렇다	
연령별 분포	20대	17	55	46	81	29	228
		7.5	24.1	20.2	35.5	12.7	100.0
	30대	5	29	15	41	4	94
		5.3	30.9	16.0	43.6	4.3	100.0
	40대	11	47	19	39	6	122
		9.0	38.5	15.6	32.0	4.9	100.0
	50대	3	5	3	7	2	20
		15.0	25.0	15.0	35.0	10.0	100.0
성별 분포	남성	19	61	44	81	18	223
		8.5	27.4	19.7	36.3	8.1	100.0
	여성	18	79	40	90	25	252
		7.1	31.3	15.9	35.7	9.9	100.0
결혼 여부	미혼	17	58	48	84	25	232
		7.3	25.0	20.7	36.2	10.8	100.0
	기혼	18	79	36	84	16	233
		7.7	33.9	15.5	36.1	6.9	100.0
	기타	2	3		3	2	10
		20.0	30.0		30.0	20.0	100.0
종교별 분포	불교	10	29	20	24	11	94
		10.6	30.9	21.3	25.5	11.7	100.0
	개신교	6	34	20	38	5	103
		5.8	33.0	19.4	36.9	4.9	100.0
	천주교	4	17	13	24	4	62
		6.5	27.4	21.0	38.7	6.5	100.0
	기타	3	5	1	6	4	19
		15.8	26.3	5.3	31.6	21.1	100.0
	종교 없음	14	55	30	79	19	197
		7.1	27.9	15.2	40.1	9.6	100.0

<표 9-6-2> 학력, 소득, 생활수준, 출신 지역별 분포

(단위 : 명, %)

응답자 특성	문항 및 응답	물질적으로 여유가 있어야 효도할 수 있다					계
		전혀 그렇지 않다	그렇지 않다	그저 그렇다	그렇다	매우 그렇다	
학력별 분포	고졸 이하	15	45	27	58	15	160
		9.4	28.1	16.9	36.3	9.4	100.0
	전문대졸	9	22	7	23	2	63
		14.3	34.9	11.1	36.5	3.2	100.0
	대졸	11	56	37	78	22	204
		5.4	27.5	18.1	38.2	10.8	100.0
	대학원 이상	2	17	13	12	4	48
		4.2	35.4	27.1	25.0	8.3	100.0
소득별 분포	100만 원 미만	15	26	28	51	14	134
		11.2	19.4	20.9	38.1	10.4	100.0
	100만 원~ 200만 원 미만	14	66	34	62	18	194
		7.2	34.0	17.5	32.0	9.3	100.0
	200만 원~ 300만 원 미만	3	24	14	32	4	77
		3.9	31.2	18.2	41.6	5.2	100.0
	300만 원 이상	3	11	3	13	4	34
		8.8	32.4	8.8	38.2	11.8	100.0
생활 수준	중상층 이상	2	8	5	10	3	28
		7.1	28.6	17.9	35.7	10.7	100.0
	중중층	9	45	28	56	22	160
		5.6	28.1	17.5	35.0	13.8	100.0
	중하층	12	56	34	56	9	167
		7.2	33.5	20.4	33.5	5.4	100.0
	하층	14	31	17	49	9	120
		11.7	25.8	14.2	40.8	7.5	100.0
출신 지역	대도시	14	69	47	88	28	246
		5.7	28.0	19.1	35.8	11.4	100.0
	중소도시	12	26	25	40	8	111
		10.8	23.4	22.5	36.0	7.2	100.0
	읍면 (농어촌)	11	45	12	43	7	118
		9.3	38.1	10.2	36.4	5.9	100.0

10-1. 열심히 일하면 원하는 것을 얻을 수 있다

<표 10-1-1> 연령, 성별, 결혼여부, 종교별 분포

(단위 : 명, %)

응답자 특성		열심히 일하면 원하는 것을 얻을 수 있다					계
		전혀 그렇지 않다	그렇지 않다	그저 그렇다	그렇다	매우 그렇다	
연령별 분포	20대	4	29	66	114	14	227
		1.8	12.8	29.1	50.2	6.2	100.0
	30대	1	6	44	39	5	95
		1.1	6.3	46.3	41.1	5.3	100.0
	40대	2	25	28	58	9	122
		1.6	20.5	23.0	47.5	7.4	100.0
	50대		4	4	13	2	23
			17.4	17.4	56.5	8.7	100.0
성별 분포	남성	5	27	63	114	14	223
		2.2	12.1	28.3	51.1	6.3	100.0
	여성	3	39	82	116	16	256
		1.2	15.2	32.0	45.3	6.3	100.0
결혼 여부	미혼	6	29	72	112	14	233
		2.6	12.4	30.9	48.1	6.0	100.0
	기혼	2	36	71	111	15	235
		.9	15.3	30.2	47.2	6.4	100.0
	기타		1	2	7	1	11
			9.1	18.2	63.6	9.1	100.0
종교별 분포	불교		7	29	49	10	95
			7.4	30.5	51.6	10.5	100.0
	개신교	3	17	32	50	3	105
		2.9	16.2	30.5	47.6	2.9	100.0
	천주교	1	8	20	30	3	62
		1.6	12.9	32.3	48.4	4.8	100.0
	기타	1	3	4	10	1	19
		5.3	15.8	21.1	52.6	5.3	100.0
	종교 없음	3	31	60	91	13	198
		1.5	15.7	30.3	46.0	6.6	100.0

<표 10-1-2> 학력, 소득, 생활수준, 출신 지역별 분포

(단위 : 명, %)

응답자 특성	문항 및 응답	열심히 일하면 원하는 것을 얻을 수 있다					계
		전혀 그렇지 않다	그렇지 않다	그저 그렇다	그렇다	매우 그렇다	
학력별 분포	고졸 이하	1	27	48	75	12	163
		.6	16.6	29.4	46.0	7.4	100.0
	전문대졸	4	8	17	31	5	65
		6.2	12.3	26.2	47.7	7.7	100.0
	대졸	2	26	66	100	9	203
		1.0	12.8	32.5	49.3	4.4	100.0
	대학원 이상	1	5	14	24	4	48
		2.1	10.4	29.2	50.0	8.3	100.0
소득별 분포	100만 원 미만	1	15	45	62	12	135
		.7	11.1	33.3	45.9	8.9	100.0
	100만 원~ 200만 원 미만	4	26	62	91	12	195
		2.1	13.3	31.8	46.7	6.2	100.0
	200만 원~ 300만 원 미만	1	16	22	37	2	78
		1.3	20.5	28.2	47.4	2.6	100.0
	300만 원 이상	1	3	7	21	2	34
		2.9	8.8	20.6	61.8	5.9	100.0
생활 수준	중상층 이상		3	6	14	6	29
			10.3	20.7	48.3	20.7	100.0
	중중층	4	24	42	86	6	162
		2.5	14.8	25.9	53.1	3.7	100.0
	중하층	2	25	54	77	10	168
		1.2	14.9	32.1	45.8	6.0	100.0
	하층	2	14	43	53	8	120
		1.7	11.7	35.8	44.2	6.7	100.0
출신 지역	대도시	2	34	78	116	17	247
		.8	13.8	31.6	47.0	6.9	100.0
	중소도시	3	12	40	55	2	112
		2.7	10.7	35.7	49.1	1.8	100.0
	읍면 (농어촌)	3	20	27	59	11	120
		2.5	16.7	22.5	49.2	9.2	100.0

10-2. 가난한 사람도 다른 사람들만큼 노력을 한다

<표 10-2-1> 연령, 성별, 결혼여부, 종교별 분포

(단위 : 명, %)

응답자 특성		문항 및 응답 가난한 사람도 다른 사람들 만큼 노력을 한다					계
		전혀 그렇지 않다	그렇지 않다	그저 그렇다	그렇다	매우 그렇다	
연령별 분포	20대	2	14	52	132	27	227
		.9	6.2	22.9	58.1	11.9	100.0
	30대		6	27	51	12	96
			6.3	28.1	53.1	12.5	100.0
	40대	2	18	27	64	10	121
		1.7	14.9	22.3	52.9	8.3	100.0
	50대		3	1	15	2	21
			14.3	4.8	71.4	9.5	100.0
성별 분포	남성	2	22	52	128	18	222
		.9	9.9	23.4	57.7	8.1	100.0
	여성	2	20	57	142	34	255
		.8	7.8	22.4	55.7	13.3	100.0
결혼 여부	미혼	2	15	53	134	30	234
		.9	6.4	22.6	57.3	12.8	100.0
	기혼	2	25	55	130	20	232
		.9	10.8	23.7	56.0	8.6	100.0
	기타		2	1	6	2	11
			18.2	9.1	54.5	18.2	100.0
종교별 분포	불교	1	8	25	48	12	94
		1.1	8.5	26.6	51.1	12.8	100.0
	개신교	1	8	25	60	10	104
		1.0	7.7	24.0	57.7	9.6	100.0
	천주교	1	5	12	38	6	62
		1.6	8.1	19.4	61.3	9.7	100.0
	기타	1	2	2	11	3	19
		5.3	10.5	10.5	57.9	15.8	100.0
	종교 없음		19	45	113	21	198
			9.6	22.7	57.1	10.6	100.0

<표 10-2-2> 학력, 소득, 생활수준, 출신 지역별 분포

(단위 : 명, %)

응답자 특성		문항 및 응답: 가난한 사람도 다른 사람들 만큼 노력을 한다					계
		전혀 그렇지 않다	그렇지 않다	그저 그렇다	그렇다	매우 그렇다	
학력별 분포	고졸 이하	2	13	41	93	14	163
		1.2	8.0	25.2	57.1	8.6	100.0
	전문대졸	1	8	13	33	8	63
		1.6	12.7	20.6	52.4	12.7	100.0
	대졸	1	18	46	114	24	203
		.5	8.9	22.7	56.2	11.8	100.0
	대학원 이상		3	9	30	6	48
			6.3	18.8	62.5	12.5	100.0
소득별 분포	100만 원 미만	1	8	28	83	15	135
		.7	5.9	20.7	61.5	11.1	100.0
	100만 원~ 200만 원 미만	2	17	46	107	22	194
		1.0	8.8	23.7	55.2	11.3	100.0
	200만 원~ 300만 원 미만		8	22	40	7	77
			10.4	28.6	51.9	9.1	100.0
	300만 원 이상		6	5	18	5	34
			17.6	14.7	52.9	14.7	100.0
생활 수준	중상층 이상		4	6	13	6	29
			13.8	20.7	44.8	20.7	100.0
	중중층	1	19	39	91	11	161
		.6	11.8	24.2	56.5	6.8	100.0
	중하층	1	11	39	94	23	168
		.6	6.5	23.2	56.0	13.7	100.0
	하층	2	8	25	72	12	119
		1.7	6.7	21.0	60.5	10.1	100.0
출신 지역	대도시		18	57	143	28	246
			7.3	23.2	58.1	11.4	100.0
	중소도시	1	13	30	57	11	112
		.9	11.6	26.8	50.9	9.8	100.0
	읍면 (농어촌)	3	11	22	70	13	119
		2.5	9.2	18.5	58.8	10.9	100.0

10-3. 일에 실패한 사람은 자신을 탓해야 한다

<표 10-3-1> 연령, 성별, 결혼여부, 종교별 분포

(단위 : 명, %)

응답자 특성		문항 및 응답 일에 실패한 사람은 자신을 탓해야 한다					계
		전혀 그렇지 않다	그렇지 않다	그저 그렇다	그렇다	매우 그렇다	
연령별 분포	20대	13	55	87	68	4	227
		5.7	24.2	38.3	30.0	1.8	100.0
	30대	3	27	29	35	1	95
		3.2	28.4	30.5	36.8	1.1	100.0
	40대	3	34	33	44	7	121
		2.5	28.1	27.3	36.4	5.8	100.0
	50대		9	2	10	1	22
			40.9	9.1	45.5	4.5	100.0
성별 분포	남성	4	52	74	86	7	223
		1.8	23.3	33.2	38.6	3.1	100.0
	여성	17	77	79	75	6	254
		6.7	30.3	31.1	29.5	2.4	100.0
결혼 여부	미혼	12	58	88	71	4	233
		5.2	24.9	37.8	30.5	1.7	100.0
	기혼	9	64	63	88	9	233
		3.9	27.5	27.0	37.8	3.9	100.0
	기타		7	2	2		11
			63.6	18.2	18.2		100.0
종교별 분포	불교	2	27	26	34	6	95
		2.1	28.4	27.4	35.8	6.3	100.0
	개신교	6	31	38	29		104
		5.8	29.8	36.5	27.9		100.0
	천주교		16	21	22	2	61
			26.2	34.4	36.1	3.3	100.0
	기타	1	5	6	7		19
		5.3	26.3	31.6	36.8		100.0
	종교 없음	12	50	62	69	5	198
		6.1	25.3	31.3	34.8	2.5	100.0

<표 10-3-2> 학력, 소득, 생활수준, 출신 지역별 분포

(단위 : 명, %)

응답자 특성		문항 및 응답	일에 실패한 사람은 자신을 탓해야 한다					계
			전혀 그렇지 않다	그렇지 않다	그저 그렇다	그렇다	매우 그렇다	
학력별 분포	고졸 이하		7	46	44	61	4	162
			4.3	28.4	27.2	37.7	2.5	100.0
	전문대졸		3	17	19	23	3	65
			4.6	26.2	29.2	35.4	4.6	100.0
	대졸		9	54	76	60	3	202
			4.5	26.7	37.6	29.7	1.5	100.0
	대학원 이상		2	12	14	17	3	48
			4.2	25.0	29.2	35.4	6.3	100.0
소득별 분포	100만 원 미만		4	37	46	44	4	135
			3.0	27.4	34.1	32.6	3.0	100.0
	100만 원~ 200만 원 미만		8	55	65	64	3	195
			4.1	28.2	33.3	32.8	1.5	100.0
	200만 원~ 300만 원 미만		5	19	26	26	1	77
			6.5	24.7	33.8	33.8	1.3	100.0
	300만 원 이상		1	9	6	14	4	34
			2.9	26.5	17.6	41.2	11.8	100.0
생활 수준	중상층 이상		2	7	8	12		29
			6.9	24.1	27.6	41.4		100.0
	중중층		8	45	51	51	5	160
			5.0	28.1	31.9	31.9	3.1	100.0
	중하층		5	48	60	52	3	168
			3.0	28.6	35.7	31.0	1.8	100.0
	하층		6	29	34	46	5	120
			5.0	24.2	28.3	38.3	4.2	100.0
출신 지역	대도시		11	59	84	85	6	245
			4.5	24.1	34.3	34.7	2.4	100.0
	중소도시		4	34	38	34	2	112
			3.6	30.4	33.9	30.4	1.8	100.0
	읍면 (농어촌)		6	36	31	42	5	120
			5.0	30.0	25.8	35.0	4.2	100.0

10-4. 모두에게 평등한 기회가 주어지지 않는다

<표 10-4-1> 연령, 성별, 결혼여부, 종교별 분포

(단위 : 명, %)

문항 및 응답 응답자 특성		전혀 그렇지 않다	그렇지 않다	그저 그렇다	그렇다	매우 그렇다	계
연령별 분포	20대	4	11	35	124	53	227
		1.8	4.8	15.4	54.6	23.3	100.0
	30대		5	19	54	17	95
			5.3	20.0	56.8	17.9	100.0
	40대	1	8	23	75	15	122
		.8	6.6	18.9	61.5	12.3	100.0
	50대	1		2	15	4	22
		4.5		9.1	68.2	18.2	100.0
성별 분포	남성	4	8	39	132	40	223
		1.8	3.6	17.5	59.2	17.9	100.0
	여성	3	16	45	141	50	255
		1.2	6.3	17.6	55.3	19.6	100.0
결혼 여부	미혼	5	11	35	134	48	233
		2.1	4.7	15.0	57.5	20.6	100.0
	기혼	2	12	47	134	39	234
		.9	5.1	20.1	57.3	16.7	100.0
	기타		1	2	5	3	11
			9.1	18.2	45.5	27.3	100.0
종교별 분포	불교	2	4	18	51	20	95
		2.1	4.2	18.9	53.7	21.1	100.0
	개신교	2	6	16	61	19	104
		1.9	5.8	15.4	58.7	18.3	100.0
	천주교	1	4	12	36	9	62
		1.6	6.5	19.4	58.1	14.5	100.0
	기타		4	5	7	3	19
			21.1	26.3	36.8	15.8	100.0
	종교 없음	2	6	33	118	39	198
		1.0	3.0	16.7	59.6	19.7	100.0

<표 10-4-2> 학력, 소득, 생활수준, 출신 지역별 분포

(단위 : 명, %)

문항 및 응답 응답자 특성		모든 사람에게 평등한 기회가 주어지지 않고 있다					계
		전혀 그렇지 않다	그렇지 않다	그저 그렇다	그렇다	매우 그렇다	
학력별 분포	고졸 이하	3	8	30	94	27	162
		1.9	4.9	18.5	58.0	16.7	100.0
	전문대졸		4	17	30	14	65
			6.2	26.2	46.2	21.5	100.0
	대졸	2	10	30	122	39	203
		1.0	4.9	14.8	60.1	19.2	100.0
	대학원 이상	2	2	7	27	10	48
		4.2	4.2	14.6	56.3	20.8	100.0
소득별 분포	100만 원 미만	2	4	21	79	29	135
		1.5	3.0	15.6	58.5	21.5	100.0
	100만 원~ 200만 원 미만	2	12	32	109	40	195
		1.0	6.2	16.4	55.9	20.5	100.0
	200만 원~ 300만 원 미만		3	16	49	9	77
			3.9	20.8	63.6	11.7	100.0
	300만 원 이상	2	4	3	18	7	34
		5.9	11.8	8.8	52.9	20.6	100.0
생활 수준	중상층 이상	1	3	3	17	5	29
		3.4	10.3	10.3	58.6	17.2	100.0
	중중층	5	6	36	87	27	161
		3.1	3.7	22.4	54.0	16.8	100.0
	중하층	1	8	25	108	26	168
		.6	4.8	14.9	64.3	15.5	100.0
	하층		7	20	61	32	120
			5.8	16.7	50.8	26.7	100.0
출신 지역	대도시	6	12	40	131	57	246
		2.4	4.9	16.3	53.3	23.2	100.0
	중소도시	1	7	22	68	14	112
		.9	6.3	19.6	60.7	12.5	100.0
	읍면 (농어촌)		5	22	74	19	120
			4.2	18.3	61.7	15.8	100.0

10-5. 부유하고 힘있는 사람들 때문에 가난한 사람이 있다

<표 10-5-1> 연령, 성별, 결혼여부, 종교별 분포

(단위 : 명, %)

응답자 특성	문항 및 응답	전혀 그렇지 않다	그렇지 않다	그저 그렇다	그렇다	매우 그렇다	계
연령별 분포	20대	9	44	68	84	23	228
		3.9	19.3	29.8	36.8	10.1	100.0
	30대	4	13	32	38	8	95
		4.2	13.7	33.7	40.0	8.4	100.0
	40대	2	38	22	52	8	122
		1.6	31.1	18.0	42.6	6.6	100.0
	50대	1	5	3	12	1	22
		4.5	22.7	13.6	54.5	4.5	100.0
성별 분포	남성	4	42	59	97	22	224
		1.8	18.8	26.3	43.3	9.8	100.0
	여성	13	59	71	93	19	255
		5.1	23.1	27.8	36.5	7.5	100.0
결혼 여부	미혼	8	45	68	90	23	234
		3.4	19.2	29.1	38.5	9.8	100.0
	기혼	9	53	59	96	17	234
		3.8	22.6	25.2	41.0	7.3	100.0
	기타		3	3	4	1	11
			27.3	27.3	36.4	9.1	100.0
종교별 분포	불교	5	26	24	32	8	95
		5.3	27.4	25.3	33.7	8.4	100.0
	개신교	4	20	26	47	7	104
		3.8	19.2	25.0	45.2	6.7	100.0
	천주교	1	13	15	29	4	62
		1.6	21.0	24.2	46.8	6.5	100.0
	기타		6	5	7	2	20
			30.0	25.0	35.0	10.0	100.0
	종교 없음	7	36	60	75	20	198
		3.5	18.2	30.3	37.9	10.1	100.0

<표 10-5-2> 학력, 소득, 생활수준, 출신 지역별 분포

(단위 : 명, %)

응답자 특성	문항 및 응답	부유하고 힘있는 사람들 때문에 가난한 사람이 있다					계
		전혀 그렇지 않다	그렇지 않다	그저 그렇다	그렇다	매우 그렇다	
학력별 분포	고졸 이하	3	29	42	74	14	162
		1.9	17.9	25.9	45.7	8.6	100.0
	전문대졸	2	19	12	23	9	65
		3.1	29.2	18.5	35.4	13.8	100.0
	대졸	7	41	60	81	15	204
		3.4	20.1	29.4	39.7	7.4	100.0
	대학원 이상	5	12	16	12	3	48
		10.4	25.0	33.3	25.0	6.3	100.0
소득별 분포	100만 원 미만	5	28	41	48	13	135
		3.7	20.7	30.4	35.6	9.6	100.0
	100만 원~200만 원 미만	7	44	45	80	20	196
		3.6	22.4	23.0	40.8	10.2	100.0
	200만 원~300만 원 미만	1	14	23	36	3	77
		1.3	18.2	29.9	46.8	3.9	100.0
	300만 원 이상	3	10	7	12	2	34
		8.8	29.4	20.6	35.3	5.9	100.0
생활 수준	중상층 이상	4	6	8	11		29
		13.8	20.7	27.6	37.9		100.0
	중중층	10	27	47	65	12	161
		6.2	16.8	29.2	40.4	7.5	100.0
	중하층	2	41	43	68	14	168
		1.2	24.4	25.6	40.5	8.3	100.0
	하층	1	27	32	46	15	121
		.8	22.3	26.4	38.0	12.4	100.0
출신 지역	대도시	8	51	74	93	21	247
		3.2	20.6	30.0	37.7	8.5	100.0
	중소도시	2	29	28	42	11	112
		1.8	25.9	25.0	37.5	9.8	100.0
	읍면 (농어촌)	7	21	28	55	9	120
		5.8	17.5	23.3	45.8	7.5	100.0

10-6. 가난한 사람은 성공할 기회가 적다

<표 10-6-1> 연령, 성별, 결혼여부, 종교별 분포

(단위 : 명, %)

응답자 특성		문항 및 응답: 가난한 사람은 성공할 기회가 적다					
		전혀 그렇지 않다	그렇지 않다	그저 그렇다	그렇다	매우 그렇다	계
연령별 분포	20대	7	17	40	114	50	228
		3.1	7.5	17.5	50.0	21.9	100.0
	30대	2	14	17	47	15	95
		2.1	14.7	17.9	49.5	15.8	100.0
	40대	5	23	22	54	18	122
		4.1	18.9	18.0	44.3	14.8	100.0
	50대	3	4	2	9	4	22
		13.6	18.2	9.1	40.9	18.2	100.0
성별 분포	남성	8	23	44	107	42	224
		3.6	10.3	19.6	47.8	18.8	100.0
	여성	9	38	38	122	48	255
		3.5	14.9	14.9	47.8	18.8	100.0
결혼 여부	미혼	7	19	38	123	47	234
		3.0	8.1	16.2	52.6	20.1	100.0
	기혼	9	39	44	102	40	234
		3.8	16.7	18.8	43.6	17.1	100.0
	기타	1	3		4	3	11
		9.1	27.3		36.4	27.3	100.0
종교별 분포	불교	3	17	16	44	15	95
		3.2	17.9	16.8	46.3	15.8	100.0
	개신교	2	15	17	47	23	104
		1.9	14.4	16.3	45.2	22.1	100.0
	천주교	2	6	7	38	9	62
		3.2	9.7	11.3	61.3	14.5	100.0
	기타	2	2	7	7	2	20
		10.0	10.0	35.0	35.0	10.0	100.0
	종교 없음	8	21	35	93	41	198
		4.0	10.6	17.7	47.0	20.7	100.0

<표 10-6-2> 학력, 소득, 생활수준, 출신 지역별 분포

(단위 : 명, %)

문항 및 응답 응답자 특성		가난한 사람은 성공할 기회가 적다					계
		전혀 그렇지 않다	그렇지 않다	그저 그렇다	그렇다	매우 그렇다	
학력별 분포	고졸 이하	7	24	27	71	33	162
		4.3	14.8	16.7	43.8	20.4	100.0
	전문대졸	3	15	13	24	10	65
		4.6	23.1	20.0	36.9	15.4	100.0
	대졸	5	18	33	110	38	204
		2.5	8.8	16.2	53.9	18.6	100.0
	대학원 이상	2	4	9	24	9	48
		4.2	8.3	18.8	50.0	18.8	100.0
소득별 분포	100만 원 미만	6	11	22	69	27	135
		4.4	8.1	16.3	51.1	20.0	100.0
	100만 원~ 200만원 미만	8	27	32	90	39	196
		4.1	13.8	16.3	45.9	19.9	100.0
	200만 원~ 300만 원 미만		14	15	37	11	77
			18.2	19.5	48.1	14.3	100.0
	300만 원 이상	2	3	5	18	6	34
		5.9	8.8	14.7	52.9	17.6	100.0
생활 수준	중상층 이상	2	4	7	13	3	29
		6.9	13.8	24.1	44.8	10.3	100.0
	중중층	5	23	28	74	31	161
		3.1	14.3	17.4	46.0	19.3	100.0
	중하층	1	23	30	86	28	168
		.6	13.7	17.9	51.2	16.7	100.0
	하층	9	11	17	56	28	121
		7.4	9.1	14.0	46.3	23.1	100.0
출신 지역	대도시	11	25	43	117	51	247
		4.5	10.1	17.4	47.4	20.6	100.0
	중소도시	1	15	19	60	17	112
		.9	13.4	17.0	53.6	15.2	100.0
	읍면 (농어촌)	5	21	20	52	22	120
		4.2	17.5	16.7	43.3	18.3	100.0

Ⅱ. 다음 문항은 종교 지도자의 지도력(리더십)에 대한 질문입니다
1. 종교의 사회지도력 역할수행 평가

<표 1-1> 연령, 성별, 결혼여부, 종교별 분포

(단위 : 명, %)

응답자 특성		귀하는 현재 우리 사회에서 종교가 지도적인 역할을 수행하고 있다고 생각하십니까?					계
		전혀 못한다	거의 못한다	그저 그렇다	비교적 잘한다	매우 잘한다	
연령별	20대	23	91	95	15	2	226
		10.2	40.3	42.0	6.6	.9	100.0
	30대	9	35	42	10		96
		9.4	36.5	43.8	10.4		100.0
	40대	12	39	55	11	2	119
		10.1	32.8	46.2	9.2	1.7	100.0
	50대	1	10	7	4		22
		4.5	45.5	31.8	18.2		100.0
성별	남성	23	85	86	23	3	220
		10.5	38.6	39.1	10.5	1.4	100.0
	여성	23	94	118	17	1	253
		9.1	37.2	46.6	6.7	.4	100.0
결혼 여부	미혼	23	96	99	13	1	232
		9.9	41.4	42.7	5.6	.4	100.0
	기혼	22	78	103	25	3	231
		9.5	33.8	44.6	10.8	1.3	100.0
	기타	1	5	2	2		10
		10.0	50.0	20.0	20.0		100.0
종교별	불교	12	30	42	10	2	96
		12.5	31.3	43.8	10.4	2.1	100.0
	개신교	8	34	49	12	1	104
		7.7	32.7	47.1	11.5	1.0	100.0
	천주교	2	20	31	7		60
		3.3	33.3	51.7	11.7		100.0
	기타	2	6	6	4	1	19
		10.5	31.6	31.6	21.1	5.3	100.0
	종교 없음	22	89	76	7		194
		11.3	45.9	39.2	3.6		100.0

<표 1-2> 학력, 소득, 생활수준, 출신 지역별 분포

(단위 : 명, %)

응답자 특성	문항 및 응답	귀하는 현재 우리 사회에서 종교가 지도적인 역할을 수행하고 있다고 생각하십니까?					계
		전혀 못한다	거의 못한다	그저 그렇다	비교적 잘한다	매우 잘한다	
학력별 분포	고졸 이하	14	54	74	16	2	160
		8.8	33.8	46.3	10.0	1.3	100.0
	전문대졸	11	17	27	8	1	64
		17.2	26.6	42.2	12.5	1.6	100.0
	대졸	16	84	86	14	1	201
		8.0	41.8	42.8	7.0	.5	100.0
	대학원 이상	5	24	17	2		48
		10.4	50.0	35.4	4.2		100.0
소득별 분포	100만 원 미만	12	52	59	11	1	135
		8.9	38.5	43.7	8.1	.7	100.0
	100만 원~ 200만 원 미만	22	70	81	20	2	195
		11.3	35.9	41.5	10.3	1.0	100.0
	200만 원~ 300만 원 미만	6	26	37	6		75
		8.0	34.7	49.3	8.0		100.0
	300만 원 이상	4	16	11	2		33
		12.1	48.5	33.3	6.1		100.0
생활 수준	중상층 이상	3	10	13	3		29
		10.3	34.5	44.8	10.3		100.0
	중중층	16	65	65	9	2	157
		10.2	41.4	41.4	5.7	1.3	100.0
	중하층	10	63	75	18	1	167
		6.0	37.7	44.9	10.8	.6	100.0
	하층	17	41	51	10	1	120
		14.2	34.2	42.5	8.3	.8	100.0
출신 지역	대도시	22	103	102	17	2	246
		8.9	41.9	41.5	6.9	.8	100.0
	중소도시	13	38	46	13		110
		11.8	34.5	41.8	11.8		100.0
	읍면 (농어촌)	11	38	56	10	2	117
		9.4	32.5	47.9	8.5	1.7	100.0

1-1. 사회 지도적인 역할을 가장 잘 수행하는 종교

<표 1-1-1> 연령, 성별, 결혼여부, 종교별 분포

(단위 : 명, %)

문항 및 응답 응답자 특성		어떤 종교가 우리 사회에서 지도적인 역할을 잘 수행하고 있는가?					계
		불교	개신교	천주교	유교	기타	
연령별 분포	20대	37	43	67	11	29	187
		19.8	23.0	35.8	5.9	15.5	100.0
	30대	22	6	46	2	9	85
		25.9	7.1	54.1	2.4	10.6	100.0
	40대	17	19	59	2	6	103
		16.5	18.4	57.3	1.9	5.8	100.0
	50대	5	4	10		1	20
		25.0	20.0	50.0		5.0	100.0
성별 분포	남성	37	33	85	8	29	192
		19.3	17.2	44.3	4.2	15.1	100.0
	여성	47	40	101	7	16	211
		22.3	19.0	47.9	3.3	7.6	100.0
결혼 여부	미혼	37	43	73	10	32	195
		19.0	22.1	37.4	5.1	16.4	100.0
	기혼	46	28	107	5	13	199
		23.1	14.1	53.8	2.5	6.5	100.0
	기타	1	2	6			9
		11.1	22.2	66.7			100.0
종교별 분포	불교	45	4	24	3	9	85
		52.9	4.7	28.2	3.5	10.6	100.0
	개신교	5	49	29	1	4	88
		5.7	55.7	33.0	1.1	4.5	100.0
	천주교	2	3	54		2	61
		3.3	4.9	88.5		3.3	100.0
	기타	1		11		3	15
		6.7		73.3		20.0	100.0
	종교 없음	31	17	68	11	27	154
		20.1	11.0	44.2	7.1	17.5	100.0

<표 1-2-1> 학력, 소득, 생활수준, 출신 지역별 분포

(단위 : 명, %)

응답자 특성	문항 및 응답	어떤 종교가 우리 사회에서 지도적인 역할을 잘 수행하고 있는가?					계
		불교	개신교	천주교	유교	기타	
학력별 분포	고졸 이하	34	26	56	7	15	138
		24.6	18.8	40.6	5.1	10.9	100.0
	전문대졸	11	5	27	3	6	52
		21.2	9.6	51.9	5.8	11.5	100.0
	대졸	28	37	79	5	18	167
		16.8	22.2	47.3	3.0	10.8	100.0
	대학원 이상	11	5	24		6	46
		23.9	10.9	52.2		13.0	100.0
소득별 분포	100만 원 미만	25	28	45	5	18	121
		20.7	23.1	37.2	4.1	14.9	100.0
	100만 원~200만 원 미만	35	23	77	6	20	161
		21.7	14.3	47.8	3.7	12.4	100.0
	200만 원~300만 원 미만	12	11	39	2	5	69
		17.4	15.9	56.5	2.9	7.2	100.0
	300 이상	4	7	12	1	1	25
		16.0	28.0	48.0	4.0	4.0	100.0
생활 수준	중상층 이상	4	10	9		1	24
		16.7	41.7	37.5		4.2	100.0
	중중층	23	22	66	7	13	131
		17.6	16.8	50.4	5.3	9.9	100.0
	중하층	35	27	63	5	15	145
		24.1	18.6	43.4	3.4	10.3	100.0
	하층	22	14	48	3	16	103
		21.4	13.6	46.6	2.9	15.5	100.0
출신 지역	대도시	34	48	94	8	25	209
		16.3	23.0	45.0	3.8	12.0	100.0
	중소도시	24	10	39	5	11	89
		27.0	11.2	43.8	5.6	12.4	100.0
	읍면(농어촌)	26	15	53	2	9	105
		24.8	14.3	50.5	1.9	8.6	100.0

2. 종교 성직자의 사회적 역할 평가

<표 2-1> 연령, 성별, 결혼여부, 종교별 분포

(단위 : 명, %)

응답자 특성	문항 및 응답	우리사회에서 성직자들이 충분한 역할을 다하고 있다고 생각하십니까?					계
		전혀 못한다	거의 못한다	그저 그렇다	비교적 잘한다	매우 잘한다	
연령별 분포	20대	17	78	117	15		227
		7.5	34.4	51.5	6.6		100.0
	30대	10	35	46	6		97
		10.3	36.1	47.4	6.2		100.0
	40대	8	37	61	15	1	122
		6.6	30.3	50.0	12.3	.8	100.0
	50대	1	5	12	5		23
		4.3	21.7	52.2	21.7		100.0
성별 분포	남성	19	69	113	22		223
		8.5	30.9	50.7	9.9		100.0
	여성	17	91	125	21	1	255
		6.7	35.7	49.0	8.2	.4	100.0
결혼 여부	미혼	17	79	123	14		233
		7.3	33.9	52.8	6.0		100.0
	기혼	19	77	113	25	1	235
		8.1	32.8	48.1	10.6	.4	100.0
	기타		4	2	4		10
			40.0	20.0	40.0		100.0
종교별 분포	불교	12	30	47	8		97
		12.4	30.9	48.5	8.2		100.0
	개신교	3	34	56	12		105
		2.9	32.4	53.3	11.4		100.0
	천주교	1	15	37	9		62
		1.6	24.2	59.7	14.5		100.0
	기타	3	7	6	3	1	20
		15.0	35.0	30.0	15.0	5.0	100.0
	종교 없음	17	74	92	11		194
		8.8	38.1	47.4	5.7		100.0

<표 2-2> 학력, 소득, 생활수준, 출신 지역별 분포

(단위 : 명, %)

응답자 특성	문항 및 응답		우리사회에서 성직자들이 충분한 역할을 다하고 있다고 생각하십니까?					계
			전혀 못한다	거의 못한다	그저 그렇다	비교적 잘한다	매우 잘한다	
학력별 분포	고졸 이하		6	43	92	21		162
			3.7	26.5	56.8	13.0		100.0
	전문대졸		8	21	31	5		65
			12.3	32.3	47.7	7.7		100.0
	대졸		18	72	96	17		203
			8.9	35.5	47.3	8.4		100.0
	대학원 이상		4	24	19		1	48
			8.3	50.0	39.6		2.1	100.0
소득별 분포	100만 원 미만		5	49	69	12		135
			3.7	36.3	51.1	8.9		100.0
	100만 원~ 200만 원 미만		21	64	92	20		197
			10.7	32.5	46.7	10.2		100.0
	200만 원~ 300만 원 미만		5	24	43	6		78
			6.4	30.8	55.1	7.7		100.0
	300만 원 이상		5	11	16	1	1	34
			14.7	32.4	47.1	2.9	2.9	100.0
생활 수준	중상층 이상		3	8	14	4		29
			10.3	27.6	48.3	13.8		100.0
	중중층		12	55	82	11		160
			7.5	34.4	51.3	6.9		100.0
	중하층		10	55	88	15	1	169
			5.9	32.5	52.1	8.9	.6	100.0
	하층		11	42	54	13		120
			9.2	35.0	45.0	10.8		100.0
출신 지역	대도시		16	87	122	22	1	248
			6.5	35.1	49.2	8.9	.4	100.0
	중소도시		12	33	57	8		110
			10.9	30.0	51.8	7.3		100.0
	읍면 (농어촌)		8	40	59	13		120
			6.7	33.3	49.2	10.8		100.0

2-1. 성직자가 지도력을 발휘하지 못하는 이유

<표 2-1-1> 연령, 성별, 결혼여부, 종교별 분포

(단위 : 명, %)

문항 및 응답 응답자 특성		성직자가 지도력을 발휘하지 못하는 이유							계
		사회적 여건 불충분	자질과 능력 부족	물질적 인 욕심	신앙심 부족	구조적 모순	종교간 경쟁 때문	기타	
연령별 분포	20대	34	25	58	10	46	31	6	210
		16.2	11.9	27.6	4.8	21.9	14.8	2.9	100.0
	30대	10	19	35	1	14	13	2	94
		10.6	20.2	37.2	1.1	14.9	13.8	2.1	100.0
	40대	17	23	41	2	22	12		117
		14.5	19.7	35.0	1.7	18.8	10.3		100.0
	50대	5	3	6	1	4	4		23
		21.7	13.0	26.1	4.3	17.4	17.4		100.0
성별 분포	남성	27	41	62	12	45	23	4	214
		12.6	19.2	29.0	5.6	21.0	10.7	1.9	100.0
	여성	39	32	80	3	42	38	4	238
		16.4	13.4	33.6	1.3	17.6	16.0	1.7	100.0
결혼 여부	미혼	34	31	59	11	49	26	6	216
		15.7	14.4	27.3	5.1	22.7	12.0	2.8	100.0
	기혼	31	40	81	4	37	32	2	227
		13.7	17.6	35.7	1.8	16.3	14.1	.9	100.0
	기타	1	2	2		1	3		9
		11.1	22.2	22.2		11.1	33.3		100.0
종교별 분포	불교	13	18	34	3	16	11	1	96
		13.5	18.8	35.4	3.1	16.7	11.5	1.0	100.0
	개신교	11	20	20	2	24	15	3	95
		11.6	21.1	21.1	2.1	25.3	15.8	3.2	100.0
	천주교	16	8	17	4	13	3		61
		26.2	13.1	27.9	6.6	21.3	4.9		100.0
	기타	5	3	6			3		17
		29.4	17.6	35.3			17.6		100.0
	종교 없음	21	24	65	6	34	29	4	183
		11.5	13.1	35.5	3.3	18.6	15.8	2.2	100.0

<표 2-1-2> 학력, 소득, 생활수준, 출신 지역별 분포

(단위 : 명, %)

응답자 특성	문항 및 응답	성직자가 지도력을 발휘하지 못하는 이유							계
		사회적 여건 불충분	자질과 능력 부족	물질적인 욕심	신앙심 부족	구조적 모순	종교간 경쟁 때문	기타	
학력별 분포	고졸 이하	30	18	53	7	22	20	1	151
		19.9	11.9	35.1	4.6	14.6	13.2	.7	100.0
	전문대졸	9	11	24	2	6	9		61
		14.8	18.0	39.3	3.3	9.8	14.8		100.0
	대졸	24	34	58	5	49	21	4	195
		12.3	17.4	29.7	2.6	25.1	10.8	2.1	100.0
	대학원 이상	3	10	7	1	10	11	3	45
		6.7	22.2	15.6	2.2	22.2	24.4	6.7	100.0
소득별 분포	100만 원 미만	25	16	31	6	26	17	4	125
		20.0	12.8	24.8	4.8	20.8	13.6	3.2	100.0
	100만 원~200만 원 미만	25	30	65	6	32	30	3	191
		13.1	15.7	34.0	3.1	16.8	15.7	1.6	100.0
	200만 원~300만 원 미만	12	13	26	1	16	5		73
		16.4	17.8	35.6	1.4	21.9	6.8		100.0
	300만 원 이상	3	8	9	1	7	3	1	32
		9.4	25.0	28.1	3.1	21.9	9.4	3.1	100.0
생활 수준	중상층 이상	3	7	9		5	3	1	28
		10.7	25.0	32.1		17.9	10.7	3.6	100.0
	중중층	18	25	46	8	25	23	3	148
		12.2	16.9	31.1	5.4	16.9	15.5	2.0	100.0
	중하층	27	19	52	5	39	19	1	162
		16.7	11.7	32.1	3.1	24.1	11.7	.6	100.0
	하층	18	22	35	2	18	16	3	114
		15.8	19.3	30.7	1.8	15.8	14.0	2.6	100.0
출신 지역	대도시	36	38	65	5	50	30	6	230
		15.7	16.5	28.3	2.2	21.7	13.0	2.6	100.0
	중소도시	13	14	36	7	23	11	1	105
		12.4	13.3	34.3	6.7	21.9	10.5	1.0	100.0
	읍면 (농어촌)	17	21	41	3	14	20	1	117
		14.5	17.9	35.0	2.6	12.0	17.1	.9	100.0

3. 성직자의 자질에 대한 평가

<표 3-1> 연령, 성별, 결혼여부, 종교별 분포

(단위 : 명, %)

응답자 특성	문항 및 응답	각 종교 성직자의 전반적 자질					계
		매우 낮다	낮은 편	그저 그렇다	높은 편	매우 높다	
연령별 분포	20대	9	27	131	56	3	226
		4.0	11.9	58.0	24.8	1.3	100.0
	30대	2	9	61	25		97
		2.1	9.3	62.9	25.8		100.0
	40대	3	16	65	35	1	120
		2.5	13.3	54.2	29.2	.8	100.0
	50대		2	11	10		23
			8.7	47.8	43.5		100.0
성별 분포	남성	8	30	114	66	5	223
		3.6	13.5	51.1	29.6	2.2	100.0
	여성	6	25	159	63		253
		2.4	9.9	62.8	24.9		100.0
결혼 여부	미혼	7	28	139	56	2	232
		3.0	12.1	59.9	24.1	.9	100.0
	기혼	7	26	131	68	2	234
		3.0	11.1	56.0	29.1	.9	100.0
	기타		1	3	5	1	10
			10.0	30.0	50.0	10.0	100.0
종교별 분포	불교	5	14	58	18	1	96
		5.2	14.6	60.4	18.8	1.0	100.0
	개신교		9	58	38		105
			8.6	55.2	36.2		100.0
	천주교	2	2	26	31	1	62
		3.2	3.2	41.9	50.0	1.6	100.0
	기타		3	9	7		19
			15.8	47.4	36.8		100.0
	종교없음	7	27	122	35	3	194
		3.6	13.9	62.9	18.0	1.5	100.0

<표 3-2> 학력, 소득, 생활수준, 출신 지역별 분포

(단위 : 명, %)

응답자 특성	문항 및 응답	각 종교 성직자의 전반적 자질					계
		매우 낮다	낮은 편	그저 그렇다	높은 편	매우 높다	
학력별 분포	고졸 이하	1	16	88	55	2	162
		.6	9.9	54.3	34.0	1.2	100.0
	전문대졸	2	6	40	15	1	64
		3.1	9.4	62.5	23.4	1.6	100.0
	대졸	10	24	118	49	1	202
		5.0	11.9	58.4	24.3	.5	100.0
	대학원 이상	1	9	27	10	1	48
		2.1	18.8	56.3	20.8	2.1	100.0
소득별 분포	100만 원 미만	4	16	80	35		135
		3.0	11.9	59.3	25.9		100.0
	100만 원~200만 원 미만	5	24	113	50	2	194
		2.6	12.4	58.2	25.8	1.0	100.0
	200만 원~300만 원 미만	3	6	40	28	1	78
		3.8	7.7	51.3	35.9	1.3	100.0
	300만 원 이상	2	6	19	6	1	34
		5.9	17.6	55.9	17.6	2.9	100.0
생활수준	중상층 이상	1	5	15	8		29
		3.4	17.2	51.7	27.6		100.0
	중중층	6	19	87	46	3	161
		3.7	11.8	54.0	28.6	1.9	100.0
	중하층	4	13	104	44	2	167
		2.4	7.8	62.3	26.3	1.2	100.0
	하층	3	18	67	31		119
		2.5	15.1	56.3	26.1		100.0
출신지역	대도시	7	26	145	65	3	246
		2.8	10.6	58.9	26.4	1.2	100.0
	중소도시	5	14	61	31		111
		4.5	12.6	55.0	27.9		100.0
	읍면 (농어촌)	2	15	67	33	2	119
		1.7	12.6	56.3	27.7	1.7	100.0

4. 직업에 대한 신뢰도 평가

<표 4-1> 연령, 성별, 결혼여부, 종교별 분포

(단위 : 명, %)

응답자 특성	문항 및 응답	기업인	일반인	기타	정치인	행정관료	언론인	성직자	교육자	판사	변호사	검사	계
연령별 분포	20대	8	40	22	1	7	22	46	63	9	1	2	221
		3.6	18.1	10.0	.5	3.2	10.0	20.8	28.5	4.1	.5	.9	100.0
	30대	2	17	9			6	27	29	2			92
		2.2	18.5	9.8			6.5	29.3	31.5	2.2			100.0
	40대		21	3			13	42	29	2			110
			19.1	2.7			11.8	38.2	26.4	1.8			100.0
	50대	1	2				2	13	4	1			23
		4.3	8.7				8.7	56.5	17.4	4.3			100.0
성별 분포	남성	5	29	17	1	6	26	57	62	9		1	213
		2.3	13.6	8.0	.5	2.8	12.2	26.8	29.1	4.2		.5	100.0
	여성	6	52	18		1	18	75	65	5	1	1	242
		2.5	21.5	7.4		.4	7.4	31.0	26.9	2.1	.4	.4	100.0
결혼여부	미혼	7	41	26	1	7	20	48	65	8	1	2	226
		3.1	18.1	11.5	.4	3.1	8.8	21.2	28.8	3.5	.4	.9	100.0
	기혼	4	39	9			21	78	62	6			219
		1.8	17.8	4.1			9.6	35.6	28.3	2.7			100.0
	기타		1				3	6					10
			10.0				30.0	60.0					100.0
종교별 분포	불교	4	22	4	1	2	5	21	33	1	1		94
		4.3	23.4	4.3	1.1	2.1	5.3	22.3	35.1	1.1	1.1		100.0
	개신교		11	9			8	41	28	3			100
			11.0	9.0			8.0	41.0	28.0	3.0			100.0
	천주교	1	6	4		2	5	31	9	2		1	61
		1.6	9.8	6.6		3.3	8.2	50.8	14.8	3.3		1.6	100.0
	기타	1	2	1			4	7	4				19
		5.3	10.5	5.3			21.1	36.8	21.1				100.0
	종교없음	5	40	17		3	22	32	53	8		1	181
		2.8	22.1	9.4		1.7	12.2	17.7	29.3	4.4		.6	100.0

<표 4-2> 학력, 소득, 생활수준, 출신 지역별 분포

(단위 : 명, %)

응답자 특성		문항 및 응답 귀하는 다음 중 어떤 사람의 말을 가장 신뢰하고 있습니까?											계
		기업인	일반인	기타	정치인	행정관료	언론인	성직자	교육자	판사	변호사	검사	
학력별 분포	고졸 이하	4	38	10		2	21	39	39	4	1	1	159
		2.5	23.9	6.3		1.3	13.2	24.5	24.5	2.5	.6	.6	100.0
	전문대졸	5	8	4		1	6	29	9			1	63
		7.9	12.7	6.3		1.6	9.5	46.0	14.3			1.6	100.0
	대졸	2	31	16	1	4	13	53	58	9			187
		1.1	16.6	8.6	.5	2.1	7.0	28.3	31.0	4.8			100.0
	대학원 이상		4	5			4	11	21	1			46
			8.7	10.9			8.7	23.9	45.7	2.2			100.0
소득별 분포	100만 원 미만	4	22	16		3	14	26	39	4	1	1	130
		3.1	16.9	12.3		2.3	10.8	20.0	30.0	3.1	.8	.8	100.0
	100~200 만 원 미만	6	41	14		1	19	53	51	4		1	190
		3.2	21.6	7.4		.5	10.0	27.9	26.8	2.1		.5	100.0
	200~300 만 원 미만	1	13	2		2	5	32	16	4			75
		1.3	17.3	2.7		2.7	6.7	42.7	21.3	5.3			100.0
	300만 원 이상		1	2	1	1	2	11	8	1			27
			3.7	7.4	3.7	3.7	7.4	40.7	29.6	3.7			100.0
생활수준	중상층 이상		4	4		1	1	10	7	1			28
			14.3	14.3		3.6	3.6	35.7	25.0	3.6			100.0
	중중층	2	28	11		4	16	45	40	4			150
		1.3	18.7	7.3		2.7	10.7	30.0	26.7	2.7			100.0
	중하층	2	34	7	1	1	11	55	46	5	1	1	164
		1.2	20.7	4.3	.6	.6	6.7	33.5	28.0	3.0	.6	.6	100.0
	하층	7	15	13		1	16	22	34	4		1	113
		6.2	13.3	11.5		.9	14.2	19.5	30.1	3.5		.9	100.0
출신지역	대도시	6	44	23	1	1	20	71	63	8		1	238
		2.5	18.5	9.7	.4	.4	8.4	29.8	26.5	3.4		.4	100.0
	중소도시	1	18	8		3	7	33	28	3	1	1	103
		1.0	17.5	7.8		2.9	6.8	32.0	27.2	2.9	1.0	1.0	100.0
	읍면 (농어촌)	4	19	4		3	17	28	36	3			114
		3.5	16.7	3.5		2.6	14.9	24.6	31.6	2.6			100.0

5. 직업의 청렴도 평가

<표 5-1> 연령, 성별, 결혼여부, 종교별 분포

(단위 : 명, %)

응답자 특성		문항 및 응답 귀하는 다음 중 어떤 직종의 종사자가 가장 청렴하다고 생각하십니까?										계
		기업인	일반인	기타	정치인	행정관료	언론인	성직자	교육자	판사	변호사	검사	
연령별 분포	20대	1	70	15	1	6	13	59	39	3		8	215
		.5	32.6	7.0	.5	2.8	6.0	27.4	18.1	1.4		3.7	100.0
	30대		33	8		1	1	32	15	2			92
			35.9	8.7		1.1	1.1	34.8	16.3	2.2			100.0
	40대	1	31	2	1		5	44	25	1	1	1	112
		.9	27.7	1.8	.9		4.5	39.3	22.3	.9	.9	.9	100.0
	50대		3				2	13	4			1	23
			13.0				8.7	56.5	17.4			4.3	100.0
성별 분포	남성		59	13	2	6	16	71	33	3		7	210
			28.1	6.2	1.0	2.9	7.6	33.8	15.7	1.4		3.3	100.0
	여성	2	79	13		1	6	81	51	4	1	3	241
		.8	32.8	5.4		.4	2.5	33.6	21.2	1.7	.4	1.2	100.0
결혼여부	미혼	1	71	19	1	6	14	62	37	4		6	221
		.5	32.1	8.6	.5	2.7	6.3	28.1	16.7	1.8		2.7	100.0
	기혼	1	66	7	1	1	8	82	47	3	1	4	221
		.5	29.9	3.2	.5	.5	3.6	37.1	21.3	1.4	.5	1.8	100.0
	기타		1					8					9
			11.1					88.9					100.0
종교별 분포	불교	1	34	6		2	6	22	18	1		3	93
		1.1	36.6	6.5		2.2	6.5	23.7	19.4	1.1		3.2	100.0
	개신교		22	5	1		3	49	17	2		1	100
			22.0	5.0	1.0		3.0	49.0	17.0	2.0		1.0	100.0
	천주교		12	2		2	1	33	6	1		1	58
			20.7	3.4		3.4	1.7	56.9	10.3	1.7		1.7	100.0
	기타		5					8	3			1	17
			29.4					47.1	17.6			5.9	100.0
	종교없음	1	65	13	1	3	12	40	40	3	1	4	183
		.5	35.5	7.1	.5	1.6	6.6	21.9	21.9	1.6	.5	2.2	100.0

<표 5-2> 학력, 소득, 생활수준, 출신 지역별 분포

(단위 : 명, %)

응답자 특성		문항 및 응답: 귀하는 다음 중 어떤 직종의 종사자가 가장 청렴하다고 생각하십니까?										
		기업인	일반인	기타	정치인	행정관료	언론인	성직자	교육자	판사	변호사	검사	계
학력별 분포	고졸 이하	1	50	6	1	2	13	49	26	2	1	4	155
		.6	32.3	3.9	.6	1.3	8.4	31.6	16.8	1.3	.6	2.6	100.0
	전문대졸	1	21	4		1	2	22	6			3	60
		1.7	35.0	6.7		1.7	3.3	36.7	10.0			5.0	100.0
	대졸		55	11		4	4	68	39	4		3	188
			29.3	5.9		2.1	2.1	36.2	20.7	2.1		1.6	100.0
	대학원 이상		12	5	1		3	13	13	1			48
			25.0	10.4	2.1		6.3	27.1	27.1	2.1			100.0
소득별 분포	100만 원 미만	1	38	10		2	7	42	21	2	1	5	129
		.8	29.5	7.8		1.6	5.4	32.6	16.3	1.6	.8	3.9	100.0
	100~200 만 원 미만		67	12	1	1	10	56	35	2		2	186
			36.0	6.5	.5	.5	5.4	30.1	18.8	1.1		1.1	100.0
	200~300 만 원 미만	1	21	1		3	3	31	11			2	73
		1.4	28.8	1.4		4.1	4.1	42.5	15.1			2.7	100.0
	300만 원 이상		5	1	1	1		11	9	1		1	30
			16.7	3.3	3.3	3.3		36.7	30.0	3.3		3.3	100.0
생활수준	중상층 이상		7	2				12	4	2			27
			25.9	7.4				44.4	14.8	7.4			100.0
	중중층	1	50	10	2	2	11	47	25	2		4	154
		.6	32.5	6.5	1.3	1.3	7.1	30.5	16.2	1.3		2.6	100.0
	중하층		49	5		4	8	54	32	1	1	4	158
			31.0	3.2		2.5	5.1	34.2	20.3	.6	.6	2.5	100.0
	하층	1	32	9		1	3	39	23	2		2	112
		.9	28.6	8.0		.9	2.7	34.8	20.5	1.8		1.8	100.0
출신지역	대도시	1	75	15		1	11	83	39	4		6	235
		.4	31.9	6.4		.4	4.7	35.3	16.6	1.7		2.6	100.0
	중소도시		37	5		4	4	36	16	2		2	106
			34.9	4.7		3.8	3.8	34.0	15.1	1.9		1.9	100.0
	읍면 (농어촌)	1	26	6	2	2	7	33	29	1	1	2	110
		.9	23.6	5.5	1.8	1.8	6.4	30.0	26.4	.9	.9	1.8	100.0

6. 직업의 사회적 영향력 평가

<표 6-1> 연령, 성별, 결혼여부, 종교별 분포

(단위 : 명, %)

응답자 특성		문항 및 응답 / 귀하는 다음 중 어떤 직종의 종사자가 사회적 영향력이 가장 크다고 생각하십니까?										
		기업인	일반인	기타	정치인	행정관료	언론인	성직자	교육자	판사	변호사	검사	계
연령별 분포	20대	23	13	3	123	14	29	8	5	1	1	5	225
		10.2	5.8	1.3	54.7	6.2	12.9	3.6	2.2	.4	.4	2.2	100.0
	30대	10	2	2	48	4	19	10					95
		10.5	2.1	2.1	50.5	4.2	20.0	10.5					100.0
	40대	6	5		64	3	25	8	5	1			117
		5.1	4.3		54.7	2.6	21.4	6.8	4.3	.9			100.0
	50대	1			12	1	5	4					23
		4.3			52.2	4.3	21.7	17.4					100.0
성별 분포	남성	16	10	4	122	12	34	11	5	2		3	219
		7.3	4.6	1.8	55.7	5.5	15.5	5.0	2.3	.9		1.4	100.0
	여성	24	10	1	129	10	45	20	6		1	2	248
		9.7	4.0	.4	52.0	4.0	18.1	8.1	2.4		.4	.8	100.0
결혼여부	미혼	22	14	4	122	13	35	9	6	1	1	3	230
		9.6	6.1	1.7	53.0	5.7	15.2	3.9	2.6	.4	.4	1.3	100.0
	기혼	18	6	1	123	9	41	22	5	1		2	228
		7.9	2.6	.4	53.9	3.9	18.0	9.6	2.2	.4		.9	100.0
	기타				6		3						9
					66.7		33.3						100.0
종교별 분포	불교	13	5		44	3	17	5	5	1		3	96
		13.5	5.2		45.8	3.1	17.7	5.2	5.2	1.0		3.1	100.0
	개신교	9	2	1	58	4	21	7	1				103
		8.7	1.9	1.0	56.3	3.9	20.4	6.8	1.0				100.0
	천주교	2	3		31	4	9	9				1	59
		3.4	5.1		52.5	6.8	15.3	15.3				1.7	100.0
	기타	1	1		8	3	2	4		1			20
		5.0	5.0		40.0	15.0	10.0	20.0		5.0			100.0
	종교없음	15	9	4	110	8	30	6	5	1		1	189
		7.9	4.8	2.1	58.2	4.2	15.9	3.2	2.6	.5		.5	100.0

<표 6-2> 학력, 소득, 생활수준, 출신 지역별 분포

(단위 : 명, %)

응답자 특성		문항 및 응답 귀하는 다음 중 어떤 직종의 종사자가 사회적 영향력이 가장 크다고 생각하십니까?									
		기업인	일반인	기타	정치인	행정관료	언론인	성직자	교육자	판사	변호사	검사	계
학력별 분포	고졸 이하	19	10	1	86	8	18	10	4	1	1		158
		12.0	6.3	.6	54.4	5.1	11.4	6.3	2.5	.6	.6		100.0
	전문대졸	4	5		27	4	9	7	3			3	62
		6.5	8.1		43.5	6.5	14.5	11.3	4.8			4.8	100.0
	대졸	13	5	3	111	10	40	12	2	1		2	199
		6.5	2.5	1.5	55.8	5.0	20.1	6.0	1.0	.5		1.0	100.0
	대학원 이상	4		1	27		12	2	2				48
		8.3		2.1	56.3		25.0	4.2	4.2				100.0
소득별 분포	100만 원 미만	13	7	3	68	11	22	6	2	1		2	135
		9.6	5.2	2.2	50.4	8.1	16.3	4.4	1.5	.7		1.5	100.0
	100~200 만 원 미만	20	9	2	96	6	36	17	4		1	3	194
		10.3	4.6	1.0	49.5	3.1	18.6	8.8	2.1		.5	1.5	100.0
	200~300 만 원 미만	3	3		45	3	14	3	2	1			74
		4.1	4.1		60.8	4.1	18.9	4.1	2.7	1.4			100.0
	300만 원 이상	3	1		23	2	3	2					34
		8.8	2.9		67.6	5.9	8.8	5.9					100.0
생활수준	중상층 이상	1	1	1	18	1	4	2		1			29
		3.4	3.4	3.4	62.1	3.4	13.8	6.9		3.4			100.0
	중중층	18	7	1	86	7	24	5	4			3	155
		11.6	4.5	.6	55.5	4.5	15.5	3.2	2.6			1.9	100.0
	중하층	10	8	1	80	8	35	14	4	1		2	163
		6.1	4.9	.6	49.1	4.9	21.5	8.6	2.5	.6		1.2	100.0
	하층	11	4	2	67	6	16	10	3		1		120
		9.2	3.3	1.7	55.8	5.0	13.3	8.3	2.5		.8		100.0
출신지역별	대도시	25	11	3	131	13	41	13	5	1		3	246
		10.2	4.5	1.2	53.3	5.3	16.7	5.3	2.0	.4		1.2	100.0
	중소도시	10	4		55	5	17	11	2			1	105
		9.5	3.8		52.4	4.8	16.2	10.5	1.9			1.0	100.0
	읍면 (농어촌)	5	5	2	65	4	21	7	4	1	1	1	116
		4.3	4.3	1.7	56.0	3.4	18.1	6.0	3.4	.9	.9	.9	100.0

7. 직업의 부패도 평가

<표 7-1> 연령, 성별, 결혼여부, 종교별 분포

(단위 : 명, %)

응답자 특성	문항 및 응답	귀하는 다음 중 어떤 직종의 종사자가 가장 부패해 있다고 생각하십니까?											계
		기업인	일반인	기타	정치인	행정관료	언론인	성직자	교육자	판사	변호사	검사	
연령별 분포	20대	16	3	1	166	20	8	6	3	1	1	1	226
		7.1	1.3	.4	73.5	8.8	3.5	2.7	1.3	.4	.4	.4	100.0
	30대	7		2	78	5	3					1	96
		7.3		2.1	81.3	5.2	3.1					1.0	100.0
	40대	5	2	1	104	5	2	1					120
		4.2	1.7	.8	86.7	4.2	1.7	.8					100.0
	50대		1		21	1							23
			4.3		91.3	4.3							100.0
성별 분포	남성	18	4	3	172	11	7	4	2	1			222
		8.1	1.8	1.4	77.5	5.0	3.2	1.8	.9	.5			100.0
	여성	10	2	1	205	20	6	3	1		2	2	252
		4.0	.8	.4	81.3	7.9	2.4	1.2	.4		.8	.8	100.0
결혼여부	미혼	17	3	2	171	20	8	4	2	1	2	1	231
		7.4	1.3	.9	74.0	8.7	3.5	1.7	.9	.4	.9	.4	100.0
	기혼	11	3	2	196	11	5	3	1			1	233
		4.7	1.3	.9	84.1	4.7	2.1	1.3	.4			.4	100.0
	기타				10								10
					100.0								100.0
종교별 분포	불교	7	4		79	5		1					96
		7.3	4.2		82.3	5.2		1.0					100.0
	개신교	10		1	83	7	4						105
		9.5		1.0	79.0	6.7	3.8						100.0
	천주교	4			44	6	3		1	1		1	60
		6.7			73.3	10.0	5.0		1.7	1.7		1.7	100.0
	기타	1			11	4	1	2					19
		5.3			57.9	21.1	5.3	10.5					100.0
	종교없음	6	2	3	160	9	5	4	2		2	1	194
		3.1	1.0	1.5	82.5	4.6	2.6	2.1	1.0		1.0	.5	100.0

<표 7-2> 학력, 소득, 생활수준, 출신 지역별 분포

(단위 : 명, %)

응답자 특성	문항 및 응답	귀하는 다음 중 어떤 직종의 종사자가 가장 부패해 있다고 생각하십니까?										계
		기업인	일반인	기타	정치인	행정관료	언론인	성직자	교육자	판사	변호사	검사	
학력별 분포	고졸 이하	9	2	2	126	12	3	2	1	1	1	1	160
		5.6	1.3	1.3	78.8	7.5	1.9	1.3	.6	.6	.6	.6	100.0
	전문대졸	5	1		50	4	3	1					64
		7.8	1.6		78.1	6.3	4.7	1.6					100.0
	대졸	13	2	1	165	9	7	2	2		1		202
		6.4	1.0	.5	81.7	4.5	3.5	1.0	1.0		.5		100.0
	대학원 이상	1	1	1	36	6		2				1	48
		2.1	2.1	2.1	75.0	12.5		4.2				2.1	100.0
소득별 분포	100만 원 미만	5	1	2	100	16	3	3	2		1	2	135
		3.7	.7	1.5	74.1	11.9	2.2	2.2	1.5		.7	1.5	100.0
	100~200만 원 미만	16	2	1	160	8	5	1	1	1			195
		8.2	1.0	.5	82.1	4.1	2.6	.5	.5	.5			100.0
	200~300만 원 미만	3	3	1	60	4	4	2					77
		3.9	3.9	1.3	77.9	5.2	5.2	2.6					100.0
	300만 원 이상	4			28	1		1					34
		11.8			82.4	2.9		2.9					100.0
생활수준	중상층 이상	1			24	2	1			1			29
		3.4			82.8	6.9	3.4			3.4			100.0
	중중층	9	3	2	122	9	6	4			1	2	158
		5.7	1.9	1.3	77.2	5.7	3.8	2.5			.6	1.3	100.0
	중하층	8	3	1	134	13	4	2	2		1		168
		4.8	1.8	.6	79.8	7.7	2.4	1.2	1.2		.6		100.0
	하층	10		1	97	7	2	1	1				119
		8.4		.8	81.5	5.9	1.7	.8	.8				100.0
출신지역	대도시	18	3	2	197	15	5	3	2	1		1	247
		7.3	1.2	.8	79.8	6.1	2.0	1.2	.8	.4		.4	100.0
	중소도시	7	2	1	81	10	3	2	1		2		109
		6.4	1.8	.9	74.3	9.2	2.8	1.8	.9		1.8		100.0
	읍면(농어촌)	3	1	1	99	6	5	2				1	118
		2.5	.8	.8	83.9	5.1	4.2	1.7				.8	100.0

8. 직업에 대한 사회적 위상 평가

<표 8-1> 연령, 성별, 결혼여부, 종교별 분포

(단위 : 명, %)

응답자 특성	문항 및 응답	기업인	일반인	기타	정치인	행정·정정관료	언론인	성직자	교육자	판사	변호사	검사	계
연령별 분포	20대	23	6	6	74	16	12	13	13	36	3	18	220
		10.5	2.7	2.7	33.6	7.3	5.5	5.9	5.9	16.4	1.4	8.2	100.0
	30대	10	1	4	38	4	9	11	5	11	2	2	97
		10.3	1.0	4.1	39.2	4.1	9.3	11.3	5.2	11.3	2.1	2.1	100.0
	40대	7	3	2	37	2	8	24	9	15	2	1	110
		6.4	2.7	1.8	33.6	1.8	7.3	21.8	8.2	13.6	1.8	.9	100.0
	50대	2			5	1		6	6	1		1	22
		9.1			22.7	4.5		27.3	27.3	4.5		4.5	100.0
성별 분포	남성	21	4	6	79	15	14	24	12	25	4	11	215
		9.8	1.9	2.8	36.7	7.0	6.5	11.2	5.6	11.6	1.9	5.1	100.0
	여성	21	6	6	77	8	16	32	22	39	3	11	241
		8.7	2.5	2.5	32.0	3.3	6.6	13.3	9.1	16.2	1.2	4.6	100.0
결혼여부	미혼	22	7	7	74	17	13	15	16	36	2	17	226
		9.7	3.1	3.1	32.7	7.5	5.8	6.6	7.1	15.9	.9	7.5	100.0
	기혼	20	3	5	80	6	16	38	17	27	5	4	221
		9.0	1.4	2.3	36.2	2.7	7.2	17.2	7.7	12.2	2.3	1.8	100.0
	기타				2		1	3	1	1		1	9
					22.2		11.1	33.3	11.1	11.1		11.1	100.0
종교별 분포	불교	9	4	2	27	4	9	9	11	14	2	4	95
		9.5	4.2	2.1	28.4	4.2	9.5	9.5	11.6	14.7	2.1	4.2	100.0
	개신교	8	1	1	40	3	8	14	8	11	2	3	99
		8.1	1.0	1.0	40.4	3.0	8.1	14.1	8.1	11.1	2.0	3.0	100.0
	천주교	5			19	2	2	18	2	7		3	58
		8.6			32.8	3.4	3.4	31.0	3.4	12.1		5.2	100.0
	기타	3			4	1		5	2	1		4	20
		15.0			20.0	5.0		25.0	10.0	5.0		20.0	100.0
	종교없음	17	5	9	66	13	11	10	11	31	3	8	184
		9.2	2.7	4.9	35.9	7.1	6.0	5.4	6.0	16.8	1.6	4.3	100.0

<표 8-2> 학력, 소득, 생활수준, 출신 지역별 분포

(단위 : 명, %)

문항 및 응답 응답자 특성		귀하는 다음 중 어떤 직종의 종사자가 가장 사회적 위상이 높다고 생각하십니까?										계
		기업인	일반인	기타	정치인	행정관료	언론인	성직자	교육자	판사	변호사	검사	
학력별 분포	고졸 이하	12	2	5	48	7	12	22	18	17	3	11	157
		7.6	1.3	3.2	30.6	4.5	7.6	14.0	11.5	10.8	1.9	7.0	100.0
	전문대졸	5	3	1	23	2	6	11	2	6	1	2	62
		8.1	4.8	1.6	37.1	3.2	9.7	17.7	3.2	9.7	1.6	3.2	100.0
	대졸	20	4	6	70	13	10	16	7	34	3	8	191
		10.5	2.1	3.1	36.6	6.8	5.2	8.4	3.7	17.8	1.6	4.2	100.0
	대학원 이상	5	1		15	1	2	7	7	7		1	46
		10.9	2.2		32.6	2.2	4.3	15.2	15.2	15.2		2.2	100.0
소득별 분포	100만 원 미만	11	4	4	35	9	8	13	12	24	4	8	132
		8.3	3.0	3.0	26.5	6.8	6.1	9.8	9.1	18.2	3.0	6.1	100.0
	100~200 만 원 미만	22	2	6	70	7	17	18	11	23	2	11	189
		11.6	1.1	3.2	37.0	3.7	9.0	9.5	5.8	12.2	1.1	5.8	100.0
	200~300 만 원 미만	7	2	2	32	3	3	11	5	6	1	2	74
		9.5	2.7	2.7	43.2	4.1	4.1	14.9	6.8	8.1	1.4	2.7	100.0
	300만 원 이상	2	1		9	2		5	3	8		1	31
		6.5	3.2		29.0	6.5		16.1	9.7	25.8		3.2	100.0
생활수준	중상층 이상	3			8	3	2	4	1	6		1	28
		10.7			28.6	10.7	7.1	14.3	3.6	21.4		3.6	100.0
	중중층	17	5	6	39	10	6	15	16	26	4	8	152
		11.2	3.3	3.9	25.7	6.6	3.9	9.9	10.5	17.1	2.6	5.3	100.0
	중하층	10	2	3	68	7	13	22	7	18		9	159
		6.3	1.3	1.9	42.8	4.4	8.2	13.8	4.4	11.3		5.7	100.0
	하층	12	3	3	41	3	9	15	10	14	3	4	117
		10.3	2.6	2.6	35.0	2.6	7.7	12.8	8.5	12.0	2.6	3.4	100.0
출신지역	대도시	29	8	4	85	11	10	23	19	38	2	10	239
		12.1	3.3	1.7	35.6	4.6	4.2	9.6	7.9	15.9	.8	4.2	100.0
	중소도시	8	2	5	39	8	6	15	3	9		7	102
		7.8	2.0	4.9	38.2	7.8	5.9	14.7	2.9	8.8		6.9	100.0
	읍면 (농어촌)	5		3	32	4	14	18	12	17	5	5	115
		4.3		2.6	27.8	3.5	12.2	15.7	10.4	14.8	4.3	4.3	100.0

9. 종교의 미래에 대한 평가

<표 9-1> 연령, 성별, 결혼여부, 종교별 분포

(단위 : 명, %)

응답자 특성		문항 및 응답: 귀하는 우리 사회에서 종교의 미래가 어떻게 될 것이라고 생각하십니까?					계
		매우 퇴보	현재 상태 정체	그저 그렇다	다소 발전	매우 발전	
연령별 분포	20대	27	64	63	57	16	227
		11.9	28.2	27.8	25.1	7.0	100.0
	30대	11	36	27	17	6	97
		11.3	37.1	27.8	17.5	6.2	100.0
	40대	6	33	34	37	11	121
		5.0	27.3	28.1	30.6	9.1	100.0
	50대		6	6	9	2	23
			26.1	26.1	39.1	8.7	100.0
성별 분포	남성	23	68	62	50	19	222
		10.4	30.6	27.9	22.5	8.6	100.0
	여성	21	74	70	71	18	254
		8.3	29.1	27.6	28.0	7.1	100.0
결혼 여부	미혼	27	71	63	56	17	234
		11.5	30.3	26.9	23.9	7.3	100.0
	기혼	17	69	68	60	19	233
		7.3	29.6	29.2	25.8	8.2	100.0
	기타		2	1	5	1	9
			22.2	11.1	55.6	11.1	100.0
종교별 분포	불교	8	29	32	21	7	97
		8.2	29.9	33.0	21.6	7.2	100.0
	개신교	9	35	18	30	13	105
		8.6	33.3	17.1	28.6	12.4	100.0
	천주교	5	17	12	23	4	61
		8.2	27.9	19.7	37.7	6.6	100.0
	기타	4	4	2	6	4	20
		20.0	20.0	10.0	30.0	20.0	100.0
	종교 없음	18	57	68	41	9	193
		9.3	29.5	35.2	21.2	4.7	100.0

<표 9-2> 학력, 소득, 생활수준, 출신 지역별 분포

(단위 : 명, %)

응답자 특성		문항 및 응답: 귀하는 우리 사회에서 종교의 미래가 어떻게 될 것이라고 생각하십니까?					계
		매우 퇴보	현재 상태 정체	그저 그렇다	다소 발전	매우 발전	
학력별 분포	고졸 이하	16	42	42	47	14	161
		9.9	26.1	26.1	29.2	8.7	100.0
	전문대졸	5	26	12	17	5	65
		7.7	40.0	18.5	26.2	7.7	100.0
	대졸	18	70	58	45	11	202
		8.9	34.7	28.7	22.3	5.4	100.0
	대학원 이상	5	4	20	12	7	48
		10.4	8.3	41.7	25.0	14.6	100.0
소득별 분포	100만 원 미만	16	36	41	33	10	136
		11.8	26.5	30.1	24.3	7.4	100.0
	100만 원~ 200만 원 미만	13	69	47	52	15	196
		6.6	35.2	24.0	26.5	7.7	100.0
	200만 원~ 300만 원 미만	9	21	21	20	7	78
		11.5	26.9	26.9	25.6	9.0	100.0
	300만 원 이상	5	9	11	7	2	34
		14.7	26.5	32.4	20.6	5.9	100.0
생활 수준	중상층 이상	4	8	5	12		29
		13.8	27.6	17.2	41.4		100.0
	중중층	16	47	45	40	11	159
		10.1	29.6	28.3	25.2	6.9	100.0
	중하층	15	50	51	36	14	166
		9.0	30.1	30.7	21.7	8.4	100.0
	하층	9	37	31	33	12	122
		7.4	30.3	25.4	27.0	9.8	100.0
출신 지역	대도시	21	77	69	62	18	247
		8.5	31.2	27.9	25.1	7.3	100.0
	중소 도시	10	30	34	25	9	108
		9.3	27.8	31.5	23.1	8.3	100.0
	읍면 (농어촌)	13	35	29	34	10	121
		10.7	28.9	24.0	28.1	8.3	100.0

10. 과거 종교의 사회발전 기여도 평가

<표 10-1> 연령, 성별, 결혼여부, 종교별 분포

(단위 : 명, %)

응답자 특성		문항 및 응답: 귀하는 과거 종교가 우리 사회의 발전에 얼마나 기여하였다고 생각하십니까?					계
		전혀 기여한 바 없다	기여하지 못했다	그저 그렇다	다소 기여한 편	매우 크게 기여	
연령별 분포	20대	11	32	56	96	32	227
		4.8	14.1	24.7	42.3	14.1	100.0
	30대	3	11	29	41	13	97
		3.1	11.3	29.9	42.3	13.4	100.0
	40대	4	13	35	48	21	121
		3.3	10.7	28.9	39.7	17.4	100.0
	50대		3	5	10	5	23
			13.0	21.7	43.5	21.7	100.0
성별 분포	남성	10	28	53	97	34	222
		4.5	12.6	23.9	43.7	15.3	100.0
	여성	8	33	73	101	38	253
		3.2	13.0	28.9	39.9	15.0	100.0
결혼 여부	미혼	12	31	59	96	35	233
		5.2	13.3	25.3	41.2	15.0	100.0
	기혼	6	29	66	99	33	233
		2.6	12.4	28.3	42.5	14.2	100.0
	기타		1	1	3	4	9
			11.1	11.1	33.3	44.4	100.0
종교별 분포	불교	5	8	33	33	17	96
		5.2	8.3	34.4	34.4	17.7	100.0
	개신교	3	8	15	52	27	105
		2.9	7.6	14.3	49.5	25.7	100.0
	천주교		12	12	31	7	62
			19.4	19.4	50.0	11.3	100.0
	기타		4	3	8	5	20
			20.0	15.0	40.0	25.0	100.0
	종교 없음	10	29	63	74	16	192
		5.2	15.1	32.8	38.5	8.3	100.0

<표 10-2> 학력, 소득, 생활수준, 출신 지역별 분포

(단위 : 명, %)

응답자 특성 문항 및 응답		귀하는 과거 종교가 우리 사회의 발전에 얼마나 기여하였다고 생각하십니까?					계
		전혀 기여한 바 없다	기여하지 못했다	그저 그렇다	다소 기여한 편	매우 크게 기여	
학력별 분포	고졸 이하	5	24	58	54	18	159
		3.1	15.1	36.5	34.0	11.3	100.0
	전문대졸	4	8	18	25	10	65
		6.2	12.3	27.7	38.5	15.4	100.0
	대졸	8	23	37	103	32	203
		3.9	11.3	18.2	50.7	15.8	100.0
	대학원 이상	1	6	13	16	12	48
		2.1	12.5	27.1	33.3	25.0	100.0
소득별 분포	100만 원 미만	6	18	40	52	20	136
		4.4	13.2	29.4	38.2	14.7	100.0
	100만 원~ 200만 원 미만	6	26	56	80	27	195
		3.1	13.3	28.7	41.0	13.8	100.0
	200만 원~ 300만 원 미만	4	10	16	33	15	78
		5.1	12.8	20.5	42.3	19.2	100.0
	300만 원 이상	1	4	7	17	5	34
		2.9	11.8	20.6	50.0	14.7	100.0
생활 수준	중상층 이상			6	16	6	28
				21.4	57.1	21.4	100.0
	중중층	6	23	41	61	28	159
		3.8	14.5	25.8	38.4	17.6	100.0
	중하층	8	26	41	73	18	166
		4.8	15.7	24.7	44.0	10.8	100.0
	하층	4	12	38	48	20	122
		3.3	9.8	31.1	39.3	16.4	100.0
출신 지역	대도시	8	29	61	106	44	248
		3.2	11.7	24.6	42.7	17.7	100.0
	중소도시	6	19	28	40	13	106
		5.7	17.9	26.4	37.7	12.3	100.0
	읍면 (농어촌)	4	13	37	52	15	121
		3.3	10.7	30.6	43.0	12.4	100.0

11. 미래 종교의 사회 기여도 평가

<표 11-1> 연령, 성별, 결혼여부, 종교별 분포

(단위 : 명, %)

응답자 특성	문항 및 응답	귀하는 앞으로 종교가 우리 사회의 발전에 얼마나 기여할 것이라고 생각하십니까?					계
		전혀 기여하지 못할 것	기여하지 못할 것	그저 그렇다	다소 기여	매우 크게 기여	
연령별 분포	20대	13	38	82	75	19	227
		5.7	16.7	36.1	33.0	8.4	100.0
	30대	1	20	38	32	6	97
		1.0	20.6	39.2	33.0	6.2	100.0
	40대	4	11	39	55	12	121
		3.3	9.1	32.2	45.5	9.9	100.0
	50대		2	8	11	2	23
			8.7	34.8	47.8	8.7	100.0
성별 분포	남성	12	39	77	76	17	221
		5.4	17.6	34.8	34.4	7.7	100.0
	여성	7	33	93	99	23	255
		2.7	12.9	36.5	38.8	9.0	100.0
결혼 여부	미혼	13	40	83	78	20	234
		5.6	17.1	35.5	33.3	8.5	100.0
	기혼	5	32	85	93	18	233
		2.1	13.7	36.5	39.9	7.7	100.0
	기타	1		2	4	2	9
		11.1		22.2	44.4	22.2	100.0
종교별 분포	불교	3	15	37	33	9	97
		3.1	15.5	38.1	34.0	9.3	100.0
	개신교	3	9	29	51	13	105
		2.9	8.6	27.6	48.6	12.4	100.0
	천주교	2	7	14	33	6	62
		3.2	11.3	22.6	53.2	9.7	100.0
	기타		6	4	5	5	20
			30.0	20.0	25.0	25.0	100.0
	종교 없음	11	35	86	53	7	192
		5.7	18.2	44.8	27.6	3.6	100.0

<표 11-2> 학력, 소득, 생활수준, 출신 지역별 분포

(단위 : 명, %)

응답자 특성		문항 및 응답	전혀 기여하지 못할 것	기여하지 못할 것	그저 그렇다	다소 기여	매우 크게 기여	계
			\multicolumn{5}{l	}{귀하는 앞으로 종교가 우리 사회의 발전에 얼마나 기여할 것이라고 생각하십니까?}	
학력별 분포	고졸 이하		5	33	59	48	16	161
			3.1	20.5	36.6	29.8	9.9	100.0
	전문대졸		5	9	18	26	6	64
			7.8	14.1	28.1	40.6	9.4	100.0
	대졸		8	27	74	83	11	203
			3.9	13.3	36.5	40.9	5.4	100.0
	대학원 이상		1	3	19	18	7	48
			2.1	6.3	39.6	37.5	14.6	100.0
소득별 분포	100만 원 미만		7	21	53	42	13	136
			5.1	15.4	39.0	30.9	9.6	100.0
	100만 원~ 200만 원 미만		7	36	68	69	16	196
			3.6	18.4	34.7	35.2	8.2	100.0
	200만 원~ 300만 원 미만		3	5	24	40	5	77
			3.9	6.5	31.2	51.9	6.5	100.0
	300만 원 이상		1	6	18	6	3	34
			2.9	17.6	52.9	17.6	8.8	100.0
생활 수준	중상층 이상			5	8	15	1	29
				17.2	27.6	51.7	3.4	100.0
	중중층		9	20	62	55	13	159
			5.7	12.6	39.0	34.6	8.2	100.0
	중하층		4	32	57	61	12	166
			2.4	19.3	34.3	36.7	7.2	100.0
	하층		6	15	43	44	14	122
			4.9	12.3	35.2	36.1	11.5	100.0
출신 지역	대도시		9	34	90	97	18	248
			3.6	13.7	36.3	39.1	7.3	100.0
	중소도시		7	17	41	34	9	108
			6.5	15.7	38.0	31.5	8.3	100.0
	읍면 (농어촌)		3	21	39	44	13	120
			2.5	17.5	32.5	36.7	10.8	100.0

12. 종교성직자의 사회 규범 위반에 대한 평가

<표 12-1> 연령, 성별, 결혼여부, 종교별 분포

(단위 : 명, %)

문항 및 응답		만일 귀하가 종교를 가지고 있다면 종교 성직자가 사회 규범을 어겼을 때 어떻게 행동하시겠습니까?						
응답자 특성		성직자에 절대적으로 믿고 순종	종교는 믿지만 성직자는 거부	다른 종교시설로 이적	다른 종교로 개종	종교를 포기	기타	계
연령별 분포	20대	9	167	10	5	13	11	215
		4.2	77.7	4.7	2.3	6.0	5.1	100.0
	30대	4	76	1	1	8	4	94
		4.3	80.9	1.1	1.1	8.5	4.3	100.0
	40대	4	95	6		12		117
		3.4	81.2	5.1		10.3		100.0
	50대	1	14	1		6		22
		4.5	63.6	4.5		27.3		100.0
성별 분포	남성	11	150	9	5	27	12	214
		5.1	70.1	4.2	2.3	12.6	5.6	100.0
	여성	8	207	10	1	12	4	242
		3.3	85.5	4.1	.4	5.0	1.7	100.0
결혼 여부	미혼	10	170	10	6	12	13	221
		4.5	76.9	4.5	2.7	5.4	5.9	100.0
	기혼	9	179	9		26	3	226
		4.0	79.2	4.0		11.5	1.3	100.0
	기타		8			1		9
			88.9			11.1		100.0
종교별 분포	불교	3	71	5	1	14	1	95
		3.2	74.7	5.3	1.1	14.7	1.1	100.0
	개신교	5	91	3	1		3	103
		4.9	88.3	2.9	1.0		2.9	100.0
	천주교	9	47		1	3	2	62
		14.5	75.8		1.6	4.8	3.2	100.0
	기타		16	1	1	2		20
			80.0	5.0	5.0	10.0		100.0
	종교 없음	2	132	10	2	20	10	176
		1.1	75.0	5.7	1.1	11.4	5.7	100.0

<표 12-2> 학력, 소득, 생활수준, 출신 지역별 분포

(단위 : 명, %)

응답자 특성		만일 귀하가 종교를 가지고 있다면 종교 성직자가 사회 규범을 어겼을 때 어떻게 행동하시겠습니까?						계
		성직자에 절대적으로 믿고 순종	종교는 믿지만 성직자는 거부	다른 종교 시설로 이적	다른 종교로 개종	종교를 포기	기타	
학력별 분포	고졸 이하	11	111	10	3	17	6	158
		7.0	70.3	6.3	1.9	10.8	3.8	100.0
	전문대졸	4	44	3	2	5	3	61
		6.6	72.1	4.9	3.3	8.2	4.9	100.0
	대졸	4	164	5	1	14	5	193
		2.1	85.0	2.6	.5	7.3	2.6	100.0
	대학원 이상		38	1		3	2	44
			86.4	2.3		6.8	4.5	100.0
소득별 분포	100만 원 미만	5	99	8	2	9	6	129
		3.9	76.7	6.2	1.6	7.0	4.7	100.0
	100~200 만 원 미만	6	148	5	3	17	7	186
		3.2	79.6	2.7	1.6	9.1	3.8	100.0
	200~300 만 원 미만	4	57	3	1	9	2	76
		5.3	75.0	3.9	1.3	11.8	2.6	100.0
	300만 원 이상	2	27	1		3		33
		6.1	81.8	3.0		9.1		100.0
생활수준	중상층 이상	4	24			1		29
		13.8	82.8			3.4		100.0
	중중층	7	115	8	1	14	7	152
		4.6	75.7	5.3	.7	9.2	4.6	100.0
	중하층	3	131	10	4	11		159
		1.9	82.4	6.3	2.5	6.9		100.0
	하층	5	87	1	1	13	9	116
		4.3	75.0	.9	.9	11.2	7.8	100.0
출신 지역	대도시	11	190	6	4	16	9	236
		4.7	80.5	2.5	1.7	6.8	3.8	100.0
	중소도시	7	76	6	1	12	5	107
		6.5	71.0	5.6	.9	11.2	4.7	100.0
	읍면 (농어촌)	1	91	7	1	11	2	113
		.9	80.5	6.2	.9	9.7	1.8	100.0

13. 종교지도자의 역할에 대한 평가

<표 13-1> 연령, 성별, 결혼여부, 종교별 분포

(단위 : 명, %)

문항 및 응답 응답자 특성		귀하의 종교 지도자가 우리 사회에서 어떤 역할을 해주기를 원하십니까?								계
		자기 종교에 충실	부정 부패 척결에 앞장	남북 통일에 기여	빈부 격차 해소에 일조	사회 복지 사업에 전념	사회적 안정에 기여	일반인 의 정신적 귀의처	기타	
연령별 분포	20대	74 33.2	18 8.1	4 1.8	14 6.3	35 15.7	29 13.0	46 20.6	3 1.3	223 100.0
	30대	28 29.2	2 2.1	2 2.1	3 3.1	15 15.6	14 14.6	29 30.2	3 3.1	96 100.0
	40대	39 32.2	6 5.0	1 .8	4 3.3	25 20.7	16 13.2	30 24.8		121 100.0
	50대	8 34.8	2 8.7		2 8.7	4 17.4	3 13.0	4 17.4		23 100.0
성별 분포	남성	69 31.4	17 7.7	4 1.8	10 4.5	32 14.5	36 16.4	48 21.8	4 1.8	220 100.0
	여성	81 32.3	14 5.6	3 1.2	13 5.2	49 19.5	26 10.4	63 25.1	2 .8	251 100.0
결혼 여부	미혼	70 30.4	20 8.7	4 1.7	14 6.1	35 15.2	31 13.5	51 22.2	5 2.2	230 100.0
	기혼	79 34.1	9 3.9	3 1.3	8 3.4	43 18.5	31 13.4	58 25.0	1 .4	232 100.0
	기타	1 11.1	2 22.2		1 11.1	3 33.3		2 22.2		9 100.0
종교별 분포	불교	23 23.7	6 6.2	3 3.1	6 6.2	17 17.5	16 16.5	26 26.8		97 100.0
	개신교	38 37.3	9 8.8		5 4.9	14 13.7	14 13.7	21 20.6	1 1.0	102 100.0
	천주교	21 34.4	4 6.6		1 1.6	13 21.3	9 14.8	13 21.3		61 100.0
	기타	7 36.8	2 10.5		2 10.5	3 15.8	1 5.3	4 21.1		19 100.0
	종교 없음	61 31.8	10 5.2	4 2.1	9 4.7	34 17.7	22 11.5	47 24.5	5 2.6	192 100.0

<표 13-2> 학력, 소득, 생활수준, 출신 지역별 분포

(단위 : 명, %)

응답자 특성		문항 및 응답: 귀하는 종교 지도자가 우리 사회에서 어떤 역할을 해 주기를 원하십니까?								계
		자기 종교에 충실	부정 부패 척결에 앞장	남북 통일에 기여	빈부 격차 해소에 일조	사회 복지 사업에 전념	사회적 안정에 기여	일반인의 정신적 귀의처	기타	
학력별 분포	고졸 이하	59	12	3	7	29	20	28	2	160
		36.9	7.5	1.9	4.4	18.1	12.5	17.5	1.3	100.0
	전문대졸	17	1	1	7	13	9	16		64
		26.6	1.6	1.6	10.9	20.3	14.1	25.0		100.0
	대졸	62	13	3	7	31	22	59	3	200
		31.0	6.5	1.5	3.5	15.5	11.0	29.5	1.5	100.0
	대학원 이상	12	5		2	8	11	8	1	47
		25.5	10.6		4.3	17.0	23.4	17.0	2.1	100.0
소득별 분포	100만 원 미만	34	8	4	10	22	22	28	4	132
		25.8	6.1	3.0	7.6	16.7	16.7	21.2	3.0	100.0
	100~200 만 원 미만	76	12	1	10	29	22	44	1	195
		39.0	6.2	.5	5.1	14.9	11.3	22.6	.5	100.0
	200~300 만 원 미만	22	5	2	3	14	11	19	1	77
		28.6	6.5	2.6	3.9	18.2	14.3	24.7	1.3	100.0
	300만 원 이상	13	1			7	4	9		34
		38.2	2.9			20.6	11.8	26.5		100.0
생활수준	중상층 이상	13				3	4	9		29
		44.8				10.3	13.8	31.0		100.0
	중중층	57	9	2	7	26	24	32	3	160
		35.6	5.6	1.3	4.4	16.3	15.0	20.0	1.9	100.0
	중하층	46	17	4	9	30	19	37		162
		28.4	10.5	2.5	5.6	18.5	11.7	22.8		100.0
	하층	34	5	1	7	22	15	33	3	120
		28.3	4.2	.8	5.8	18.3	12.5	27.5	2.5	100.0
출신지역	대도시	78	17	1	13	42	31	59	3	244
		32.0	7.0	.4	5.3	17.2	12.7	24.2	1.2	100.0
	중소도시	32	9	3	2	19	17	23	2	107
		29.9	8.4	2.8	1.9	17.8	15.9	21.5	1.9	100.0
	읍면 (농어촌)	40	5	3	8	20	14	29	1	120
		33.3	4.2	2.5	6.7	16.7	11.7	24.2	.8	100.0

3. 승가지도력 빈도분석자료

1. 귀하는 다음 중 어떤 유형의 스님을 가장 존경하십니까?

유형	분포	빈도	비율	순비율	누적비율
가장 존경하는 스님	수행에만 전념하는 스님	48	26.1	26.5	26.5
	기도나 염불을 잘하는 스님	27	14.7	14.9	41.4
	절 일을 민주적으로 처리하는 스님	36	19.6	19.9	61.3
	사회봉사 활동에 적극적인 스님	60	32.6	33.1	94.5
	기타	10	5.4	5.5	100.0
	소계	181	98.4	100.0	
무응답		3	1.6		
계		184	100.0		

2. 귀하는 불교 성직자로서 갖추어야 할 요건 중에서 가장 중요한 요소는 무엇이라고 생각하십니까?

유형	분포	빈도	비율	순비율	누적비율
가장 중요한 요소	자질	116	63.0	65.2	65.2
	위엄과 품위	28	15.2	15.7	80.9
	종무수행능력	26	14.1	14.6	95.5
	교육경력	3	1.6	1.7	97.2
	기타	5	2.7	2.8	100.0
	소계	178	96.7	100.0	
무응답		6	3.3		
계		184	100.0		

3. 귀하는 다음의 각 요소를 스님들이 어느 정도 갖추고 있다고 생각하십니까?

① 수행자로서의 품위나 위의

유형	분포	빈도	비율	순비율	누적비율
수행자로서의 품위나 위의	1점	15	8.2	9.5	9.5
	2점	24	13.0	15.2	24.7
	3점	59	32.1	37.3	62.0
	4점	34	18.5	21.5	83.5
	5점	26	14.1	16.5	100.0
	소계	158	85.9	100.0	
무응답		26	14.1		
계		184	100.0		

② 사부대중을 장악하는 카리스마

유형	분포	빈도	비율	순비율	누적비율
사부대중을 장악하는 카리스마	1점	18	9.8	11.8	11.8
	2점	31	16.8	20.3	32.0
	3점	46	25.0	30.1	62.1
	4점	35	19.0	22.9	85.0
	5점	23	12.5	15.0	100.0
	계	153	83.2	100.0	
무응답		31	16.8		
계		184	100.0		

③ 사회의 장래에 대한 통찰과 비전

유형	분포	빈도	비율	순비율	누적비율
사회의 장래에 대한 통찰과 비전	1점	15	8.2	9.7	9.7
	2점	36	19.6	23.4	33.1
	3점	50	27.2	32.5	65.6
	4점	31	16.8	20.1	85.7
	5점	22	12.0	14.3	100.0
	소계	154	83.7	100.0	
무응답		30	16.3		
계		184	100.0		

④ 신도들에게 지적인 자극을 줌

유형	분포	빈도	비율	순비율	누적비율
신도들에게 지적인 자극을 줌	1점	14	7.6	9.3	9.3
	2점	32	17.4	21.3	30.7
	3점	51	27.7	34.0	64.7
	4점	37	20.1	24.7	89.3
	5점	16	8.7	10.7	100.0
	소계	150	81.5	100.0	
무응답		34	18.5		
계		184	100.0		

⑤ 신도들에게 종교적 영감을 줌

유형	분포	빈도	비율	순비율	누적비율
신도들에게 종교적 영감을 줌	1점	9	4.9	5.8	5.8
	2점	31	16.8	20.0	25.8
	3점	54	29.3	34.8	60.6
	4점	33	17.9	21.3	81.9
	5점	28	15.2	18.1	100.0
	소계	155	84.2	100.0	
무응답		29	15.8		
계		184	100.0		

⑥ 신도들에 대한 사려 깊은 배려

유형	분포	빈도	비율	순비율	누적비율
신도들에 대한 사려 깊은 배려	1점	15	8.2	9.7	9.7
	2점	37	20.1	23.9	33.5
	3점	44	23.9	28.4	61.9
	4점	33	17.9	21.3	83.2
	5점	26	14.1	16.8	100.0
	소계	155	84.2	100.0	
무응답		29	15.8		
계		184	100.0		

⑦ 매사에 합리적/합법적으로 해결

유형	분포	빈도	비율	순비율	누적비율
매사에 합리적/합법적 으로 해결	1점	15	8.2	9.6	9.6
	2점	34	18.5	21.7	31.2
	3점	61	33.2	38.9	70.1
	4점	26	14.1	16.6	86.6
	5점	21	11.4	13.4	100.0
	소계	157	85.3	100.0	
무응답		27	14.7		
계		184	100.0		

4. 귀하는 사찰의 소임자 스님들께서 주어진 일을 어느 정도 수행하고 있다고 생각하십니까?

유형	분포	빈도	비율	순비율	누적비율
사찰소임자 스님들의 업무수행 능력	매우 잘 수행	15	8.2	8.3	8.3
	대체로 잘 수행	105	57.1	58.0	66.3
	모르겠다	31	16.8	17.1	83.4
	다소 수행 못함	29	15.8	16.0	99.4
	전혀 수행 못함	1	.5	.6	100.0
	소계	181	98.4	100.0	
무응답		3	1.6		
계		184	100.0		

5. 귀하는 우리 사회에서 스님들의 사회적 지위가 어느 정도라고 생각하십니까?

유형	분포	빈도	비율	순비율	누적비율
스님들의 사회적 지위에 대한 평가	매우 높다	6	3.3	3.3	3.3
	대체로 높은 편	74	40.2	40.2	43.5
	그저 그렇다	78	42.4	42.4	85.9
	다소 낮은 편	22	12.0	12.0	97.8
	매우 낮다	4	2.2	2.2	100.0
계		184	100.0	100.0	

6. 귀하는 요즈음 우리 사회에서 품위가 없거나 자격이 없는 불교성직자들이 얼마나 된다고 생각하십니까?

유형	분포	빈도	비율	순비율	누적비율
품위나 자격을 갖추지 않은 불교성직자	아주 많다	31	16.8	16.9	16.9
	약간 많다	112	60.9	61.2	78.1
	거의 없다	21	11.4	11.5	89.6
	모르겠다	19	10.3	10.4	100.0
	소계	183	99.5	100.0	
무응답		1	.5		
계		184	100.0		

7. 귀하는 스님들로부터 사리에 맞지 않는 말을 듣거나 지시를 받은 경험이 있습니까?

유형	분포	빈도	비율	순비율	누적비율
사리에 맞지 않는 말을 듣거나 지시 받은 경험 유무	있다	49	26.6	28.0	28.0
	없다	126	68.5	72.0	100.0
	소계	175	95.1	100.0	
무응답		9	4.9		
계		184	100.0		

8. 귀하는 다음 중 스님들의 솔선수범의 정도가 어디에 해당한다고 생각하십니까?

유형	분포	빈도	비율	순비율	누적비율
스님들의 솔선수범 정도 평가	매사에 솔선수범	39	21.2	21.8	21.8
	불교계일에만 솔선수범	33	17.9	18.4	40.2
	해당 사찰일에만 솔선수범	84	45.7	46.9	87.2
	매사에 못하다	23	12.5	12.8	100.0
	소계	179	97.3	100.0	
무응답		5	2.7		
계		184	100.0		

9. 귀하는 스님들이 종단을 잘 이끌어 가고 있다고 생각하십니까?

유형	분포	빈도	비율	순비율	누적비율
스님들의 종단 운영 평가	매우 잘 운영	10	5.4	5.4	5.4
	대체로 잘 운영	58	31.5	31.5	37.0
	그저 그렇다	68	37.0	37.0	73.9
	조금 잘못 운영	34	18.5	18.5	92.4
	매우 잘못 운영	14	7.6	7.6	100.0
	계	184	100.0	100.0	

10. 귀하는 평소에 스님들에 대해 어떤 느낌이나 감정을 갖고 계십니까?

유형	분포	빈도	비율	순비율	누적비율
스님들의 청정한 이미지 평가	매우 청정하다	41	22.3	22.4	22.4
	어느 정도 청정하다	87	47.3	47.5	69.9
	그저 그렇다	39	21.2	21.3	91.3
	청정하지 못하다	15	8.2	8.2	99.5
	전혀 청정하지 못하다	1	.5	.5	100.0
	소계	183	99.5	100.0	
무응답		1	.5		
계		184	100.0		

11. 귀하는 스님들이 어느 정도 사회적 역할을 수행하고 있다고 생각하십니까?

유형	분포	빈도	비율	순비율	누적비율
스님의 사회적 역할 수행 정도	매우 적극적	7	3.8	3.8	3.8
	대체로 적극적	58	31.5	31.9	35.7
	그저 그렇다	67	36.4	36.8	72.5
	적극적이지 않다	47	25.5	25.8	98.4
	전혀 적극적이지 않다	3	1.6	1.6	100.0
	소계	182	98.9	100.0	
무응답		2	1.1		
계		184	100.0		

12. 귀하는 스님들이 타종교의 성직자에 비해 어느 면에서 더 낫다고 생각하십니까?

유형	분포	빈도	비율	순비율	누적비율
타종교 성직자보다 우월한 면	인간적 자질	53	28.8	29.9	29.9
	개인의 청렴한 사생활	55	29.9	31.1	61.0
	대인관계 등 사회생활	19	10.3	10.7	71.8
	업무처리 능력	2	1.1	1.1	72.9
	솔선수범	5	2.7	2.8	75.7
	언행	18	9.8	10.2	85.9
	없다	17	9.2	9.6	95.5
	기타	8	4.3	4.5	100.0
	소계	177	96.2	100.0	
무응답		7	3.8		
계		184	100.0		

13. 귀하는 어떤 유형의 불교성직자를 추종하십니까?

유형	분포	빈도	비율	순비율	누적비율
신도들이 추종하는 불교성직자 유형	비범한 능력을 지닌 스님	41	22.3	23.7	23.7
	권위와 기강을 중시하는 스님	16	8.7	9.2	32.9
	민주적인 태도를 지닌 스님	92	50.0	53.2	86.1
	간섭하지 않는 스님	11	6.0	6.4	92.5
	기타	13	7.1	7.5	100.0
	소계	173	94.0	100.0	
무응답		11	6.0		
계		184	100.0		

14. 귀하는 다음 중 어느 유형의 불교 성직자를 이상적이라고 생각하십니까?

유형	분포	빈도	비율	순비율	누적비율
이상적인 불교성직자 유형	무관심형	8	4.3	4.4	4.4
	친목중심형	30	16.3	16.5	20.9
	업적중심형	27	14.7	14.8	35.7
	중도형	117	63.6	64.3	100.0
	소계	182	98.9	100.0	
무응답		2	1.1		
계		184	100.0		

15. 귀하가 생각하시기에 오늘날 스님들이 신도를 지도하려면 어느 정도의 학력을 갖추어야 한다고 생각하십니까?

유형	분포	빈도	비율	순비율	누적비율
수행자로서 갖추어야할 학력 수준	학력과 무관	41	22.3	22.9	22.9
	고졸 이상	39	21.2	21.8	44.7
	대졸 이상	84	45.7	46.9	91.6
	대학원 이상	15	8.2	8.4	100.0
	소계	179	97.3	100.0	
무응답		5	2.7		
계		184	100.0		

16. 귀하가 생각하시기에 오늘날 스님들이 신도를 지도하려면 어느 정도 수행을 하셔야 한다고 생각하십니까?

유형	분포	빈도	비율	순비율	누적비율
신도지도를 위한 스님들의 수행 정도	더욱 철저한 수행 필요	149	81.0	81.0	81.0
	현 수준으로도 가능	31	16.8	16.8	97.8
	수행은 중요하지 않음	4	2.2	2.2	100.0
계		184	100.0	100.0	

17. 귀하는 스님의 사회활동 경력이 많을수록 지도력도 크다고 생각하십니까?

유형	분포	빈도	비율	순비율	누적비율
스님의 사회활동 경력과 지도력의 관계	예	56	30.4	30.4	30.4
	아니오	106	57.6	57.6	88.0
	모르겠다	22	12.0	12.0	100.0
계		184	100.0	100.0	

18. (스님만 응답) 스님들께서는 지도력을 향상시킬 수 있는 연수 및 훈련 프로그램의 필요성을 어느 정도 느끼고 있습니까?

유형	분포	빈도	비율	순비율	누적비율
스님들의 지도력 향상을 위한 연수 및 훈련 프로그램의 필요성	매우 절실하다	10	5.4	29.4	29.4
	어느정도 필요하다	13	7.1	38.2	67.6
	보통이다	9	4.9	26.5	94.1
	전혀 못 느낀다	2	1.1	5.9	100.0
	소계	34	18.5	100.0	
무응답		150	81.5		
계		184	100.0		

19. (스님만 응답) 스님께서는, 만약 지도력 향상을 위한 연수 및 훈련 프로그램이 있다면 참가할 생각을 갖고 계십니까?

유형	분포	빈도	비율	순비율	누적비율
지도력향상 훈련프로그램 참가 여부	있다	13	7.1	68.4	68.4
	없다	5	2.7	26.3	94.7
	모르겠다	1	.5	5.3	100.0
	소계	19	10.3	100.0	
무응답		165	89.7		
계		184	100.0		

● 다음은 응답자의 특성별 분포 자료입니다.

1. 연령별 분포

유형 \ 분포		빈도	비율	순비율	누적비율
연령별 분포	20대	28	15.2	15.3	15.3
	30대	26	14.1	14.2	29.5
	40대	74	40.2	40.4	69.9
	50대	41	22.3	22.4	92.3
	60대 이상	14	7.6	7.7	100.0
	소계	183	99.5	100.0	
무응답		1	.5		
계		184	100.0		

2. 성별 분포

유형 \ 분포		빈도	비율	순비율	누적비율
성별분포	남성	21	11.4	11.4	11.4
	여성	163	88.6	88.6	100.0
계		184	100.0	100.0	

3. 학력별 분포

유형 \ 분포		빈도	비율	순비율	누적비율
학력별 분포	고졸 이하	61	33.2	34.3	34.3
	전문대졸	34	18.5	19.1	53.4
	대졸 이상	83	45.1	46.6	100.0
	소계	178	96.7	100.0	
무응답		6	3.3		
계		184	100.0		

4. 평월균 소득 수준별 분포

유형	분포	빈도	비율	순비율	누적비율
월평균 소득 수준별 분포	150만 원 미만	48	26.1	31.0	31.0
	150~250만 원	52	28.3	33.5	64.5
	250만 원 이상	55	29.9	35.5	100.0
	소계	155	84.2	100.0	
무응답		29	15.8		
계		184	100.0		

5. 출신 지역별 분포

유형	분포	빈도	비율	순비율	누적비율
출신지역별 분포	대도시	83	45.1	47.7	47.7
	중소도시	53	28.8	30.5	78.2
	농어촌	38	20.7	21.8	100.0
	소계	174	94.6	100.0	
무응답		10	5.4		
계		184	100.0		

6. 결혼 여부

유형	분포	빈도	비율	순비율	누적비율
결혼 여부	미혼	32	17.4	17.5	17.5
	기혼	148	80.4	80.9	98.4
	기타	3	1.6	1.6	100.0
	소계	183	99.5	100.0	
무응답		1	.5		
계		184	100.0		

7. 직업별 분포

유형	분포	빈도	비율	순비율	누적비율
직업	생산감독자나 이에 해당하는 직업	2	1.1	1.1	1.1
	학생	8	4.3	4.6	5.7
	기타	3	1.6	1.7	7.5
	과장급 이상 사무직 종사자/의사, 변호사 등 전문직 종사자	21	11.4	12.1	19.5
	대리 이하 사무직 종사자/5급 이하 공무원/ 초중고 교사	14	7.6	8.0	27.6
	서비스직 피고용자	7	3.8	4.0	31.6
	종업원 5인 미만 도소매 자영업, 요식숙박업, 가내수공업	2	1.1	1.1	32.8
	종업원 5인 이상의 도소매 자영업, 요식숙박업	2	1.1	1.1	33.9
	생산 및 생산관련 종사, 산업노동자	1	.5	.6	34.5
	가정주부	114	62.0	65.5	100.0
	소계	174	94.6	100.0	
무응답		10	5.4		
계		184	100.0		

4. 승가지도력 교차분석자료

1. 귀하는 다음 중 어떤 유형의 스님을 가장 존경합니까?

〈표 1〉 연령, 성별, 학력, 소득, 출신지역별 분포

(단위 : 명, %)

문항 및 응답 응답자 특성		가장 존경하는 스님					계
		수행에만 전념하는 스님	기도나 염불을 잘하는 스님	절일을 민주적으로 처리하는 스님	사회봉사 활동에 적극적인 스님	기타	
연령별 분포	20대	10 38.5	3 11.5	5 19.2	7 26.9	1 3.8	26 100.0
	30대	6 23.1	3 11.5	2 7.7	14 53.8	1 3.8	26 100.0
	40대	21 28.8	13 17.8	16 21.9	18 24.7	5 6.8	73 100.0
	50대	6 14.6	6 14.6	12 29.3	15 36.6	2 4.9	41 100.0
	60대 이상	5 35.7	2 14.3	1 7.1	5 35.7	1 7.1	14 100.0
성별 분포	남성	6 30.0	1 5.0	7 35.0	4 20.0	2 10.0	20 100.0
	여성	42 26.1	26 16.1	29 18.0	56 34.8	8 5.0	161 100.0
학력별 분포	고졸 이하	10 16.7	16 26.7	13 21.7	16 26.7	5 8.3	60 100.0
	전문대졸	12 35.3	5 14.7	7 20.6	10 29.4		34 100.0
	대졸 이상	24 29.3	5 6.1	15 18.3	33 40.2	5 6.1	82 100.0
소득별 분포	150만 원 미만	12 25.5	7 14.9	11 23.4	15 31.9	2 4.3	47 100.0
	150~250 만 원	17 32.7	8 15.4	13 25.0	12 23.1	2 3.8	52 100.0
	250만원 이상	11 20.4	8 14.8	8 14.8	22 40.7	5 9.3	54 100.0
출신 지역별 분포	대도시	21 25.9	4 4.9	13 16.0	38 46.9	5 6.2	81 100.0
	중소도시	15 28.8	10 19.2	13 25.0	10 19.2	4 7.7	52 100.0
	농어촌	8 21.1	10 26.3	10 26.3	9 23.7	1 2.6	38 100.0

2. 귀하는 불교 성직자로서 갖추어야 할 요건 중에서 가장 중요하다고 생각하는 것은 무엇입니까?

<표 2> 연령, 성별, 학력, 소득, 출신지역별 분포

(단위 : 명, %)

응답자 특성		문항 및 응답	성직자의 요건					계
			자질	위엄과 품위	종무수행 능력	교육경력	기타	
연령별 분포		20대	17	4	3	1	1	26
			65.4	15.4	11.5	3.8	3.8	100.0
		30대	15	6	4			25
			60.0	24.0	16.0			100.0
		40대	49	12	7	1	3	72
			68.1	16.7	9.7	1.4	4.2	100.0
		50대	29	3	8		1	41
			70.7	7.3	19.5		2.4	100.0
		60대 이상	6	2	4	1		13
			46.2	15.4	30.8	7.7		100.0
성별 분포		남성	16	1	1		2	20
			80.0	5.0	5.0		10.0	100.0
		여성	100	27	25	3	3	158
			63.3	17.1	15.8	1.9	1.9	100.0
학력별 분포		고졸 이하	36	8	11	2	2	59
			61.0	13.6	18.6	3.4	3.4	100.0
		전문대졸	18	12	4			34
			52.9	35.3	11.8			100.0
		대졸 이상	58	8	10	1	3	80
			72.5	10.0	12.5	1.3	3.8	100.0
소득별 분포		150만 원 미만	29	9	5	2	2	47
			61.7	19.1	10.6	4.3	4.3	100.0
		150~250 만 원	31	10	7		1	49
			63.3	20.4	14.3		2.0	100.0
		250만 원 이상	37	5	9	1	2	54
			68.5	9.3	16.7	1.9	3.7	100.0
출신 지역별 분포		대도시	53	9	14	3	1	80
			66.3	11.3	17.5	3.8	1.3	100.0
		중소도시	32	8	8		4	52
			61.5	15.4	15.4		7.7	100.0
		농어촌	24	8	4			36
			66.7	22.2	11.1			100.0

3. 귀하는 다음의 각 요소를 스님들이 어느 정도 갖추고 있다고 생각하십니까?

3-1. 수행자로서의 품위나 위엄

<표 3-1> 연령, 성별, 학력, 소득, 출신지역별 분포

응답자 특성		문항 및 응답 수행자로서의 품위나 위엄					계
		1점	2점	3점	4점	5점	
연령별 분포	20대		7	9	9	1	26
			26.9	34.6	34.6	3.8	100.0
	30대	4	3	4	7	6	24
		16.7	12.5	16.7	29.2	25.0	100.0
	40대	7	7	26	10	11	61
		11.5	11.5	42.6	16.4	18.0	100.0
	50대	1	5	17	4	7	34
		2.9	14.7	50.0	11.8	20.6	100.0
	60대 이상	3	1	3	4	1	12
		25.0	8.3	25.0	33.3	8.3	100.0
성별 분포	남성		4	10	3	2	19
			21.1	52.6	15.8	10.5	100.0
	여성	15	20	49	31	24	139
		10.8	14.4	35.3	22.3	17.3	100.0
학력별 분포	고졸 이하	5	9	20	8	8	50
		10.0	18.0	40.0	16.0	16.0	100.0
	전문대졸	4	2	11	8	4	29
		13.8	6.9	37.9	27.6	13.8	100.0
	대졸 이상	5	13	28	15	14	75
		6.7	17.3	37.3	20.0	18.7	100.0
소득별 분포	150만 원 미만	2	6	16	10	7	41
		4.9	14.6	39.0	24.4	17.1	100.0
	150~250 만 원	7	6	14	9	12	48
		14.6	12.5	29.2	18.8	25.0	100.0
	250만 원 이상	5	8	23	8	5	49
		10.2	16.3	46.9	16.3	10.2	100.0
출신 지역별 분포	대도시	5	13	28	21	9	76
		6.6	17.1	36.8	27.6	11.8	100.0
	중소도시	6	7	13	7	8	41
		14.6	17.1	31.7	17.1	19.5	100.0
	농어촌	3	3	15	4	7	32
		9.4	9.4	46.9	12.5	21.9	100.0

3-2. 사부대중을 장악하는 카리스마

<표 3-2> 연령, 성별, 학력, 소득, 출신지역별 분포

문항 및 응답 응답자 특성		사부대중을 장악하는 카리스마					계
		1점	2점	3점	4점	5점	
연령별 분포	20대	4 14.8	6 22.2	9 33.3	5 18.5	3 11.1	27 100.0
	30대	2 8.3	4 16.7	6 25.0	9 37.5	3 12.5	24 100.0
	40대	6 10.3	10 17.2	18 31.0	13 22.4	11 19.0	58 100.0
	50대	2 5.9	8 23.5	11 32.4	7 20.6	6 17.6	34 100.0
	60대 이상	4 44.4	2 22.2	2 22.2	1 11.1		9 100.0
성별 분포	남성	2 10.5	8 42.1	5 26.3	3 15.8	1 5.3	19 100.0
	여성	16 11.9	23 17.2	41 30.6	32 23.9	22 16.4	134 100.0
학력별 분포	고졸 이하	11 24.4	10 22.2	15 33.3	5 11.1	4 8.9	45 100.0
	전문대졸	1 3.4	10 34.5	5 17.2	8 27.6	5 17.2	29 100.0
	대졸 이상	5 6.7	11 14.7	26 34.7	21 28.0	12 16.0	75 100.0
소득별 분포	150만 원 미만	9 21.4	6 14.3	10 23.8	11 26.2	6 14.3	42 100.0
	150~250 만 원	3 6.7	10 22.2	13 28.9	10 22.2	9 20.0	45 100.0
	250만 원 이상	5 10.4	10 20.8	15 31.3	11 22.9	7 14.6	48 100.0
출신 지역별 분포	대도시	8 11.0	12 16.4	26 35.6	16 21.9	11 15.1	73 100.0
	중소도시	3 7.5	8 20.0	11 27.5	11 27.5	7 17.5	40 100.0
	농어촌	6 19.4	10 32.3	6 19.4	7 22.6	2 6.5	31 100.0

3-3. 사회의 장래에 대한 통찰과 비전

<표 3-3> 연령, 성별, 학력, 소득, 출신지역별 분포

응답자 특성		문항 및 응답 사회의 장래에 대한 통찰과 비전					계
		1점	2점	3점	4점	5점	
연령별 분포	20대	2	6	11	6	1	26
		7.7	23.1	42.3	23.1	3.8	100.0
	30대	2	8	4	5	4	23
		8.7	34.8	17.4	21.7	17.4	100.0
	40대	6	14	19	10	10	59
		10.2	23.7	32.2	16.9	16.9	100.0
	50대	2	7	12	9	4	34
		5.9	20.6	35.3	26.5	11.8	100.0
	60대이상	3	1	3	1	3	11
		27.3	9.1	27.3	9.1	27.3	100.0
성별 분포	남성	3	6	6	2	2	19
		15.8	31.6	31.6	10.5	10.5	100.0
	여성	12	30	44	29	20	135
		8.9	22.2	32.6	21.5	14.8	100.0
학력별 분포	고졸 이하	5	9	16	8	10	48
		10.4	18.8	33.3	16.7	20.8	100.0
	전문대졸		6	10	9	4	29
			20.7	34.5	31.0	13.8	100.0
	대졸이상	9	21	24	11	8	73
		12.3	28.8	32.9	15.1	11.0	100.0
소득별 분포	150만원 미만	2	10	13	9	6	40
		5.0	25.0	32.5	22.5	15.0	100.0
	150-250만원	3	11	11	12	9	46
		6.5	23.9	23.9	26.1	19.6	100.0
	250만원 이상	7	12	20	7	2	48
		14.6	25.0	41.7	14.6	4.2	100.0
출신 지역별 분포	대도시	9	21	21	13	11	75
		12.0	28.0	28.0	17.3	14.7	100.0
	중소도시	1	6	15	11	6	39
		2.6	15.4	38.5	28.2	15.4	100.0
	농어촌	2	7	12	7	3	31
		6.5	22.6	38.7	22.6	9.7	100.0

3-4. 신도들에게 지적인 자극을 줌

〈표 3-4〉 연령, 성별, 학력, 소득, 출신지역별 분포

문항 및 응답 응답자 특성		신도들에게 지적인 자극을 줌					계
		1점	2점	3점	4점	5점	
연령별 분포	20대	2	7	11	5	1	26
		7.7	26.9	42.3	19.2	3.8	100.0
	30대	2	4	5	9	3	23
		8.7	17.4	21.7	39.1	13.0	100.0
	40대	6	11	17	15	8	57
		10.5	19.3	29.8	26.3	14.0	100.0
	50대	1	9	14	5	4	33
		3.0	27.3	42.4	15.2	12.1	100.0
	60대 이상	3		4	3		10
		30.0		40.0	30.0		100.0
성별 분포	남성	2	5	6	5	1	19
		10.5	26.3	31.6	26.3	5.3	100.0
	여성	12	27	45	32	15	131
		9.2	20.6	34.4	24.4	11.5	100.0
학력별 분포	고졸 이하	3	8	23	9	2	45
		6.7	17.8	51.1	20.0	4.4	100.0
	전문대졸		6	9	9	4	28
			21.4	32.1	32.1	14.3	100.0
	대졸 이상	10	18	19	18	8	73
		13.7	24.7	26.0	24.7	11.0	100.0
소득별 분포	150만 원 미만	2	9	17	8	4	40
		5.0	22.5	42.5	20.0	10.0	100.0
	150~250 만 원	3	9	11	15	7	45
		6.7	20.0	24.4	33.3	15.6	100.0
	250만 원 이상	8	10	16	10	4	48
		16.7	20.8	33.3	20.8	8.3	100.0
출신 지역별 분포	대도시	8	19	28	12	7	74
		10.8	25.7	37.8	16.2	9.5	100.0
	중소도시	1	4	11	17	5	38
		2.6	10.5	28.9	44.7	13.2	100.0
	농어촌	2	9	9	7	3	30
		6.7	30.0	30.0	23.3	10.0	100.0

3-5. 신도들에게 종교적 영감을 줌

<표 3-5> 연령, 성별, 학력, 소득, 출신지역별 분포

응답자 특성	문항 및 응답	신도들에게 종교적 영감을 줌					계
		1점	2점	3점	4점	5점	
연령별 분포	20대	3	9	7	5	2	26
		11.5	34.6	26.9	19.2	7.7	100.0
	30대	1	4	8	5	6	24
		4.2	16.7	33.3	20.8	25.0	100.0
	40대	2	9	25	9	14	59
		3.4	15.3	42.4	15.3	23.7	100.0
	50대	1	6	13	10	4	34
		2.9	17.6	38.2	29.4	11.8	100.0
	60대 이상	2	2	1	4	2	11
		18.2	18.2	9.1	36.4	18.2	100.0
성별 분포	남성	2	6	6	4	1	19
		10.5	31.6	31.6	21.1	5.3	100.0
	여성	7	25	48	29	27	136
		5.1	18.4	35.3	21.3	19.9	100.0
학력별 분포	고졸 이하	3	11	18	8	8	48
		6.3	22.9	37.5	16.7	16.7	100.0
	전문대졸		5	9	10	5	29
			17.2	31.0	34.5	17.2	100.0
	대졸 이상	6	14	26	14	14	74
		8.1	18.9	35.1	18.9	18.9	100.0
소득별 분포	150만 원 미만	2	13	10	9	6	40
		5.0	32.5	25.0	22.5	15.0	100.0
	150~250 만 원	2	7	20	7	11	47
		4.3	14.9	42.6	14.9	23.4	100.0
	250만 원 이상	4	8	19	10	7	48
		8.3	16.7	39.6	20.8	14.6	100.0
출신 지역별 분포	대도시	6	20	27	13	9	75
		8.0	26.7	36.0	17.3	12.0	100.0
	중소도시	1	4	13	12	10	40
		2.5	10.0	32.5	30.0	25.0	100.0
	농어촌	2	4	13	6	6	31
		6.5	12.9	41.9	19.4	19.4	100.0

3-6. 신도들에 대한 사려 깊은 배려

<표 3-5> 연령, 성별, 학력, 소득, 출신지역별 분포

문항 및 응답 응답자 특성		신도들에 대한 사려 깊은 배려					계
		1점	2점	3점	4점	5점	
연령별 분포	20대	1 3.8	4 15.4	9 34.6	8 30.8	4 15.4	26 100.0
	30대	4 16.7	3 12.5	5 20.8	7 29.2	5 20.8	24 100.0
	40대	6 10.2	17 28.8	14 23.7	10 16.9	12 20.3	59 100.0
	50대	2 5.9	11 32.4	12 35.3	5 14.7	4 11.8	34 100.0
	60대 이상	2 18.2	2 18.2	3 27.3	3 27.3	1 9.1	11 100.0
성별 분포	남성		8 42.1	4 21.1	3 15.8	4 21.1	19 100.0
	여성	15 11.0	29 21.3	40 29.4	30 22.1	22 16.2	136 100.0
학력별 분포	고졸 이하	4 8.3	12 25.0	12 25.0	8 16.7	12 25.0	48 100.0
	전문대졸	2 6.9	5 17.2	7 24.1	10 34.5	5 17.2	29 100.0
	대졸 이상	8 10.8	20 27.0	24 32.4	13 17.6	9 12.2	74 100.0
소득 수준별 분포	150만 원 미만	3 7.5	11 27.5	12 30.0	8 20.0	6 15.0	40 100.0
	150~250 만 원	2 4.3	7 14.9	14 29.8	10 21.3	14 29.8	47 100.0
	250만 원 이상	7 14.6	14 29.2	14 29.2	8 16.7	5 10.4	48 100.0
출신 지역별 분포	대도시	12 16.0	18 24.0	21 28.0	16 21.3	8 10.7	75 100.0
	중소도시	2 5.0	9 22.5	13 32.5	8 20.0	8 20.0	40 100.0
	농어촌		6 19.4	9 29.0	7 22.6	9 29.0	31 100.0

3-7. 매사에 합리적/합법적으로 해결

<표 3-7> 연령, 성별, 학력, 소득, 출신지역별 분포

문항 및 응답 응답자 특성		매사에 합리적/합법적으로 해결					계
		1점	2점	3점	4점	5점	
연령별 분포	20대	3	8	10	3	2	26
		11.5	30.8	38.5	11.5	7.7	100.0
	30대	5	2	8	5	4	24
		20.8	8.3	33.3	20.8	16.7	100.0
	40대	5	12	25	9	8	59
		8.5	20.3	42.4	15.3	13.6	100.0
	50대	1	8	15	5	7	36
		2.8	22.2	41.7	13.9	19.4	100.0
	60대이상	1	3	3	4		11
		9.1	27.3	27.3	36.4		100.0
성별 분포	남성	1	7	8	1	2	19
		5.3	36.8	42.1	5.3	10.5	100.0
	여성	14	27	53	25	19	138
		10.1	19.6	38.4	18.1	13.8	100.0
학력별 분포	고졸 이하	2	10	23	7	6	48
		4.2	20.8	47.9	14.6	12.5	100.0
	전문대졸	4	4	9	6	6	29
		13.8	13.8	31.0	20.7	20.7	100.0
	대졸이상	9	19	28	11	9	76
		11.8	25.0	36.8	14.5	11.8	100.0
소득별 분포	150만원 미만	3	15	12	6	6	42
		7.1	35.7	28.6	14.3	14.3	100.0
	150-250만원	2	4	21	9	11	47
		4.3	8.5	44.7	19.1	23.4	100.0
	250만원 이상	8	12	19	7	2	48
		16.7	25.0	39.6	14.6	4.2	100.0
출신 지역별 분포	대도시	11	19	30	10	5	75
		14.7	25.3	40.0	13.3	6.7	100.0
	중소도시		4	20	9	7	40
			10.0	50.0	22.5	17.5	100.0
	농어촌	4	7	8	6	8	33
		12.1	21.2	24.2	18.2	24.2	100.0

4. 귀하는 사찰의 소임자 스님들께서 주어진 일을 어느 정도 수행하고 있다고 생각하십니까?

<표 4> 연령, 성별, 학력, 소득, 출신지역별 분포

문항 및 응답 응답자 특성		사찰 소임자 스님들의 업무 수행 능력					계
		매우 잘 수행	대체로 잘 수행	모르겠다	다소 수행 못함	전혀 수행 못함	
연령별 분포	20대		13	8	6		27
			48.1	29.6	22.2		100.0
	30대	4	14	4	4		26
		15.4	53.8	15.4	15.4		100.0
	40대	6	40	11	14	1	72
		8.3	55.6	15.3	19.4	1.4	100.0
	50대	5	24	7	5		41
		12.2	58.5	17.1	12.2		100.0
	60대 이상		13	1			14
			92.9	7.1			100.0
성별 분포	남성	1	9	7	3		20
		5.0	45.0	35.0	15.0		100.0
	여성	14	96	24	26	1	161
		8.7	59.6	14.9	16.1	.6	100.0
학력별 분포	고졸 이하	4	33	10	13		60
		6.7	55.0	16.7	21.7		100.0
	전문대졸	5	20	6	3		34
		14.7	58.8	17.6	8.8		100.0
	대졸 이상	6	48	14	13	1	82
		7.3	58.5	17.1	15.9	1.2	100.0
소득별 분포	150만 원 미만	4	25	7	11		47
		8.5	53.2	14.9	23.4		100.0
	150~250 만 원	5	31	8	8		52
		9.6	59.6	15.4	15.4		100.0
	250만 원 이상	4	30	12	8		54
		7.4	55.6	2022.2	14.8		100.0
출신 지역별 분포	대도시	3	43	17	18	1	82
		3.7	52.4	20.7	22.0	1.2	100.0
	중소도시	5	31	10	5		51
		9.8	60.8	19.6	9.8		100.0
	농어촌	6	23	3	6		38
		15.8	60.5	7.9	15.8		100.0

5. 귀하는 우리 사회에서 스님들의 사회적 지위가 어느 정도라고 생각하십니까?

<표 5> 연령, 성별, 학력, 소득, 출신지역별 분포

응답자 특성	문항 및 응답	스님들의 사회적 지위에 대한 평가					계
		매우 높다	대체로 높은 편	그저 그렇다	다소 낮은 편	매우 낮다	
연령별 분포	20대	1	14	9	2	2	28
		3.6	50.0	32.1	7.1	7.1	100.0
	30대	2	12	8	4		26
		7.7	46.2	30.8	15.4		100.0
	40대	1	26	34	12	1	74
		1.4	35.1	45.9	16.2.	1.4	100.0
	50대	1	15	20	4	1	41
		2.4	36.6	48.8	9.8	2.4	100.0
	60대 이상	1	6	7			14
		7.1	42.9	50.0			100.0
성별 분포	남성	2	12	6	1		21
		9.5	57.1	28.6	4.8		100.0
	여성	4	62	72	21	4	163
		2.5	38.0	44.2	12.9	2.5	100.0
학력별 분포	고졸 이하	2	20	31	7	1	61
		3.3	32.8	50.8	11.5	1.6	100.0
	전문대졸	1	20	9	2	2	34
		2.9	58.8	26.5	5.9	5.9	100.0
	대졸 이상	2	33	34	13	1	83
		2.4	39.8	41.0	15.7	1.2	100.0
소득별 분포	150만 원 미만	2	20	18	6	2	48
		4.2	41.7	37.5	12.5	4.2	100.0
	150~250 만 원	2	24	19	6	1	52
		3.8	46.2	36.5	11.5	1.9	100.0
	250만 원 이상		21	25	8	1	55
			38.2	45.5	14.5	1.8	100.0
출신 지역별 분포	대도시	1	30	36	12	4	83
		1.2	36.1	43.4	14.5	4.8	100.0
	중소도시	2	26	21	4		53
		3.8	49.1	39.6	7.5		100.0
	농어촌	1	16	16	5		38
		2.6	42.1	42.1	13.2		100.0

6. 귀하는 요즈음 우리 사회에서 품위가 없거나 자격이 없는 불교성직자들이 얼마나 된다고 생각하십니까?

<표 6> 연령, 성별, 학력, 소득, 출신지역별 분포

응답자 특성	문항 및 응답	품위나 자격을 갖추지 않은 불교성직자				계
		아주 많다	약간 많다	거의 없다	모르겠다	
연령별 분포	20대	7	17	2	2	28
		25.0	60.7	7.1	7.1	100.0
	30대	3	15	7	1	26
		11.5	57.7	26.9	3.8	100.0
	40대	12	45	5	11	73
		16.4	61.6	6.8	15.1	100.0
	50대	5	25	6	5	41
		12.2	61.0	14.6	12.2	100.0
	60대 이상	4	9	1		14
		28.6	64.3	7.1		100.0
성별 분포	남성	3	13	4	1	21
		14.3	61.9	19.0	4.8	100.0
	여성	28	99	17	18	162
		17.3	61.1	10.5	11.1	100.0
학력별 분포	고졸 이하	12	38	4	7	61
		19.7	62.3	6.6	11.5	100.0
	전문대졸	4	20	6	3	33
		12.1	60.6	18.2	9.1	100.0
	대졸 이상	12	51	11	9	83
		14.5	61.4	13.3	10.8	100.0
소득별 분포	150만 원 미만	12	30	3	3	48
		25.0	62.5	6.3	6.3	100.0
	150~250 만 원	7	28	8	8	51
		13.7	54.9	15.7	15.7	100.0
	250만 원 이상	5	35	9	6	55
		9.1	63.6	16.4	10.9	100.0
출신 지역별 분포	대도시	19	51	7	6	83
		22.9	61.4	8.4	7.2	100.0
	중소도시	1	34	8	9	52
		1.9	65.4	15.4	17.3	100.0
	농어촌	7	22	5	4	38
		18.4	57.9	13.2	10.5	100.0

7. 귀하는 스님들로부터 사리에 맞지 않는 말을 듣거나 지시를 받은 경험이 있습니까?

<표 7> 연령, 성별, 학력, 소득, 출신지역별 분포

응답자 특성	문항 및 응답	사리에 맞지 않는 말을 듣거나 지시 받은 경험 유무		계
		있다	없다	
연령별 분포	20대	9	18	27
		33.3	66.7	100.0
	30대	11	14	25
		44.0	56.0	100.0
	40대	21	51	72
		29.2	70.8	100.0
	50대	7	31	38
		18.4	81.6	100.0
	60대 이상	1	11	12
		8.3	91.7	100.0
성별 분포	남성	7	14	21
		33.3	66.7	100.0
	여성	42	112	154
		27.3	72.7	100.0
학력별 분포	고졸 이하	10	47	57
		17.5	82.5	100.0
	전문대졸	7	25	32
		21.9	78.1	100.0
	대졸 이상	31	49	80
		38.8	61.3	100.0
소득별 분포	150만 원 미만	14	31	45
		31.1	68.9	100.0
	150~250만 원	17	34	51
		33.3	66.7	100.0
	250만 원 이상	13	40	53
		24.5	75.5	100.0
출신 지역별 분포	대도시	24	55	79
		30.4	69.6	100.0
	중소도시	14	36	50
		28.0	72.0	100.0
	농어촌	9	28	37
		24.3	75.7	100.0

8. 귀하는 다음 중 스님들의 솔선수범의 정도가 어디에 해당한다고 생각하십니까?

<표 8> 연령, 성별, 학력, 소득, 출신지역별 분포

응답자 특성	문항 및 응답		스님들의 솔선수범 정도 평가				계
			매사에 솔선수범	불교계 일에만 솔선수범	해당 사찰일에만 솔선수범	매사에 못한다	
연령별 분포	20대		10	6	7	4	27
			37.0	22.2	25.9	14.8	100.0
	30대		6	5	12	3	26
			23.1	19.2	46.2	11.5	100.0
	40대		10	9	41	13	73
			13.7	12.3	56.2	17.8	100.0
	50대		10	7	19	3	39
			25.6	17.9	48.7	7.7	100.0
	60대 이상		2	6	5		13
			15.4	46.2	38.5		100.0
성별 분포	남성		7	8	3	3	21
			33.3	38.1	14.3	14.3	100.0
	여성		32	25	81	20	158
			20.3	15.8	51.3	12.7	100.0
학력별 분포	고졸 이하		16	7	28	7	58
			27.6	12.1	48.3	12.1	100.0
	전문대졸		10	7	13	3	33
			30.3	21.2	39.4	9.1	100.0
	대졸 이상		12	17	42	11	82
			14.6	20.7	51.2	13.4	100.0
소득별 분포	150만 원 미만		15	9	14	8	46
			32.6	19.6	30.4	17.4	100.0
	150~250 만 원		12	10	22	8	52
			23.1	19.2	42.3	15.4	100.0
	250만 원 이상		6	11	32	4	53
			11.3	20.8	60.4	7.5	100.0
출신 지역별 분포	대도시		12	12	43	13	80
			15.0	15.0	53.8	16.3	100.0
	중소도시		14	12	20	5	51
			27.5	23.5	39.2	9.8	100.0
	농어촌		12	7	15	4	38
			31.6	18.4	39.5	10.5	100.0

9. 귀하는 스님들이 종단을 잘 이끌어 가고 있다고 생각하십니까?

<표 9> 연령, 성별, 학력, 소득, 출신지역별 분포

응답자 특성	문항 및 응답	스님들의 종단 운영 평가					계
		매우 잘 운영	대체로 잘 운영	그저 그렇다	조금 잘못 운영	매우 잘못 운영	
연령별 분포	20대	1	10	10	3	4	28
		3.6	35.7	35.7	10.7	14.3	100.0
	30대	4	6	10	5	1	26
		15.4	23.1	38.5	19.2	3.8	100.0
	40대	2	21	30	17	4	74
		2.7	28.4	40.5	23.0	5.4	100.0
	50대	1	16	13	7	4	41
		2.4	39.0	31.7	17.1	9.8	100.0
	60대 이상	2	5	4	2	1	14
		14.3	35.7	28.6	14.3	7.1	100.0
성별 분포	남성	2	2	10	4	3	21
		9.5	9.5	47.6	19.0	14.3	100.0
	여성	8	56	58	30	11	163
		4.9	34.4	35.6	18.4	6.7	100.0
학력별 분포	고졸 이하	2	21	23	10	5	61
		3.3	34.4	37.7	16.4	8.2	100.0
	전문대졸	5	13	9	5	2	34
		14.7	38.2	26.5	14.7	5.9	100.0
	대졸 이상	3	22	34	17	7	83
		3.6	26.5	41.0	20.5	8.4	100.0
소득별 분포	150만 원 미만		20	16	8	4	48
			41.7	33.3	16.7	8.3	100.0
	150~250 만 원	8	14	19	7	4	52
		15.4	26.9	36.5	13.5	7.7	100.0
	250만 원 이상	2	15	20	14	4	55
		3.6	27.3	36.4	25.5	7.3	100.0
출신 지역별 분포	대도시	3	17	33	20	10	83
		3.6	20.5	39.8	24.1	12.0	100.0
	중소도시	6	24	15	7	1	53
		11.3	45.3	28.3	13.2	1.9	100.0
	농어촌	1	14	16	5	2	38
		2.6	36.8	42.1	13.2	5.3	100.0

12. 귀하는 평소에 스님들에 대해 어떤 느낌이나 감정을 갖고 계십니까?

<표 12> 연령, 성별, 학력, 소득, 출신지역별 분포

문항 및 응답 응답자 특성		스님들의 청정한 이미지 평가					계
		매우 청정하다	어느 정도 청정하다	그저 그렇다	청정하지 못하다	전혀 청정하지 못하다	
연령별 분포	20대	3	15	6	4		28
		10.7	53.6	21.4	14.3		100.0
	30대	11	6	8	1		26
		42.3	23.1	30.8	3.8		100.0
	40대	9	42	14	8		73
		12.3	57.5	19.2	11.0		100.0
	50대	10	21	8	2		41
		24.4	51.2	19.5	4.9		100.0
	60대 이상	7	3	3		1	14
		50.0	21.4	21.4		7.1	100.0
성별 분포	남성	8	7	4	2		21
		38.1	33.3	19.0	9.5		100.0
	여성	33	80	35	13	1	162
		20.4	49.4	21.6	8.0	.6	100.0
학력별 분포	고졸 이하	13	29	13	4	1	60
		21.7	48.3	21.7	6.7	1.7	100.0
	전문대졸	9	17	4	4		34
		26.5	50.0	11.8	11.8		100.0
	대졸 이상	17	40	20	6		83
		20.5	48.2	24.1	7.2		100.0
소득별 분포	150만 원 미만	9	22	11	5	1	48
		18.8	45.8	22.9	10.4	2.1	100.0
	150~250 만 원	13	21	10	7		51
		25.5	41.2	19.6	13.7		100.0
	250만 원 이상	14	29	11	1		55
		25.5	52.7	20.0	1.8		100.0
출신 지역별 분포	대도시	14	37	21	9	1	82
		17.1	45.1	25.6	11.0	1.2	100.0
	중소도시	16	24	10	3		53
		30.2	45.3	18.9	5.7		100.0
	농어촌	9	21	6	2		38
		23.7	55.3	15.8	5.3		100.0

13. 귀하는 스님들이 어느 정도 사회적 역할을 수행하고 있다고 생각하십 니까?

<표 13> 연령, 성별, 학력, 소득, 출신지역별 분포

응답자 특성	문항 및 응답	스님의 사회적 역할 수행 정도					계
		매우 적극적	대체로 적극적	그저 그렇다	적극적이지 않다	전혀 적극적이지 않다	
연령별 분포	20대		11	13	4		28
			39.3	46.4	14.3		100.0
	30대	2	7	11	5	1	26
		7.7	26.9	42.3	19.2	3.8	100.0
	40대	3	19	24	24	2	72
		4.2	26.4	33.3	33.3	2.8	100.0
	50대	1	14	13	13		41
		2.4	34.1	31.7	31.7		100.0
	60대 이상	1	6	6	1		14
		7.1	42.9	42.9	7.1		100.0
성별 분포	남성	2	7	8	4		21
		9.5	33.3	38.1	19.0		100.0
	여성	5	51	59	43	3	161
		3.1	31.7	36.6	26.7	1.9	100.0
학력별 분포	고졸 이하	3	24	20	11	2	60
		5.0	40.0	33.3	18.3	3.3	100.0
	전문대졸	1	14	10	8		33
		3.0	42.4	30.3	24.2		100.0
	대졸 이상	3	19	34	26	1	83
		3.6	22.9	41.0	31.3	1.2	100.0
소득별 분포	150만 원 미만	1	16	19	12		48
		2.1	33.3	39.6	25.0		100.0
	150~250 만 원	4	18	19	9	1	51
		7.8	35.3	37.3	17.6	2.0	100.0
	250만 원 이상	2	11	18	22	1	54
		3.7	20.4	33.3	40.7	1.9	100.0
출신 지역별 분포	대도시	3	18	30	28	3	82
		3.7	22.0	36.6	34.1	3.7	100.0
	중소도시	1	20	22	9		52
		1.9	38.5	42.3	17.3		100.0
	농어촌	3	16	11	8		38
		7.9	42.1	28.9	21.1		100.0

14. 귀하는 스님들이 타종교의 성직자에 비해 어느 면에서 더 낫다고 생각하십니까?

<표 14> 연령, 성별, 학력, 소득, 출신지역별 분포

문항 및 응답 응답자 특성		타종교 성직자보다 우월한 면								계
		인간적 자질	개인의 청렴한 사생활	대인관계 등 사회생활	업무 처리 능력	솔선 수범	언행	없다	기타	
연령별 분포	20대	8	5	5			5	1	2	26
		30.8	19.2	19.2			19.2	3.8	7.7	100.0
	30대	5	8	3	1	1	3	4		25
		20.0	32.0	12.0	4.0	4.0	12.0	16.0		100.0
	40대	21	21	6	1	2	8	8	3	70
		30.0	30.0	8.6	1.4	2.9	11.4	11.4	4.3	100.0
	50대	13	18	4		2	2	2		41
		31.7	43.9	9.8		4.9	4.9	4.9		100.0
	60대 이상	6	2	1				2	3	14
		42.9	14.3	7.1				14.3	21.4	100.0
성별 분포	남성	4	8	1			4	2	1	20
		20.0	40.0	5.0			20.0	10.0	5.0	100.0
	여성	49	47	18	2	5	14	15	7	157
		31.2	29.9	11.5	1.3	3.2	8.9	9.6	4.5	100.0
학력별 분포	고졸 이하	17	16	7	1	2	4	8	3	58
		29.3	27.6	12.1	1.7	3.4	6.9	13.8	5.2	100.0
	전문대졸	14	7	6	1	1	3		1	33
		42.4	21.2	18.2	3.0	3.0	9.1		3.0	100.0
	대졸 이상	21	32	5		1	9	9	4	81
		25.9	39.5	6.2		1.2	11.1	11.1	4.9	100.0
소득별 분포	150만 원 미만	13	13	11		2	4	2	2	47
		27.7	27.7	23.4		4.3	8.5	4.3	4.3	100.0
	150~250 만 원	14	12	5	1	1	8	6	3	50
		28.0	24.0	10.0	2.0	2.0	16.0	12.0	6.0	100.0
	250만 원 이상	20	20	1		1	4	5	2	53
		37.7	37.7	1.9		1.9	7.5	9.4	3.8	100.0
출신 지역별 분포	대도시	19	23	7	1	1	11	12	5	79
		24.1	29.1	8.9	1.3	1.3	13.9	15.2	6.3	100.0
	중소 도시	19	14	7		4	3	3	1	51
		37.3	27.5	13.7		7.8	5.9	5.9	2.0	100.0
	농어촌	10	16	4			3	2	2	37
		27.0	43.2	10.8			8.1	5.4	5.4	100.0

15. 귀하는 어떤 유형의 불교성직자를 추종하십니까?

<표 15> 연령, 성별, 학력, 소득, 출신지역별 분포

문항 및 응답 응답자 특성		신도들이 추종하는 불교성직자 유형					계
		비범한 능력을 지닌 스님	권위와 기강을 중시하는 스님	민주적인 태도를 지닌 스님	간섭하지 않는 스님	기타	
연령별 분포	20대	5	3	13	2	2	25
		20.0	12.0	52.0	8.0	8.0	100.0
	30대	3	3	15	2	2	25
		12.0	12.0	60.0	8.0	8.0	100.0
	40대	18	3	40	3	7	71
		25.4	4.2	56.3	4.2	9.9	100.0
	50대	9	7	17	3	1	37
		24.3	18.9	45.9	8.1	2.7	100.0
	60대 이상	6		6	1	1	14
		42.9		42.9	7.1	7.1	100.0
성별 분포	남성	6	4	8	1	1	20
		30.0	20.0	40.0	5.0	5.0	100.0
	여성	35	12	84	10	12	153
		22.9	7.8	54.9	6.5	7.8	100.0
학력별 분포	고졸 이하	17	5	26	6	3	57
		29.8	8.8	45.6	10.5	5.3	100.0
	전문대졸	4	5	21	2	1	33
		12.1	15.2	63.6	6.1	3.0	100.0
	대졸 이상	18	6	44	2	9	79
		22.8	7.6	55.7	2.5	11.4	100.0
소득별 분포	150만 원 미만	14	5	19	5	3	46
		30.4	10.9	41.3	10.9	6.5	100.0
	150~250 만 원	10	2	31	2	3	48
		20.8	4.2	64.6	4.2	6.3	100.0
	250만 원 이상	11	7	24	3	6	51
		21.6	13.7	47.1	5.9	11.8	100.0
출신 지역별 분포	대도시	11	6	41	6	10	74
		14.9	8.1	55.4	8.1	13.5	100.0
	중소도시	14	6	26	4	3	53
		26.4	11.3	49.1	7.5	5.7	100.0
	농어촌	11	4	20	1		36
		30.6	11.1	55.6	2.8		100.0

16. 귀하는 다음 중 어느 유형의 불교 성직자를 이상적이라고 생각하십니까?

<표 16> 연령, 성별, 학력, 소득, 출신지역별 분포

문항 및 응답 응답자 특성		이상적인 불교성직자 유형				계
		무관심형	친목중심형	업적중심형	중도형	
연령별 분포	20대	3	10	3	12	28
		10.7	35.7	10.7	42.9	100.0
	30대		4	5	17	26
			15.4	19.2	65.4	100.0
	40대	2	11	10	49	72
		2.8	15.3	13.9	68.1	100.0
	50대	2	5	6	28	41
		4.9	12.2	14.6	68.3	100.0
	60대 이상	1		3	10	14
		7.1		21.4	71.4	100.0
성별 분포	남성		5	4	12	21
			23.8	19.0	57.1	100.0
	여성	8	25	23	105	161
		5.0	15.5	14.3	65.2	100.0
학력별 분포	고졸 이하	1	14	9	36	60
		1.7	23.3	15.0	60.0	100.0
	전문대졸	3	7	3	20	33
		9.1	21.2	9.1	60.6	100.0
	대졸 이상	4	8	14	57	83
		4.8	9.6	16.9	68.7	100.0
소득 수준별 분포	150만 원 미만	2	8	5	33	48
		4.2	16.7	10.4	68.8	100.0
	150~250만 원	4	11	5	31	51
		7.8	21.6	9.8	60.8	100.0
	250만 원 이상		7	13	34	54
			13.0	24.1	63.0	100.0
출신 지역별 분포	대도시	5	12	13	52	82
		6.1	14.6	15.9	63.4	100.0
	중소도시	3	11	7	31	52
		5.8	21.2	13.5	59.6	100.0
	농어촌		5	6	27	38
			13.2	15.8	71.1	100.0

17. 귀하가 생각하시기에 오늘날 스님들이 신도를 지도하려면 어느 정도의 학력을 갖추어야 한다고 생각하십니까?

<표 17> 연령, 성별, 학력, 소득, 출신지역별 분포

응답자 특성	문항 및 응답	수행자로서 갖추어야 할 학력 수준				계
		학력과 무관	고졸 이상	대졸 이상	대학원 이상	
연령별 분포	20대	11	3	11	2	27
		40.7	11.1	40.7	7.4	100.0
	30대	6	6	13	1	26
		23.1	23.1	50.0	3.8	100.0
	40대	15	12	36	9	72
		20.8	16.7	50.0	12.5	100.0
	50대	7	12	19	2	40
		17.5	30.0	47.5	5.0	100.0
	60대 이상	2	5	5	1	13
		15.4	38.5	38.5	7.7	100.0
성별 분포	남성	11	2	6	1	20
		55.0	10.0	30.0	5.0	100.0
	여성	30	37	78	14	159
		18.9	23.3	49.1	8.8	100.0
학력별 분포	고졸 이하	16	17	24	1	58
		27.6	29.3	41.4	1.7	100.0
	전문대졸	10	10	11	3	34
		29.4	29.4	32.4	8.8	100.0
	대졸 이상	12	12	47	10	81
		14.8	14.8	58.0	12.3	100.0
소득별 분포	150만 원 미만	17	6	19	3	45
		37.8	13.3	42.2	6.7	100.0
	150~250만 원	13	10	20	8	51
		25.5	19.6	39.2	15.7	100.0
	250만 원 이상	7	13	31	4	55
		12.7	23.6	56.4	7.3	100.0
출신 지역별 분포	대도시	16	17	44	4	81
		19.8	21.0	54.3	4.9	100.0
	중소도시	11	12	20	7	50
		22.0	24.0	40.0	14.0	100.0
	농어촌	9	9	17	3	38
		23.7	23.7	44.7	7.9	100.0

18. 귀하가 생각하시기에 오늘날 스님들이 신도를 지도하려면 어느 정도 수행을 하셔야 한다고 생각하십니까?

<표 18> 연령, 성별, 학력, 소득, 출신지역별 분포

문항 및 응답 응답자 특성		신도 지도를 위한 스님들의 수행 정도			계
		철저한 수행 필요	현 수준도 가능	수행은 중요하지 않음	
연령별 분포	20대	23	5		28
		82.1	17.9		100.0
	30대	19	7		26
		73.1	26.9		100.0
	40대	57	13	4	74
		77.0	17.6	5.4	100.0
	50대	39	2		41
		95.1	4.9		100.0
	60대 이상	10	4		14
		71.4	28.6		100.0
성별 분포	남성	17	4		21
		81.0	19.0		100.0
	여성	132	27	4	163
		81.0	16.6	2.5	100.0
학력별 분포	고졸 이하	44	14	3	61
		72.1	23.0	4.9	100.0
	전문대졸	25	9		34
		73.5	26.5		100.0
	대졸 이상	76	7		83
		91.6	8.4		100.0
소득별 분포	150만 원 미만	39	8	1	48
		81.3	16.7	2.1	100.0
	150~250만 원	40	11	1	52
		76.9	21.2	1.9	100.0
	250만 원 이상	47	7	1	55
		85.5	12.7	1.8	100.0
출신 지역별 분포	대도시	71	10	2	83
		85.5	12.0	2.4	100.0
	중소도시	39	14		53
		73.6	26.4		100.0
	농어촌	31	6	1	38
		81.6	15.8	2.6	100.0

19. 귀하는 스님의 사회활동 경력이 많을수록 지도력도 크다고 생각하십니까?

<표 19> 연령, 성별, 학력, 소득, 출신지역별 분포

응답자 특성	문항 및 응답	스님의 사회활동 경력과 지도력의 관계			계
		예	아니오	모르겠다	
연령별 분포	20대	9	12	7	28
		32.1	42.9	25.0	100.0
	30대	8	15	3	26
		30.8	57.7	11.5	100.0
	40대	21	49	4	74
		28.4	66.2	5.4	100.0
	50대	14	22	5	41
		34.1	53.7	12.2	100.0
	60대 이상	3	8	3	14
		21.4	57.1	21.4	100.0
성별 분포	남성	11	7	3	21
		52.4	33.3	14.3	100.0
	여성	45	99	19	163
		27.6	60.7	11.7	100.0
학력별 분포	고졸 이하	18	30	13	61
		29.5	49.2	21.3	100.0
	전문대졸	8	25	1	34
		23.5	73.5	2.9	100.0
	대졸 이상	29	46	8	83
		34.9	55.4	9.6	100.0
소득별 분포	150만 원 미만	17	25	6	48
		35.4	52.1	12.5	100.0
	150~250만 원	12	37	3	52
		23.1	71.2	5.8	100.0
	250만 원 이상	16	32	7	55
		29.1	58.2	12.7	100.0
출신 지역별 분포	대도시	22	47	14	83
		26.5	56.6	16.9	100.0
	중소도시	18	31	4	53
		34.0	58.5	7.5	100.0
	농어촌	11	24	3	38
		28.9	63.2	7.9	100.0

20. (스님만 응답) 스님들께서는 지도력을 향상시킬 수 있는 연수 및 훈련 프로그램의 필요성을 어느 정도 느끼고 있습니까?

<표 20> 연령, 성별, 학력, 소득, 출신지역별 분포

응답자 특성	문항 및 응답	스님들의 지도력 향상을 위한 연수 및 훈련 프로그램의 필요성				계
		매우 절실	어느 정도 필요	보통이다	전혀 못 느낀다	
연령별 분포	20대	3			1	4
		75.0			25.0	100.0
	30대	2	1	2		5
		40.0	20.0	40.0		100.0
	40대	1	6	4	1	12
		8.3	50.0	33.3	8.3	100.0
	50대	2	4	1		7
		28.6	57.1	14.3		100.0
	60대 이상	2	2	2		6
		33.3	33.3	33.3		100.0
성별 분포	남성	1				1
		100.0				100.0
	여성	9	13	9	2	33
		27.3	39.4	27.3	6.1	100.0
학력별 분포	고졸 이하	2	8	1	1	12
		16.7	66.7	8.3	8.3	100.0
	전문대졸	1	3	5	1	10
		10.0	30.0	50.0	10.0	100.0
	대졸 이상	7	2	3		12
		58.3	16.7	25.0		100.0
소득별 분포	150만 원 미만	7	1	1	1	10
		70.0	10.0	10.0	10.0	100.0
	150~250 만 원	2	4	7	1	14
		14.3	28.6	50.0	7.1	100.0
	250만 원 이상	1	4	1		6
		16.7	66.7	16.7		100.0
출신 지역별 분포	대도시	4	4	2	1	11
		36.4	36.4	18.2	9.1	100.0
	중소도시	1	4	4	1	10
		10.0	40.0	40.0	10.0	100.0
	농어촌	5	4	3		12
		41.7	33.3	25.0		100.0

21. (스님만 응답) 스님께서는, 만약 지도력 향상을 위한 연수 및 훈련 프로그램이 있다면 참가할 생각을 갖고 계십니까?

<표 21> 연령, 성별, 학력, 소득, 출신지역별 분포

응답자 특성	문항 및 응답	지도력향상 훈련 프로그램 참가 여부			계
		있다	없다	모르겠다	
연령별 분포	20대	1			1
		100.0			100.0
	30대	3	1		4
		75.0	25.0		100.0
	40대	4	4		8
		50.0	50.0		100.0
	50대	2			2
		100.0			100.0
	60대 이상	3		1	4
		75.0		25.0	100.0
성별 분포	여성	13	5	1	19
		68.4	26.3	5.3	100.0
학력별 분포	고졸 이하	4	1	1	6
		66.7	16.7	16.7	100.0
	전문대졸	4	4		8
		50.0	50.0		100.0
	대졸 이상	5			5
		100.0			100.0
소득별 분포	150만 원 미만	4			4
		100.0			100.0
	150~250만 원	8	4		12
		66.7	33.3		100.0
	250만 원 이상	1	1		2
		50.0	50.0		100.0
출신 지역별 분포	대도시	3			3
		100.0			100.0
	중소도시	6	2	1	9
		66.7	22.2	11.1	100.0
	농어촌	4	3		7
		57.1	42.9		100.0